心影絮话

星期茶座七日谈

汤正华　著

广东省出版集团　花城出版社

中国·广州

图书在版编目（ＣＩＰ）数据

心影絮话 ： 星期茶座七日谈 / 汤正华著. -- 广州 ：
花城出版社，2014.7
ISBN 978-7-5360-7164-3

Ⅰ．①心… Ⅱ．①汤… Ⅲ．①社会科学－文集 Ⅳ．
①C53

中国版本图书馆CIP数据核字(2014)第118787号

出 版 人：詹秀敏
责任编辑：蔡　安
技术编辑：薛伟民　陈诗泳
装帧设计：侯　扬

书　　名　心影絮话
　　　　　XIN YING XU HUA
出版发行　花城出版社
　　　　　（广州市环市东路水荫路 11 号）
经　　销　全国新华书店
印　　刷　广州市亚华印刷厂有限责任公司
　　　　　（广州市白云区嘉禾鹤边鹤泰路 2 号）
开　　本　787 毫米×1092 毫米　16 开
印　　张　26.25　2 插页
字　　数　450,000 字
版　　次　2014 年 7 月第 1 版　2014 年 7 月第 1 次印刷
定　　价　39.80 元

如发现印装质量问题，请直接与印刷厂联系调换。
购书热线：020－37604658　37602954
花城出版社网站：http://www.fcph.com.cn

《虹》：作者于北美尼亚加拉大瀑布（Xingzi 摄）

心影絮话——星期茶座七日谈

目录

星期壹1 MONDAY 吾乡吾民

星期 贰 **2** TUESDAY 记者采风

星期 叁 **3** WEDNESDAY 名篇欣赏

目录

星期
伍 **5**
FRIDAY
拥抱山水

目录

晓风残月 轻拂着渌江童年杨柳岸

柳暗花明 淡荡春光

寻找失去的童年 笑看那一滩鸥鹭

星期
陆 **6**
SATURDAY
吻别青春

星期天 **7** SUNDAY 文学讲谈

作者前言

汤正华

"心"，乃人体内推动血液循环最要紧之器官，有心则活，无心则死。人生在世，"开心"，快乐也；"伤心"，悲哀也。人是最需要有"良心"的！而人生需要的是"真实"、"真心"！当然还需"小心"，留心、留神、谨慎很是重要。"影"呢，老师说过是被光线挡住周围有光中间那无光的部分，形成不真切的形象或印象。这形象也还有摄影、留影、剪影之意。"絮话"，字典上云"说话啰嗦"。然，人生多彩，感悟各异，高人常说来精辟，令人顿开茅塞。本人系一凡人，只好唠唠叨叨了。

屈指一算，混迹新闻界竟也三十余载矣。当过十多年新闻记者，后又做了二十多年副刊编辑，每日伏案，为他人做嫁衣裳，来往信笺，未敢怠慢，倒也心安理得。后些年跑得少了，主编《星期天》专刊之余，编著了几本书，创办出版了几个期刊，写些前言后记，如此而已。

退休后，时间是自己的了，倒也自由自在，岂不乐乎！应邀给高校新闻传媒专业上几堂课，也编点杂志，陪家人之余，闲时把自己写的已发表报纸期刊上和出版社出版的一点文字，收集些置于案头，夜晚皓月当空，清风阵阵之际，灯下偶尔随兴翻翻似觉有一点印记，无非是这些文字记载着我走过的一串脚印；还有我访问过的名人和学者，那虔诚的读者，热心的作者，与我这编辑情的融和与心的交流，以及对自己编辑工作，新闻的，文艺的，科学的，报刊编辑学的，写下的一点文字与讲课时的神侃海聊，筛选部分又成一册，名曰《心影絮话——星期茶座七日谈》。

至于这"茶座"嘛，1985 年我在"长沙晚报"创办《星期天》专刊时，因长沙古城有著名古迹"天心阁"，我把四版命名曰《天心茶座》，后改为《枫林茶座》。我晚年主编《星期天》专刊十年，对《茶座》一直情有独钟。《茶座》者，海阔天空，风土人情，文化经典，国民精神，名著书画，中外古今，名人轶事，闲话趣闻，祖国河山，南北西东，五颜六色，不拘一格，为老百姓喜闻乐见。花城出版社出版我这《心影絮话——星期茶座七日谈》时，我干脆把书目从星期一到星期天，分为七个篇章，故云：星期一：《吾乡吾民》，星期二：《记者采风》，星期三：《名篇欣赏》，星期四：《艺海拾趣》，星期五：《拥抱山水》，星期六：《吻别青春》，星期天：《文学讲谈》。

办报办刊一辈子，深感没有作者与读者的支持和帮助，寸步难行。今选刊几则名家高人、文友作者给我的信札于后，从中亦可窥见新闻人的生涯另一侧面，从信中亦可得宝贵之启迪，我本人就颇受教益。

姑且当作前言。

2014 年新年于广州

序

龙钢跃

现任长沙晚报报业集团党委书记、社长，高级记者，湖南大学硕士生导师，兼任中国晚报工作者协会副会长、湖南省记协副主席。

异彩纷呈　亮丽人生

—— 为《心影絮话——星期茶座七日谈》写序

龙钢跃

寒冬里，长沙的夜还是那么璀璨。

忙完一天的工作，回到家里，在灯光下翻看长沙晚报社老报人、高级编辑汤正华兄即将由花城出版社出版的新书——《心影絮话——星期茶座七日谈》清样，感慨良多。

正华兄大学毕业分配到长沙晚报社工作，他先当记者十余载，足迹遍及长沙大街小巷、田间地头；后来做编辑，办《理论》《橘洲》副刊，直至 1978 年创办《科学副刊》，退休前 10 年主编《长沙晚报·星期天》综合文艺副刊……副刊不副，他所办版面受到领导、业界和读者广泛好评：新中国湖南省首任省主席王首道称《星期天》专刊是"老百姓的好朋友"，并亲笔题写"灯下友"；著名杂文家廖沫沙从北京写信赞扬《长沙晚报·星期天》专刊："琳琅满目，图文并茂，既有知识、趣味性，又无庸俗、低级之感"，"使我欣赏不止"。

江山代有人才出，创刊于 1956 年的《长沙晚报》培养了一代又一代优秀的新闻人才，正华兄作为其中的佼佼者，多次立功受奖，是长沙市为"四化"做出有突出贡献的先进个人，连续当选为长沙市东区（芙蓉区）九届、十届、十一届人民代表，也是长沙市新闻界最早被评定的两位高级编辑之一。

《心影絮话——星期茶座七日谈》分七个篇章：《吾乡吾民》《记者采风》《名篇欣赏》《艺海拾趣》《拥抱山水》《吻别青春》《文学讲谈》，内容丰富，异彩纷呈，文情并茂，编辑精当，装帧优美，别出心裁。字里行间感受到作者的激情、执着与才华，这里有他的各类讲座内容，他论文学、说科学、讲新闻、谈美学，深入浅出，知识广博，情趣盎然，生动活泼；这里有他游历名胜、寄情山水以及青春的记忆……可以说，这些是他心的絮语，思的忆念，情的撩拨，爱的诉说。

正华兄是我们尊敬的新闻界前辈，中共党员，是我们的良师益友。他退休后仍笔耕不辍，于是也就有了这本《心影絮话——星期茶座七日谈》的出版。《心影絮话》，是沉甸甸的果实，它字里行间承载着作者的新闻人生，也展示了他奋发有为、潇洒乐观的亮丽人生。

窗外寒风冷冽，室内温暖如春。写下上面的这些话，既是对正华兄《心影絮话——星期茶座七日谈》即将出版的贺忱，也顺祝长沙晚报社的老前辈们万事顺意。健康长寿！

是为序。

2014 年 2 月于长沙

黄林石

离休老干部，湖南新闻界老前辈，历任湖南省新闻学会副秘书长、长沙市新闻学会副会长，长沙晚报社党委副书记、副总编辑。

评

才华卓著　美文留芳

—— 祝贺《心影絮话——星期茶座七日谈》出版

黄林石

新春佳节，喜报丰收。正华兄送来《心影絮话—星期茶座七日谈》书稿，厚厚大本，内容丰富。我与他共同办报三十多年，深知他勤奋潇洒，编采皆精。大学毕业分配到长沙晚报社，历经新闻界数十年风雨，锤炼成为高级编辑，贡献在长沙，声名传华夏。今将作品选编由花城出版社出版，是报界的丰收，同仁的榜样，显示出他的办报才华，也展现了他的亮丽人生。

他善博采。十多年记者生涯，闻风而动，奋笔疾书，留下很多精彩的通讯。十多年主编副刊，博闻广记，挥毫不停，又发表很多动人的特写。书中《记者采风》只选了他的部分杰作，他用采访杂记写了许多名家，有革命前辈，有劳动模范，有数学家、工程师、教师，有作家、画家、表演艺术家，等等。名人造诣深，影响力大，报纸宣传催人奋发。一些名人来去匆匆，不易采访。正华兄对他们深知，善于抓住其个性特点。高考时访问现代数学之父华罗庚，请他为自学青年说几句话。华老说："一个人没有不自学的。""最好在牛角尖中不要忘记了世界。"科普作品评奖时幸遇知己著名作家秦牧，秦牧谈到"文艺作品应该有趣味性，寓教于乐，寓教于趣。作品应有更多的笑，生活本身就充满笑"！访湖南省政协主席程星龄，听程老谈了三件事：钦羡黄克诚刚直不阿，撤职后写了"摘掉乌纱更自由"等诗；解放战争时期程老被蒋介石关押，只好每天搓麻将；1949年与中共地下党配合，为长沙和平解放立下汗马功劳。正华兄运用文学笔墨，将这些名人轶事写得活泼生动。事件都作素描，文题多用诗句。写辞世的学术界泰斗陈寅恪教授，是访问陈老故居、同事、学生，研读他的著述写成的，并发表"秦淮八艳"之首柳如是的故地访问记（陈老写有几十万字的《柳如是别传》）。正华兄写一个盖世奇才，写一个旷世奇女，诗文并茂，相得益彰。

他能精编。报社副刊编辑多人，成就卓越首推正华兄。他创办《星期天》专刊，办成整张，做到"三近"：与现实生活近，与每个家庭近，与广大老百姓群众近。体现"八字"：高尚、新鲜、多彩、精美。专刊受到广泛欢迎，五年后他便从两百多万字文稿中选出十多万字，编成《星期天大观》一书，由华艺出版社出版，多次再版，为读者喜闻乐见。随后又出版了《星期天读报大参考》期刊。

原湖南省人民政府首任主席王首道为《星期天》题词，称道专刊是"灯下友"，写上他的"生活简则"，给报人和读者很大鼓舞。专刊敬老尊贤，突出歌颂三湘的名人名著。正华兄带头编写，《吾乡吾民》中，他以《吾乡吾土之国民精神》为题介绍了杨度、陈独秀、蔡元培、谢觉哉、鲁迅、孙中山，赞扬湖南人的诗文话语。登岳麓读黄兴蔡锷诗联、曾国藩的钩沉四条遗嘱、左宗棠整肃贪官、三湘豪侠痛揍小东洋、田汉的两首轶词、国务总理熊希龄的趣闻、湖南督军谭延闿的轶事、油画大师李自健、音乐大师谭盾等等，都说明湖南名人众多，事迹珍贵，在正华兄笔下，点其本质，艺术素描，写出了活脱脱的众多的"这一个"。

书中《艺海拾趣》收录了正华兄写的短章，介绍世界名画、名老影片，和我国的《清明上河图》《兰亭序》等书画极品。全章图文并茂，绚丽多彩。《拥抱山水》是其风貌通讯特写，他上天池、登南岳、攀十万大山，到塞外、去港澳、漂流九曲溪，感慨威海港、寻张谷英村、访鸟的天堂……中外著名瀑布就写了三处：我国最大的黄果树、亚洲最大的跨国德天、世界最大的尼亚加拉。描述所见所闻所思所感，摹写出一幅幅"广阔社会的山水风光画稿"。

他重亲情。《吻别青春》十多篇，写家乡、写母校、写恩师、写挚友、写家人、写自己。高山仰止，忆旧如新，浓浓亲情，深深怀念。絮话并不唠叨，心影真切感人。写的是熟人熟地熟事，文章很生动。母校从小学到大学，校友从教师到同窗，家人从父辈到儿孙——活灵活现。写法不拘一格，有游记、杂感，有书信、诗歌，有追思、遐想，也有欢笑、热泪。长文《晓风残月轻拂着渌江童年杨柳岸》，用柳永词寄意，尽情描绘家乡醴陵的美景和自己童年的欢乐。半个多世纪过去，家乡更美，欢乐难忘。他这位高级编辑，就是从渌江畔走出来的。

他会宣讲。书中《文学讲谈》和《名著欣赏》值得珍视。这些不是一般文章，是精辟的讲稿，倾注了他的心血。多年来一些大学创办新闻专业，为新闻界培养人才。教师理论水平高，但缺少新闻实践，只好到报社电台聘请客座教授。正华兄担负了几所高校的讲课任务。中外新闻名篇和文学名著欣赏，是他在中南大学和长沙大学的专题讲稿，收集在《名篇欣赏》中。《文学讲谈》更是重量级论文，《论科学与文学的美学情趣》编成系列讲座，理论性很强，赏析名篇多，从实践到理论，从理论到形象，在大学堂、新闻界、科技界讲课都博得赞声一片。

《心影絮话——星期茶座七日谈》出版是喜事，我有幸先读为快，不揣冒昧写了这四点。正华兄善博采，能精编，重亲情，会宣讲，在三湘四水，在长沙新闻界不愧为快手、高手、全才、良师。才华卓著，美文留芳，我热烈祝贺！

2014 年 2 月写于长沙晚报报业集团宿舍

【文友信札】

廖沫沙

傅白芦

王梓坤

谭　谈

谢　璞

秦　牧

姚载勤

潘基硕

潘力生

著名作家，原北京市政协副主席、统战部部长，代表作《廖沫沙文集》《三家村札记》。此信刊 1985 年 2 月 24 日《长沙晚报·星期天》专刊第八期第一版和华艺出版社出版的《星期天大观》一书。

正华同志：

你前后两次来信，并寄给《长沙晚报·星期天》专刊，已收到多日，因为接连参加几个会议，离家住入宾馆，不可能给你写回信，直到今天才执笔答复你，十分抱歉，请你原谅。

一、我把你寄来的《星期天》略看一遍，我的感觉是琳琅满目，图文并茂，既有知识趣味性，又无庸俗、低级之感，尤其是茫浩如烟海的报刊书籍中摘取的精华，使我欣赏不止，它满足了读者阅读全国报刊的要求，这样的栏目必须继续坚持、发展，包括诗文选摘，使读者读了一份《星期天》等于读到全国报刊的精华文萃。

二、由此也使我感觉惭愧的是我不能为你们尽力：我不仅年老体衰，写作困难，而且我现在读书读报刊的时间少，又没有具体工作，脱离现实，离开故乡（长沙）和你们如此遥远，要写出适合你们报上采用的文章就比登天还难。所以我现在不能肯定回答你：我何年何月向你们投寄稿件。我只能记住：有这样一笔文债，应当还债，如此而已。

我不但欠你们的文债，而且欠下别家报刊的文债无数。欠下的回信债也不少。不再唠叨了。

此致　敬礼！

廖沫沙 1985 年 1 月 31 日

教授，著名数学家，中国科学院学部委员，中国科普作家，北京师范大学校长，代表作《科学纵横谈》。

正华同志：

收到来信及照片，非常感谢！

我们有幸多次在一起，我对你的人品印象很深，深为敬佩。

科学小品，一要小，千把字；二是通俗，还有一点文采与新意；三是科学性，有事实，不能像某些报道那样瞎吹。科普创作要创新，不要老跟在别人屁股后面，要有地方性与中国民族特色。你们报获奖的一等奖作品就具有地方性与民族特色。

这次征文对促进我国科学小品的繁荣，起了巨大的推动作用。我相信更多的晚报编辑和作家会显出更大的神通，把工作做得更好。

此致

敬礼，新年好！

王梓坤 1987 年 1 月 2 日

信札

著名杂文家，原中共湖南省委宣传部副部长、《湖南日报》总编辑，代表作《二十年的学与思》《人间随笔》。文中提到的"又一拙稿"即指《变无序为有序》，已刊1993年8月8日《长沙晚报·星期天》专刊一版"麓山夜谈"言论专栏，1994年评选获1993年度全国报纸副刊杂文一等奖。

正华同志：

久未见面，时在念中。好在我已订阅晚报，在《星期天》专刊中，常能看到你的精神劳动。

《人们心目中自有次序》刊出后，引得玉来，不能不报。因奉陈又一拙稿，乞酌定。

办报，特别是办报纸的副刊，求形式活，较易；求内容有分量，较难；求既活又有分量，更难。不知尊意以为如何？

顺祝

编安！

傅白芦 1993 年 7 月 30 日

著名作家，湖南省作协名誉主席，代表作《二月兰》。此文为他在《我的星期天》征文发奖会上讲话，应约整理成文《美的生活，美的创举》，刊1990年9月16日《星期天》专刊一版。

正华同志：

今把我在贵报《我的星期天》征文发奖会上的讲话奉约整理成一短文《美的生活，美的创举》寄上。

星期天的"休息"，并非"休止"，而是为了其他六天更好地做好本职工作。休非止，休而息，养精蓄锐，调剂生活节奏，有张有弛。所以，每个星期天是开放五颜七色的花卉的"创造节"，有它的存在，也就有六个沉甸甸的"果实"。

《长沙晚报》"我的星期天"征文，半年时光，结出硕果累累。今天开个发奖会，座无虚席，作者欢聚一堂。来稿近两千篇，评出了一、二、三等奖、优胜纪念奖，能够说它不是一种美的创造么？它证实了《长沙晚报》确是紧贴现实的一种富有创造性的报纸，而不是淡化现实的一份只有"神仙"看得懂的"无字天书"，它没辜负读者的好心。

美，它不玄妙，不抽象。它有颜色，还有强烈的磁性。美，有力量改造昨天的朽木枯枝，能复苏人生不可缺少的信念……

人是美的，因为人是富于创造的。活的人，是活的。古人铸造的"活"字，不是舌字旁有清水吗？一切活人的舌头，不仅是品味甜酸苦辣的器官，而是把心灵的大悲大喜转化并创造为声音——让多变的音符回荡天地的精灵。人类历史的江河里，这种可爱的人，少吗？稀罕吗？只有天南海北有吗？读过两千件"我的星期天"征文来稿的编辑同志能给予证实。我作为《长沙晚报》的老读者，也是感谢不尽的，五十多篇现发表出来的是现实生活的真实写照。你读一读，才晓得，原来长沙人的星期天过得多么充实美丽。它是长沙范围九十年代第一个艺术画廊，也是透视长沙人民心灵的小窗口。象征了美的新春，象征着长沙人民热爱阳光的实质。但愿《长沙晚报》今后有更多类似的征文活动，如化雨春风，创造更美的社会主义精神文明，为百万长沙人民多多造福。

谢璞 1990 年 9 月

著名作家，现任中国文联副主席，湖南文联原主席、湖南省作协党组书记，代表作《山道弯弯》。文中说发表过的稿子，是指谭谈写的纪实散文《作家当官记趣》,刊《星期天》专刊一版，1989年8月，《星期天大观》一书由华艺出版社出版时，将其收入书中"文苑之窗"。

星期天专刊汤主编：

莫名其妙接到一笔稿费。正困惑不解时，碰到报社一位记者，谈及此事。他问我："你是不是在《长沙晚报·星期天》专刊上发表过稿子？他们最近编辑出版了一本书，兴许你那篇也被收了进去。"

几天过去，果然接到《长沙晚报》编辑部寄来的一个鼓囊囊的信封，拆开信来，一本装帧精美的《星期天大观》出现在我的面前。翻开书本，啊！一个无比广阔的世界进入我的眼帘。历史、地理，古今名人轶事，文艺、科学，生活情趣，真是蔚为大观，我漫不经心地闯入这片新的天地，丰富了我好几天的业余生活。

每一本好书里，都有一个迷人的、新鲜的世界。异国他乡的地域风情，我国各代的历史风云，都藏在一本一本书里，你无法到世界各地去游历，也无法回到我们的先祖们的年代去生活。书能帮你的忙，能弥补你这个遗憾。书能不断地拓宽你眼前的世界，能丰富你生命的内涵……

每一本书里，有一个迷人的世界。《星期天大观》也一样。

谭谈 1989 年 11 月 12 日晨

著名作家，广东省文联原副主席、《羊城晚报》副总编辑兼文艺副刊部主任、暨南大学中文系主任，代表作《长河浪花集》、《艺海拾贝》。秦牧信中说到的入选作品几条意见是针对我们全国晚报正在选编全国获奖作品出版《科技夜话》而言；该书已由天津科技出版社出版，我们请秦牧写的序。提到他的获奖作品，指他文学创作五十周年之际于 1990 年 11 月 6 日寄给《长沙晚报·星期天》专刊的约稿，即散文《歌王云雀》，刊 1990 年 11 月 18 日《星期天》专刊。1991 年，获 1990 年度全国报纸副刊作品一等奖。

正华文友：

你好，来信收到，知道你仍在晚报编副刊，多年如一日干这个工作，很不简单。

我寄了几条意见，如同意，就请编入下期简报。

我以为精彩的科学小品，应当具备这样的条件：一、科学性。二、知识性（即能举出事来说明科学道理）。三、艺术性，也即文笔流畅生动，写得饶有情趣。四、思想性，能给人以辩证唯物主义的教育和思想上的启迪。

科学性是这一切的核心，离开了科学性，虽有其他条件，也不足取了。有了科学性，其它各方面水平不等，但是打个比方，总平均有八十分以上就可以考虑入选了。但如果其它方面有严重缺陷的，似不宜入选。

从入选的作品的总的风貌来说，还应该注意到：一、能够介绍最新的尖端的科学成就。二、各方面的题材都能适当照顾一下。这样，编成的集子千姿百态，色彩纷繁，就比较有价值了，这个集子，应该是能够吸引广大读者阅读，又能够让科普作者多少有一些借鉴作用才好。寄来赠报都收到。

我那篇文章能够得奖，很出意料。

如果全国报纸周末星期刊举办征文活动，当个顾问，我愿意，如当评委，只能看最后筛选的稿子，数量 5 万 - 6 万字的样子，如大批稿件涌至，我就无能为力了，一来是忙，二来年岁也大了，精力难免不济。

武夷山一别，转眼数年，你们几位给我的印象很深。我的住址仍一如往昔（信封上也写了）。并问康乐。

秦牧 1991 年 9 月 22 日

信札

与前辈老报人黄曾甫、易仲威等均为《长沙晚报》副刊作者，专栏作家，知识广博，他们都被誉为"长沙通"。

汤主编先生：

　　回顾"文革"时期，人们无书可读。不少好书，也被列为"禁书"。而这几年，书确实多了，多到随处可见。然而，用前人说的一句颇含哲理的话来形容，是较为恰当的，"不毛之地与瘴疠之地同样可怕"。我还以为，"邪恶"之为害，更甚于"无知"！

　　从无书到多书，再经过"扫黄"，我不免又有一点"杞人忧天"：会不会又成为"无书"？如今，长沙晚报社诸公将《星期天》专刊文章选编成书，我真希望这样的好书多一些。

　　近几年《星期天》确实发过许多新、杂、雅、趣的好文章。文史哲，天地生，样样都有。《星期天大观》序中说："大观不是'大全'。"我则认为未免"自谦"，说它是个小"百科"，似也不为过。

　　我是甘心为《星期天》写那些"豆腐块"的，即使稿酬并不优厚。我的良心告诉我决不可去写那些可赚大钱的"邪恶"之作。但愿作者们都为《星期天》专刊多写稿，写好稿。祝愿《星期天》专刊有更多更好的文章出现，也愿《大观》有卷一、卷二、卷三，陆续问世。

姚载勤 1989 年 11 月

高级工程师，原长沙市城建局局长，湖南省人大常委会副主任。他的这首亲笔原诗已刊《星期天专刊》第一版。他提到的本刊办刊方针"五性"即"思想性、新闻性、地方性、知识性、娱乐性"，"三近"即"与现实生活近、与每个家庭近、与广大百姓群众近"。

正华同志：

　　你主编的《长沙晚报·星期天》专刊创刊以来，深受大家喜爱。我是每周必读。你们提出的"五性"、"三近"办刊方针无疑是贴近老百姓的真知灼见。

　　我今写有一小诗，奉上：

　　　"五性"饶情趣，

　　　"三近"世所珍，

　　　众芳喧远圃，

　　　独秀一枝春。

潘基硕 1986 年 10 月

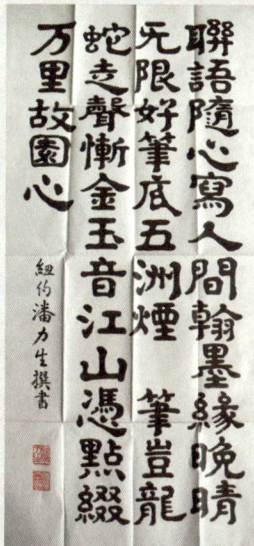

著名书法家美籍华人诗词楹联协会会长潘力生老先生，从太平洋彼岸寄来赠诗一幅并信一纸："正华先生：六日信收到，谢。文大昆兄对联正待处寄给他。树群先生（作者注：《湖南日报》老编辑）不见音讯。书堂一幅奉赠，你用探亲名义来玩玩，此请。撰安。潘力生 再拜 一九九四年七月五日"

著名书法家，湖南醴陵人士，美籍华人诗词楹联协会会长潘力生老先生，从太平洋彼岸寄来赠诗一幅并信一纸。

正华先生：

　　六日信收到，谢。文大昆兄对联正待处寄给他。树群先生（作者注：《湖南日报》老编辑）不见音讯。书堂一幅奉赠，你用探亲名义来玩玩，此请。撰安。

潘力生 再拜 1994 年 7 月 5 日

吾乡吾民

01

吾乡吾土之国民精神

君不见，长沙岳麓书院大门联"惟楚有材，於斯为盛"，有人以"惟"字做"唯"
解，"於"作"于"字用，非也。"惟"、"於"在此均为虚词，感叹之意。断
不能说只有楚地才有"材"！但楚（事实包括湖南、湖北、安徽一带）确实
人才辈出，而且自古楚人多耿直，在喧闹的人世间，吾乡吾土之国民，有一
种湖南人之精神。

这种精神，最著名的数湖南湘潭人氏杨度的《我本湖南人唱个湖南歌》：

"我本湖南人，唱个湖南歌。

中国如今是希腊，湖南当作斯巴达，

中国将为德意志，湖南当作普鲁士。

若道中国国果亡，除非湖南人尽死，

诸君诸君慎如此，莫言事急空流涕，

若道中国国果亡，除非湖南人尽死。

尽掷头颅不足痛，丝毫权利人休取，

莫问家邦运短长，但观意气能始终。"

1920 年 1 月 5 日，陈独秀写有《欢迎湖南人的精神》：

"湖南人的精神是什么？'若道中国国果亡，除非湖南人尽死。'无论杨
度为人如何，却不能以人废言。湖南人这种奋斗精神，却不是杨度说大话，
确实可以拿历史证明的。二百几十年前底王船山先生，是何等艰苦奋斗的学
者！黄克强历历尽艰难，带一旅湖南兵，在汉阳抵挡清军大队人马；蔡松坡带
着病亲领子弹不足的两千云南兵，和十万袁（世凯）军打死战；他们是何等

朱熹为岳麓书院题的字

坚忍不拔的军人！ "（见《陈独秀文章选编》第四百八十页）

1920 年秋，正当红枫与杜鹃花红遍岳麓山，蔡元培先生光临长沙作《美学与美育》讲演数场，首场即讲《何谓文化？》，他从宋朝周濂溪、明朝王船山说到清代曾国藩、左宗棠、彭玉麟、胡林翼，又从谭嗣同历数辛亥革命中的黄兴、蔡锷、谭人凤、宋教仁。他气宇轩昂赞曰：

"湖南人性质沉毅，守旧时固然守旧很凶，趋新时也趋得很急。遇事能负责任。曾国藩说的扎硬寨，打死仗，确是湖南人的美德。但也有一部分人似带点夸大、执拗的性质，是不可不注意的。"

1944 年，抗日战争正进入决战阶段，5 月，日军侵占湖南宁乡。消息传到陕北，老前辈、湖南宁乡人谢觉哉在延安愤然作《闻日寇窜宁乡·满江红》：

"中国若亡，除非湖南人尽死（杨度语），从明末直到而今，英雄几许！百万农军北伐时，十三雄镇南明史，岂是那十年奴化，能抑止？

湖南官，胆如鼠，湖南民，气胜虎，要涤腐生新，锄凶雪耻，又建湖湘根据地，民尽为兵政民主。国统区造成大亏空，我们补！"

鲁迅曾高度赞许黄兴的**"楚人的反抗的蛮性"**。孙中山在评论辛亥革命历次起义时说：**"一个人去打一百个人。""像这样不可以常理论的事，还是你们湖南人做出来的。"**

02

登岳麓读黄兴蔡锷诗联二三

到了长沙，谁不登岳麓山？ 登岳麓山谁能不瞻仰黄兴蔡锷墓？你看那雄伟山门上：

"学正朱张，一代文风光大麓；
勋高黄蔡，千秋浩气壮名山。"

我常从山门进右拐到密林深处青枫峡，伴着山溪，过爱晚亭，登石级走半山亭，过白鹤泉就到了蔡锷墓；从墓后沿山路而上，再猫腰攀上陡峭的九十六级麻石阶梯，就到了接近山顶的黄兴墓。

黄蔡，推翻帝制建共和立下功勋伟业，是最受全国人民崇拜的英雄。他们是叱咤风云的名将，也是笔卷风雷的诗人。

黄兴，湖南长沙人，家住长沙县塱梨镇（现改为黄兴镇），离城25公里，故居为一大院落。他参加革命时卖掉家中财产购置枪炮。

1911年4月27日，黄兴领导了举世闻名的黄花岗起义，在战斗中身先士卒，伤右手，断二指。追悼会上，他撰联：

"七十二健儿，酣战春云湛碧血；
四百兆国子，愁看秋雨湿黄花。"

1912年5月，黄兴书联哭黄花岗烈士，又作《蝶恋花》一首赞扬七十二烈士牺牲精神：

"转眼黄花看发处，
为嘱西风，
暂把香笼住。
待酿满枝清艳露，

（左图）黄兴
（右图）黄兴墓

和风吹上无情墓。
回首羊城三月暮，
血肉纷飞，
气直吞狂虏。
事败垂成原鼠子，
英雄地下长无语。"

起义失败，他用左手握笔书写起义报告，真可谓"血肉纷飞，气直吞狂虏"。孙中山在《黄花岗烈士事略》中赞颂黄兴领导的起义"斯役之价值，直可惊天地，泣鬼神，与武昌革命之役并寿"。

武昌革命一周年，黄兴写有《题武昌开国纪念会》：

"百折不挠，
十七次铁血精神，
始有去年今日；
一笔勾尽，
四千年帝王历史，
才成民主共和。"

袁世凯阴谋暗杀国民党宋教仁，举国声讨。黄兴愤慨书一联：

"前年杀吴禄贞，
去年杀张振武，
今年杀宋教仁；
你说是应桂馨，
他说是洪述祖，
我说是袁世凯。"

袁世凯为转移目标，嫁祸他人，找替罪羊。此通俗白话联揭其画皮，直指凶手、窃国大盗袁世凯。

1916 年 10 月 31 日，黄兴病逝于上海。敬献挽联无数，以章炳麟（太炎）之挽联最言简意深：

"无公则无民国，
有史必有斯人。"

蔡锷，湖南邵阳人，字松坡。你登岳麓山，在蔡锷墓庐展室可以读到他年轻时两首诗：

《登岳麓山》：

"苍苍云树直参天，
万水千山拜眼前。
环顾中原谁是主？
从容骑马上峰巅。"

另一首《军中行》：

"绝壁荒山二月寒，
风尖如刃月如丸。
军中夜半披衣起，
热血填胸睡不安。"

一代风流豪杰，何等壮志凌云！

蔡锷有《题四川古蔺县雪山关》联：

"是南来第一雄关，
只有天在上头，
许壮士生还，
将军夜渡；
作西蜀千年屏嶂，

（左图）蔡锷
（右图）蔡锷墓

会当秋登绝顶，

看天池月小，

黔岭云低。"

四川、云南原是蔡锷将军护法反袁时征战地，抒发了他以身许国、推翻帝制的豪情，全诗声情并茂，荡气回肠。

1915年11月称病赴天津就医与梁启超密议讨袁大计，并誓言：

"失败就战死，

绝对不亡命，

成功就下野，

绝不争地盘。"

蔡锷有的诗联如黄兴之白话，质朴无华，感情真切，他病中写的《挽黄克强联》：

"以勇健开国，

而宁静持身，

贯彻执行，

是能创作一生者；

曾送我海上，

忽哭君天涯，

惊起飞泪，

难为卧病九州人。"

此联为蔡锷之绝笔。时蔡锷在挥军击溃洪宪制后，喉病重，正在日本治病，未果，蔡锷在黄兴逝世八天后，1916年11月8日去世。遗体运回国内。次年1917年4月，黄兴、蔡锷两位英雄的遗体同时举行国葬于长沙岳麓山。孙中山悼念蔡锷的挽联是：

"平生慷慨班都护，

　万里间关马伏波。"

小凤仙亦有诗联，哀悼蔡将军：

"万里南天鹏翼，

君正扶摇，

那堪忧患余生，

萍水姻缘成一梦；

几年北地燕支，

自悲沦落，

赢得英雄知己，

桃花颜色亦千秋。"

此小凤仙诗联，现存疑义，我听同行告之有另一说法，为湖南汉寿县才子易鼎顺代作，但亦未确证，录以备考。小凤仙才华过人，能诗会文，何需别人代作？同盟会员张相文有《南国丛稿》一书中云："小凤仙，钱塘人……凤仙仙慧，从诸文士执经问字，阅书报，翩然闺阁名媛也。"《孽海花》作者曾孟朴在北京见到小凤仙时，赞曰"蔡松坡正迷恋小凤仙到了极度"，说小凤仙为"袅袅婷婷的一妓女"约十七至十九岁之姑娘，"通文字，能文阅书报，这是她比一般妓女更有身价的地方"。蔡东藩亦有描述：小凤仙"通翰墨，喜缀歌词，尤生成一双慧眼，能识别狎客才华，京都人士，称她为侠妓"。后有长沙人黄毅写的《袁氏盗国记》中对小凤仙亦有记载，说小凤仙"明达有丈夫志，深知蔡之私隐（指反袁），时为赞助筹画之"。可见，小凤仙之诗联，不可谓不真也，而且还是发自她真情实感之作。故后人又有一诗趣说小凤仙策划相助蔡锷出走反袁："当关油壁掩罗裙，女侠谁知小凤仙？缇骑九门搜索遍，美人挟走蔡将军。"（"油壁"即指油漆车壁的车子，云小凤仙坐辂车赴丰台，车内掩藏蔡松坡出走之趣话。）

03 曾国藩为官"求阙斋"及其四条遗嘱

曾国藩生前封侯拜相, "功高柱石,位极人臣";也有人说他是"汉奸刽子手",评价可谓一天上一地下,"判若云泥",是我国近代史最有争议人物。

1986年湖南岳麓书社出版了《曾国藩全集》,受到海内外一致称赞,华侨《北美日报》为此发表社论,认为"它是中国文化界人士思想突破一大禁区之标志"。

有人描述曾国藩:"为人威重,美须髯,目三角有棱,每对客,注视移时不语,见者悚然。"他威严过人,文武全才。《全集》中以"对联"和"家书"流行甚广,最为人乐道。

如《题江西吴城望湖亭联》:

"五夜楼船,曾上孤亭听鼓角;

一樽浊酒,重来此地看湖山。"

《题四川桂湖联》:

"五千里秦树蜀山,我原过客;

一万顷荷花秋水,中有诗人。"

真可谓字字如精金美玉,情景交融,上乘之作,泱泱大风矣。

曾国藩《家书》渗透着中华民族优良传统之美德,实为炎黄子孙家教之楷模。同治元年五月他在一封告次子纪鸿的信中云:"切不可有官家风味……家门外挂匾不可写侯府相府字样。"

清朝湖南名臣显宦甚众,大多在长沙古城建有显赫官邸,如我们地处蔡锷中路的长沙晚报社旧址过风水井即戥子桥,有两江总督陶澍(湖南安化人)的"陶公馆";戥子桥过去几步路是茅亭子,有两广总督谭廷襄(湖南茶陵人,谭延闿之父）的"谭公馆"……占地广，高墙深院，侯门似海。而封侯拜相的曾国藩不仅在长沙没有官邸，在家乡湘乡也没有豪宅相府。在长沙戥子桥附近，只有后人为他而建有"曾公祠"。民国后由他的曾孙女曾宝荪、曾约农姐弟二人出资用此地创办了艺芳女中，即后来的长沙市十四中学，曹典球出任校长，解放后由全省著名女书法家、教育家周昭怡出任校长，现已改为长沙市实验中学。

在广州惠福东路，有个大佛寺，慈云大法师曾在这讲解明朝袁了凡所著的《了凡四训》，这本书是曾国藩为子侄选定必读书目的第一本书。所谓"四训"即"立命"、"改过"、"积善"、"谦德"。

"谦德"开篇选《易经》中语："天道亏盈而盈谦，地道变盈而流谦，鬼神害盈而福谦，人道恶盈而好谦。""盈"，满之意。

先说天，我们看到天上之月满后亮光必定一天天减少，只有月未满时光明才一天天增加，这叫"益谦"。谦虚乃大自然之规律。

再说地，地上的水满了，则往低处流。高地自满，得不到利益，只有低洼之地才能得到滋润。低洼象征人的谦虚，不自满，不招摇。

鬼神也如此，你得志自满而高傲，依仗权势，走邪门歪道，贪污受贿，腐化堕落，命运就会捉弄你！惩罚你！

人亦如此，大法师特别讲到曾国藩官位高至四省的总督，仍不忘自谦自省，多读书，以修德，以明志。人皆求圆满，曾国藩则求阙（音 quē，古代用作"缺"字）即要求欠缺点，不能盈满，所以曾国藩的书房自题名为《求阙斋》。他为官，官位愈高，他愈谦虚。他能够保住自己，其后人亦如此。

《易经》中六十四卦，每卦均有吉有凶，总是吉凶相参……只有"六爻皆吉"（爻 yáo，读尧，组成八卦中每一卦的长短横道），六十四卦中仅只这一卦！此卦也叫"地山谦"，上面是空，代表地，下面是艮（gèn，八卦之一，符号为☶）代表山。高山在地下，这表示谦虚。因此我们说"骄必败"，要虚怀若谷。为官，做事，德位愈高，愈要卑下。

曾国藩于清同治十一年（1872 年）二月初四去世。此后两袖清风，没留下什么财产田地金银珠宝，给子孙后代留下的是一楼藏书和四条遗嘱。去世之日，他对儿子纪泽说："我这辈子打了不少仗，打仗是件最害人的事，造孽，我曾家后世再也不要出带兵打仗的人了。"父子俩拉着家常，不知不觉走进一片竹林，忽然，一阵大风吹过，曾国藩连呼"脚麻"，便倒在儿子身上。扶进屋时，曾国藩已经不能说话了。他用手指指桌上：那是他早已写好的遗嘱，曾纪泽双手把纸展开，以颤抖的声音念到："余通籍三十余年，官至极品，而学业一无所成，德行一无可许，老大徒伤，不生悚惶渐赧。今将永别，特立四条以教汝兄弟。"

曾国藩

"一曰慎独则心安。自修之道，莫难于养心；养心之难，又在慎独。能慎独，则内省不疚，可以对天地质鬼神。人无一内愧之事，则天君坦然，此心常快足宽平，是人生第一自强之道，第一寻乐之方，守身之先务也。

"二曰主敬则身强。内而专静统一，外而整齐严肃，敬之功夫也；出门如见大宾，使民为承大祭，敬之气象也；修己以安百姓，笃恭而天下平，敬之效验也。聪明睿智，皆由此出。庄敬日强，安肆日偷。若人无众寡，事无大小，一一恭敬，不敢懈慢，则身体之强健，又何疑乎？

"三曰求仁则人悦。凡人之生，皆得天地之理成性，得天地之气以成形，我与民物，其大本乃同出一源。若但知私己而不知仁民爱物，是于大本一源之道已悖而失之矣。至于尊官厚禄，高居人上，则有拯民溺民饥之责。读书学古，粗知大义，即有觉后知觉后觉之责。孔门教人，莫大于求仁，而其最初者，莫要于欲立立人、欲达达人数语。立人达人之人，人有不悦而归者乎？

"四曰习劳则神钦。人一日所着之衣所进之食，与日所行之事所用之力相称，则旁人韪之，鬼神许之，以为彼自食其力也。若农夫织妇终岁勤动，以成数石之栗数尸之布，而富贵之家终岁逸乐，不营一业，而食必珍馐，衣必锦绣。酣豢高眠，一呼百诺，此天下最不平之事，鬼神所不许也，其能久乎？古之圣君贤相，盖无时不以勤劳自励。为一身计，则必操习技艺，磨炼筋骨，困知勉行，操心危虑，而后可以增智慧而长才识。为天下计，则必己饥己溺，一夫不获，引为余辜，大禹、墨子皆极俭以奉身而极勤以救民。勤则寿，逸则夭，勤则有材而见用，逸则无劳而见弃，勤则博济斯民而神祇钦仰，逸则无补于人而神鬼不歆。

"此四条为余数十年人世之得。汝兄弟记之行之，并传于子子孙孙。则余曾家可长盛不衰，代有人才。"

待儿子念完，曾国藩努力把手伸起，指指自己的胸口，纪泽纪鸿一齐说："我们一定把父亲的教导牢记在心！"曾国藩便溘然长逝。

曾国藩遗嘱对其子孙影响深远。曾家后裔恪守其一眼。曾纪鸿一生未仕，专研数学；长子曾纪泽中进士不甘居"袭侯"，出使英伦，从事外交，颇著声誉；孙子曾广钧中进士后长守翰林；曾孙玄孙中大都考入著名学府，几乎全部从事教育、科学、文化工作，成为著名专家学者。解放后出任教育部副部长的曾昭抡，是著名化学家，为曾国藩的侄曾孙。

看左宗棠如何整肃贪官
进军新疆驱逐外寇

左宗棠（1812——1885），是我们湖南又一名将，湘阴县人，在我们《长沙晚报·星期天》专刊创刊的1985 年，正是他逝世一百周年。

他的最大功劳是维护祖国的完整立下了显赫战功！ 1865 年，浩罕国派军事头目阿古柏侵入我国南疆，建立所谓"哲德沙尔汗国"，之后又出兵北疆，侵占乌鲁木齐；英帝国以阿古柏的保护人身份来划分势力范围，沙俄趁火打劫侵占伊犁，也支持阿古柏反动政权。当时投降派的代表人物李鸿章上奏说帝国"炮锋所致，无坚不摧。论中国目前力量，实不及专顾西域"，主张放弃收复新疆，说"徒收数千里之旷地，而增千百之漏卮，已不为值……新疆不复，于肢体之元气无伤"。左宗棠严辞驳斥这种卖国的奴才谬论，说："重新疆者，所以保蒙古，保蒙古者，所以卫京师。西北臂指相联，形势完整，自无隙可乘"，"我退守而寇进尺"，决不可"畏敌如虎"。清朝终于任命左宗棠为"钦差大臣，督办新疆军务"。

左出师新疆面对难以想象的困难，首先是"师无纪律，士无斗志"，军队中无官不贪，最严重首推"吃缺"，即虚报兵丁数额，发下如额的兵饷，许多为官私吞。清同治六年，左领旨出兵新疆。有一晚，左亲自查营，查出有个管带（相当现在的营长）丁太洋缺额达 190 名，兵饷全被其贪饱私囊。左大为震怒，立即调操列队验明，将丁管带在军前正法，全军大为震惊。左领兵出征，直到 1881 年离任。在疆领兵整十二年，无人再敢以身试法。

左宗棠选拔爱国将领，实施屯田边关，修建粮运栈道，从潼关经甘肃全境直修到伊犁。

光绪二年（1876 年），左率大军抵肃州（今酒泉），因天山高峻，终年积雪，般道崎岖，左命前锋广东陆路提督张曜进驻天山南北之要冲哈密，沿途设置台站，采石作柱，柱与柱间以木棒穿连作为扶栏，虽下临深渊，人马均无颠坠之患。

左宗棠治军严，士气壮，粮食足，终于领兵消灭了入侵的敌寇阿古柏，继而领兵战胜沙俄夺回伊犁，收复新疆全境。

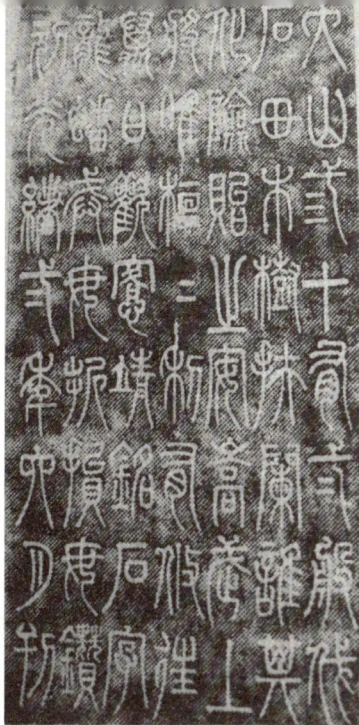

为《天山扶栏石刻拓片》，现藏于湖南省博物馆。

左宗棠

左宗棠曾为天山般道赋诗一首，即《天山扶栏铭》：

"天山三十有二般，
伐石贯木树扶阑。
谁其化险贻之安，
嵩武上将唯桓桓。
利有攸往万口欢，
悫靖铭石字龙蟠。
戒毋折损无钻亢刂，
光绪二年六月刊。"

诗中的"阑"即栏；"嵩武上将"指张曜提督；"悫"，恪的异体字，"恪靖"，即恪靖侯左宗棠自己；"亢刂"，即剜刻。诗言天山扶栏何人所筑、何人作铭；并告诫后来者切实保护，不令损坏。左公用小篆书写，字遒劲，后镌刻于石，立于天山。

《天山扶栏》碑铭拓片，至今保存完好，藏于湖南省博物馆。

笔者曾登天山，在天池山脚下，见绿树成荫柳成行，是当年左宗棠率部下所植，新疆维吾尔哈萨克人称之为"左公柳"。随左宗棠西征湘军杨昌浚于光绪四年（1878 年）写有诗赞左宗棠：

"大将西征人未还，
湖湘子弟满天山；
新栽杨柳三千里，
引得春风度玉关。"

熊希龄趣闻及其如何当上国务总理

05

到湖南旅游，湘西张家界的自然风貌堪称今古奇观；而凤凰县的人文景色不可不看：黄永玉的画，沈从文的文，还有个才子叫熊希龄。

熊希龄，少年志大，文笔了得，却久未及第。

清光绪年间，辰州（今湖南沅陵）朱庭琪知府（江苏人，即后任湖南教育厅长朱经农之父）到凤凰巡视时游一僻静秀丽园林，见门上一副对联：

"养数种花，探春秋消息；
蓄一池水，窥天地盈虚。"

朱知府赞赏不已，夸文笔气度非凡！立即见作者，此人即熊希龄。朱将熊推荐给道台（相当如今的地区专员），熊赴考连捷，终成进士。熊希龄年轻时气盛。1898年曾与湖南浏阳革命党人谭嗣同为培养人才积极组织新学，倡导维新，在中国政坛十分活跃，直至任北洋政府国务总理。

1936年，熊已是66岁老翁，妻早逝，执教于复旦大学的毛彦文女士当时只33岁，慕熊之才华，愿意续弦，但要求剃去一尺多的胡须，故有"割发娶妇"之趣闻。熊自作诗曲一首："世事嗟回首，觉年年，饱经忧患，病容消瘦。我欲寻求新生命，惟有精神奋斗。渐转运，春回枯柳。楼外江山如此好，有针神细把鸳鸯绣。黄歇浦，共携手。"一时成茶馆谈资。

成婚日，全国报纸争发新闻，《北京晨报》曾刊对联一副：
"已近古稀之年，
奏凤求凰之曲，

九九丹成恰好三三行满；
登朱庭琪之庭，
睹毛彦文之彦，
双双如愿谁云六六无能？"

　　婚礼在上海举行，宾客盈门，甚是热闹。有毛彦文的女同学冯氏夫人，曾与毛常出入熊希龄家府，以"熊伯伯"相称。婚礼上冯夫人赠一红联打趣：

"旧同学成新伯母，
老年伯做大姐夫。"

　　这来自湘西大山区的熊希龄是如何当上北洋政府国务总理的呢？文史资料有记载。袁世凯当上总统后，1913年7月，即调时任热河都督的熊希龄到北京出任国务总理，熊及幕僚弹冠相庆，欣然赴任，他哪里晓得有个官场黑交易正在等他。熊希龄曾盗劫了承德避暑山庄的大批古物，他送给姜某许多，其中折扇就是乾隆皇帝喜用的珍宝，姜又把所得古物悉数献给袁世凯总统。袁即派司法总长许世英查实了此事。一天袁约熊来总统府内室议事，袁早已安排好等熊一到就出办公室说先见外国公使要他稍等。熊一人久坐见办公桌上有司法部查收避暑山庄盗宝案卷，熊顿时慌乱。袁归时要熊到外室谈话，客套后，袁厉色说："国事不好向前推进，都因国民党刁难掣肘，我意立即解散国民党，取消国民党的议员资格，总理你看怎么样？"熊希龄面色苍白惶恐万分无言以对。老谋深算的袁世凯即拿出早已准备好的大总统命令，熊希龄俯首签署。次日，公布大总统命令，大批军警出动，勒令国民党议员及家属即刻离京。

　　在解放后一次全国政协会议上，周恩来总理曾向全体委员推荐这篇史料，说为人莫贪，古人今人事例均可为镜。

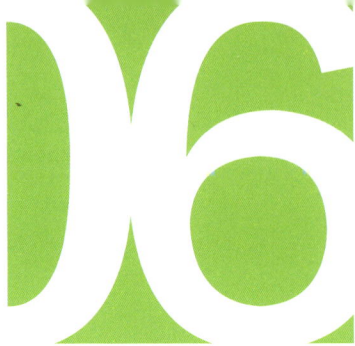

06

湖南督军谭延闿趣闻逸事

在广州东南 20 多公里，珠江波涛撞击的长洲岛河岸，就可见到闻名的黄埔军校，周围古木参天，绿树环抱，至军校大门处首先映入眼帘的是门上一巨大匾额，上书六个繁体大字，自右至左"陸軍軍官學校"，此即为谭延闿所书，沿用至今。

谭延闿（两广总督谭廷襄之子），是我国近代史上一风云人物。在黄埔军校 1924 年 6 月 16 日的开学典礼上，主席台上就座的有孙中山偕夫人宋庆龄、党代表廖仲恺、校长蒋介石以及军校大本营任职的程潜、汪精卫、胡汉民、戴季陶、孙科等。而各路军总司令中，首推湘军谭延闿，随后粤军许崇智、滇军杨希闵、桂军刘震寰依次而坐。

谭延闿，湖南茶陵县人，字祖庵，号无畏，系湖南前清翰林。其历史功过，褒贬不一，自有历史评说。他曾任南京国民政府主席，行政院长；连任过几届湖南督军和省长；一手书法了得，才气过人，尤善即时应对，且为著名美食家。

谭延闿的书法当时名扬天下，雄厚浑脱，笔力尤劲，且变化多姿。其字宗法南园（钱沣），楷书兼有颜（真卿）、欧（欧阳询）、褚（遂良）之笔法；行书则参用王（羲之）、米（芾）。其时求书者甚众，他即握管挥毫以应；致信求字者，亦每信必复均函寄，使求者如愿，一时名声更盛。不只"陸軍軍官學校"，南京国民政府的"国民政府"四个楷书大字也是他所写。据说其润笔费以光洋记数额颇丰。谭氏全家聪慧过人，其弟谭泽闿，其子谭伯羽，其女谭淑，均擅书法，与谭延闿字几可乱真。

谭延闿为清光绪年间进士，一肚子学问，尤善"羊角对"，又叫"无情对"，

谭延闿

应对要求及时，字面对仗工整，内容相距越远越好，是清末士大夫一种文字游戏。据长沙通老人易仲威回忆，谭延闿在湖南出任督军时，常在玉楼东酒家宴请宾客。有次一宾客指着桌上酒瓶说："这是一瓶法国名酒'三星白兰地'，愿诸公属对？"无人开口，谭延闿忽站起说："'四月黄梅天'。"接着上了一碗"鸡丝汤"，同仁说："谁来对？"谭说："还是以酒对吧，'虎骨酒'，如何？"大家拍手叫绝。有次九月九日幕僚登岳麓山，一幕僚说："昨日与朋友聚，有人出一上联，系水浒人名'白日鼠白胜'，无人对上。"谭说："有一现成湖南名人就葬在岳麓山啊！'黄胖蛇黄兴'嘛。"因黄兴体胖魁梧流传绰号叫"黄胖蛇"。谭应对真出奇制胜。

谭延闿一生讲究吃喝，是当时三湘著名美食家，他好"吃"！也败在吃上。他不只是精通湘菜，且有自己创造。他的字号"祖庵"，人们按他的烹调手艺煨制的鱼翅称为"祖庵鱼翅"，还有"祖庵豆腐"，也是湘菜中一名菜。他的"红烧肘子"颇负盛名，他一餐能吃一全肘。他体肥且暴食美味。1930年9月22日正度中秋佳节，他饱食一顿美餐后骑马坠落中风，脑溢血死于南京。

三湘豪侠挥拳痛揍小东洋 07

（一）

　　我祖籍老家在湖南醴陵县王仙乡，每年正月十五元宵节有提灯会，纸扎灯笼各种动物造型，一枝蜡烛一盏灯，五颜六色，煞是好看；白天则有飞狮舞龙，有刀棒剑戟，武术拳士纷纷亮相。王仙乡隔壁即白兔潭，这里出了个全国鼎鼎有名的刘久生。

　　刘久生身材高大魁伟，格斗中七八个人都打不赢他。他 1903 年 10 月出生白兔潭一农民家，从小练少林拳。1932 年在醴陵县城文庙坪大比武，先后击败二十多个对手荣获全县冠军。1933 年 10 月，他随湖南武术团去南京参加全国第二届国术擂台赛夺魁，获总分第一名，奖剑一把，银大洋五百，并授予"武术教官"称号，名扬全国。

　　据武术内行万天石写的武术传奇，其中就有刘久生剑击败走日本武士川岛雄一故事。

　　1931 年"九一八"事变后，日本人横行中国。1934 年春，一艘日本军舰停靠洞庭湖，从舰上下来一趾气高扬日本人，他就是舰长川岛雄一。他专程到长沙拜会湖南省主席何键，要求与刘久生一比高下。因何键也是醴陵人，很了解久生拳术了得，比赛时何键把刘久生唤道身边，嘱咐刘久生既不准输，又不能伤了日本舰长皮肉怕惹麻烦。幸好刘久生得知川岛雄一善劈剑，于是提出比剑定雌雄，办法是：两人各持木布剑一柄，在剑尖端涂石灰，相互劈刺，谁身上石灰点子最多则算输，最少则胜。川岛雄一高兴答应，因他自以为他正长于剑术。

　　比武开始，双方用剑猛刺对方，击剑激烈，互不相让，酣战过后，都汗

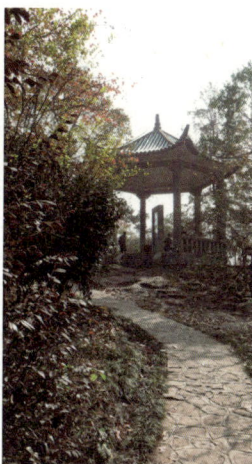

（左图）为岳麓山青枫峡密林中山洞旁薛岳任司令的"第九战区司令部"战时指挥部（遗址）石碑；（右图）岳麓山上新修纪念亭·长沙会战纪念碑1939年9月日寇18万兵分六路进攻长沙，第九战区将士浴血奋战，取得歼敌3万的胜利，史称"第一次长沙会战"。

水淋漓。评判者即靠近数两人身上石灰点：川岛雄一身上有五十多处，而刘久生身上石灰点只有三处。盛气凌人凶恶的日本人川岛雄一哑言无语，低头愧色，连夜窜逃到他的日本军舰上。

英勇机智的刘久生，一生谦虚仗义，和善好施，在我家乡，口碑极佳。1986年病逝于醴陵东乡白兔潭老家，享年83岁。

（二）

湘潭花石乡人彭菊秋，也是湖南著名侠义肝胆之人，九岁即拜武术家欧阳月庵（湘潭锦石乡人，一身轻功，被誉为"燕子飞"，曾与向恺然、王润生在长沙办国技会武术馆）为师。11岁时拳术惊人，两个成年人也敌不过他，万天石称其"三湘小侠威震三湘"。

1926年冬季，彭菊秋已成大人，武术远近闻名。他从湖北探亲回湘，搭乘的是日商客船。船到洞庭湖，他听舱内有人呼喊救命，彭菊秋一箭步跃入舱中，只见四个日本浪人正围打一个中国工人。彭菊秋走上前只轻轻一挥手，就把几个小日本弹开。他迅速背起受伤工人出舱外休息；复进舱，对日本人说："你们小日本听着：不要在中国土地上耀武扬威！"日本人气势汹汹："那又怎样？"一哄而上，狼吼着对彭菊秋拳打脚踢，彭菊秋站立，丝毫不动，彭菊秋后退一步，用"猿猴挂印"招式——挡开几个小日本的拳脚；继而用"跳步双劈拳"绝招把四个东洋小日本劈得全部趴下，跪地求饶。

（三）

大家都知道革命烈士柳直荀，因领袖曾有诗云"我失骄杨君失柳"。杨为杨开慧，柳即柳直荀。你可知一身武艺的柳午亭么？

我大学毕业分到《长沙晚报》当记者跑政治文教战线，访问过杨开慧烈士的哥哥杨开智和嫂嫂李崇德，他们住长沙蔡锷路营盘街小巷里一栋二层小楼房，室内窗明几净，窗户上总是摆着一盆兰花，冬天特爱吃腊八豆蒸肉。这里也就是杨开慧的父亲湖南第一师范杨昌济老先生的旧居。

柳直荀烈士的夫人李淑一，当时在长沙当老师，贤惠而和气，很亲切。闲聊时常说起亲人往事。

柳午亭是柳直荀的亲叔叔，早年留学日本，1911年毕业于日本名校早稻田大学，因成绩优异直接升入早稻田大学研究院为研究生。1913年回国，先任长沙一中和长郡中学教师，后为湖南大学、湘雅医科大学教授。

柳午亭留学日本期间，曾与向恺然等人一边读书一边向拳王王润生（长沙人）学练"八拳"。

（左图）柳直荀的亲叔叔柳午亭
（中图）全国武术冠军刘久生
（右图）记者采访杨开慧烈士的哥嫂杨开智、李崇德时长征
学校少先队员为其系红领巾。

　　向恺然何许人也？也是湖南（平江）人，以笔名平江不肖生发表《江湖奇侠传》而闻名海内外。1985 年 1 月 6 日《长沙晚报·星期天》专刊创刊时，湖南岳麓书社正再版《全本近代侠义英雄传》，与书社商定，本刊连载。向恺然从谭嗣同（湖南浏阳人）等六君子被害起笔，以大刀王五开场，以霍元甲为主要线索，引出武林各派代表人物。向恺然从小习武，人物很多是他亲见亲闻，大多真人真事。

　　柳午亭亦从小习武，与向恺然志同道合，亲如兄弟。在日本学习期间，学业极佳，拳术亦苦练有成，能敌数人而不喘粗气。万天石十分熟悉湖南武术界传奇故事，他对柳午亭痛击日本著名拳术家吉田道次有过生动的对话描述，也许有文学加工，但总体事件是真实的。姑且摘录其对话，以飨读者。

　　日本拳术家吉田道次当时在日本名气大，又曾在中国住过多年，对汉学亦颇有研究。一天，吉田道次大摇大摆走到柳午亭面前，故意用联语挑衅。

　　吉田道次语气傲慢："汝系东亚病夫？"

　　柳午亭立即回敬："我乃中华勇士！"

　　吉田道次又问："懂得哪些拳脚？"

　　柳午亭笑答："全知所有功夫！"

　　吉田道次狂傲："跳爬滚打，有何特色？"

　　柳午亭微笑："刀枪剑戟，无不精通！"

　　吉田道次紧逼："汝敢小试身手？"

　　柳午亭凛然回答："吾当大显威风！"

　　吉田道次快速抡起拳头直击柳午亭头部，柳将身子一闪，随即飞去一脚，吉田道次正要躲开，说时迟，那时快，柳午亭用"推窗揽月"招式将吉田道次打翻，吉田道次摸不着头脑，不知怎么就倒在地上了，急得一脸通红，爬起来再斗，柳午亭又快速用"玉带缠腰"招式，缠而摔之，瞬间吉田道次已滚出一丈远，趴在地上。吉田道次不敢再战，羞愧掩面而逃，多日不敢露面，柳午亭在日本大显威风。

在湘八路的抗日布告

春节刚过，2 月 14 日初五上午我们约好去蓉园看望湖南省人民政府第一任主席王首道。

蓉园在一片青松翠竹中，初春咋寒，颇感凉意，室内却温馨。王老今年八十有一，身体犹健。我们闲聊后，他挥毫为我们《长沙晚报·星期天》专刊题写了《灯下友》和《长乐长寿》。还有意外收获，看到了他与王震当年在湖南发布的《抗日布告》。

1944 年，王震司令员王首道政委率领八路军三五九旅部分官兵组成了"国民革命军第十八集团军独立第一游击支队"（简称"南下支队"），即"国民革命军湖南人民抗日救国军"，11 月从延安出发南下，日夜兼程，经陕西、山西、河南、湖北、湖南，过黄河，渡长江，转战数千里，1945 年 3 月抵达湖南平江县，当年"南下支队"所属湘东军分区司令部地址设在平江县桃花山，即军部指挥部。这里也就是当年红军平（江）浏（阳）醴（陵）起义举兵南下茶陵再东进向井冈山进发的红军老根据地。

抗日南下支队转战湘东湘北鄂南赣西一带，当时在湖南城乡集镇张贴的抗日布告全文如下：

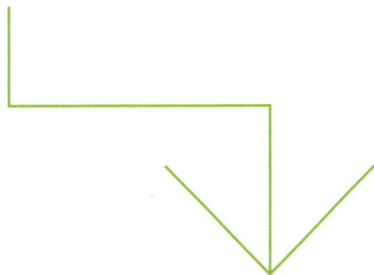

王首道与程星龄下围棋

国民革命军湖南人民抗日救国军司令部布告

去岁湖南沦陷
日寇肆虐横行
皆因抵抗不力
政府抛弃人民
本军奉命援湘
消灭万恶敌人
实行统一战线
团结一切好人
工农商学各界
军队地方士绅
不分阶级党派
皆愿相见以诚
一致联合对敌
展开民族斗争
独裁贻误国事
专制违反民心
唯有迅速改革
方能耳目一新
实行三民主义
恢复中山精神
建立联合政府

制止一党横行
取缔贪官污吏
扶持好人正绅
厉行减租减息
改革社会民主
取消苛捐杂税
买卖务求公平
反对强迫兵役
欢迎志愿从军
保障人权财权
维持社会安宁
严惩汉奸特务
悔过可以宽容
中国有共产党
华北有八路军
满布大江南北
则有新四大军
广东广西一带
抗日起义纷纷
德寇正在瓦解
日寇亦将土崩

苏联英美中法
保障战后和平
世界进步很快
中国岂能后人
愿我三湘子弟
一致义愤填膺
起来保乡卫国
充当抗日英雄
倘有汉奸国贼
敢于阻挠军容
自当痛击不贷
勿谓三令五申
特此剀切布告
仰各一体遵循

司令：王　震

政委：王首道

中华民国三十四年三月

09 田汉，你响当当一粒煮不烂的铜豌豆

《长沙晚报·星期天》专刊 1985 年 1 月创刊，我们请湖南省政协邹志强先生提供了《田汉的两首轶词："如梦令"》。田汉的这两首词散失于民间，没有发表和出版过。

田汉（1898——1968 年），长沙人，原名寿昌，1912 年读长沙师范学校，1917 年留学日本东京高等师范。1921 年与郭沫若、成仿吾、郁达夫组织创造社，1922 年回国后与妻子易漱瑜创办《南国半月刊》和"南国电影话剧社"；1927 年出任上海艺术大学校长，1930 年加入"左联"，被选为执行委员，任左翼戏剧家联盟党团书记，是他发现并介绍聂耳加入"左联"。从此，33 岁的他和 19 岁的聂耳合作，以饱满的革命热情，创作了《大陆歌》《毕业歌》，为全国青年热唱。他是我国著名的戏剧大师。他的《咖啡店之夜》《获虎之夜》《苏州夜话》早享盛名，《名优之死》大获成功。1935 年创作了剧本《回春之曲》，表达了中国人民抗日的决心；同年被国民党逮捕入狱。《田汉的两首轶词》就是这时在狱中所作。我们把它加了框，置于专刊头条显著位置。

田汉的两首轶词：《如梦令》

我国国歌词作者年轻时的田汉，右图为晚年照。

（一）

春色恼人生情，
整日如何独坐。
背上一丝丝，
虱子又生几个？
难过，
难过，
摸着轻轻捏破。

（二）

"跳舞"雨花台前，
"打靶"老虎桥畔。
何去何从，
全凭壮士意愿。
随便，
随便，
人生无可留恋。

1935 年时局是：工农红军突破封锁线开始长征北上抗日，国民党发布严禁排日运动命令，日本侵占东北后又制造华北事变，签订《何梅协定》，北平爆发大规模学生爱国的"一二九"运动……田汉在狱中写这两首《如梦令》尽显他视死如归、乐观坦然的凛然正气。

"跳舞"暗指杀头，"打靶"暗示枪毙，"壮士"指刽子手，均用暗喻。前首词写陷于囹圄中捉虱子，后首写绑赴刑场的感慨。田汉以他的轻松调侃之笔写悲壮之事，正是他诙谐幽默又气壮山河的风格。

他创作的《丽人行》（赵丹黄宗英主演）《三个摩登女性》（阮玲玉主演）《忆江南》（周璇主演）以及《文成公主》、《武则天》、《西厢记》、《白蛇传》、《梨园春秋》、《谢瑶环》享誉全国，《关汉卿》是他最高成就的代表作。

这位伟大的我们中华民族的戏剧大师，在"文革"中受尽迫害，他又被逮捕，关在秦城监狱中不断受折磨，他顽强不屈。1968 年 12 月 10 日死在监狱里，这里就不啰嗦了。田汉，这位顶天立地刚直不阿的湖南汉子，正如他在著作中写的：啊！你是一粒响当当的打不死煮不烂的铜豌豆。

请不要忘记：我们十分熟悉的《四季歌》《马路天使》，是田汉作词；《义勇军进行曲》，即我们的国歌歌词，正是田汉在抗日烽火中所作，由聂耳谱曲。

10

"干杯！活着就是胜利！"
——说"三家村"读廖沫沙打油诗

如果说鲁迅曾高度赞扬长沙人黄兴的"楚人的反抗的蛮性"，那另一长沙人廖沫沙则有他"楚人的智慧的灵性"！以其诙谐调侃的智力与乐观面对强暴。

"文革"风暴首先拿邓拓、吴晗、廖沫沙开刀，名曰反动的《三家村》，于是乎全国就有了大大小小的黑"三家村"，受苦受难人无数，绝大多数是知识分子。

1967 年，廖沫沙与吴晗被押到工厂批斗。廖见吴愁眉苦脸，低声说："咱们现在成了'名角'了，你看！看我们唱戏的观众，比看梅兰芳四大名旦还多。"吴晗转哭为笑："那我们唱的是哪出戏？""《五斗米折腰》啊！"在回来的火车上，廖沫沙拆一烟盒，在上写诗一首：

"书生自喜投文网，
高士如今爱折腰。
扭臂载头喷气舞，
满场争看斗风骚。"

一场场批斗会，使廖沫沙看透了"文化大革命"的滑稽可笑，他低头弯腰喷气式挨斗时就默默念佛"大慈大悲南无阿弥陀佛，救苦救难观世音菩萨"来分散肉体的痛苦和取得精神上的胜利！他的乐观幽然只属于他自己，不可能改变吴晗的悲惨命运。吴晗一介书生的历史学家，时任北京市副市长。他怀着多么纯洁的热忱投身革命，他百般委屈万般无奈，辩解着他写的《海瑞罢官》决不是为彭德怀翻案，他伤心已极……邓拓出任《人民日报》总编辑，光明磊落，正派无私，先受上头"书生办报"后又受到"死人办报"的批评，情绪低落，因此，他与人民日报图书馆长、太平天国历史研究专家谢兴尧教授同游颐和园时说："我不愿当人民日报总编辑和社长，想当颐和园园长，专门从事历史研究。"作为北京市委文教书记的邓拓，他太了解吴晗这类知识分子对党对国的忠诚，他不可能像政治文痞姚文元那样批吴晗。他有着高度党性原则和革命信仰，他独创"燕山夜话"杂文文体，以及他与吴晗、廖沫沙写的"三家村札记"风行全国，他履行着一个文人的忧国忧民的天职。评论家李辉分析邓拓极为深刻："他的政治家办报的素质"，"他对领袖的忠诚"，"他的性格，不会使他成为一个被动地旋转的风标，或者索性变为一个浅薄的、毫无政治操守的政客"。邓拓的强烈的责任感正义感与傲骨决定了他只能选择宁为"玉碎"……

廖沫沙的不同在于他说的以"阿Q精神"自卫，正如他接受我们采访时说的"冷静心宽为第一，凡事不急想得开"。"那是什么'文化大革命'呵！简直是恶作剧！胡闹！开玩笑！""你别把它当真！"

1968年，廖沫沙被捕入狱名曰监护。1972年，家人探监，告知吴晗夫妇几年前就被迫害致死，吴晗在监狱里被打成重伤，头发都被拔光，死得很惨。廖沫沙当时失声痛哭，写七律《悼吴晗》一首：

"'罢官'容易折腰难，
忆昔'投枪'梦一般。
'灯下集'中勤考据，
'三家村'里错帮闲。
低头四改'元璋传'，
举眼千回未过关。
夫妇双双飞去也，
只留鸿爪在人间。"

他在《偶感——读邓拓诗文》中写道：
"每见遗容肠欲断，
遗篇一读一份情。

吴晗追悼会上，吴步初填词《调寄满江红》，由廖沫沙书写，左上为吴晗夫妇墓。

多材自古终为累，
屈贾于今岂独吟。"

1975 年，廖沫沙被驱逐出北京，押往江西芳山林场劳动，冬寒冻夏炎热，也常自得其乐，用大头针雕刻橘子皮为花，吟诗自慰：

"一株清翠赠湘灵，
九畹贞风寄素心。
不畏严寒和酷暑，
幽岩之下度黄昏。"
转眼春来，又作《锄草》诗：
"春草虽锄犹自绿，
嫩枝插地又生根。
只缘沃土依然在，
细雨轻风又茁生。"

秋日傍晚收工，一人独自登芳山林场后山峰顶，写下《九月登高》：

"陆峭攀登凌绝顶，
辟峦起伏如奔龙。
将军已老心犹壮，
跨石披荆欲挽弓。"

粉碎"四人帮"后，"三家村"平反昭雪，他告别芳山林场，又写有《芳林告别》：

"此时芳林路几千，
芳林栖息又三年。
衔泥燕去犹回首，
且待春来看杜鹃。"

廖沫沙被召回北京，仍住在他东城区东四牌楼四条胡同 85 号，湖南老乡劫后相聚为他补庆 70 大寿。欢迎廖老讲话，他端起酒杯，调侃地说了句哲理名言："干杯，活着就是胜利！"

当《长沙晚报·星期天》专刊创刊时，我特地给在北京的长沙老乡、"文革"中受苦受难的前辈廖沫沙老人约稿，并寄了几张《星期天》专刊给他。很快，他老人家在 1 月 31 日亲笔回信给我，称赞我们的专刊："琳琅满目，图文并茂，既有知识趣味性，又无庸俗低级之感，……使我欣赏不止。"

我们真是受宠若惊，喜出望外。他答应给我报写稿，但他又说："我现在读书读报刊时间少，由此也使我感觉惭愧的是，我不能为你们尽力：我不仅年老体衰，写作困难，而且我现在读书读报刊的时间少，又没有具体工作，脱离现实，离开故乡（长沙）和你们如此遥远，要写出适合你们报上采用的文章就比登天还难。所以我现在不能肯定回答你：我何年何月向你们投寄稿件。我只能记住：有这样一笔文债，应当还债，如此而已。"

我们把他的信刊登在《星期天》专刊 2 月 24 日头版右上角，后又收入到华艺出版社出版的《星期天大观》书中。廖老年岁已高，能给我们回信已很不易，给我们晚辈莫大的鼓舞。我们按时寄报给他，但终究未能收到他的稿件。

廖沫沙老前辈，我们非常怀念十分敬仰的湖南老乡，他老人家的高尚人品、坚毅性格、幽默风趣，面对强暴宁死不屈充满乐观的国民精神，永远活在我们心里。今写上一点文字，永远记念他，阿门！

张文秋的丈夫刘谦初烈士

我所知道的毛泽东的亲家张文秋

11

一位革命老人，一位中国传统善良慈祥的母亲，朴实如农村妇女，她毫无"皇亲国戚"排场和架子，也没有满口"马列"。

清明时节，江南早已桃红柳绿。岳麓山那春风吹拂下的红杜鹃，似火苗闪烁，又如同朝霞中云彩，火红火红；但更像血，鲜红鲜红的血……

当一队队红领巾抬着"奠"字花圈走向烈士塔时，红杜鹃使人肃然起敬。

清明前夕，报社总编室告诉我革命老人张文秋从北京到长沙了。次日又告之，张老打来电话，要我去一趟九所。车从省委进入到绿荫浓密处，格外清静。在庭院内一片红杜鹃的花丛旁，松林和邵华两姐妹已等多时，她们领我们到九所3号楼客厅，张老坐在轮椅上笑着招呼我们。

张老特别和气，今年虽已八十四高龄，挺精神。我第一次见到她时，她穿一件典型的中国传统棉布妇女装，右襟上下一排布扣子，脚上穿的是黑色布鞋，像一个典型的从中国农村来的普通母亲，慈祥，随和，全无"皇亲国戚"的排场与架子。今天有点寒意，她穿一件花色妇女装，外加一件外套。

"来，汤记者坐到我边上来，今天可别着急走呀，等会我们一起吃饺子。"

她对我帮她整理文稿表示谢意："我老啦，记忆力也不如过去了，写点东西很吃力。你这一修改，文章就通畅了，你帮我分段加的这三个标题《最初教诲》《革命洪流》《一代尊师》，加得好呵！"

"哪里呀！这些都是您老自己的话，我只不过分一分段，主要取与董老有关的，删掉了一点重复的。"我回答。

这是张老最近为纪念董必武诞生一百周年写的一万四千字回忆录，她戴着

张文秋革命老人（《长沙晚报》资料室，钟友援摄）

老花镜写了一个半月，从这些十行纸上密密麻麻的蝇头小字里，我看到五四时代一个十五六岁剪着短发的女中学生身影；她的国文和历史教员——文质彬彬、穿着长袍子的董必武老师，她的英文和自然教员——平易近人、戴着眼镜的陈谭秋老师，都仿佛活生生地呈现在眼前。全文像讲话一样，没有豪言壮语，写她在湖北老家第一次见到董老，随后她一群天真活泼的中学生跟着董老参加革命，是温馨的充满热血的回忆，没有那些满口"马列"的大话空话，非常朴实，非常亲切。

张文秋老人对董老十分敬仰。今年 3 月 5 日，是董老诞生一百周年，我在《星期天》专刊头版也特地刊载了董老的照片及他 1970 年写的《牯岭即事》诗一首："山中连日雨阴沉，秋肃为功动鬼神。午后云开红日出，林间暖入晚清新。"以示怀念。

张文秋老人经历了五四、北伐、土地革命、抗日、解放战争直到现在几个历史时期，已六十多年。她二十五岁任山东省地下省委妇女部长；丈夫刘谦初（刘松林的父亲）燕京大学毕业后投笔从戎，参加北伐，主持北伐十一军期刊《血路》编辑工作，1929 年任山东省委书记时不幸被捕，1931 年 4 月 5 日英勇就义，时年仅三十四岁。任弼时曾说刘谦初在狱中写给党中央的信"雄辩滔滔"，周恩来称他是"党的好干部"。毛泽东后来追念说："谦初可惜死的太早了。"张老写的回忆录《党的忠实儿子》，记录了刘谦初烈士的一生。张老后与陈振亚结婚，生下二女儿，即邵华。陈振亚是湖南石门人，早年随彭德怀在平江起义后进军井冈山，参加了五次反围剿斗争，二万五千里长征腿部受伤。1939 年经军委批准去苏联治伤，不料经新疆迪化（今乌鲁木齐）时，被军阀盛世才扣留，1942 年在新疆牺牲。张老写的回忆录文情并茂。我想，她女儿邵华与毛岸英的《我们爱韶山的红杜鹃》一文，大概也受了她母亲的熏陶吧。邵华最近从军事学院调到总参，是为了协助张老写上海闸北地下工作回忆录。

张老正着手写纪念左权烈士诞生八十周年的文章，我说："左权将军是我们湖南醴陵人，是我老乡呢，

（左图）采访张文秋老人时在蓉园九所合影 （右图）张文秋老人一家（钟友援摄）

应该寄给我们《长沙晚报》先发表吧！"张老笑着说："你们办报的，还有松林她们出版社的，真是三句不离本行啦！好的，我写，我们老同志把我们经历的历史故事写下来，留给下一代。"

松林是张老的大女儿，毛岸英烈士的夫人，北京大学俄语系毕业，现在解放军文艺出版社工作。她与妹妹邵华曾在抗日战争时跟着张老送陈振亚去养伤绕道新疆赴苏联途中，陈振亚和她们母女三人与一百三十一名党员全部被捕。她们母女三人坐了四年牢，直到 1946 年 10 月才被营救出狱回到延安。陈谭秋、毛泽民、陈振亚、林基路四位烈士就是那次被新疆军阀盛世才杀害的。

谈起往事，张老沉默了一会，似乎眼眶里含着泪花，在这位慈祥的老人心里，不知有多少欢乐和欣慰！又有多少血与泪呵！只一会儿，张老摸了一下眼睛，立时又爽朗地笑着说："呵！来，来，都坐过来，吃饺子啰！"我们一边吃饺子，一边又笑着谈起她在上海搞地下工作时扮演假夫妻的故事。

她丈夫山东地下省委书记刘谦初牺牲后，1930 年，她从济南监狱脱险被派到上海，在苏维埃准备委员会（简称"苏准会"）担任办公厅副主任兼机要秘书。他们在上海繁华市区英租界卡德路和爱文义路交叉口，用高价租赁了两栋宽敞的三层楼房做住宅，两面临街都有大门出入，闹中取静，很适合进行党的秘密工作。为掩护机关，党的指示："苏准会"秘书长林育南同志和她扮成假夫妻。林育南化名李敬塘，西装革履，装扮成一个从南洋回国经商的华侨；张老化名李丽娟，打扮得花枝招展，好似一个有钱人家少奶。两栋房子布置得俨然像一个家藏万金的华侨大资本家豪宅，还"雇"有"厨师"、"佣人"，进出都乘坐小汽车。在"苏准会"这个秘密机关里，党中央、全总及其他部门负责人李立三、周恩来、任弼时等，经常前来商谈工作，讨论起草文件。

张老亲切地回忆着：6 月的一天下午，中央派车送来一位客人到这豪宅。胖胖的，中等个，头戴灰色礼帽，身穿一件灰色春秋绸质长袍，庄青西服裤，黑色皮鞋。他走进办公厅，笑着说："我来找李立三和周恩来同志。"

张老说："中央打过招呼的，我知道他就是左权。左权向李立三、周恩来汇报了他在莫斯科中山大学和伏龙芝军事学院学习情况。中央这次调他回来，准备派他到苏区去工作。李立三、周恩来同志走后，左权同志就住在我们这个豪宅里了。"

1937 年，张老被调回延安。左权后任中国工农红军学校第一分校教育长、第十五军军长、第一军团参谋长和代理军团长，率部参加了反"围剿"和长征。1937 年任八路军副总参谋长，协助朱德、彭德怀指挥八路军在华北开展敌后游击战争，创建抗日根据地，成为威震敌胆的一代名将。

我们认真听着张老说："唉！好难料呀，1939 年，我和爱人陈振亚赴苏联养伤，不幸中途被盛世才扣留在新疆迪化关在牢狱里，我丈夫就在那时被害。直到 1946 年当我带着女儿回到延安时，左权将军已壮烈牺牲四年了，我当时十分悲痛，作了一首通俗诗，你看看，写得不好。'故人迪化脱锁链，将军麻田遭蒙难。正当中原驱虎豹，何期万里另有天'。"

她说回北京写好后，答应一定先寄给我们《长沙晚报》发表，但要我答应给她修改。我说："好，您放心，我首先拜读啊！"她的这段时期的回忆是在北京西山写的，信和稿件后还有"写于 1986 年 6 月 15 日"，我 7 月收到，她这段回忆我把它压缩精简为《怀念左权将军》，刊登在 1986 年 7 月 20 日《长沙晚报·星期天》专刊头版头条。

这次在长沙九所聚会，张老特别高兴，我走时她把她北京家的地址和电话号码写在我采访本上，说："你到北京时，记得给我打电话啊！"

告别张老，松林邵华两姐妹送我们到庭院时，脑子里充满着董老、陈谭秋老师、李立三、周恩来、左权、刘歉初、陈振亚这些老前辈的英雄形象，在九所庭院，我们又看到那如血一般的红杜鹃。收音机正播放着歌曲《我是一棵小草》："没有花香，没有树高，我是一棵无人知道的小草……"歌声深沉，催人泪下。

车出九所，在灯火辉煌的长沙大街上急驶，我回想着张老的话，回索着白天瞻仰烈士塔下展览厅烈士群像和那成册的烈士名单，那战火中千千万万个没有留下姓名的英灵……

啊，血一般红的杜鹃花啊。

张老，一位革命老人，一位中国传统善良慈祥的母亲，朴实得如同一个普通的农村妇女。

她毫无"皇亲国戚"的排场和架子，也没有满口"马列"。

呵！你血一般红的杜鹃花，在我们老百姓的心里，暖和温馨，火红火红。

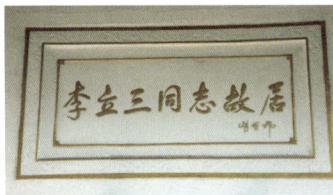

12

（左图）良庄，陈明仁故居；（右图）胡耀邦题：李立三同志故居

几个醴陵人在长沙唱了一局大戏

—— 长沙古城 1949 年 8 月全景长镜头

· 引子 ·

　　醴陵县城瓜畲坪"耐园"，有一棵高大石榴树开着像小酒杯样火红的花，下面菜地边有带刺的月季，我们叫月月红，外面用土砖作围墙，有三间小瓦房，这里就是我外婆家。外婆家门前的大水塘波光涟漪，蓝天白云塘边树木全倒影其中。塘左边是外公本家李氏宗祠，李隆郅（后改名李立三，因工人大多不认得这个"郅"字，当时著名工人领袖夏明翰给他改的名，毛润之说："这名字好，工人老乡老表都认得。"）从这里投身工人运动到江西安源煤矿领导大罢工。他家比我外婆家大得多，是个富人家，大院落，名叫"芋园"。隔大水塘对面相望，就是陈明仁将军的公馆，门顶上有两个大字"良莊"，左边写着"何健题"，红砖高墙巍然屹立，两扇大门紧闭，门上都有铜圈把手。

　　我细舅舅李隆信与"良莊"的陈明信（陈明仁将军家五兄弟排行为仁、义、礼、智、信），还有阳名瓒（后来是醴陵一中著名数理老师）、温国平（来自醴陵东乡温家冲，后投笔从戎参加北伐）都是同学和童年伙伴，我母亲李隆冰比他们高一个班，一到周末或节假日他们常到我外婆家"耐园"开餐聚会。我长大后，他们（陈明信最先在他哥哥手下当副官，阳名瓒老师教我数学，吴达成胖子老师教我体育）来我家时陈明信还骑着一匹大白马。我第一次看见在家乡很有名气的陈明仁将军是我读小学时。1947 年东北四平战役后，彭熙明（曾任醴陵县报主编、地下党）校长邀请回到醴陵家乡的陈明仁将军来我们培元小学作报告，他一身军装笔挺地站在讲台上，用茶杯作碉堡比划着他打仗的战术。陈明仁将军在家乡口碑好，黄埔军校毕业在北伐战争身先士卒治军极严，在抗日战争中率部赴西南和缅甸任抗日远征军 71 军军长，他把最爱的胞弟陈明信带在身边担任 71 军特务团长。1945 年 1 月盟军与日军激战缅甸回龙山久攻不下，陈明仁立下军令状三天击溃日军攻下回龙山，威震东南亚，受蒋介石和兵团总司令黄杰嘉奖。陈明仁在家乡礼贤下士，坐与立皆腰杆笔直，目不斜视；尤对长辈孝敬毕恭；对待妻子谢芳如几十年病重他亲自

1949 年冬，人民解放军四野十二兵团司令员萧劲光（左一）与程潜（左二）、陈明仁将军（左三）在长沙合影。

侍候如一日传为佳话，成醴陵人做丈夫的楷模。

·拜访"良莊"和"芋园"·

听说家乡陈明仁的公馆由株洲市和醴陵市负责已装修一新，新年前夕，2013 年 12 月中，我从广州回老家，原醴陵县副县长王泰诚陪我去城区瓜畲坪访问"良莊"。红砖围墙依旧，破旧的大门已焕然一新，"良莊"和"何健题"字都已重新粉刷，右墙上加了块竖直黑底金字匾额"陈明仁故居"，上面系着的红绸依在。正厅是陈明仁将军着人民解放军上将军衔的半身雕像，下面标记着"1903—1974"。各个展室洁净明亮，一幅幅珍贵的历史照片把我们带到那烽火硝烟岁月。王副县长就是 1949 年率领我们醴陵学生运动"要自由，要民主，反饥饿，反迫害"4·28 大游行的地下党学生支部领导人。

王副县长又陪我拜访了"芋园"，这是坐落在树林环抱的福字岭下的一个大院落，正门上是胡耀邦亲笔题写的匾额"李立三故居"。李立三从小同情穷苦人家，他父亲曾要他拿着借条到穷苦农民家催租，他见到的农民家是快要倒塌的房子和衣服破烂，他当着农民的面把借条撕掉。展室生动形象地介绍了李立三毅然从醴陵大富家庭出走，投身革命，从醴陵出发，首先到邻里江西，到安源煤矿，到上海，到苏区，到苏联，到延安，到北京的全部历程，真实地展现了他为人民事业忠心耿耿、鞠躬尽瘁的一生。

·运筹帷幄·

1948 年 9 月，人民解放军发起济南战役揭开了战略反攻的序幕，中国局势发生了惊天动地的大变化。中国北部，从 1948 年到 1949 年初，经过辽沈、平津、淮海三大战役，人民解放事业的胜利即成定局。中国南边，李宗仁当选副总统，蒋介石立即以何应钦取代白崇禧为国防部长，白崇禧则调往武汉任华中"剿总"司令。为牵制新桂系，任命竞选失败的国民党元老程潜为长沙绥靖公署主任（辖湘赣两省）兼湖南省主席，同时派其嫡系将领跟随程潜左右实施监视。程潜十分明白蒋之意图，他在 7 月 24 日抵达长沙正式就职后，积极扩军掌握实力以"应变"。到了 1948 年底由长沙绥署扩编已有四个军，即 102 军、123 军、14 军、100 军。又将省保安大队扩编为三个旅。程潜，这位国民党元老，早在 1945 年重庆谈判期间，就与湖南老乡毛泽东有过亲切会见和默契，与周恩来、林伯渠接触甚密。他在积极谋求出路。湖南地下党省委书记周里派出余志宏（地下党，醴陵浦口人，其姐夫即醴陵县地下党县委书记孟树德）等人与其联系。

（左一）政协第一届第二次会议大会休息时毛泽东与程潜合影
（左二）1956年3月中央军委扩大会议时毛泽东与陈明仁合影
（左三）1942年3月日寇疯狂侵入印缅边境，蒋介石急令陈明仁率第71军参加远征军对日作战连连告捷，蒋介石与陈明仁合影。

程潜准备和共产党合作，寻求光明，并派他的族弟程星龄和余志宏单线联络。余志宏1948年8月，即邀请程星龄全家从台湾回长沙住南门小林子冲。同时程潜积极谋划将他的醴陵同乡、他早年的学生陈明仁调回湖南掌握军队。

原先陈明仁在东北四平激战获胜，蒋介石升他为第七兵团司令并颁发青天白日勋章。后受陈诚排挤，表面任命他为南京中将高参实则削其兵权。陈明仁愤然从未去国防部上班，终日喝酒打牌。在四平激战转入巷战时，1947年6月17日被俘的陈明仁的警卫团团长、亲弟弟陈明信，从东北释放到南京。曾有谣言传到家乡说"陈明信被共军俘虏枪毙了"。此时，兄弟相见，大喜过望，胞弟陈明信给大哥特别转告了同乡醴陵街邻李立三真心劝说的话，并叙述亲身被俘受到优待的事实，陈明仁触动甚大，开始怀疑国民党的宣传到底有几分真实。

1949年2月18日，陈明仁终以华中剿总副司令兼第一兵团司令官的身份率71军、29军从汉口开赴湖南。

陈明仁到长沙首先拜见程潜主席，两人秘密商谈，陈明仁把蒋介石命令他监视程潜的手令交给了他的老校长。程潜看了淡然一笑说："他握有兵权，要杀要捉听便。"陈明仁说："我才不听蒋介石的！"程潜不久把章士钊在香港要程星龄转交毛泽东给程潜的信告诉陈明仁，其中毛泽东特别提到陈明仁："当时，陈明仁是坐在他们的船上，各划各的船，都想划赢，这是理所当然，我们会谅解，只要站过来就行了，我们还要重用他。"这次两个掌握湖南军政大权的醴陵人已全然心知肚明。

1949年7月下旬，白崇禧迫使程潜从长沙出走邵阳，把长沙方面的后事交给陈明仁后，他才离开长沙退守衡阳。

·兵临城下·

此时，人民解放军挥戈南下，浩浩荡荡，分中、西、东三路大举入湘。人民解放军声威震撼大江南北，旌旗指处，所向披靡，接连占领了平江、浏阳、岳阳、临澧、津市、澧县、醴陵等县市。兵临长沙城下，古城解放，指日可待。陈明仁在公开场合发表谈话，表示决心奋战到底，但不在长沙市内作战，要市民不要心慌不要迁动，佯作在岳麓山大修工事，准备死守长沙。白崇禧在衡阳曾多次密令陈明仁处决政治犯，炸毁桥梁破坏交通。陈明仁暗中拖延，白崇禧已鞭长莫及。省工委派余志宏为全权代表与程陈的全权代表程星龄谈判密锣紧鼓。长沙空气异常紧张，两种势力斗争白热化，1949年8月1日，人民解放军正式派李明灏（醴陵人，著名进步民主人士、陈明仁的老师、原国民党高级将领）与程潜、陈明仁两将军协商确定起义具体事宜。正在此时，蒋介石、李宗仁、白崇禧派黄杰、邓文仪（也是醴陵人）携带大量金条和光洋，飞赴长沙机场（即协操坪，解放后改为东方红广场，现为省体育馆训练场），并带有蒋介石的亲笔信，要陈明仁"实行兵谏，大义灭亲，杀掉程潜"。

（左一）程潜，字颂云，人称颂公，醴陵官庄人，早年读日本早稻田大学，国民党元老任中央执委，北伐任军长，抗日时授上将军衔任第一战区司令长官，后任湖南省长。1949年与陈明仁率部起义后历任全国人大副委员长、湖南省政府主席，1968病逝。善书和诗，著有《养复园诗集》《程潜诗集》收入各时期诗作179首；（左二）开国上将陈明仁；（左三）岳麓山上陈明仁将军之墓；（右）陶铸代表中共和解放军在浏阳市授二十一兵团司令陈明仁军旗

· 喜鹊声声 ·

三天后，1949年8月4日，程潜、陈明仁领衔通电起义，正式宣布：自即日起加入人民政府与人民行列。8月5日，长沙老百姓夹道欢迎，人民解放军从东屯渡进小吴门过中山路进入湖南省会。这一顺应历史潮流的义举使长沙古城和全城百姓免于战火涂炭。毛主席来电嘉勉称之为："大义昭著，薄海欢迎。"即委任程潜为湖南省临时政府主席、湖南军区副司令。毛主席电邀程潜、陈明仁到北京出席全国政协第一次会议，随行有李明灏、方叔章、程情洪、程星龄、朱明章、杨敏先等。抵京时，毛泽东主席、朱德总司令、周恩来副主席、林伯渠秘书长等亲到车站迎接，当晚举行晚宴，还有陈毅、粟裕、罗瑞卿和张元济、陈叔通等陪同。次日游览天坛到祈年殿前，毛泽东特地从人群中召请陈明仁和他并排合影。毛泽东要陈明仁洗五十打照片，分赠朋友，说："你仍旧带部队吧，我们决定把你的一兵团改编成人民解放军，仍由你当司令员。他们不是说杜聿明、王耀武被我们五马分尸干掉了吗？你去看看。"陈明仁到了山东济南王耀武和杜聿明住处。他回湘后把亲身所见写信说服西南蒋军将领，让他们走新的道路。

1949年12月2日，一兵团正式编为中国人民解放军第二十一兵团，任命陈明仁为兵团司令员，唐天际为政治委员，在浏阳举行授封典礼。陈明仁后又出任人民解放军第55军军长，授予开国上将军衔，荣获一级解放勋章。他胞弟陈明信随大哥起义后任副师长，1952年7月由程潜亲自委任为湖南省参事室参事。1974年兄弟二人先后去世。2009年庆祝湖南和平起义60周年，8月2日陈明仁骨灰从北京八宝山迁到长沙岳麓山与妻子墓谢芳如合葬。从岳麓山走大道可到蟒蛇洞附近，一条水泥路通往树林环抱修建一新的新墓地，新修墓碑即"陈明仁将军之墓"。

毛泽东在北京特地接见了程星龄，说："颂公（即程潜的尊称）在军政界搞得久，旧部多，需要安插的尽可能地予以安插。可能还有人向他要点钱，或者他自己想送点钱给老朋友或老部下，都得替他设想到，免得他为难。现在决定由政府按月送给他特别费大米五万斤（币制改革后，折成为五千元），任其开支，不受任何限制。"（这项特别费，当时由程潜委托省人民政府秘书长张孟旭保管。）"颂公老年人，免不了留恋家乡。他在长沙有所房子。我们替他在北京也准备了一所房子。在湖南有个职务，在北京也有职务，可以在长沙住，也可以在北京住，只要参加一些重要会议，不要搞具体工作，让他过好晚年。"

1949年11月3日，程潜等从北京回到长沙，湖南党政军负责人黄克诚、萧劲光、王首道、金明、袁任远等都亲自到车站欢迎。程潜发表谈话，表示"要尽一切努力来彻底实现人民政协的共同纲领。以建设民主、繁荣、富强的新湖南"。

今天阳光灿烂，几只喜鹊兴高采烈地叫着飞过，我和王泰诚副县长参观了"良莊"、"芋园"，走醴陵新城大街过渌江桥到花红柳绿的状元洲上，看渌江畔西山红佛墓旁是高高的左权全身雕像，上面是蓝天白云遥远的天际。啊！醴陵城，风景美如画；醴陵人，自恃而倔强。一晃一辈子，回眸人生走过的烟雨岁月，引起我们无限的思念、惆怅和遐想……

13

将汝忽然来打破　通身何处有心肝

—— 看白石老人的风骨

我最喜欢郑景康摄影家拍摄的《人民艺术家齐白石》。它真实细腻再现了我们湖南湘潭白石老人，你看面部肌肉起伏、皮肤皱纹、白发长须以及老人斑印记，宽阔前额下眼镜后是睿智的眼神，把他刚直不阿的性格风采拍得恰到好处。我爱之不舍，曾把它转载刊在《星期天》专刊第六期上。

齐白石，这位世界文化名人、国际和平奖金获得者，刚直不阿，不畏权势，与同乡湘潭人氏彭德怀性格相通，为我们湘人所敬仰。

齐白石老人对真才实学的前辈十分敬重。他在 56 岁定居北京以前一直在家乡跟梅花大师尹和伯学画梅花。人民美术出版社 1982 年出版的《齐白石画选》有一幅梅花图，白石老人题有《七绝》：

“今古公论几绝伦，
梅花神外写来真。
补之和伯缶庐去，
有识梅花应断魂。”

诗后写有题跋“和伯老人，湘潭人，余前之所言之三人画梅，余推此老为最妙，此老自言学杨补之，余以为过之远矣。可惜出长沙界不知老为何人。寄萍堂上老人画并题记，时居京华”（“补之”为南宋画家杨无咎，“缶庐”即近代艺术大师吴昌硕）。白石老人认为，此二人画梅都比不上尹和伯。

齐白石老人从家乡湖南去北京，曾饱受白眼。他厌恶官场，孤高自重。据

乌纱白扇俨然官
不倒原来泥半团
将汝忽然来打破
通身何处有心肝
白石山翁画并题

佩生先生正画陈溪家年第十年代

（上图）《人民艺术家齐白石》
　　——郑景康摄
（下图）《不倒翁》
　　——齐白石画

白石老人的儿子齐良迟回忆，有次他父亲被邀到一大官僚家。在座均为军政各界大人物，都不认识孤坐一旁穿着简朴的齐白石，投来是冷眼轻视目光。正当这些官场大人物谈笑风生时，梅兰芳走了进来，看到老人，立刻走到前面鞠了一个躬后，然后坐在白石老人身旁问寒问暖，满屋人大为惊讶。梅兰芳即给那些大人物介绍，这帮权贵们才纷纷走到白石老人面前寒暄致意。

事后，白石老人画了一幅《雪中送炭》画，在上面特地题诗一首：

"而今沦落长安市，
幸得梅郎识姓名。"
白石老人九十一岁时，又画了一幅《不倒翁》，也题了一首诗：
"乌纱白扇俨然官，
不倒原来泥半团，
将汝忽然来打破，
通身何处有心肝。"

14

白石老人同村黎氏八俊杰

与白石老人同乡同村的湘潭人氏黎松安， 也住湘潭县晓霞乡长塘村，距县城90华里，群山环抱，山清水秀。他们两家相距仅两里地。

黎松安曾任清朝漕运总督，是江苏巡抚黎培敬之后。黎氏晚清秀才、书法家；当时齐白石是当地一有名的木匠。据我的老师、长郡中学教导主任赖康宁回忆，黎常请齐到家做雕花木器画祖宗像，做完后黎总是备酒款待甚欢，成为知己。黎善篆刻，成为齐白石最早的篆刻老师。

黎为书香门第，湘潭望族，历代书画艺术珍品甚多，任由齐白石观摩阅览，他们喝酒时细致观察鱼虾蟹入神，认为绘画珍品之妙在神似，"在似与不似之间，太似为媚俗，不似为欺世"。齐白石曾赠黎松安八仙之一"铁拐李"画，黎视为珍品收藏，每来宾客，必展示说："你看！这铁拐李挖耳朵的神似，真令人拍案叫绝！"黎齐两家成为世交。黎松安有八子三女，个个出类拔萃。

老大黎锦熙（1890——1978），中国著名语言学家，教育家，社会活动家。曾任一师教员，是毛泽东、周世钊的老师。黎锦熙也是老报人，在长沙创办了《大公报》，1915年调北京受聘教育部，后任北师大一级教授、文学院院长，中国科学院首届学部委员，北师大校长。他一生对中国语言文学研究贡献颇大，他一生写了七十八年的日记，持之以恒，从1901年12岁起一直写到1978年89岁临终前夕。日记记载了他一生经历的清末、民初、帝制复辟、北洋政府、国民政府、中华人民共和国各个历史阶段的国内外大事、政权兴废、自然灾害、学术交流、人物评品、亲友往来和社会生活，是极珍贵的史料和历史见证。

老二黎锦晖，中国著名儿童音乐家。他早年在上海创办的"明月社"以儿童歌舞著称全国。他写的《可怜的秋香》《小小画家》《麻雀与小孩》，是我们儿童时代十分喜爱的歌曲。过去，一直以他的《桃花江》《毛毛雨》《特别快车》来指责他是三十年代黄色歌曲代表人物，这不全面，也不公正。陈毅在井冈山苏区就曾用他的《桃花江》填词，把"桃花千万朵，比不上美人多"改成"红花千万朵，送给红军哥"。在 1956 年全国第三次文代会上，刘少奇就特别提到黎锦晖创作的《小小画家》。《葡萄仙子》是中国歌舞剧开始，是奠基之作。事实上他一生中写过许多爱国与进步歌曲，如孙中山逝世写的《总理纪念歌》，北伐时写《同志革命歌》《欢迎革命军》《当兵保民》以及抗战时在长沙写的《中华民族抗战歌十七首》。他写的《民族之光》电影插曲更是轰动了三十年代。

老三黎锦跃，是采矿工程师；老四黎锦纾，是中国平民教育家。大革命前去欧洲勤工俭学，与朱德是一个小组。在德国获柏林大学哲学博士回国后一直从事平民教育。老五黎锦焰，1927 年唐山交通大学毕业，是滦河大铁桥总设计师，解放后任铁道部设计局局长、华北人民政府交通部副部长。老六黎锦明，是中国近代小说家，被誉为"湘中作家"。先在海南海丰中学任国文教员，他把亲眼目睹的海丰农民运动写成小说《尘影》，鲁迅很欣赏，并作序，于 1927 年 12 月上海开明书店出版。后任河南《朝报》副刊编辑。老七黎锦光，1926 年从湖南大学南下投笔从戎考入黄埔军校参加北伐，受伤后去上海加入二哥的明月歌舞团，当演员，又作曲，任指挥，成为黎派歌曲传人。为周璇、白光、白虹等歌星创作了大量名曲。最有名的即为李香兰创作的《夜来香》。老八黎锦扬，毕业于西南联大，留学美国，写了十多部长篇在美国出版。他写的《花鼓歌》拍成电影很受欢迎。

在湘籍早期电影明星中，著名的有白杨（湖南湘阴人）、王人美（湖南浏阳人）和黎明晖（湖南湘潭人）。黎明晖即黎锦晖的女儿。1923 年，她 10 多岁就主演了《葡萄仙子》歌舞而闻名；1924 年演电影《战功》中的"小妹妹"年仅 15 岁，受到全国影迷喜爱，写信只要写上"上海小妹妹收"，就会寄到她手上。她 1988 年八十岁，在回忆录上写道："二十年代我国电影刚刚起步，不少人演出比较夸张做作，而我才十五、十六岁，大多扮演孩童和学生，可能我是自然、活泼、爽朗地演来，所以获得观众喜爱吧！"

大作曲家黎锦光与歌女李香兰

15

照例，每周星期四下午编辑部开党委编委扩大会， 这次传达中宣部内部文件指示，曰：百余首黄色歌曲严禁在报刊上登载和宣扬，云云。大家无话，遵守便是。因当时正批判一篇小说，刘心武的《班主任》；一首歌，李谷一唱《乡恋》；一张画，西南某美院一老师作品《农民》。

不久，复旦大学学生卢新华发表了小说《伤痕》，引起一场争论，也同时掀起了一场《伤痕》热……

又不久，那严禁的"黄色歌曲"中第一首即《何日君再来》，而且是邓丽君唱的，开始在大庭广众中热唱，自然也包括了李香兰在上海首唱的《夜来香》。这《夜来香》是我国著名大作曲家黎锦光写的，他还创作了很多抗日救亡歌曲，我小的时候都唱过。

读者来信询问，我就在副刊上作了些介绍。这些歌如今早已做成碟，正式发行，到处传唱了。

流行歌作曲家黎锦光，湘潭县晓霞乡人。他1907年出生，从小喜欢音乐，特别爱好花鼓调。他兄弟8人，排行第七，常以李七牛笔名发表歌曲创作，1926年就读于湖南大学，投笔从戎，同年与同学步行到广州投考黄埔军校。毕业后打军阀在武汉负伤后，到上海开始探索中国式流行歌曲。四十年代初，他创作了如周璇唱的《采槟榔》，梁萍唱的《少年之我》，以及电影《西厢记》插曲《拷红》、《红楼梦》插曲《葬花》，还有《人人都说西湖好》、《小放牛》、《王昭君》、《香格里拉》等，都风靡一时。

解放后，黎锦光编配了《接过雷锋的枪》等管乐曲和《送我一枝玫瑰花》《青春圆舞曲》等较有影响的轻音乐曲。他说："创作中国的流行歌曲，是我毕生

黎锦光

的追求……"这是他的肺腑之言。

据我长郡中学的老师赖康宁回忆，黎锦光还这样说过："我一生值得回忆的创作，就是《夜来香》。"这是他 1940 年的创作，首唱这支歌的是女歌星李香兰。提到李香兰，就要引出一段坎坷的经历。1920年一对日本夫妇来华谋生，生下一女儿名山口淑子，后从沈阳迁居抚顺。1933 年在沈阳被其父的结义兄弟，伪沈阳银行总裁李际春收为义女，取名李香兰。李香兰受到很好的教养，相貌出众，是个秀丽的姑娘，后在上海成为中国的红歌星。锦光先生《夜来香》出稿，就由李香兰演唱。

《夜来香》，是当时哥伦比亚唱片公司百代公司委托作曲家黎锦光创作的，他曾说："《夜来香》的曲子，是以《卖夜来香》和另一首古歌为主题而谱写成的。"夜来香这中国之花，又叫月下香，是一种在月下、庭院中开放的充满香味的白花。黎锦光在中国古典的旋律与节奏上，添加了欧美风格，形成一种轻快的慢伦巴舞曲，结尾重复部分又注入中国音乐风格，使之更富于抒情。作词作曲为金玉谷，即黎锦光的笔名。

那晚风吹来清凉，
那夜莺啼声凄怆。
月下的花儿都入梦，
只有那夜来香，
吐露着芬芳，
我爱这夜色茫茫，
也爱这夜莺歌唱。
更爱花一般的梦。
拥抱着夜来香，
吻着夜来香，
夜来香我为你歌唱，
夜来香我为你思量。
啊……

（左）李香兰；（右）周璇

我为你歌唱，
我为你思量！
夜来香，
夜来香，
夜来香！

　　李香兰首次演唱《夜来香》轰动了上海，掌声不绝。李香兰只好又出台连连唱了三首当时周璇的拿手歌曲《四季歌》《不变的心》和《疯狂世界》。当时周璇与白杨等手持鲜花上台祝贺。黎锦光与指挥服部良一都很激动。这首《疯狂世界》，是黎锦光为周璇作词作曲的歌曲，与《夜来香》在同一时期流行。

　　李香兰不仅是当时名噪一时的歌星，也是非常走红的影星，她的演唱艺术曾经影响了中国一代人，战后，在准备以"间谍嫌疑"问斩李香兰时，她拿出了日本国的户口本，道出了山口淑子这一真实姓名。法官只好以"在伦理和道义上背叛了中国"而取消了对她的原判，遣送回国。现在，这位在中国度过了半辈子的文化名人已成为日本参议院议员而步入政坛。

　　她与外交官山鹰弘结婚后，改名为山鹰淑子。她的歌仍在日本久唱不衰。1950 年日本维多唱片公司发售李香兰灌唱的日本版《夜来香》，虽然是经济十分艰苦的战后，出售 20 万张，也一卖而空。

　　当年 25 岁的歌星李香兰，曾伤心地说："我很想念《夜来香》的作者黎锦光先生，是他造就了我，如果我能再见到黎先生，该是多快乐的事……"

　　1981 年 7 月 29 日，黎锦光接受日方邀请访问了日本，锦光先生到东京的当天，在新大谷饭店，李香兰演唱中文《夜来香》，欢迎黎先生及其女儿小东。服部良一亲自钢琴伴奏，留下了一张珍贵的照片。1985 年 5 月 25 日，我国《参考消息》刊登了《昔日歌女今日政要李香兰》文中提到"当年的名作词作曲家已经年高七十多岁，而小歌女已经是国际政坛上的风云人物"，说的作词作曲就是黎锦光老先生。

16

三湘第一个明星美女王人美

"桃花江是美人窝，

桃花千万朵，

比不上美人多⋯⋯"

《桃花江》歌词，即著名音乐家黎锦晖所作，此歌曾广为流传。桃花江在湘北，全长 58 公里，流入湖南四大水系湘资沅澧中的资江。江水味甜，清澈碧透，女孩长期饮用俊俏秀美，皮肤白里透红，故说"桃花江美人窝"。其实，湘江蒸水、汨罗江、渌江和浏阳河，资江的大夷水、赫水，湘南的潇水渌水、渫水、道水、渗水，沅江的龙头江、重安江、猛洞河、清水江、舞水，均来自深远的翠绿高山，条条河水养人，故又有"湘妹子美人多"。

湘妹子王人美，是从长沙走向银屏的第一美女明星。她祖籍浏阳，1914年 4 月 12 日生于长沙。父亲王立庵是湖南一师名老教师。王人美 6 岁上一师附小，12 岁考入女师，爱唱《苏武牧羊》《木兰从军》等歌曲。17 岁加入黎锦晖的中华歌舞团，与黎莉莉、黎明健成为歌舞团的三大台柱子。她原名王庶熙，王人美是她加入歌舞团改的艺名。1931 年演出电影《野玫瑰》，1933 年当她 19 岁时，由蔡楚生编导，她与金焰合作主演了《渔光曲》，她美丽纯情的少女容貌，她真挚朴素的火热情感，塑造了贫苦渔家女儿小猫的形象。演出时轰动整个上海，连映 84 天场场爆满。王人美演唱的《渔光曲》从此传遍全国。1935 年在莫斯科第一届国际电影节上，电影《渔光曲》荣获金奖。1941 年新华社筹建广播电台时，毛泽东将仅有的二十几张唱片一个个反复播放，最后大家一致选定王人美唱的《渔光曲》作前奏曲：

"云儿飘在海空，
鱼儿藏在水中，
早晨太阳里晒渔网，
迎面吹来了大海风……"

　　这是我们儿时最爱唱的歌曲之一，给我们带来永远的欢乐和难忘的记忆。王人美自己说过："我演的电影，我最喜欢《渔光曲》。我主演的形象，我最喜欢小猫；无论是年龄上，性格上，气质上，都接近我自己；这使我容易理解和进入角色。"1987年4月12日，王人美去世，享年72岁。她的朋友黄时莫作有很形象的挽诗以寄哀思："本从浏阳河上来，人像浏阳河样美。今向浏阳河畔去，魂伴浏阳河边水！"

17

湘中才女琼瑶和她的爷爷

如今堂堂文艺舞台，低级演出比比皆是，荧屏中充斥着粗制滥造庸俗烂片，真正的文化艺术何在？而《甄嬛传》，由数家卫视反复热播，享誉全国；从编剧到演技，可圈可点！据媒体人告曰，琼瑶有评说："电视历史剧以《还珠格格》在华人范围影响最广，是清宫喜剧之经典，而《甄嬛传》是为当今历史剧佳品，是登峰造极之作。"琼瑶的许多作品文学根底好，才华横溢，是有原因的。

琼瑶，本名陈喆，小名凤凰，祖籍湖南衡阳县，渣江镇人。琼瑶的爷爷陈墨西老人最疼爱孙女，视为掌上明珠，书香门第之熏陶，使她成为誉满神州女作家，可谓湘中佳人才女。

陈墨西的远祖陈朝知，曾任明代镇威将军，祖父陈维之为清代江西九江知州。陈墨西世代书香，文史知识渊博，1909 年东渡日本，先与黄兴为友，后结识孙中山，加入同盟会。1911 年随孙中山回国，1923 年任广州大元帅府咨议，1925 年参加第一次东征收复惠阳被任命为惠阳县县长，1926 年任北伐军总司令部顾问。"四一二"政变后退出政界。1928 年赴北平辅仁高校执教七年。1935 年返家乡，先后在衡阳女中和衡山南华中学任教，琼瑶的父母也在该校教国文。

琼瑶少女时代充满欢乐，先和爷爷住祖屋"兰芝堂"，后随爷爷父母住到风景优美如画的南岳山峦中的南华中学，享受着绿林山泉碧水的抚育和大人的疼爱，更受到家庭古典文学的熏陶。琼瑶从小就熟背古典诗文，她的笔名就取自诗经"投我以木桃，报之以琼瑶"。她的小说大多出自她背诵过的经典，如《在水一方》就源于《诗经·国风》的"秦·小戎三章"：

"蒹葭苍苍，白露为霜，所谓伊人，在水一方。溯洄从之，道阻且长，溯

（左图）琼瑶；（右图）琼瑶年轻时照

游从之，宛在水中央。

　　蒹葭萋萋，白露未晞，所谓伊人，在水之湄。溯洄从之，道阻且跻，溯游从之，宛在水中坻。

　　蒹葭采采，白露未已，所谓伊人，在水之涘。溯洄从之，道阻且右，溯游从之，宛在水中沚。"

　　诗意：心爱的人在水一方，宛如在水中央，可望不可及呀！怎不叫人心焦？

　　她的《一剪梅》《却上心头》《月满西楼》，都出自北宋李清照的诗词《一剪梅·红藕香残玉簟秋》：

　　"红藕香残玉簟秋，轻解罗裳，独上兰舟。云中谁寄锦书来？雁字回时，月满西楼。

　　花自飘零水自流，一种相思，两处闲愁。此情无计可消除，才下眉头，却上心头。"

　　至于《几度夕阳红》，是大家熟悉的《三国演义》开篇词中的"滚滚长江东逝水，浪花淘尽英雄。是非成败转头空，青山依旧在，几度夕阳红"了。

　　琼瑶的爷爷陈墨西先生，饱学诗书，一身正气，远近闻名。抗日战争期间，他隐居故里，命长孙陈继佛在大堂画了一幅海棠叶中国地图，亲书："此乃中国之大好河山，凡我黄胄须誓死捍卫之！"

　　一日，日本军闯入陈墨西先生住处"兰芝堂"，用刺刀将大门门扉穿数处，陈墨西先生又挥毫书写九个大字："此扉可作巴黎油画观。"日本投降后，有人要修门，先生谢绝说："此门扉永远保存，以告诫后人，勿忘国耻！"

　　陈墨西老先生二子一女，长子陈道，次子陈致平，琼瑶（小凤凰）即陈致平之女。解放后，他出任湖南省第一、二届人民代表，衡阳县县志编委会主任委员，湖南省文史馆文史委员。1960 年病逝，享年 91 岁。

　　海峡两岸，望穿秋水路茫茫。琼瑶终于到大陆回故乡，她总记得儿时歌："春去秋来，岁月如流，游子伤漂泊。回忆儿时，家居嬉戏，光景宛如昨。茅屋三椽，老梅一树，树底迷藏捉。商枝啼鸟，小川游鱼，曾把闲情托……"又写下了《剪不断的乡愁》。她最怀念的是爷爷！当她每次看家乡祖屋"兰芝堂"和猫形山上爷爷坟墓录像，泪水长流不止，即写下：

　　"从别后，盼相逢，几回魂梦皆相同，滚滚长江东流水，卷我乡愁几万重！山寂寂，雨濛濛，断续寒砧断续风；今宵坐拥长江水，犹恐长江在梦中……"

18

晚报牛棚里的神仙会

这个"牛棚"不是乡村里关牛的棚子，是"文革"期间我们长沙晚报编辑部一间"隔离审查室"，门口有对联："坦白从宽""抗拒从严"。是专为揪出的"牛鬼蛇神"每日交代罪行和学习毛著改造自己的地方，先是市委工作组，后是革命造反派，尔后是工宣队，最后由军宣队管制。

在长沙市革委会第九期学习班上（"文革"时大学停课闹革命，市革委集中全市干部学习分期在湖南农学院即今农业大学），他们佩戴白底黑字符号，我们是红符号，以示"反革命"与"革命群众"之别。早晨各自分组"早请示"，晚上"晚汇报"，还跳"忠字舞"，右手挥动红宝书，齐声朗诵"敬祝伟大领袖毛主席万寿无疆，祝林副统帅永远健康"！在长沙市蔡锷中路水风井附近晚报旧址时，牛鬼蛇神跪着挨批斗，喷气式，九十度折腰；每日清晨要挂着大牌子站在凳子上当街示众，供过往人民群众监督，然后由印刷厂工人组成的"红色新闻兵工人纠察队"押回"牛棚"。

"牛棚"关着的大都家庭出身不好，或要专政的"二十一种人"。沈瞎子挂的是"走资本主义道路当权派"，谢作夫斯基挂"资产阶级反动学术权威"，沛公挂"漏网大右派"，何大叫化挂"顽固不化的反动文人"……

一日，全报社紧急集合开大会，说牛鬼蛇神不老实，要进行批斗。原来是牛鬼蛇神每天日日夜夜交代问题，写出的罪行检讨都可以装订成册了，于是就海阔天空起来。何大叫化向来口无遮掩，他调侃自嘲说："你沈瞎子当权派，当个总编辑起早贪黑，辛辛苦苦，所以你是牛；你谢作夫斯基有才，沉默寡言，每天不知你脑壳里想些什么，你是鬼；你沛公狡猾狡猾的，反右运动中写那么多反动诗配画，发泄对党不满却逃过了关，你是蛇；我何大叫化有话就说

《长沙晚报》创刊的最初岁月，二排左六为延安老干部、市委宣传部副部长、长沙晚报社社长陈浴心。

有屁就放，老运动员了，快快活活如神仙，我是神。"

大会上揭发时我们直乐，哄堂大笑，主持人一脸杀气，大吼："严肃点！"热心公务的彭记者"文革"中成"口号专家"，他于是带头振臂高呼："顽抗到底，死路一条！""横扫一切牛鬼蛇神！"顿时会场肃然。

往日"文革"，何等辛酸；风雨岁月，做梦一般。

我是"文革"前大学毕业分配到晚报政治文教组当记者的，一个正组长，两个副组长，都是革命老前辈，地下党员，领导我这个共青团员一个新兵。那时晚报上下级，编辑工人打成一片，亲切以小名互称。市委宣传部部长陈学源广东人很瘦，副部长兼晚报社长陈浴心延安老干部很胖，我们见面打招呼从不叫部长，分别叫"瘦老陈"和"胖老陈"。那时编辑部知识分子和印刷厂工人打成一片，多么团结友好和谐，记得我们是统一分配到晚报的第一批三个大学生，和工人关系很融洽。那年我刚结婚，八一晚会在篮球场举行，工人们热烈鼓掌欢迎我们唱歌，我和我爱人与臧宝山（后出任报社总编辑和市委宣传部长）唱了《共青团员之歌》，我爱人王老师唱俄文。"红色新闻兵工人纠察队"工人大多出身红五类，朴实待人以诚，如朱奎成（后任老干科科长）叫"奎哥"，陈明礼（后任车间主任）叫"肚皮"，陈国安（后任报社行政科副科长）叫"牛伢仔"，胡彪（退休后任报社小区业委会主任）叫"老九"，他们只是在工作组工宣队军宣队面前作严肃状，背地里对"牛鬼蛇神"照顾周到，一样称呼小名。

"沈瞎子"因高度近视，戴副眼镜有酒瓶子底厚，是我们总编辑沈雨随的小名。他地下党员，为人厚道老实，德才兼备，工作一丝不苟，兢兢业业办

"文革"中《长沙晚报》改为《新长沙报》员工合影（二排左十一为核心领导小组组长周匡民，左十二为军宣队王代表）。

报几十年如一日，"文革"中打成走资派下放到沅江当农民，落实政策后调任市委政策研究室主任。

"谢作夫斯基"学者风度，谦虚谨慎，故名。他是文艺副刊组组长谢作孚，解放前在湖南大学参加地下党，是晚报一支笔。记得我大学毕业写的第一篇报告文学《列车在革命化轨道上前进》就是在他辅导下，又陪我跟车采访到广州写成的，刊晚报头版头条后，由湖南人民出版社出版；另一篇根据读者一封来信，谢作孚与朱振国两位老师要我采写的报告文学《黄伟失去一双手掌以后》（这标题还是新闻界老前辈沈雨随副总编辑取的），《中国青年报》全文转载，当年由作家出版社收入报告文学集《新花红似火》出版。谢老师还辅导我写了我平生第一篇社论《人，是第一宝贵的》。

我始终不明白，这样一位德高望重有才学又耐心培养我们年轻记者的老前辈总是挨整受批判。1964年"以阶级斗争为纲"的社教中，我们噤若寒蝉地在各自办公室学毛选写心得，编辑部走廊西头会议室灯火通亮每晚开党员大会，开始是大声批判控诉，后来听见拍桌打椅，有人痛哭流涕，回忆对比，说旧社会他家沿街乞讨要饭，矛头全是指向谢作孚，说他打击工农记者，依靠资产阶级知识分子和牛鬼蛇神办报。后来又听说他社会关系复杂，有亲戚在台湾和英国皇家协会任要职。

"文革"风暴中，市委工作组进驻晚报社，谢作孚是长沙市文化教育系统揪出的第一个"大黑鬼"，说他在《长沙晚报》文艺副刊《桔洲》上开辟的《洲边浅议》与北京三家村邓拓吴晗廖沫沙写的《三家村札记》及《北京晚报》上的《燕山夜话》如出一辙。说他就是长沙的邓拓，说副刊组副组长黄林石是他的黑"三家村"骨干成员，说从文化厅调来副刊组的戏剧专家凌一云专门鼓吹帝王将相才子佳人，是他的"帮凶"。1966 年 8 月上旬，《评长沙三家村的反动言行和黑纲领》已经市委审阅，正准备见报，只因学生运动造反，1966 年长沙"八一九"事件封了市委办公大楼而未能刊登。"文革"中谢作孚等一批老报人被"清洗"出新闻战线，下到湘南最偏僻的江永山村当农民。

粉碎"四人帮"后，谢作孚等才重获新生。因他属"地大压"（地——地下党老革命，大——大学生，压—— 一直受排挤打压），最先启用，他先出任我们晚报副总编辑，后调任市委宣传部部长、潇湘电影制片厂厂长，最后任湖南省文化厅党委书记兼厅长。黄林石出任《长沙晚报》副总编辑，凌一云出任省戏曲研究所副所长。

"沛公"，即我们晚报时事编辑组组长熊沛，他学识渊博，谈古论今，引经据典，文笔也好，大家尊称他为"沛公"，说熊沛的"右派言论"是指他在 1957 年写的一组诗配画，《空有一身羽毛，有翅不能高飞》诸如此类。他受批斗后也是下到农村当农民，后调任长沙教师进修学院当历史教授。

"何大叫化"，"文革"前是我们晚报农村财贸组组长何绪，后任编辑部二版大组长，统管我们政治文教组及工业组、农村组、财贸组。他从不注意穿着，成天一双拖鞋，称他"大叫化"他也不生气。他爱开玩笑，性格豪爽，文笔也好，能说会道。他也是地下党，学生时代就参加革命，敢讲真话，历届运动都挨整，总是说他"顽固不化"。他下放到江永山区当农民后落实政策调市委市志办当副主任，正是这位晚报幽默诙谐的老报人老革命"乐天派"，给"文革"中"牛鬼蛇神"的会取名曰"神仙会"。

言无忌闲话"闲话"

此报人秃顶，白发稀疏，出口成章，诙谐幽默。

我第一次见到他，他沉默寡言，不吭不声，整日伏案于总编室。我大学毕业分配到晚报担任政治文教组记者，所写稿件都经他之手修改润色再送领导审阅。时值"日报"改"晚报"，增加《桔洲》副刊；又于二版开辟《星期特写》，每周一篇。同寝室记者谢金庭写动物园之蛇，写鸟村中鹦鹉活灵活现；我采写文教战线，开学就写第一师范《任弼时班》，清明访问杨开慧兄嫂杨开智、李崇德（《革命家庭春永驻》），又访省电台播音员路明班佑兰（《不曾见过面的朋友》），这样的文章怎么"特"呀？心中疑惑。

然而，经言先生一改，真正笔下生花，又有美术编辑小木（杨敦仪，总编室副主任）给我的特写插图，居然评上优稿。有次闲谈，言先生竟能通篇背诵前后《出师表》《赤壁赋》《滕王阁序》，心中暗暗佩服。

如此才华，却不受用，何也？原来他是报社57年的右派。当时他任报社编辑部工业组副组长兼共青团支书，鸣放时他组织"文艺沙龙"成盟主，写有《有砲就放》大字报指向报社某头头。运动中并无什么反党言论，只因市文化局局长康德、副局长田洪（田汉之弟）组织"文艺沙龙"在先，均被打为右派，晚报照此办理。编辑部30多号人，被打成右派者5人，有一年轻记者刘刚甫，在批判后送去劳动终不能忍辱服安眠药自杀身亡；另一位先是反右派领导小组组长，头一天他还在主持反右批判大会，第二天大字报铺天盖地把他揪了出来，说是上面有指示，党内应有一个右派指标，此人是老报人名叫佘庆海。

直到"四人帮"被打倒，言先生才彻底平反，又恢复往日活跃，谈笑风生。

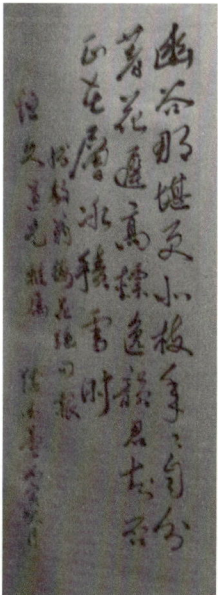

傅老书赠言无忌（刘恒久）
的陆游诗《咏梅》绝句

（上图）晚报老报人肖劭禧、凌一云、朱希俭、汤正华、杨小方、吴尚文等为熊沛祝70岁生日留影（二排左五 即文革时"牛棚"中被何绪称为"蛇"的"沛公"）左二自命为"神"的何绪，左一为笔名言无忌的刘恒久，左四市委宣传部长陈学源；（下图）在老报人谢金庭家做客；（下中）与小木（杨敦仪）留影浏阳河畔（谢金庭摄）；（下右）晚报最初岁月四个单身汉记者摄于凯旋门。

　　80年代初，我们《星期天》专刊邀请刘乐扬、傅白芦、周艾从、向麓、谌震、黄曾甫、沈雨随、何绪、熊沛、刘恒久十位湖南新闻界前辈老报人来座谈赐教，畅所欲言，亲身经历，甜酸苦辣，海阔天空，真是人才济济，热闹非凡。老报人一致认为言论乃报纸之"眼睛"和"灵魂"。就在这次会上，我们仿鲁迅《并非闲话》，在专刊一版开辟了《天心闲话》杂文专栏，置头版右上角，加花边，各自选题作文。言先生以《闲话"闲话"》开篇（刊《长沙晚报·星期天》专刊1985年4月28日一版），由此而一发不可收拾，言先生写的《"送灶"今昔》《肚子里装着什么？》《说"廉"》《说"项"》《说三七开》《说三道四》《话"言无忌"》……中外古今，无所不谈，笔锋犀利，痛快淋漓，切中时弊；也花花草草，风土人情，谈猫吹狗……文笔调皮幽默。言先生说："我只是抛砖引玉。"很快引来大批报人和作者执笔，一时名震三湘。《天心闲话》一系列杂文后由华艺出版社收入出版。言无忌也高票当选为湖南杂文学会理事。

　　省报、市报、外地报同行来信来电约言无忌写稿，并叮嘱告之通讯地址及真名：此报人言无忌，姓刘，名恒久，长沙市政协，今年八十有二。

20 我所知睿智的倔老头傅白芦

比起我们长沙市报，省报《新湖南报》57 年灾难深重，编辑部 143 人，被打成右派 54 人，为全国之最（《人民日报》被划右派 29 人，《光明日报》20 人，《文汇报》21 人）。时任湖南报社编委兼秘书长著名杂文家傅白芦首当其冲。

傅白芦 8 月被开除，推板车为生，做过副工挑过土，在北区房地产做修建工，后在蔡锷北路边一小图片社制图，几十元月薪，以维持全家八口之生计。家在戥子桥租一陋室，他天性乐观，落难家庭周末孩子们吹口琴拉二胡召开"音乐会"；遇到晴日，他用一部板车载着他的老父母亲去游岳麓山。住他隔壁的我报群工部主任黄孜敬每每谈起傅老总是赞叹不已。

老报人傅白芦也是粉碎"四人帮"后才彻底平反。时胡耀邦主政，湖南一大批冤假错案才得以改正。省委组织部找他谈话，意欲请他出任《湖南日报》总编辑，他诙谐地说："我够格么？ 行吗？ "对曰："够格，能行！"傅曰："够格又能行，那就总编辑、党委书记、社长我一肩挑吧！"经请示，任命下发，还加了一个头衔：中共湖南省委宣传部副部长。

1985 年，我主编《长沙晚报·星期天》专刊已 8 个多月，总感力不从心，特邀请在长沙的十位三湘名老报人座谈赐教，其中就有傅白芦老前辈。会后他给我寄来《张良与张家界及其他》（刊 1985 年 9 月 22 日《星期天》专刊），笔锋尖锐，文字泼辣，引经据典，生动有趣。我把它刊在头版头条。谁知见报之日，电话不断，意见针锋相对，大多赞扬此文写得"太好了"！ 有的反对，有一机关干部怒气冲天："傅白芦原是大右派，你们知道吗？ 他这文章是在发泄对党的不满！"我说别动气，你有何意见，把它写成文章，也给你登出来，可以讨论争鸣。他回："你以为我不敢写吗？ "我说："非常欢迎！"然而那位"左"派兄没有了下文。可惜傅老文章引起的微波没有再掀起大浪。

甚慰《星期天》专刊受到老百姓欢迎。改版后，言论《天心闲话》挪到四版《天心阁》专版。一版仿邓拓《燕山夜话》，另辟《麓山夜谭》，傅老又写来杂文《人们心目中自有次序》（刊 1993 年 8 月 8 日《星期天》一版），果然名人手笔，引来杂家无数。朱立奇写来《说序》，说傅文"笔触隽永，思想深邃，使人不能已于再读三读"；

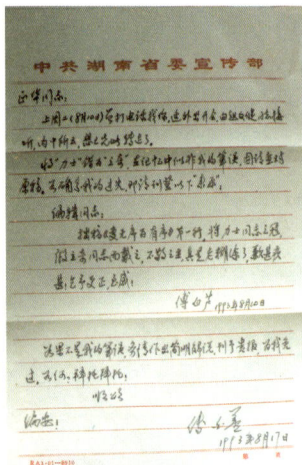

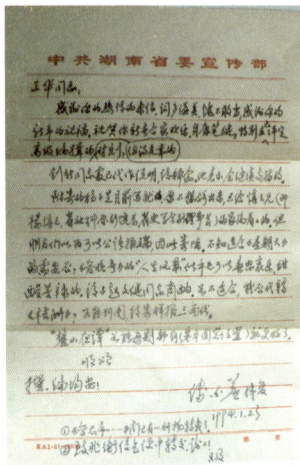

湖南省委宣传部副部长、《湖南日报》总编辑傅白芦经常来信指点我们办报，这里刊出的是他提出改进《星期天》专刊的意见，另一封则是为他的杂文《变无序为有序》中把"力士"误写为"立奇"并写出更正，可见我们的前辈、老报人办报之严谨。

陶少谷寄来《俗谚中也有"次序"》，称赞傅文"笔力不凡，从名、事、意阐述了古今人们心中之次序"，认为"官越高，权越大，利越丰"……云云。

8 月初，即收到傅老来信：

"正华同志：久未见面，时在念中。好在我已订阅晚报，在《星期天》专刊中，常能看到你的精神劳动。《人们在心目中自有次序》刊出后，引得玉来，不能不报。因奉陈又一拙稿，乞酌定。

办报，特别是办报纸的副刊，求形式活，较易；求内容有分量，较难；求既活又有分量，更难。不知尊意以为如何？

顺祝　编安！

傅白芦

1993 年 7 月 30 日"

傅老信中谈及办副刊三点，真是老报人的真知良言。信中说及的"奉陈又一拙稿"，即《变无序为有序》。在《人民日报》为首的全国报纸副刊 1993 年好作品评选会上，此篇全票通过，荣获一等奖。时傅老 70 大寿，也算是新闻界给他的小礼物吧。

傅老乐观睿智，诙谐幽默。他的《二十年的学与思》《人间随笔》先后由湖南人民与文艺出版社出版，他书房挂的不是"难得糊涂"、"静远"之类，而是宋代梅尧臣的"鹧鸪入布袋，鲇鱼上竹竿"，他认为自己是"悲剧人生的扮演者"。他性格洒脱，也倔强，他写的回忆录《老眼》是人生的真实记录，辛酸，凄苦，执着，坚定，他为冤屈的人仗义执言，记载着他的同事因爱党爱国怎样堕入了"阳谋"的陷阱；把当年狐假虎威今天文过饰非的那些衮衮诸公嘴脸刻画得淋漓尽致。

他在他的《老眼》一书扉页上写的话也别具一格：

"谨以此书献给滋育我的国土和人民，献给 1957 年被错划'右派'，数逾 55 万的前贤和兄弟姐妹及其难以匡计的家庭成员。"

这，就是倔老头傅白芦。

老报人周艾从与剧作家《追鱼》作者康德的最后晚餐

老板人周艾从，中共地下党员，也是《新湖南报》57 年"右派集团"成员之一，他有一肚子故事，说起往事如数家珍。

解放前夕，长沙局势微妙紧张，正是"山雨欲来风满楼"。1948 年 5 月 26 日，在中共地下党领导下成立了长沙新闻从业人员互助组，老报人康德任总干事，解放前常通过各种联欢比如欢迎田汉回长沙的端午节晚会等活动团结扩大进步力量。当时进步报纸对国民党中央政府抨击激烈，而对湖南政府王东原主席采取统战策略，讲究方式和分寸。1948 年 7 月，王东原离职（由程潜主湘），6 月 30 日晚，新闻从业人员在长沙青少年宫草坪为他举行欢送会。因王东原对进步记者比较"开明"，也"宽容"，他从没有查封过报纸，也没有抓过记者，王在欢送会上说："我被经常为别人邀请的记者邀请，有一种受宠若惊的愉快。"欣然接受当"荣誉记者"，并唱了一首歌。周艾从说："严峻的历史并不枯燥，有时很生动而且很有人情味。"这在湖南新闻史上应该是一段佳话。

周艾从和傅白芦与康德，是在为解放的民主奋斗中成为朋友。康曾任湘西辰溪《中国晨报》主笔，为办报坐牢，出牢后又办报。解放前，受中共地下党指示他组织长沙新闻从业人员互助组。1948 年，他和程潜密谈后，与傅白芦、周艾从告别，只身经汉口到人民解放区去联络。解放后，湖南省办农民报《大众报》，傅白芦任主编，康德任社长，周艾从任编辑。1956 年康德任长沙市文化局长，傅白芦任《新湖南报》编委兼秘书长，周艾从办《湘江》副刊。

老报人康德，湖南衡山人。早年读汉口明德大学，投身革命，思想进步。解放前夕，任长沙《晚晚报》总编辑，在中共地下党领导下从事革命工作。据长沙老报人黄曾普回忆，康德常以"厂真"笔名在《晚晚报》上发表诗作，评论时政与人物，如《时贤褒贬集》之一：

"副车得失本来轻，
持节还乡壁垒新。
一哭粮官先下狱，
三书豪劣最惊心。
有人塞外尊前辈，
求友天涯若比邻，
世局如何亦难料，
中原他日重耆英。"

当时程潜竞选副总统失意，回湘主政，康德希望他能深明大义，看清形势，站到人民一边，倡导和平。

康德也是剧作家，长沙市民盟负责人，他1956年在北京田汉家里创作的《追鱼》，在长沙演出，极受欢迎，根据康德湘剧本改成越剧《追鱼》拍成电影久演不衰轰动全国，为全国观众所叫好。越剧演员王文娟因演剧中的鲤鱼精而名噪一时。谁也不曾想到，反右运动中，这与政治主题毫不相关的《追鱼》连同他"文艺沙龙"成为冤案、冤狱。

1957年康德是长沙揪出来的第一个右派，他性格与傅老一样倔强，也加重了他的人生悲剧。他挨批斗时，端坐不动，也不声辩，不抗拒，就是不吭气，斗他的人越斗越生气！当时电台、报纸以此证明他"顽固不化"，"反动嚣张到何等程度"云云。1958年，他被打成历史反革命，判处十年有期徒刑，1964年因病保外就医。

"文革"中他再次被批斗，住在长沙一小巷潮湿小木屋里，寒冷的年关除夕夜，周艾从冒着风险去看望他时，已病重无钱医治，康德和夫人留周艾从吃除夕年夜饭：一碟什么炒肉丝，一碟香干，一碗菠菜汤。三人泪眼相对无语。"文革"中历尽坎坷，晚年凄苦，1967年康德孤独寂寞凄然病亡。直到1978年平反昭雪。

22

校花之死
—— 一个雌雄共体女扮男装的美女悲剧

我 "文革" 前大学毕业分配到《长沙晚报》当记者，就听说湖南新闻界曾有一位英俊的活跃记者，又是妩媚的音乐教师，忽而又变成潇洒的青年军官，离奇而神秘，一直未能证实。

1989 年 11 月的一天，和往日一样，上班即伏案阅读来稿。

《一位神秘的女扮男装教师》突现眼前，读者叶琦写来的一篇几百字短稿：

"1948 年，我在湖南宝郡联立中学（在邵阳）读初二，当时一位教音乐的男老师，修长身材，端庄，美丽。他教歌时总是面带着笑，那优美动听、嘹亮豪迈的歌声，把我们这一群听惯了靡靡之音的孩子，带进了一个崭新的世界。'山那边哟好呀，没人为你当牛羊……''金凤子呀开红花，一开开在穷人家，穷人家呀要翻身呀，世道才像话……'"

精神为之一振，我立即给部里同仁传阅，大家兴奋不已。叶琦说，他少年时就是受这位音乐老师影响，解放初入团后入党，他四处寻找，直到 1984 年听邵阳师专老师说 "她是女扮男装的地下党员"。1989 年 8 月，叶琦特地找到邵阳师专党委书记宁同昆询问才得知，她原名江鹜，笔名山雨，在云南做地下工作，因暴露身份而转移到湖南邵阳，女扮男装，化名林大伟，做报纸副刊主编。

赵海洲（湖南省文联作家），也是老报人。他说他早就认识江鹜，他写来一稿：

1947 年摄于邵阳报社门前，左四为副刊主编江鹜，左二为当时副刊作者赵海洲。（图片赵文健提供）

"一张旧时的黑白照片，四十多年的年月流逝，虽然显露着微黄，可照片上清晰可见的'让我们携起手来'的字样却唤起我往日的回忆，也勾起了我对江鹜的怀念。

1948 年，正是风雨如磐暗故园的岁月。我一个邵阳县中的高中生，带着一篇题为《麦子黄的时候》小说，兴奋地走近邵阳《劲报·耕耘》主编的房里。高高的个子，长长的面庞。说是女性，他西装革履，眉宇英俊；说是伟男子，墨金般的眸子又溢着几分妖媚。"

突然，1949 年江鹜失踪了！赵海洲说，解放后他见到江鹜时，仍然干着新闻工作，任职《资江报》；赵后来办《农民报》，江鹜当了资江文工团团长。

具有传奇色彩的江鹜一生，到底是怎么回事呀？

湖南新闻界老前辈刘乐扬说起江鹜，亲切！感叹！惋惜！悲恸！他终于揭开了谜底。解放前夕，也正是他从香港介绍江鹜到湖南来办报的。

抗日战争后期，江鹜是云南昆华女中的高材生，成绩优异，多才多艺，尤擅长音乐，提琴、钢琴、作曲、指挥，无一不能，还是很好的女高音。她长得健美漂亮，思想进步，又豪爽正直，同学们都非常喜欢她。不幸的是，正当全校女同学尊她为"校花"、"皇帝"（不是"皇后"）之际，她却失踪了！谁也不知道她的去向……

几年后，她突然出现在同学面前时，已成了一个英俊青年军官，完全是一美男子派头。她加入了地下党，以火热的激情投身革命事业。刘乐扬说："就在几年前，悲剧发生了，江鹜这'校花'的美丽女儿身体生理上开始发生突变，雌性分泌萎缩，显出男性特征，声带变粗，雄性器官开始生长。她惊恐万分，不敢求医，采取逃避，她化装到云南军队去做文艺政治工作，逐渐养成男子动作习惯，以为可以作个男人了。然而世俗的偏见在她周围蔓延：怀疑眼光，议论；窃窃私语，冷笑；使她难以留在部队；也不能留在昆明，因他参加过昆明民主革命运动，李公朴、闻一多相继被暗杀，他被追捕，逃到香港，被安排到一家地下党开办的中华音乐学院教课。"所谓"学院"，只不过几间房，办公室兼作宿舍，十几个学生，薪水非常少。江鹜性情"古怪"，作风"特殊"，她要求单住一间房，群众有意见。

1947年秋，湖南《新潮日报》总编辑李幻如委托刘乐扬在香港物色一个副刊主编。时任地下党的《华商报》编辑白麦浪（裴默农）和夫人肖玉珍极力推荐江鹜。刘乐扬动情地回忆说，这是他第一次见到江鹜，一个英俊的美男子呀！谈吐优雅。江鹜就是这时拿着刘乐扬写的介绍信从香港到长沙，进了《新潮日报》（年底停刊），江鹜又被介绍到邵阳《劲报》做副刊主编。这时白麦浪肖玉珍夫妇才把江鹜的全部历史及两性共存的变异情况告诉刘乐扬，并叮嘱为之保密，不要告诉湖南朋友。

1950年，刘乐扬回长沙工作。邵阳地委一负责人来了解江鹜情况，说其革命热情高工作能力很强，但"个性倔强"脱离群众，许多作风行为难理解，甚至随便离开过部队，引起怀疑，还闹着要去上海。刘乐扬告之说："江鹜身上两性共存，生理变异引起心理变化和奇怪举动。"刘特地指示三点："一，不要怀疑歧视，要同情和帮助；二，帮助教育她作为一个共产党员应相信生理科学医学，接受手术治疗，选其一'还我女儿身'或选做男子；三，组织应该负责送她到大医院手术并说服其执行。"不料江鹜很固执，而且写信责备刘乐扬泄露了她的秘密，并发誓不会去医院。后来去了上海音乐学院任教。

真正的悲剧发生在"文革"，红色恐怖风暴席卷上海。"红卫兵"杀气腾腾，首先冲击高等院校，在音乐学院把江鹜视作"人妖"，最后说她是"特务"，竟活活将她打死。

江鹜没有结婚，她以饱满的革命热情全力为事业奉献了一生，没有得到过爱情与家庭的温暖。

革命老前辈、老报人刘乐扬饱含热泪、心酸地叙述与怀念着江鹜的一生，他说出了我们心里共同的话：

"假若江鹜清醒勇敢些，她必定会成为一个优秀的音乐家。

假如那时我们没有那么多愚昧、无知、野蛮和残暴，江鹜也必能得救。

江鹜之死，使我至今感到窒息，好闷好闷呀！……"

（左图）李自健油画《山妹》最早刊登在《长沙晚报·星期天》文化艺术版头条；
（右图）李自健油画《山妹》系列

世界油画大师李自健
《人性与爱·环球巡展》和他的罗曼蒂克

如今，李自健已成为世界大潮顶级的油画大师了。

他早先在湖南邵阳农村山区度过，简陋的农舍前面有个小石阶，山后泉水飞瀑，森林环抱。

三湘四大水系之一的资江从那里向北流过。李自健 1954 年生于这风景秀丽的山区，在美丽资江河畔长大，家庭穷苦，他挑过河沙，拖过板车，在资江河岸踩着鹅卵石拉过纤。修完铁路后，街道帮他找到一份正式工作——当钳工。一副强壮的身体，还有一双有力的手臂，以致后来画起画来毫不费力。

他 1969 年 15 岁开始学绘画，1982 年广州美术学院毕业后，分到长沙市艺术馆，很快成为青年画家的核心人物，出任湖南青年美术协会执行主席。

李自健农村成长，扎根泥土，从不赶时髦。

当本报特约通讯员邹建平写来稿件《他在不渝地追求——记青年油画家李自健》，特别是带来了李自健的油画《山妹》，一下把我们编辑部同仁全震住了：留着两条小辫子的山村女孩，背上背着酣睡的小弟弟，跷起脚在自家门前石台阶上，开一扇破旧门板上的铜锁，身旁是一只翘起尾巴的狗和山区盛水的竹筒。啊！太美了，质朴的山水，浓浓的乡土气，我们仿佛闻到湖南农村油菜花的芳香。我立马发稿，把它刊登在 1985 年 7 月 28 日《星期天》专刊文化艺术版头条。

他的成长历程，时有耳闻。后听说他考上美国麻省艺术学院研究生漂洋过海留洋去了。

2001 年，我被聘香港世界科学教育出版社的《环球新声》杂志任主编，地址在深圳市深南中路中央人民广播电台记者站三楼。我在这里又见到李自健的画，是一幅清新秀美穿着旗袍的亮丽女孩油画：《湘女·丹慧》，啊，丹慧，我的学生啊！她当时是湖南少儿图书馆管理员，图书馆在我们晚报社隔中山路水风井的对角，她考上我们长沙晚报青年文学讲习所。她成绩优秀，酷爱文学，尤善诗歌，是文学讲习所最秀丽的女孩，她的长相、身材是一个典型的湖南妹子模样。听少儿出版社编辑、诗人周作夫告诉我说，当时他在工人文化宫工作，李自健广美院毕业在长沙艺术馆工作，也在工人文化宫。丹慧就是李自健的

李自健油画《湘女·丹慧》

《人性与爱》李自健油画环球巡回展选登

1. 油画家李自健，他的身后是他的著名油画《1937·南京大屠杀》；**2.** 家书（之六）；**3.** 春（红花被系列之一）；**4.** 慈（乡土系列）；**5.** 台北姑娘；**6.** 卖水的女孩

恋人。当时叫人好生羡慕，一个油画家一个美湘女，真可谓才子佳人。当时丹慧也正是李自健的绘画模特，两人成双成对，亲密得很，十分的罗曼蒂克！艺术与爱情本来就不可分啊！结婚后他们一起赴美定居洛杉矶。使我极为震撼的是李自健 1991 年至 1992 年创作的三联画《1937 南京大屠杀 屠·生·佛》。他的《人性与爱》画展 2000 年在北京中国革命历史博物馆中央大厅展出后，画展再到全世界六大洲二十多个国家去《环球巡展》，把全球都震撼了！各国艺术家发表大量评论文章称赞他和他的艺术是"穿越国界的艺术"（美国纽约艺术评论家丹尼·斯怀伯曼语），是"站在当代中国油画大潮头"（英国东安格利雅大学艺术学院研究员胡东放语），是"具有文化使命的杰出画家"（马来西亚艺术学院院长钟正山语）。我爱不释手，选了八幅李自健油画刊载在 2001 年 6 月号《环球新声》上，用了四个彩色整版，包括两个整版的《1937 南京大屠杀 屠·生·佛》。

李自健的油画艺术，展示着人性的本源——人的智性与善性。他的油画艺术，主要以中国文化为母土，在西方文化艺术的宝库中吸取营养，围绕"人性与爱"的大主题，表现了人类对真、善、美的永恒追求。他的油画艺术在全球各地展出后，使他成为中国人的爱的使者与文化的使者。

联合国秘书长安南要找一个全美最出色的画家为他画像，因为每个秘书长离职后都会有一幅自己的画像永久悬挂在联合国大厅。安南找到了这个画家，他就是：李自健。

（左图）谭盾（王心仪图·原载《名牌》杂志 2013 年 10 月号）;（右图）谭盾年轻时在长沙家书房（《长沙晚报》资料室）

24

国际音乐大师谭盾《交响曲》
和他一见钟情的爱情旋风

如今，谭盾已经是展翅翱翔飞向蓝天俯瞰全球的音乐大师。

　　很多年前，本报特约记者肖金鉴写来一稿件：《谭盾印象—— 一个长沙留美博士生》，我们把它刊登在《长沙晚报·星期天》专刊头版头条（1986 年 4 月 20 日一版），同时特地配发了一张谭盾在长沙家他书房伏案照片：青年小伙子一头乌发，一件蓝色运动衣，一盏小台灯，一台收录机，一尊施特劳斯石膏雕像，一台钢琴。那年，他 29 岁，从中央音乐学院研究生毕业后，正在美国纽约攻读博士。

　　谭盾，1957 年生于长沙市开福区丝茅冲（湖南博物馆和烈士公园一大片广阔湖泊的北边），他从小酷爱音乐，他读小学时在书包上就缝有四个字"长沙乐团"。"文革"中他下到湘江河西望城县黄金乡插队落户，这儿离长沙市 15 公里。当时我参加由市委建委晚报组成的工作组进驻黄金公社一年。我从市区骑自行车过河西望城坡一个小时就到。黄金乡南有岳麓山，东边是湘江河岸的尖山，西与雷锋公社紧邻，山林环抱，还有条黄金河，一个大水库，风景优美。他们知识青年开荒、插秧、收割、挑圹泥、开渠道、拉通黄金河。年轻人很活跃组织文艺宣传队，谭盾是核心人物。他带领知青经常夜晚走几十里山路去听花鼓戏，他同时不忘收集民间曲调……他是如此热爱三湘四水这片美丽神奇的土地和楚国文化，以至后来成为世界音乐大师仍自己开车翻山越岭到湖南西南边陲的江永县抢救文化遗产，每日奔波山区田野，挨家挨户收集采写人文资料，听百岁老人吟唱，与他的团队摄下的记录影片达两百多小时，历时 5 年谭盾终于创作了《微电影交响诗：女书》，拯救了这稀有珍

谭盾（王心仪图·原载《名牌》杂志2013年10月号）

贵快失传的古代文化遗产的活化石。本人从事新闻曾四下江永，那里曾有长沙市5000知青下到这山区各个角落的生产队和廻龙圩、桃川、凤亭等十个农场。我们和长沙市妇联调查组、江永县文化局曾听过百岁老奶奶像唱歌一样说着特别的语言，我们一点都听不懂，而这里山区老人却相互表达得和谐而亲热！这深山老林，有着极其丰厚底蕴的我国古文化，邻县永州柳宗元的《永州八记》就是中国古代楚文化最美的乐章。当代著名作家韩少功的获奖作品《西望茅草地》写的也正是江永桃川农场。

谭盾从美国回长沙时，长沙市"青年沙龙"曾专场为他开座谈会，同时欣赏他气势磅礴的交响乐曲，还播放了他独特的《乐队调反三种固定音色的间隙》，听得好开心！也感觉好稀奇古怪！有的人听得如在云雾之中。谭盾，就是以他不同常规的音乐理念和潇湘楚古文化的底蕴，走出一条超乎常规的音乐创作开先河之路。

他创作的交响乐是如此不寻常：《离骚》《风雅颂》《九歌》，是地道的楚文化，歌剧《茶》，四重奏与琵琶《鬼戏》，以及《死与火：和画家克利的对话》……他的音乐已超越了古典、现代和东方与西方的众多眼界范畴，他创作的内涵是极其丰富的。正如谭盾自己所说："无论如何，我们这革命的一代，无论是冯小刚、陈凯歌，还是崔健，骨子里总有一种渴望回归古典文化的态度，这也是'文革'结束很久后，对祖先文化的一种回归感、饥渴感的自然流露。"

谭盾，说得何等的像个地道的三湘子弟和蕴含着中国古文化的韵味。

谭盾激情澎湃，性格坚强，富于中华民族的精神气质和独创性，也富有独具一格的进取精神，他曾决心把全部精力投入音乐事业，不结婚。但他在纽约和留学生同学一起去看歌剧的那个晚上，发生了一幕突然来的戏剧巨变！他的激情和独创性进取性也把他带入到人生中汹涌澎湃的爱河旋风。1993年一个初春夜晚，谭盾在纽约歌剧院门口见到了一个如他所说的"非常奇妙美丽动人的女子"。傍晚时分，华灯初亮，他"突然看见对面走来一个穿白色连衣裙的女孩"，谭盾激动万分，心跳不止，他好像感到前面有极其美妙的音乐旋律在召唤。谭盾的爱情诗篇开始了，如同他的交响曲，也带着汹涌的激情和进攻性。

他们开场了爱情表白对话：

谭盾大胆向前不失礼貌走向女孩："请问，是模特吗？"女孩回答说："不，我是学生。"

谭盾一惊："你是学艺术的，还是学电影的？""不，我是学管理的。"

谭盾又一惊："你是哪里的？""我是上海的。""上海人喜欢吃甜？""不，我喜欢吃辣。"

谭盾惊奇了！他感觉这女子思维敏捷不平常，今儿个碰到了对手和性格又如此相同，太可爱了，太有意思了，心里想着："她就是我未来的太太！"他们交谈，海阔天空，中外古今，两颗心越谈越近，

谭盾和他的爱人黄静洁

　　终于手牵着手，爱情的火苗如此温馨又充满希望，他们约定一起去西藏采风。这位有风度有气质、漂亮而又幽默风趣的女孩叫黄静洁，在上海办时尚杂志。虽远隔重洋，谭盾时刻牵挂在心。一天谭盾又从纽约打电话到上海，黄静洁说："你既然那么爱我，到上海来看我呀！"黄静洁没想到，第三天中午她办公室的门被打开时，谭盾已站在她面前，黄静洁惊喜地从座位上张开双臂扑向谭盾——谭盾说："我只能待两小时。"他们中午赶紧喝了杯茶，一起吃了个快餐，谭盾又飞回纽约去了。

　　这是他们回忆爱情史上最浪漫的事。两个月后，黄静洁辞了职飞往纽约，浓蜜的情爱温馨的家庭使谭盾的音乐创作进入了一个全新阶段。两年后，1995 年，谭盾被评为"国际乐坛最重要的十大音乐家"。他 1997 年为香港回归音乐会创作了《1997——天地》，同年创作《马可·波罗》，创作了歌剧《牡丹亭》，为美国纽约爱乐乐团创作协奏曲《水》，为全球新千年电视庆典节目创作《2000 TOday》，为巴赫逝世 250 年写的《马修受难曲》，接连演出成功轰动全球。《水》的创作灵感，要归功妻子黄静洁，得知他们的宝贝生命正在母体的羊水中欲动，又害怕又惊喜万分，啊，他们想到了水。水！万物之源，水文化，水资源，水保护，水净化，因而也就有了他们在江南古镇朱家角安的新家"水乐堂"，正是在这里，谭盾创作了《水乐》《纸乐》《陶乐》《建筑乐》四部特别乐曲。

　　谭盾的音乐创作和爱情的旋风都获得丰收，连连获得格莱美大奖、弋文美尔古典作曲大奖、巴赫奖、巴托克国际比赛首奖、新西兰国际杰出作曲奖、日本人野义郎作曲比赛首奖、美国贝丝最佳舞剧音乐首奖以及《卧虎藏龙》奥斯卡最佳原创音乐奖。世界各大报好评如潮，《波士顿箴言报》评述：听谭盾交响曲是"多元文化的声浪中聆听中国之声"；《洛杉矶时报》评说："载着东西方的音乐潮流，与天、地、风、云交谈"……他成为美、英、比利时等许多国家各色艺术节的音乐总监。2012 年由他亲自担任指挥的三部插曲（李安的《卧虎藏龙》，张艺谋的《英雄》，冯小刚的《夜宴》）震撼全球音乐界。2010 年上海世博会特别聘任了谭盾担任全球文化大使，就不奇怪了。

　　谭盾，一个响亮的名字，从湘江飞出的一只展翅翱翔的雄鹰，正俯瞰全球，成为当今世界上最杰出最活跃的作曲家，是我们楚文化培育出来的音乐精灵，是我们湖南人我们中国人的骄傲。

记者采风

1

②

3

4

5

6

7

01

中山大学麻金墨屋 1 号——陈寅恪故居

"独立之精神　自由之思想"
—— 仰视盖世奇才陈寅恪，访其中山大学故居麻金墨屋 1 号

盛夏，乘坐地铁过珠江隧道，出站入得中山大学校园，栋栋别致红楼，掩映在一片密林中。

穿过林荫道，远远就瞧见马丁堂屋顶，六个壁炉烟囱是典型英式风格，孙中山曾在这作《要立志做大事不要做大官》的演讲；广寒宫则是中国古典宫殿式；而怀士堂是中西合璧，据说当年岭南大学时一美国设计师学习了中国古典建筑结构，屋顶有完善的雨水输送管道，科学的采光和防潮设计。穿堂风让我在这古老建筑里感到凉爽舒适。

我来拜望陈寅恪教授曾住过的地方。正逢暑假，校园寂静，不知所往，去找老朋友历史系教授刘文立，说刘博导不住校，问其所在，答曰：远着呢，广州南郊。

2011 年 6 月 29 日，又一盛夏，小陈陪我驱车再访。是日雨过天晴，校园大草坪热闹非凡，刚举行过硕士学士授衔典礼，问一刚照完毕业相的大学生"麻金墨屋 1 号在哪"，回说不知；问"知道陈寅恪教授吗"，回说："不知道，没听说过。"我愕然！中大学生不知道陈寅恪。

幸好！一考上北大物理研究生的说他知道，他没参观过，不好意思，正想去，欣然领路前往。

麻金墨屋 1 号坐落在一片树林草坪中，有木篱笆围着，一条小水泥路通往一栋别致的二层楼房，为 1911 年由美国麻金墨夫人捐建，中大 85 周年校庆时修缮一新，红漆地板，倒也干净，进门右墙有木质板上烫金字"陈寅恪故居"。厅中陈教授半身雕像，墙上陈列他与夫人 1951 年结婚二十三周年黑

（左图）一访中山大学
（右图）二访中山大学，在陈寅恪故居康乐园。

白照。珍贵的遗物是他常坐的旧藤椅。1953 年到 1969 年，陈教授住二楼兼作教学课堂，他晚年在此写成《论再生缘》《柳如是别传》。

陈寅恪祖籍江西修水，1890 年 7 月 3 日生于湖南长沙，祖父曾任湖南巡抚，因支持维新被革职；父亲进士，著名诗人，与谭嗣同齐名。1904 年陈寅恪 14 岁考取官费留学日本。1909 年赴欧美，先后就读于柏林大学、苏黎世大学、巴黎大学及美国哈佛大学。1948 年当选为第一届中央研究院院士，1955 年任中科院哲学社会学部学部委员。历任清华、西南联大、香港、燕京、中山等大学教授。

1926 年陈寅恪拟受聘清华大学国学研究院，校长问梁启超："他是哪国博士？"梁答："他不是博士。"又问："他有何著作？"梁答："没有。"校长说："即不是博士，又无著作，这就难办了！"梁启超说："我梁某也不是博士，我的著作嘛，总共加起来还不如陈先生寥寥几百字的价值！"

陈教授博学鸿识，学贯中西，他精通史学、宗教、语言、古代文学，通晓英法德俄蒙阿拉伯希腊土耳其国语言，研究范围广，专著论文诗作甚多，学术成就蜚声中外。这里举一例，据柳达先生撰文介绍陈寅恪教授，蒙古曾发掘几件突厥文碑，学者们尽莫名，先后问俄奥德诸国学者又问专门研究中亚的专家日本史学界泰斗百鸟库吉教授，皆不得知。最后找到陈寅恪，问题迎刃而解。这位日本泰斗感叹："若无陈先生帮助，我可能至今不明白！"

陈寅恪教授的学生，清华大学国学研究院毕业生蓝文澄教授回忆他的一段亲身经历。日军侵华时期，大肆搜刮中国文物。1933 年，日本天皇御侍史学家东京大学和田清教授从我国东北搞到了一张地契，他断言这是三百年前明代弘光年间遗物，他带回日本，在一次"东洋文库"研究会上，和田清得意地向学者专家展示。当时，那个百鸟库吉也在座，见来自中国清华学院毕业生蓝文澄年轻，不称其为教授，也不称先生，有意轻漫称他"君"。地契传到蓝文澄手中，蓝看后即判定说："此非明物，乃清光绪物！"百鸟库吉傲慢地要蓝再看仔细！蓝文澄断言道："不必看了！这纸是清末流行的双抄纸，厚而粗，不是明纸；钱的单位是用'吊'而不是'贯'，也不是明代制的地契的格式……"百鸟库吉才点头称是，并问蓝文澄认不认识陈教授，又补充说是陈寅恪先生，蓝文澄即回答："他是我的恩师！"百鸟库吉一听，顿时错乱，惊讶起立肃然起敬，点头哈腰，忙隔桌案伸出手来，连连称道："陈寅恪先生盖世奇才！"

陈寅恪教授一生治学严谨，极力主张"独立之精神，自由之思想"，这是他 1929 年在王国维纪念碑铭中说的话，并曰："思想而不自由，毋宁死耳。"这亦是陈独秀、胡适、鲁迅等在五四运动中高举之大旗。

50 在大批胡适的高潮中，陈寅恪形容是"一犬吠影，十犬吠声"。

1957 年反右运动中，陈寅恪作《从鸣放转向反右》诗一首：

（左图）陈寅恪与夫人于故居门前白色小路上散步。
（中图）陈寅恪生前坐的藤椅
（右图）陈寅恪

记者采风

"万里重关莫问程，
今生无分待他生。
低垂粉颈言难尽，
右袒香肩梦未成。
原与汉皇聊戏约，
那堪唐殿便要盟。
天长地久绵绵恨，
赢得临邛说玉京。"

开始两句引用《长恨歌》中所述唐玄宗与杨贵妃乃凡间与仙界永隔之事，意指相隔遥远，形容思想自由对于知识分子而言，已是遥不可及今生无望之事了。三四两句形容知识分子如胆小怕事的女子哪里还敢说三道四！右袒即脱去衣袖露出右肩，与"低垂粉颈"呼应，暗喻幻想放弃对知识分子的思想控制，做梦而已。学者胡文辉先生在《陈寅恪诗笺释》（广东人民出版社出版）中作了很细致的解析，他引用了唐代朱庆余的《宫词》一首，"寂寞花时闭院门，美人相并立琼轩，含情欲说宫中事，鹦鹉前头不敢言"，说"以'低垂粉颈'而'不敢言'的柔弱女子比拟畏首畏尾的知识分子"，又云"言难尽""似即反用'知无不言，言无不尽'之语"。学者余英时认为陈教授此处引用"右袒"之"右"，也有似乎同时影射"右派"之"右"。五六句中"聊戏约"是暗指知识分子与当政之间关系，知识分子曾有所寄望，"便要盟"则是说知识分子必须无条件服从。七八句又引用了白居易《长恨歌》中的"天长地久有时尽，此恨绵绵无绝期"，"临邛"即秦汉时的县今四川邛崃县，也是用长恨歌中的"临邛道士鸿都客"说杨贵妃幽居仙界之事，"玉京"指"天阙"即仙界中的最高仙境。这里比喻知识分子的自由精神从此只在那神仙天间了。

他教的学生也继承了他自由独立的胆识与品格。1957年反右运动中他的学生、中山大学历史系主任刘节被告之只要他批判陈寅恪即可自保过关，刘节说："批判陈先生，就是大兴文字狱！"

陈寅恪曾拟被任命为中国科学院某研究所负责人，因事出分歧未果而南下，后从《陈寅恪的最后二十年》（作者陆键东）中才得知大概故事之始末。《陈寅恪的最后二十年》（修订版）由生活·读书·知识三联书店出版，2013年6月北京第一版。中国科学院某研究所即中古史研究所，时陈寅恪先生被任命为该所所长，陈寅恪当时即提出两条要求："允许中古史研究所不宗奉马列主义"，而且"不止我一

2012 年 3 月陈寅恪铜像落户中山大学陈寅恪故居草坪。

陈独秀与胡适(右)。　资料图片

人要如此,我要全部的人都如此","'请毛公或刘公给一允许证明书,以作挡箭牌。'其意是毛公是政治上的最高当局,刘少奇是党的最高负责人。我认为最高当局也应和我有同样的看法,应从我说,否则,就谈不到学术研究"。此陈先生之要求当时就已被记载收藏在"中山大学档案馆""广东省档案馆",即 1953 年 12 月 1 日汪氏记录的"陈寅恪自述《对科学院的答复》"。据说陆键东翻遍许多档案馆所写的《陈寅恪的最后二十年》中记录的这些话为人引用得最多,被认为是"最为人称道的一个典型材料"。"这也是人们在评论晚年陈寅恪时用得最多的两个成语——'惊世骇俗'和'石破天惊'"的缘由。

陈寅恪南下,当时岭南大学校长陈序经如获至宝,立即聘请陈为历史系教授,岭南后并入中山大学。自此至"文革"前,陈教授的教学与学术思想受到尊重,广东省委书记陶铸经常看望陈寅恪,解决他的困难,多次指示给予关照,并准予特供。麻金墨屋 1 号的二楼,是他与夫人的卧室与教学课堂。课余,他常与夫人在屋前小路散步。1962 年,73 岁的陈寅恪不慎跌断右腿,住进医院,陶铸亲自看望,并指示配备多名专职护士护理。陈还未完全失明时,陶又关照中山大学领导在陈散步的院子修一条白色甬道,以免他迷失方向(据王匡:《笔祭陶铸》《芳华时节忆春风》)。陈寅恪夏天原穿唐装,后换成夏日长袍,为人和善,教学严格,正气凛然。1957 年学术大批判时有学生贴大字报骂其"误人子弟",他说:"那我就不教书了吧"。花十年时间写成《论再生缘》和《柳如是别传》。《别传》展示了柳如是这旷世奇女子美丽、高傲、辛酸的一生。

1966 年"文革""红色恐怖"风暴骤起,取消了他的特别护理,1969 年他被赶出麻金墨屋 1 号,住进一间低矮潮湿平房。你或许会问不是有大人物陶铸保护他吗?是的,陶铸虽"文革"初 1966 年调到北京任国务院副总理还兼任中宣部部长,排行是中央领导第四号人物,不断接见革命小将,也特地打电话给广东省委要关照陈寅恪。但很快他也没有办法了,自保都来不及,因他拒绝批判刘少奇邓小平而被打倒,笔者当时和湖南新闻界同事一起去北京串联,在天安门城墙上就见到"打倒陶铸!"的巨幅标语,而且"铸"写成"猪"字,上面打了个大红叉,他被关进监狱里两年后去世。红色恐怖已扩展到全国!展室讲解员中大历史系学生小雷一边陪我拍照,一边悲切地给我讲解陈寅恪晚年的凄苦悲凉和无奈。陈寅恪以目盲膑足之身煎熬了三年,弥留之际,只有患难与共四十多年的夫人唐筼(中日甲午战争时抗日名将台湾巡抚唐景崧之孙女)相伴。陈寅恪于 1969 年 10 月 7 日卒于广州。一代大师学界巨星殒殁!

我退休多年,到处走走,而麻金墨屋 1 号是我最崇拜敬仰地之一。

陈寅恪大师安息!我向您的故居深深鞠躬!阿门。

2011 年 8 月 12 日写于广州 7 号大院,2013 年 12 月补正于长沙晚报宿舍深夜

02

清代程庭鹭摹绘的柳如是画像

"裁红晕碧泪漫漫，南国春来正薄寒"
——痛惜旷世奇女柳如是，访其故地秦淮河

陈寅恪教授的《柳如是别传》，他晚年在广州中山大学麻金墨屋 1 号完成，1953 年动笔，1963 年完稿，写作长达十年。他后来在目盲体弱的情况下，他口述，由助手黄萱女士笔录，写成他留给我们的最后一部，也是他酝酿最久、写作时间最长、篇幅最大的重要著作。《别传》分上、中、下三集，八十万言，80 年代由上海古籍出版社出版，2001 年由三联书局再版。一卷卷，一章章，尽情展示了这位美艳绝代才女辛酸的一生。

台湾有个作家叫彭丽君，1997 年出版了她写的《中国第一名姬——柳如是》，我从广州图书馆借阅，封底有黑体字推介："'秦淮八艳'中，人格最高尚，命运最坎坷，才华最卓著，被后人误解最深的首推柳如是。"

"秦淮八艳"，又称"金陵八艳"，即指明末清初在南京秦淮河畔留下凄婉爱情故事的八位名妓，她们是：柳如是，顾横波，马湘兰，陈圆圆，寇白门，卞玉京，李香君，董小宛。她们多才多艺留下许多文学与艺术佳品，她们被逼上青楼，在家国危难之际却保持着民族气节。而柳如是是位于八艳之首，而且是史上最受到严肃学者赞誉的一位妓女。

《中国第一名姬》分上下集 41 章，均四字为题，以"泣血芳魂"结尾，如果说台湾作家彭丽君是用章回体通过丰富想象写一部言情通俗小说；而陈寅恪是以严肃学者来写他的《柳如是别传》，如他助手黄萱女士所言："陈老不惮辛苦，经之营之"，"以他惊天地泣鬼神的气概"，历经十年，"搜寻大量史料，爬稽沟疏"，以人物之诗歌与历史真实互证，陈老用他的笔拨开那片诋污之雾，让我们接触到历史上真实的柳如是。

（左图）秦淮八艳展室中柳如是国画
（中图）秦淮河畔李香君故居
（右图）今日秦淮河夜景

　　柳如是（1618——1664）嘉兴人，生于明万历五十年，家贫，本姓杨，幼名杨影玲、杨爱，名爱柳，因读辛弃疾词"为见青山多妩媚，料青山见我应如是"故自号"如是"，又自称"河东君"。幼丧父母，流落江苏，在退休周丞相家为婢，聪慧好学，深得丞相母亲喜爱，后丞相收为妾，教她读诗画画，却遭妻妾嫉妒陷害，被卖到青楼，当时她才14岁，改名柳隐。

　　乱世风尘中她来往于江浙金陵间，结识了不少名流文士，常着儒服男装，才气过人，世又称其为"柳儒士"，在烟花柳巷中地位不断上升。她精通音律，长袖善舞；书法效仿虞世南，诸良笔法，人称其"铁腕怀银钩"；其画娴熟简约，清丽有致；清人亦佩服说她的尺牍"艳过六朝，情深班蔡"。其才气堪称秦淮八艳之最。

　　她美艳绝代，苗条身材，纤细俏丽，双颊朝霞，冬日着单，身上仍温暖；据载，其冰清玉骨，身上散发一股奇香。一生酷爱诗词，才华横溢，写诗云：

"荒荒慷慨自知名，
百尺楼头倚暮筝。
勾注谈兵谁最险，
嶕函说剑几时平。
长空鹤羽风烟直，
碧水鲸文澹冶晴。
只有大星高夜半，
畴人傲我此时情。"

　　她身材纤细，秀丽玲珑，心里却有广阔之波涛与凌云之壮志，傲骨豪情，世人称她"风骨嶙峻柳如是"。

　　秦淮八艳正处于明清易代之时。柳如是目睹明代灭亡清军破城之惨状，柳尽全力支持郑成功等抗清，曾与南明复社领袖陈子龙情投意合，有过几年真挚的爱情，相互鼓励抗击清兵。陈子龙赠柳如是《长相思》云："别时余香在君袖，香若有情尚依旧。但令君心识故人，绮窗何必常相守。"因陈之原配张氏反对，她和他只好悲切分手。

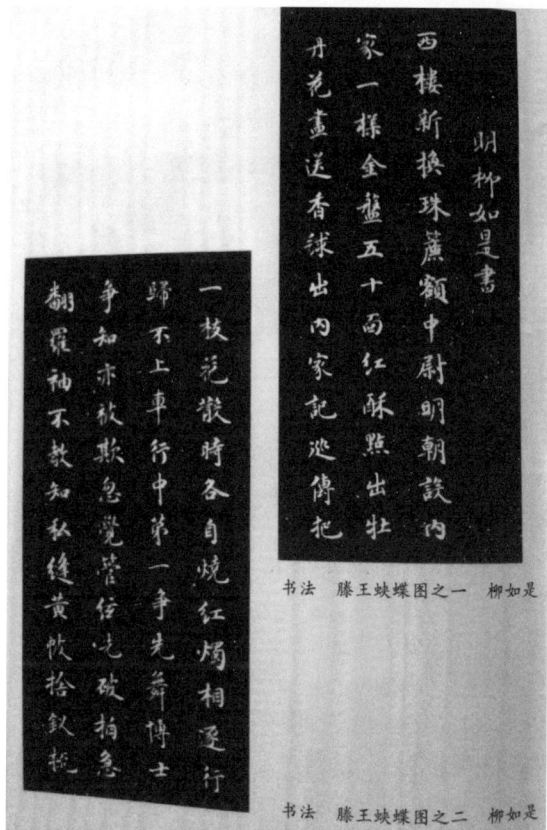

书法　滕王峡蝶图之一　柳如是

书法　滕王峡蝶图之二　柳如是

柳如是书法

"章台柳，

章台柳，

往日依依今在否？

纵使长条似旧垂，

亦应攀折他人手。

杨柳枝，

芳菲节。

可憎年年惜离别。

一叶随风忽报秋，

纵使君来岂堪折？"

他们有不少感人的唱和答对诗词书信流传至今。陈子龙不幸在后来的抗清起义中战死。

柳如是虽沦落风尘，对爱情婚姻有着自己的理想追求。对追捧她的众多男子，包括进士、名士、宰相等高官弟子，她都保持着自己"不甘人下"的人格。

崇祯十四年，她20多岁，看中了明末文坛领袖有"李杜之称"的大才子、大学士钱谦益（钱牧斋）。她以自己个性敢于追求自己的幸福。她寻找机会多次拜访，第一次去时女扮男装，着蓝缎儒衫，青中束发，未果；再次去时写诗一首："草衣家主断桥东，好句清如湖上风。近日西泠夸柳隐，桃花得气美人中。"钱谦益见诗，大惊，因他两年前见过柳如是的诗笺："垂杨小院秀帘东，莺阁残枝未相逢。最是西泠寒食路，桃花得气美人中。"原来她们两年前在杭州邂逅过，钱立即回访，一看是美若天仙之女子，一见如故，大喜过望，慕名即恳求她的诗作与书法。此时，钱谦益被罢官不久回原籍；而柳如是沦落风尘命运坎坷；也许是同是天涯沦落人，又同是文坛上才华横溢的诗人，都同样尝过人生酸楚苦涩。一拍即合，爱之深切，一同踏雪寻梅，寒舟垂钓，形影不离。在柳眼里：钱28岁曾为探花郎，诗词早享誉四方，慕名已久。在钱心中：柳风华绝代，多才多艺，诗词尤甚，一片痴情，世上哪里去找如此上品女郎，却顾虑年纪相悬三十四岁，柳如是却大胆追求，以满腔热情盛赞钱人老心却年轻，诗词洋溢着饱满的青春活力，年花甲却有情有义有滋有趣，多情公子哥儿有几个能有如此纯真情有独钟？

钱即亲自监工，十天内，在红豆山庄为柳如是建造精美华丽的"我闻室"。小楼建成后，钱即赠柳如是诗一首：

（右图）柳如是国画花鸟
（下图）柳如是画像

"清樽细雨不知愁，
鹤引遥空凤下楼。
红烛恍如花月夜，
绿窗还似木兰舟。
曲中杨柳齐舒眼，
诗里芙蓉亦并头。
今夕梅魂共谁语，
任他疏影蘸寒流。"

柳如是亦回赠钱谦益一首《春日我闻室作呈牧翁》：

"裁红晕碧泪漫漫，
南国春来正薄寒。
此去柳花如梦里，
向来烟月是愁端。
画堂消息何人晓，
翠帐容颜独自看。
珍贵君家兰桂室，
东风取次一凭栏。"

　　这年夏天，钱谦益正式娶柳如是以正妻之礼迎进家门。婚礼别出心裁，在一大芙蓉舫游于波涛中举行。钱为柳如是在西湖畔建壮观文雅的"绛云楼"。并写有《春日早起》诗云："独起凭栏对晓风，满路驿马高楼东。始知昨夜红楼梦，情思悠悠意绵中。"（据说曹雪芹之著最终定名《红楼梦》出自于此）曹雪芹笔下《红楼梦》中宝玉的怡红院也别称"降云轩"亦来自这"绛云楼"。钱柳成婚后，读书论诗，湖上泛舟，月下赏山，爱意情浓，传为佳话。
　　此时明朝北京城被清兵攻破，钱只好在南明弘光朝廷做了一年宰辅。1645年清兵攻陷南京城，他投

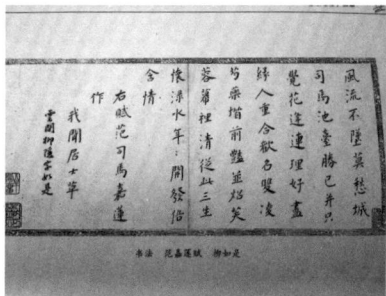

（左图）柳如是书法：《范嘉莲赋》
（右图）柳如是诗：《湖上草》

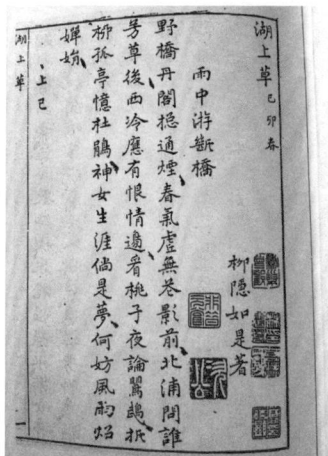

降了清朝。柳如是力劝钱赴死取义守大节，钱有难色推脱，柳感悲愤奋身投水寻死未遂；柳复劝钱并相约一起殉节，钱功名心切，"明南都倾覆，牧斋（钱谦益）随例北迁"，柳如是只身留金陵，对丈夫痛感失望，以自己方式保持距离，维持夫妻关系，红颜薄命，一生坎坷，伤心不已。钱亦思念柳如是心切，未几，钱暗地参与反清复明活动，因资助黄毓祺图谋反清案被捕入狱。正在病中的柳如是以其积蓄冒死将丈夫救出监狱，仍鼓励丈夫抗清。回家的钱谦益敬仰柳如是的气节与品格，感叹曰："苦恨孤臣一死迟。"柳如是为帮助姚志卓起事，倾其私蓄使其成为一军。黄宗羲在其《思归录》中说："顺治七年，谦益曾袖七金赠余曰：'此内子（即柳如是夫人）意也。'"可见柳对钱的楷模作用。王国维为柳如是写有《湖上草》绝句一首：

"幅巾道服自权奇，
兄弟相呼竟不疑。
莫怪女儿太唐突，
蓟门朝士几须眉。"

柳如是气节远胜过一代朝士。

1980 年出版的《柳如是别传》，每册封面均有反白的陈寅恪教授的"独立之精神，自由之思想"字样。有人撰文评点："柳如是之独立之精神，自由之思想，纵使是东林领袖钱牧斋亦不能望其项背。"

钱谦益回家后郁郁而死。钱氏家族乘机逼索柳如是，夺其家产，柳如是欲哭无泪，写下血书，即解下腰间孝带悬梁自尽，一代旷世奇女子香消玉殒！此时丈夫钱谦益刚去世两个月，家族不准柳如是入钱氏族山，只得葬于虞山成一座孤坟。

陈寅恪教授的弟子、中山大学蔡鸿生评说："此书为先生著作最难之书，是先生知人论事的心史之作，可谓之先生人生历程中最后一朵玫瑰花。"他赞誉《别传》"胭脂泪中凝聚着民族魂"，"侠气、才气和骨气，在柳如是身上，可说是三者合一"。

吴宓早在 1961 年的日记中载记他在广州会见了陈寅恪："寅恪细述柳如是研究之大纲。柳之爱子龙及其牧翁，始终不离其民族气节之立场，光复故物之活动。不仅其才高博学，足以压倒时辈也。"陈寅恪教授与其说是写柳如是，毋宁说是对柳如是流露出民族大义、独立之精神的高度赞赏。如吴宓所言："若不能读懂此点，遑论读懂《别传》。"

柳如是高风亮节，其品格为同代人与后人敬仰，她的美艳绝代和才华横溢一直为人们所传颂，民间更流传她许多动人故事。清末民初在达官贵人文人墨客中有种"羊角对"（又叫"无情对"）文字游戏，曾有人出上对"柳如是如柳"，对者甚众都未果，几十年后著名外交官华莱士出使中国，有人对曰"华莱士来华"，才勉强为人们接受，但未能尽意，你能对出更美妙的下对么？

2011 年 10 月 30 日写于长沙晚报报业集团宿舍 9 栋

补记 1：

为得到柳如是的诗画去了几家湘粤图书馆均空手而返。2012 年 3 月 7 日，与老伴到南京，观第一个景点即秦淮河，先看夫子庙之"江南贡院"，建于南宋孝宗乾道四年（1168 年）。科举制始于隋唐，止于清末，历时 1200 余年。现存有明远楼和无数明清碑刻，还再现了当时考试之雕塑，感古人名士考试之艰辛；至秦淮河岸购票上船，已无有桨声，亦非那时节之灯影，与数十人同坐木屋机器轰鸣之大船，窗外是霓虹灯与眼花缭乱之激光闪烁。绕秦淮河一圈历时五十分钟，喇叭高叫马达响人声嘈杂，容不得你有什么情怀回想，列队鱼贯上得岸来，似白日在夫子庙匆匆小吃如现代化快餐。

穿过游人如鲫之古秦淮旧街，在乌衣巷附近，得一观"李香君故居"。再购票进入这小块幽静之地，倒也细巧玲珑，别样洞天。河边有"明末水门"拾级而上，可达李香君家茶厅，书室，琴房，卧居，这里曾演绎了多少悲欢离合故事。

所幸内有"秦淮八艳史料陈列馆"，购买《秦淮八艳诗书画》，终于喜得柳如是山水国画，书法与诗词，特选几许刊载若干。

补记 2：

关于【对对子】，早已知著名的"胡适之"对"孙行者"，很是高超！直到 2014 年新春，在广州新建图书馆读到老朋友、文史学家、也是我们晚报文艺副刊的老作者陈书良先生写的《楹联写作十讲》一书，我才明白究竟。他书后有附录一《笠翁对韵》和附录二周祖谟先生写的《陈寅恪先生论对对子》，周祖谟先生在这文章里细述了他 1932 年参加清华大学入学考试，有一题就是对对子，原来这"胡适之"就是他在考卷中对的。而出题"孙行者"的，就是著名学问大家、当时清华大学教授陈寅恪老先生。他的文章讲述了陈老先生论对对子，比如怎样区别虚词和实词及其应用，如何区别平仄声和声调，还能从中测试出应试者读书和语言之贫富，以及思想之条理，由此可选拔高才之士，云云。至于怎样写楹联，请读书良兄这本书吧，这是他在大学的系列讲稿，深入浅出，值得一读。

03 黄埔军魂

2012 年 4 月 25 日，闷热，汗流如柱。驱车黄埔大道上番禺大桥，穿过整洁安静广州大学城，驶向桥南，长洲岛浓密树林覆盖，在珠江波涛撞击的河岸，就见到举世闻名的黄埔军校了。

黄埔军校与美国西点军校、英国桑赫斯特皇家军事学院、俄罗斯伏龙芝军事学院号称世界"四大军校"。黄埔军校在中国现代史上产生重大而深远的影响。

军校大门上方巨大匾额，从右至左，六个工整繁体字"陆军军官学校"，为湖南茶陵县人、国民党元老谭延闿所书，两边是孙中山先生遗嘱中的"革命尚未成功"、"同志仍需努力"。据说原来对联是"升官发财请往别处"、"贪生怕死勿入斯门"。

黄埔军校，创立于 1924 年，至今有近百年历史。大革命时期，全国青年何等热血："到黄埔去"！"到黄埔去"！"黄埔"二字震惊中外！这里将帅云集，诞生在国共第一次合作时期。

1924 年 6 月 16 日，黄埔军校举行了隆重开学典礼，临时搭起简易主席台，就座的有孙中山偕夫人宋庆龄，有党代表廖仲恺，校长蒋介石，以及军校大本营任职的程潜、汪精卫、胡汉民、戴季陶、孙科（后任军校政治部主任的周恩来正从欧洲赶回途中），还有南方各省军队总司令湘军谭延闿、粤军许崇智、滇军杨希闵、桂军刘震寰。

据黄埔军校第一期毕业生、湖南政协委员黄鹤、湖南省参事室参事陈劼回忆：孙中山先生着白色中山装，头戴拿破仑式帽，步入主席台时，军校学生长时间热烈鼓掌，他神采奕奕，声音洪亮，开学典礼上作了《怎样立志才可以做革命军人》的长篇讲演。他说：“首先要一心一意为国为民奋斗！”“必须以先烈做模范，要能够用一个人去打一百个敌人的精神！”后来又到军校作了讲演，做记录的第一、二次为黄一鸥（黄兴之子），第三次是孙夫人宋庆龄。

黄埔军校，是培育中国将帅的摇篮，前后黄埔毕业生达三万余。国民党方面，黄埔师生被授予上将军衔有 40 人；共产党方面，中国人民解放军十大元帅有 5 人出自黄埔，10 名大将中黄埔出身占 3 人，1955 年授上将衔 57 名有 8 人为黄埔师生。

我们从大门入，是一座岭南风格宽阔明亮四合院，深四进，有左、中、右三路，每进有天井相隔，全为二层楼房，有楼梯回廊相通。中路通道称为“大花厅”，可骑马通行，故又叫“走马楼”。

我们参观了军校校史展览厅，这里展出了军校周恩来、叶剑英、李济深、邓演达、何应钦、戴季陶、聂荣臻等领军人物，也展示了学生队中人物风采，徐向前、黄维、杜聿明、陈赓、胡宗南、陈明仁、余济时等名将都是黄埔学生。二楼昔日军校学生宿舍最感人，所有设备均按当时情景，全为木制通铺，上铺草垫褥，白色床单，方方正正的粗棉布绿军毯；墙上挂着斗笠，木架上是制服、脸盆、口杯……学生一律着草鞋，入校时只发一套灰布军服，军校生活艰苦。当时墙壁、宿舍、教室到处可见学生自制标语“卧薪尝胆”、“碧雨春秋”、“艰苦卓绝”、“精神不死”等。学生坚持每日早中晚“三操（练）”、“两讲”，上课时坐姿笔直，双手放在膝盖上，目不斜视，军帽置于课桌左前方。

这里有着国际支援，当时黄埔军校经济困窘，在长洲岛珠江河岸，常可看到飘着镰刀斧头红旗的苏联兵船，第一次“给黄埔军校运来 8000 支俄式步枪和 400 万发子弹、15 挺机枪、4 门大炮、2 辆装甲车”。“1923 年至 1926 年北伐战争开始前，广州国民政府累计接受苏联价值 300 万金卢布军火，包括步枪 26000 支，子弹 1600 万发，机枪 90 挺，炮 24 门。苏联政府从 1924 年 11 月起，每月还给国民党提供 10 万金卢布党务经费，还给国民党 1000 万金卢布用于创建中央银行”（据《货币战争③》中华工商联合出版社）。

黄埔军校学生，艰苦奋斗，纪律严明，在校学习期间组成学生军，曾英勇镇压了商团叛乱，平定滇桂军阀的反动势力，剿灭了异军……为北伐胜利打下了坚实基础。从 1924 年到 1927 年共四年间，黄埔军校共招收学生 1.2 万人，毕业 8107 人，学生多人为国捐躯。

走出长洲岛，回首巍然屹立黄埔军校，肃然起敬！

那青春烈火燃烧岁月，虽昔日同窗有过分化为对立两个营垒，但同胞骨肉血浓于水，在抗击凶恶日寇的八年战斗中，抛头颅洒热血，黄埔军人写下了可歌可泣的壮烈篇章。

（上左）军校走马楼；（上中）黄埔军校一角；（上右）军校展室中孙中山照；
（下左）军校会议室；（下中）军校寝室；（下右）军校阅览室

我想起湖南革命英烈谭天觉，他就是黄埔军校第六期毕业生。1942年日寇曾俘获我十将军，诱降不从，杀害于南京浦口，立《支那十将军墓》（解放后重建《抗日十将军墓》）。十人中九人为军级将官，仅谭天觉为范汉杰部下上校作战科长。日寇多次诱降，他严词拒绝，并作《自挽联》诗一首：

"有四亿黄帝子孙，
誓洒热血抛头，
何难杀敌挥戈，
踏平瀛岛；
集万千中华雄鬼，
仗英魂烈魄，
正好随征助战，
收复神州。"

黄埔军魂，何等壮烈！骨肉同胞，气贯长虹！黄埔军人的凛然正气和"亲爱精诚"校训精神常在，将永垂光辉灿烂的中国史册。

程之的滑稽幽默与表演观

他一登台，观众就乐。那滑稽面孔，诙谐说逗和质朴的幽默，还有那明显的老人眼睑，都是特有的程之模式。

全国周末星期刊主编 1988 年 1 月与这次中国影星聚会江城，他是获得掌声最多的演员之一。你看，他头戴一顶灰色旅游帽，黄夹克，红围巾，好像衣着也流露出一种幽默味。那天，他身旁站着一位文静的高个子大姐，他同我说着地道的长沙话："咯就是为堂客，名叫郭葆琼。"随后掏出一张名片，又在名片背后端正地写上他夫人的名字。

这就是程之，全国著名影星，比我想象的还平易朴实，普普通通，和蔼可亲。

"演员首先是一个普普通通的人，一个演员如果把自己特殊化，在生活中不像个普通人，那他在舞台上，镜头前也演不像生活中的普通人。演戏是假的，可假戏要真做。我很欣赏京剧前辈萧长华的一句话：'什么都是假的，玩意儿（指表演艺术）是真的。'这话道出了表演艺术的真谛。我演坏蛋，可坏蛋不是我；我也演好人，演喜剧，演悲剧，但都是'角色'。演员的本领就在于怎样将假戏演的像真的一样，假戏真做，这就是我的表演观。"

程之先生的一席话，像他一样普普通通。

程之今年六十有三，有三十六年银幕生涯，他参加拍摄《红日》等五十余部影片，塑造了众多性格迥异的反面人物。他能操多种方言；又是造诣极深的配音演员，如《济公斗蟋蟀》《三剑客》《奥赛罗》《牛虻》等等；他与老搭档曹铎说的相声早已家喻户晓。他有一年四个月中就演出相声三百六十场，深受观众欢迎。他父亲程君谋是一位大名鼎鼎的票友。程之从小就酷爱京剧，能哼各色曲牌，连他为《崂山道士》美术片设计的音乐也是

与表演艺术家程之（夫妇）、曹铎合影于武汉。

用京剧为旋律，充满着滑稽韵味的程之气质。当然，观众最熟悉的他是演《渡江侦察记》中的国民党情报处长。

这次我们同住武汉惠济饭店二楼，打隔壁。一天晚上他敲门，送来我约请他为湖南乡亲题的字条，他又是一口长沙话对我说："我生在武汉，三岁随家迁到上海，我只是半个武汉人；可我祖籍是湖南宁乡，我是正宗的湖南人，祖父程颂万，曾任岳麓书院监督（院长）。"

程之是湘省名门学者之后。程颂万，字子大，为清末有名的"十发居士"，至今岳麓书院仍留有他的手迹，书院二门上一副对联"纳于大麓，藏之名山"以及"爱晚亭"两根石柱上的对联"山径晚红舒，五百天桃新种得；峡云深翠滴，一双驯鹤待笼来"，都是程之的祖父程颂万老先生的亲笔。

难怪程之的翰墨也如同他的表演艺术一样漂亮，这里大概有遗传因子的缘故。幽默本与浅薄无缘，程之的表演艺术与他的诙谐幽默又是程之式的。

邂逅乔榛 05

他是《玛丽·安娜》中的拿破仑皇帝，他是《寅次郎的故事》中的寅次郎，是《野鹅敢死队》中的福克纳上校，还是热恋着叶塞尼亚的奥斯瓦尔多……我说的是他，著名配音演员乔榛。

我国观众听众太熟悉他了。他是上海戏剧学院 1965 届的高材生，他用富有个性特征的语言再创造影视形象多达百余个，那众多性格迥异的人物，通过乔榛纯厚、娴熟的艺术语言，一个个向观众敞开着自己的心扉。在这次聚集武汉的一次晚会上，我们欣赏了乔榛表演奥斯瓦尔多的精彩对话：

"叶塞尼亚：当兵的，你不等我了？你不守信用。

奥斯瓦尔多：我已经等了三天了。

叶塞尼亚：呵呵呵，我没跟你说我要来。那现在，你去哪？

奥斯瓦尔多：我想到你们那去，去找你。非要让你……

叶塞尼亚：怎么？哦，瞧你呀，你要是这么板着脸去，连怀抱的孩子也要吓跑了，哈哈哈。

奥斯瓦尔多：你就是喜欢捉弄人对不对？我可是不喜欢人家取笑我，现在我要教训教训你。

叶塞尼亚：不，不，放开我，放开！……我教训教训你，倒霉蛋。你以为对吉普赛人想怎么着就怎么着，那你就错了。我，我不想再看见你了。听见吗！……怎么你流血了？你这是活该，怪谁呢？怎么你死了？不，你这家伙别这样，求求你把眼睛睁开，你知道，你要是死了我就得去坐牢的。

奥斯瓦尔多：你想杀死我？

和乔榛合影

叶塞尼亚：是的，是你逼的我。

奥斯瓦尔多：你就这么讨厌我亲你？

叶塞尼亚：只有两厢情愿，才能叫人愉快。如果强迫，只能叫人厌恶。

奥斯瓦尔多：你没有发现自己长的很美吗？这能怪我吗？

叶塞尼亚：你要是再来亲我的话，我就砸碎你的脑袋。

奥斯瓦尔多：你的手真重，可我心里的创伤比头上的伤还重。没想到我会这么喜欢你。我不像你那么会算命，可我觉得我配得上你。我爱你，吉普赛人。你就这么讨厌我亲你？

叶塞尼亚：奥斯瓦尔多，我们必须分手了……

奥斯瓦尔多：不，我爱你！不论谁，不论什么，都不能把我们分开！

叶塞尼亚：我也爱你！……我爱你！奥斯瓦尔多！"

这次中国影星荟萃江城，全国周末期刊主编研讨会也在武汉召开，同住惠济饭店。乔榛激情、随和、朴实、谦逊；满头乌发，浓眉，大眼睛透露出善良柔和的光，给记者和影迷留下了十分亲切可爱的印象。

在惠济饭店那西班牙式的小餐厅里，我们初次见面握手，就好像成为老朋友了。

记者：你为那么多译制片配音，你自己最喜欢哪部？

乔榛：年轻人也许喜欢《叶塞尼亚》，其实，我认为自己下了工夫的是《斯巴达克斯》中的贵族统帅克拉苏，《战争与和平》中的比埃尔，《冒险的代价》中的节目主持人马莱尔。这些人物的内心世界与细腻情感的表达，我是花了力气的。此外，我喜欢《第一滴血》的兰博。

记者：在艺术上你从小崇拜谁？

乔榛：我从小就崇拜孙道临。

记者：你最喜欢什么颜色？

乔榛：蓝色。

记者：你最喜欢什么个性特征？

乔榛："深沉。"

乔榛像平凡生活一样朴实，又是那么坦诚，毫不掩饰自己。1984年底，他诚恳的一再请求，也未能阻止人们选举他上任上海译制片厂厂长，大家都希望他像管理自己一样来管理译制片厂。两年中，他不负众望，译制了七十部电影，成绩斐然。然而，他想的更为深沉："我对行政工作实在是门外汉，观众关心的不是我是否当厂长，而是能不能听到我的声音。"

两年前，乔榛患了恶性肿瘤。消息传开，慰问信从全国各地飞来，有的青年观众哭了，信中说："我们多么担心再也听不到你的声音了！"在上海华山医院手术治疗达十个月，他奇迹般活下来了，而且活的很愉快，很健康。

记者：医生宣布你患的是恶性肿瘤，后来又说转移到了肺部，你害怕吗？当时想些什么？

乔榛：我倒不惊慌，宣布时，领导和社会各界都关心我，写来了许多信，

乔榛在《寅次郎的故事》和《野鹅敢死队》中译演主角

我想，人做到这个地步可尝到做人的滋味了，感到人的价值了。我不属于我，而属于大家。我感到体力并没有垮，精神更不能垮。人生短暂，生命有限，认识了自己做人的价值，即使生命结束了，也心安理得。

记者：你说的太棒了，谢谢！你现在有什么担忧吗？

乔榛：我们电影配音演员，对中外文化艺术交流起着桥梁作用。目前令人担心的是译制片工作青黄不接。老前辈如尚华、李梓等相继退休，年轻同志一时难以为继。社会上反应我们配音演员千篇一律，千人一腔，配滥了。这意见是中肯的。我们欢迎你们新闻界对我们提出批评。

记者：你现在声音依然是那么动听，这两天你朗诵《叶塞尼亚》《王子复仇记》《人证》和《生死恋》选段，听众的掌声就是最好的评价。你最近准备做什么？

乔榛：我刚刚导演完 1986 年获奥斯卡金像奖的美国影片《故乡行》，正准备为上海电视台一部卢森堡译制片男主角配音。请转告并感谢广大的朋友与观众，我已经恢复健康了，今年才 45 岁，我会努力的。

记者：谢谢，我会转告的。

和秦牧对话：
现在作品幽默太少，缺乏笑声……

著名作家秦牧今年六十七岁，高个子，满头银发，金黄色框架的眼镜，穿一件旧蓝布咔叽中山装，一看就知道有年头了，蓝中显白，倒也整洁干净。

秦牧是全国晚报科学小品征文评委会顾问之一。今年（1986）9 月在武夷山评奖期间，日夜审稿件之余，晚饭后到森林密布的武夷山小路散步，我们海阔天空地闲聊……

我问秦老：怎么看作品的思想性和趣味性？

秦牧：中国历来讲究"文以载道"，主张作品应体现一定的思想性，这当然是对的，但多年来对文艺的娱乐性不够重视，现在好多了。文艺作品应该有趣味性，寓教于乐，寓教于趣。一篇作品光有思想是不行的。至于科学小品，如果尽谈思想，没有多少科学内容，也就不成其为科学小品了。

我说：现在作品是不是太古板，不生动活泼？

秦牧：我以为表现方式不妨轻松活泼，多姿多彩些；现在幽默小说太少了，缺少笑声。作品应有更多的笑，因生活本身就充满笑。

我笑着问：少了契诃夫？

秦牧：不是，我是指马克·吐温。去年《羊城晚报》登了我的一篇幽默小说《盛宴前的疯子演说》，是我的一个尝试，我想读者可以在笑声中自己体会其中的涵义。

我感兴趣了：是一种高智商的，具有个性的幽默？

秦牧：当然，幽默应该高级一点。像中国古代的《笑林广记》，有些就低级了些。鲁迅、老舍式的幽默则是相当高级。

和秦牧夫妇在武夷山合影

我换个话题：有人说现在散文，还有诗歌，处于低潮？

秦牧：我看散文不是处于低潮，目前还是向前发展。现在古典诗歌、外国诗歌，印数很多，而现代中国诗人诗集出版，印数却偏少，诗歌面临考验。现在青年诗人涌现不少，此中大有人才，我希望能够多出诗人。但我不认为那些人们看不懂的朦胧诗是出路所在。三年前，一本较好的散文印数可达五万，长篇小说印数可达五万、十万；近年来印数大减，由万降千。听说有的书订单发到全国，收回订单汇计只要几十本。责任编辑还哭了一场。这现象值得注意。

目前，出书难，卖书难，买书也难。我看出版界萧条状况是暂时的，但它的确反应了许多方面存在的毛病。非认真对待不可。

我说：广东创作怎样，您有何感想？近年您到过什么地方？

秦牧：我们广东创作的成绩，我看属于中等，你看甘肃搞出了《丝路花雨》《西安事变》等作品，我们就没有。我们比他们落后。

近几年，我到了几次香港，也去过美国和新加坡各一趟。

国外有不少人崇拜沈从文，他的书是法国中文教员必读的五本华文书之一；美国还有好些人研究沈从文得了博士、硕士学位。有些国家的作家只知道鲁迅、巴金，有些只知道林语堂。我想，我们的好作品应该好好的向外国介绍，许多中国优秀作家实际上是有资格走向世界的。

沿着武夷山小路快到宿地了。

我转到会议正题：你对科普创作印象如何？

秦牧：凡世界有影响的科学作家，如凡尔纳、伊林、阿西莫夫，都产生在科学发达国家，科普创作发达正是一个社会科学发达的象征。科学院学部委员的书印数很小，懂的人也少，科普作家的书印数就大了。正是这个道理，苏联的伊林，国内外出版的高达五亿册，伊林和凡尔纳的作品现已有五六十种语言翻译，在世界各国出版。我们国家还没有这样的作家。自然，高士其等有相当影响的。科普作品影响很大，有人说，现代科学的成就，不过是凡尔纳理想的实现而已。这话相当有道理的。

你们全国晚报提倡写千字科学小品，起的作用很大，前景是非常乐观的。随着我国科学技术的发展，文化科教事业的繁荣，中国会有自己的伊林和凡尔纳……

访大数学家华罗庚说自学

—— 华罗庚寄语年轻一代 "材大难为用辩"

07

盛夏的长沙，烈日当头；雨后蓉园，却别有一番景致。8月3日我到这浓荫若盖、墨绿色的树林丛中找到三号楼，拜访著名数学家华罗庚教授。华老，银发，西装，学者风度，庄重，亲切。

我省高考即日放榜；省电大、函大刚考过；高等教育自学考试11月又将在我省首次开考。多少青年在人生征途拼搏。因此，我们请华老为湖南自学青年说几句话。长辈教诲，情深意切。

华罗庚教授说："一个人没有不自学的，小孩跟妈妈学说话，除了妈妈、阿姨、叔叔、伯伯教以外，一般说，绝大多数是他自学的。作为一个科学家就更重要了。没有自学的本领如何得了！那博士在哪儿呢？科学就停止了！"

"任何发明创造都是搞人家没有搞过的。走人家没有走过的路。谁能告诉你去走哪一条路呢？就只有自己去摸索，自己去学习，并且自己不断更新自己的知识，否则就不可能成为一个好的科学家，尤其是现在科学迅速发展的时候。"

"对自学青年，我特别要讲一下，为什么信心不足呢？高考没有考上也没关系，可结合自己的工作在工作岗位上学。"

"至于向老师学，有的老师可以带学生走路；不过，有时老师带了框框，也要注意。有的人一辈子被老师的框框框住了，钻了牛角尖，似乎现在天下懂我的只有五个、十个人，他在牛角尖中称王，忘记了世界。是世界重要，还是牛角尖重要？我想，最好在牛角尖中不要忘记了世界。牛角尖是世界的一小部分。"

华罗庚教授

华老讲完，在座的省科协副主任主席欧阳庆说："关于自学与人才，华老还有不少诗作哩。"我示意索取，华老的助手黄景钧和傅继良笑了笑，随手拿出一首华老的近作《材大难为用辩》：

"杜甫有诗古柏行，他为大树鸣不平，
我今为之转一语，此树幸得到门庭，
苗长易遭牛羊践，材成难免斧锯侵，
怎得参天三千尺，端赖丞相遗爱深，
树大难用似不妥，大可分小诸器成，
小材充大倾楼宇，大则误国小误身，
为人休轻做小事，小善原是大善根，
自负树大不小就，浮薄轻夸负此身。"

华老从小家贫无力上初中。只好进黄炎培创办的中华职业学校学会计，因生活昂贵中途辍学在父亲杂货店站柜台，开始自学。1930年他在《科学》杂志发表论文而破格调入清华大学，这时他才19岁。由于自学刻苦成绩卓著，1936年被派往英国剑桥大学。终成为"中国现代数学之父"、"国际领袖数学家"之一，被誉为"中国的爱因斯坦"。

华老一生也乐观幽默，他因患伤寒病致严重并发炎症左腿残疾，走路要左腿需先行划一个大圆圈右腿跟上再迈开一小步。对这奇特的艰难步行，华老曾幽默地说："这是一种圆与切线的运动。"

用华老的话说，他的这首打油诗也是他自述经验之作，或有助于"不从根上起，只想高里攀"的初学之人。

08

他笔下伴着万马嘶鸣
—— 访自学成才马背上画家姚迪雄

伊犁河，伊犁河
新疆牧场多么广阔

清早，每当牧民挥鞭划破静悄悄的黎明，牧场的晨曦中就有隐隐出现成队的马群，这时一少年早已纵身马背，奔向那一片绿油油的草地。这少年便叫姚迪雄。

如今，他已成为引人瞩目的画家。

姚迪雄，1949 年生于乌鲁木齐，3 岁来到名马产地伊犁，他是在马背上长大的。60 年代下放农场，他终日和马在一起，他骑马，看马，尤喜欢画马。他大量揣摩名师速写，后得到黄胄、黄永玉、力群、高冠华等著名画家的指教，使他的中国画日趋成熟。你看！他画的这幅《马上拔河图》何等逼真气势，充满着中国大西北的新疆味。

4 月底，姚迪雄带着他的画来到长沙。4 月 30 日，《姚迪雄画展》在我省博物馆正式展出。我们看到他画的马，只寥寥数笔，各种马态，活灵活现，奔马蹄下生风，立马凌空飞跃，群马神采飞驰，匹匹健壮。观赏他画的马，好似听到骏马仰天长啸，仿佛闻到了新疆牧场散发着粗犷的草原气息。

我们在画展上见到姚迪雄，高个，浓眉大眼，黑发卷曲着。虽居国外七、八年，仍说着带有新疆口音的普通话。他是 1979 年随家去澳洲的，经香港时举办"新疆画家联展"，开始扬名港澳。他的《悟空牧马图》1984 年选入日本亚洲国际美展，1985 年又选入中国国际青年年画展。他完成了 4 米长

访问画家姚笛雄

的巨幅《百马图》后，又创作了 14 米长的《丝绸路上百骆驼图》。

　　这次在长沙展出的他的中国画《百袋鼠图》，已被澳大利亚视为"国宝"，画卷长达 60 米。我们看到的画面是从澳洲土著的山洞壁画开始，有澳洲六个州的各自独特的山川花卉草木水色，两百只袋鼠奔跑其间，最后以库克船长 1770 年发现澳洲为结束。姚迪雄告诉我们，他创作这一幅画用了整整一年时间，澳中理事会的支持并拨专款使他得以到全澳旅游写生。他跋山涉水，共画了 500 多幅澳洲特有的袋鼠速写与素描，再从中精选了 200 只形态各异的袋鼠。他说："作为一个中国人，能用中国画的形式反映异国风光，我为中华民族的艺术而自豪！"

　　"听说您计划一生要完成十幅百动物图的中国画卷？"

　　"是的，一个真正的艺术家应把艺术献给人民大众。我的十幅百兽图，每幅都应有新的艺术技巧的突破，努力成为传世杰作。这次在长沙展出的《百袋鼠图》就算是为艺术道路上的一篇毕业论文吧。"

　　他的巨幅画卷《百袋鼠图》应邀到北京中国美术馆展出时，轰动了画坛。展出结束，他就急切回到了青少年时代度过的新疆，感到儿子回到了母亲身边一样温暖。家乡水草丰盛，羊肥马壮，时代在飞跃，人民在前进，他深深地感动了。他跪倒在那熟悉的绿油油的牧场，颗颗泪珠滴在这片亲爱的祖国大地上，仿佛耳边有万马嘶鸣……

（左图）王首道为《星期天》专刊题字；（右图）和作家柯蓝聊天

莫道桑榆晚　余热也增光
—— 访湖南省人民政府第一任主席王首道

09

"老吾老，以及人之老；幼吾幼，以及人之幼。"孟子这句名言，早已成为我国传统美德。新春前夕，湖南省老龄问题委员会召开为老年人服务座谈会，就是这种传统美德的体现与发扬。我省老年人四百五十万，约占全省五千多万人口的十二分之一。敬老尊贤，理所当然应成为全民的社会公德。

春节过后，初五上班，听说八十一岁高龄的原八路军三五九旅政委王首道春节期间到了家乡长沙。1986 年初六（2 月 14 日）下午，我们驱车蓉园，去访王老。

蓉园在一片青松翠竹的丛林中。和我们同往的八十六岁高龄的省政协主席程星龄按了电铃。出乎意料，迎接我们的竟是著名作家柯蓝。他的小说《打铜锣》改成花鼓戏在我省家喻户晓，他和夫人合著的《风满潇湘》拍成电视剧上映了，他们写的徐特立传记文学《这一座高山》由中国青年出版社出版。这位多产作家接待我们边走边解释："王老的秘书最近回北京去了。请进来吧，这边请！"我听说了，柯蓝又在酝酿为王老写传记。

会客厅茶几上几盆盛开的水红色桃花，使室内增添着青春生命的活力。王老抗日烽火中曾担任八路军三五九旅政委，与王震司令员率领南下抗日支队，1944 年从延安出发，转战数千里，驰骋大江南北，于 1945 年 3 月抵湖南，声东击西，神出鬼没，打击日寇，威震三湘。平江、长沙、浏阳、湘阴等县的一些老人，至今还记得王司令员、王首道政委的抗日布告：

愿我三湘子弟，

一致义愤填胸，

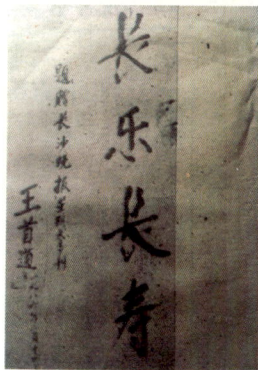

王首道给《星期天》专刊题词：《长乐长寿》

起来保湘为国，

充当抗日英雄。

……

　　湖南和平谈判时，王老任省军政委员会委员，后出任湖南省人民政府第一任主席。

　　王老年过八十，步履犹健，精力充沛。我没有忘记索取他近日写的题词，立即说明来意。

　　王老说："那不是什么题词，只不过是我的生活简则而已，写上那么几句，供老年人参考吧！"

　　柯蓝同志递过一页十行纸，上面工整写着"我的生活简则"，五言一句，共十六句：

　　"生活订简则，事小意义长。

　　起居有规律，饮食有定量。

　　运动是生命，锻炼要经常。

　　心怀天下事，阅读增力量。

　　闲时多练字，身心更健康。

　　琐事勿烦恼，乐观心宽畅。

　　外出作调查，心中有理想。

　　莫道桑榆晚，余热也增光。"

　　话题从起居饮食，谈到精神文明建设，从城乡改革，谈到社会调查。王老 1983 年在湖南作小水利和责任田调查，1984 年到广东作开放改革政策调查，1985 年到深圳、珠海和台山作侨胞调查。王老对他的生活简则身体力行。

　　谈话之后，在省老年体协顾保初同志邀请下，王老表演了太极拳，还与他的儿子进行了一场乒乓球赛。接着，王老邀请程老下围棋，两位八十多岁的老人头脑清晰，对弈多时仍无倦意。

　　柯蓝和我海聊时告诉我，王老饮食定量，生活有序，还爱书法与诗词，担任了"中国散文诗学会"名誉顾问，总顾问是冰心，名誉会长艾青，会长是柯蓝。不出所料，柯蓝正在酝酿写王老传记文学，计划三十万字，三年写成。

　　临别时，我请王老为本报"星期天专刊"题字——"长乐长寿"。他说："向湖南家乡人民致意，祝愿湖南的老年人万事如意，长乐长寿。"

10

奇花独立树枝头，玉骨冰肌眼底收

——访传奇人物湖南省政协主席程星龄

程老今年八十有五，身体还好，头脑清醒，记忆力也蛮不错，直爽，幽默，谈笑风生。我们几个同乡晚辈，遇到节假日有时到程老家闲聊。

这次到程老家，他说："你们办报的，就是要莫吹牛皮，莫瞎吹！一个国家，一个民族，一个党，一个人最重要的一条是讲真话！莫讲假话！实事求是嘛，是吧？"随后将一个个橘子递给我们："来，莫讲客气，槟榔柑，一点都不酸！"于是，我们吃着这"一点都不酸"的桔子，一边海阔天空地闲聊起来。

说黄（克诚）老敢讲真话被打成"彭德怀反党俱乐部"第二号人物
他写打油诗"摘掉乌纱更自由"自乐

"吃几个橘子没有关系！黄老（黄克诚）来我这里也喜欢吃这桔子,他说：'吃几个可以，送礼就不行，我可是中央纪检委员啦！'黄老这个人实在，不吹不拍，重交情，喜欢和党外人士交朋友，没有一点架子，很讲究统战政策；也很念旧，严以律己，不徇私。"

我们从黄老的性格实在，不吹牛皮，不拍马屁，说到庐山会议他就敢于说真话，也因讲真话而吃足了亏。他在 1959 年庐山会议上公开表态同意彭德怀对大跃进的看法，被打成"庐山军事俱乐部"核心人物，"彭黄张周"反党集团的第二号反革命。黄老讲真话也绝不留情面，就在庐山会议期间，毛泽东曾邀黄老吃饭，席间说起四平保卫战，黄克诚说，那仗不该打，死了那么多人！毛说："固守四平是我决定的！"黄老立即顶回去："你决定的也是

采访湖南省政协主席程星龄

错误的！"

"你看，黄克诚就这么耿直不阿！我看，这应该是共产党员的党性表现吧。"

"黄克诚被打成反革命撤职，清闲在家，写了好多打油诗，说摘掉乌纱帽还自由些，以诗自乐述怀，我喜欢这个老乡，我们是好朋友。"

程老说黄老的打油诗"摘掉乌纱帽还自由些"全文如下：

"少无雄心老何求，
摘掉乌纱更自由，
蛰居矮舍看世界，
漫步小园度白头。
书报诗棋能消遣，
吃喝穿住不发愁。
但愿天公勿作恶，
五湖四海庆丰收。"

黄老，仍惦记着农民，风调雨顺才有饱饭吃呀。

从被蒋介石拘捕每日只好搓麻将说到李默庵为何怕回长沙

程老很健谈。从当前统战政策，扯到李默庵先生回长沙；从湖南和平解放战争前夕的军政内幕，扯到他到台湾搓麻将。怎么，程老跑到台湾搓麻将么？是的，这是四十多年前的事了，程老的秘书平苹同我们谈起过，1939 年，程颂公（程潜先生）到重庆任天水行营主任，程老任重庆党政委员会计划委员。

程老提出要到敌后（解放区）去看看，那年，他被聘兼天水行营参事，与点验委员会一道，到了华北根据地太行山，见到了朱总司令、左权、傅钟、朱光等。是由国民党河北省主席鹿钟麟派骑兵二十名送到刘伯承驻地，再由刘送到桐峪见了朱总司令。程老还到了冀鲁边区，见了杨秀峰、宋任穷。混迹于国民党官场、耳闻目睹许多腐化无能官僚作风的程老，这次踏上解放区感到耳目一新。他从边区回来后，1942年出任福建省政府秘书长。当时省政府主席刘建绪也是湖南醴陵人，因蒋介石夺过他的兵权，加上程老同刘多次谈起解放区见闻，使刘在福建保护过一些共产党员。1945年，蒋介石召程星龄回重庆被军统特务监视直到他朋友陈仪被委任为台湾行政长官答应把程带到台湾去"管教"，才得以脱身。同年12月，陈仪又接到"蒋中正手启"的电报，说程星龄为"异党分子，应予拘捕"，因此被关押在台湾公署特务团。一直关到1947年由刘斐保出。虽自由了，却仍在军统特务监视之下，程老无所事事，只好每天搓麻将度日了。

"你们办报搞宣传，我看搞宣传要讲究效果。对外宣传，做了不少工作，但对国外侨胞的工作做得不够。海外侨胞顾虑不少，大致有三：一是亲戚在大陆有些遭遇，想不通；二是怕反复，再来一个'文化大革命'；三是对前途缺乏信心。李默庵先生前几年到了武汉，不愿来长沙；去年到了长沙，又不愿到乡下，因他听说父亲的坟没有了，很有意见，还怕家乡人不欢迎他。我对他说：'莫听谣言，我陪你去。'我们一起到了长沙县北山乡他老家，乡亲左邻右舍都来了，很亲热，农民热情的欢迎使他大受感动。我说：'怎么样，百闻不如一见呗'。"

为长沙和平解放立下汗马功劳　大业一统日干一杯芬芳菊花酒

1948年8月，程老一家应醴陵老乡湖南地下党余志宏约请，从台湾回长沙住南门小林子冲。一天，余志宏陪同一位唐老板来访，这位唐老板就是湖南当时地下省工委书记周里。

从此，程老从长沙河东到河西，奔走于长沙大街小巷；穿梭于国共两党之间，与方叔章等协助程潜起义；他代表程潜与湖南地下党配合；也力劝程潜以大局为重，抛弃旧嫌，与湖南军政耆宿唐生智、国民党元老仇鳌团结，致力和平事业；他南下香港，带回章士钊转达党中央的信件；特别是白崇禧败退长沙压逼程潜出走长沙时，他顶住压力，不离程潜左右，并代表程潜起草了"备忘录"；由地下党送党中央。长沙解放前夕，他与李君九代表程潜、陈明仁赴平江迎接解放军和谈代表进长沙……

"你们记者走到哪里就喜欢做文章，可不要写我什么，不要吹！我们老朽了，不值得写；要写，写那些为'四化'作出贡献的革命者和建设中的英雄人物嘛。"程老总不愿意谈及他自己的事。然而，程老为湖南和平解放事业所作出的贡献是有口皆碑的。四野十二兵团先头部队进驻湖南军事负责人、解放军和谈代表唐天际在纪念湖南和平解放三十周年撰文时也特别指出："程星龄在酝酿起义和谈判过程中起了比较大的作用。"

1949年9月，程老随程颂公（程潜）和陈明仁将军去北京参加第一次全国政协会议与开国大典。程老历任全国政协常委，民革中央委员会常委、民革湖南省主委、省人民政府副省长，现任全国政协常委、湖南省政协主席。

在程老家，我们翻阅着他上北京、下洞庭、赴朝鲜等一张张照片，这些照片展示着他为祖国和平统一大业所走过的足迹。书桌旁朱德总司令题写给他的《赏菊》诗醒然在目：

"奇花独立树枝头，玉骨冰肌眼底收。
且盼和平同处日，愿将菊酒解前仇。"

一切爱国的炎黄子孙，为完成祖国和平统一大业，来干一杯芬芳的菊花酒吧！在和平的盛大节日，奇花将开满枝头。

林肯纪念堂

林肯：美国人心中的美国梦

11

美丽的 5 月，阳光鲜花草地，参加孩子密执安大学毕业典礼后开始美国东部旅游。

5 月 3 日，从密执安湖畔安娜堡市驶向 80 号公路，沿着 VERMILLIOM 平原，过 OHIO VALLEY 峡谷，宾夕法尼亚——美国当年第一个宣布独立的州，上阿巴拉契山时风雨大作如黑夜，长蛇阵汽车亮灯缓行，半小时雨过天晴，5 点入彼兹堡镇，7 点夜宿 BREEZWOOD。晚看 CNN 电视，我们是朝着著名主持人 LARRYKING 的，他依然黑框大眼镜，独有的额上深纹，蓝衬衫花领带背带裤，又以他直率幽默风格调侃着克林顿性丑闻。在美国，你不能骂黑人，不可亵渎宗教，不能拿妇女、残疾人甚至胖子开玩笑！骂总统骂政府最安全，对着总统照片吐唾沫也不会惹麻烦。美国电视里脱口秀总是拿总统和政府开涮。

5 月 4 日，在高速公路疾驰，过深山峡谷。12 点进入华盛顿广场。

一草坪旁有一高大木牌，奇怪竟有列宁头像，下面是英中双语："没有永恒的帝国。"谁说美国人不搞政治宣传？

广场林荫道成南北走向，夹着一宽阔长大湖面，林肯纪念堂——华盛顿纪念碑——国会山庄成一条直线。

林肯纪念堂 38 根圆柱站立如宫殿，拾级而上，正厅有林肯大理石像，刻有碑文，我俯身抄录如下：

"IN THIS TEMPLE

AS IN THE HEARTS OF THE PEOPLE

FOR WHOM HE SAVED THE UNION

THE MEMORY OF ABRAHAM LINCOLN

林肯："你可以一时欺骗所有人，也可以永远欺骗有些人，你不可能永远欺骗所有人。"

马丁·路德·金："任何一地的不公平，都会威胁到所有地方的公正。我们都落在相互关系无可遁逃的网里，由命运将我们结成一体。对一处的直接影响，对他处便是间接影响。"

IS ENSHRINED FOREVER！！"

把它译为中文即：在这纪念堂上，正如在人民心中，他为人民拯救了合众国，对亚伯拉罕·林肯的怀念，永矢不忘。

林肯，与其他大多出身名门富豪家族总统不同，他出身穷苦，只读过一年书，从小干苦力自学数学、历史、军事、莎士比亚作品及《圣经》。他不说谎不欺骗不玩弄权术，美国人亲切称他为"HONEST ABE"（诚实的阿比），他真心实意对待国人，包括南北战争中的敌人，他"不恨任何人"的心境征服了李将军率领的南军及南方各州重回联邦。他 1863 年 11 月 19 日发表《葛底斯堡演说》："我们要下定决心使那些死去的人不致白白牺牲，我们要使这个国家在上帝庇佑下，获得自由的新生，我们要让这个民有、民治、民享的政府不致从地球上消失。"这已成为全世界各国的经典。不幸！林肯 1865 年 4 月 14 日在福特剧院遇刺身亡。他的遗体在全美 14 个城市供国民凭吊二十天。

头上蓝天白云，时有飞机掠过，我和老伴怀着敬仰之心在这美丽的林荫道前合影留念。

林肯演说后一百年，1963 年 8 月 28 日，二十万美国人正聚集在这林荫大道上，听马丁·路德·金发表了又一个著名演说《I HAVE A DREAM》(我有一个梦)，他大声疾呼："一百年后的今天，我们似乎获得自由！现在该实现民主的许诺了！……我有一个梦，终有一天，甚至连密西西比州这个正义匿迹，压迫成风，如同沙漠般的地方，也将变成自由和正义的绿洲。我有一个梦，终有一天，我的 4 个孩子将在不是以他们肤色，而是以他们品格优劣来评价他们的国度里生活……"

马丁的演说与随后的大游行成为美国民权运动的里程碑。

20 世纪末，70 年代，美国国会，总统与法院终于将马丁的演讲中提到的各种不民主法律一一消除。

马丁·路德·金因领导民权运动 1964 年获诺贝尔和平奖。又一个不幸！1968 年他在指导田纳西州民主运动时遇刺身亡……

感人故事：中外古今罕见的授降仪式

在华盛顿的一个街头广场，有林肯在南北战争中的强大敌人南军统帅罗伯特·李将军的铜像，骑战马，昂首挺立。林肯与敌对阵营统帅，都有纪念像立在华盛顿。

5月4日，我们夜宿华盛顿郊外弗吉尼亚地区红房子连锁店。这里有李将军墓；在军事学院有他的汉白玉雕像；他战败卸甲后出任弗吉尼亚大学校长。

在世界战争中，你听说过如此罕见的授降仪式吗？

美国南北战争中，南军统帅罗伯特·李将军占领宾夕法尼亚州，曾想以此形成南北分割而治。1863年7月3日，南北两军在葛底斯堡血战，联邦军损失二万三，南军伤亡二万八。美国电影《乱世佳人》(根据小说《飘》改编)就是以此为背景。李将军对侍从说，再战已无取胜可能。侍从与军官力劝他动员全民男女老幼打到底，他说战争是军人的事，让妇幼拿枪，是军人耻辱，只会造成更大伤亡；他更为林肯的品格所折服，决定投降，但宁死不愿受辱。

我在美国时，读了中文版的《世界时报》上这段受降的描述，写得很感人：授降在一间简单民房客厅举行。李将军特意穿一套崭新灰色戎装，腰挂战刀，骑战马前往。出乎他意料，他不但未被收押，使他惊讶万分的是北军统帅葛兰特没有前呼后拥的武装士兵，只穿一件脏兮兮士兵衬衫和沾满泥土的马靴，他一进来就主动和李将军握手，并说些闲话和叙旧来缓和气氛，说他们曾在美墨战争中见过，聊的十分投机，几乎忘了正事。还是李将军提醒他是为投降而来。

北军葛帅提的投降条件十分宽容简单；南军不分官兵都把私人物品和配用武器包括属于私有的战马都可以带走。他会下令严禁对南军返乡途中有任

罗伯特·李将军像

何刁难。葛帅又问李将军还有多少人马是否要粮食？李将军回答急需粮食救济。葛帅当即下令拨粮两万五千份。

二人在降书上签字后，李将军仍着戎装骑马离去，葛帅事后回忆道："我当时感到伤感心酸……对这位对手的败倒感到心情沉重。他为一个信念打得如此英烈，受了多少折磨。当然，我也深信他们的信念是错误的，不该为这个信念打仗。"

李将军签了投降书，骑马回营，下马时这位身经百战满脸沧桑胡须的硬汉将军竟扑倒在地，双手掩面，哭得像孩童一般。军官士兵泪流满面泣道："将军保重！"

投降后的南军残兵由军官率领，通过列队的北军返乡，北军一声号令，刷的立正举枪致意，向这批即将返乡的昔日对手敬礼。林肯政府下令："南军享有与北军同等安家费，一视同仁。"

南北战争，对美国影响极为深远。著史者说："内战结束后，美国人把双方参军人员不分南北一律定为英雄。得胜的北军没有羞辱南军战败者，让他们带着自尊还乡解甲，让创伤漫漫恢复，化解仇恨，为美国尔后强大繁荣打下扎实基础。"

一位研究美国内战的学者写道："想了解美国，必先了解美国内战，因为内战替美国人下了定义，定下了美国发展的导向。美国演变至今，好的，坏的，全从内战而来。"

法律保障：密执安大学生裸体游行 **13**

安娜堡市在密执安湖东岸，密执安大学几乎占据了整个市镇。美丽的休伦河穿过茂密树林和绿草地，我和老伴黄昏时沿着河岸散步，地脚灯全亮了，与晚霞辉映，湖畔寂静如梦幻。

4 月 22 日，散步归来。孩子说："爸，妈，今晚去看看美国大学的新鲜事叻！""什么事，有什么好看的。""大学生裸体游行啊！"

大学有一条不成文规定，大学本科期末最后一个星期考试完的周末，就会举行一次全校裸体游行。

7 点多，Ron 陪我们到达密执安大学校园中心十字路口。已有成群大学生赶来，有的正脱衣解带，把自己健壮的、肥胖的、苗条的、画着各种图案的身体裸露在校园微弱的路灯下。男女同学从容地相互帮着，把衣服塞进背包。看这群男女大学生个个淡定自若，静然无事，毫无愧色。我们从中国来，第一次见到，甚感惊讶。

8 点许，人群齐声欢呼，男女大学生尽裸体自动形成队列欢呼及歌声此起彼落，后来者自觉进入队伍，秩序井然，浩浩荡荡的裸体行列绕校园走去。

多年前可不能这样！正是这所密执安大学在全美首次裸体游行时，受到校长严厉呵斥并阻挠；学生不服，把校长告上密执安州立法院，州法院判学生败诉；学生又不服，再上诉到美国联邦最高法院，引起全美大学生声援，最高法院否决了州法院的判决，并指责校方干涉学生自由，最后学生胜诉。

我是少见多怪。如今，全美各大学，裸体游行早已习以为常了。

密执安大学周末裸体游行（密执安大学研究生部 Ron 摄）

漫步曼哈顿…… 14

心理商战：商店无处不"99"

美国访友，时兴送花，一束红玫瑰：9.99 美元；漫步曼哈顿，渴了，喝一杯水果酸奶：0.99 美元；吃不惯西洋菜，买瓶湖南辣椒酱：4.99 美元；一瓶四川辣腐乳：2.99 美元；一大瓶韩国辣椒酸白菜：3.99 美元。

那天参加完华盛顿国家艺术博物馆，停车唐人街，就餐湘村菜馆，一碗鸡丝面：8.99 美元；一盘什锦炒饭：9.99 美元。生活日用品亦是，一件全棉 T 恤：26.99 美元；一张简易写字桌：56.99 美元；跑步健身器：299.99 美元；想旅行吗？报上广告分明写着：从芝加哥到佛罗里达 7 日游：529.99 美元；儿童中国夏令营 21 日游：1999.99 美元；长江三峡 16 日游：2999.99 美元。

两千多美元，99 后面又 99，就是不到三千；0.99 美元，还不到 1 美元，总觉便宜些。心理战术，此美国商人经营之道。他山之石，研究一下顾客心理，不无道理。

真稀奇：用旧了可换，还找回余额

美国商场竞争激烈，一般买卖商品，只要你不损坏，几个月也可包换。5 月间，女儿买的轿车后座上儿童保险座一个，商场又有了新产品更柔软舒适，立即换了个新的。买的推车也嫌重了，用了几周后商店仍同意换新的，还找回余额。

农副产品来自农场果园，远离城镇，但他们自有竞争办法。Farm

（上左）美东部行在费城立立家别墅前留影
（上右）志航从太平洋彼岸回故国表兄弟姐妹来欢聚

右页：
（上左）建于纽约的中国第一个广告
（上中）自由女神像
（上右、中左、下右）在华盛顿广场
（中中）在中央公园
（中右）牛市
（下左）在联合国总部前
（下中）在国会大厦前

Market（农场商店），销售自产品，虽离城市大学区远，但廉价一半，苹果 0.99 一磅，这儿卖 0.59 美元；白菜 0.79 美元，这儿 0.39 美元。顾客驱车争相购买。遇到收货季节，农场果园门口高悬"U-PICK"，即任你到瓜果菜地自己挑选，物美价廉，美国老太太及留学生周末在这云集，成为一大景观。

我们去安娜堡 sears（希尔施）商店购得彩色屏幕摄像机一台。付款时，商店赠录像带并背包一个，告之摄像机不满意可随时更换。出乎意料的是，营业员在计算机上刷卡，记上信用卡号与价格后，说"You pay it next January"（明年一月再付款）。

美国商品服务，可见一斑。

连锁店：美国 20 世纪最成功之举

我们车过宾西法尼亚州登上阿拉巴契山风雨大作，即驶向路边麦当劳快餐店。

店前高竖着金黄色双拱桥标志：M——即 Mcdonalds 第一个字母。

Mcdonalds（麦当劳）与 KFC（肯德基）、Burger King（汉堡王），是全美最成功三大快餐连锁店，标志沿途可见。麦当劳已发展两万家，包括全球 64 个国家 5000 多家麦当劳。

连锁店为商业中最活跃模式，据 2002 年统计，全美已有 100 多种不同的连锁行业，买房中介、搬家、幼托、洗衣、百货、速食……全美连锁店 60 多万家，占全国零售总额三分之一强。最近对 60 个行

听印第安人低沉的悲鸣诉说

业的 400 家连锁店调查表明，十分之九以上保持连续 6 年盈利不减。全美每 6 分钟就有一家连锁店开业。

沃尔玛（VAL——MART）如今已成全世界零售第一连锁店。150 年前它只是美国西部一个小镇小店，从"0.05 美分店"到"0．1 美元店"开始，销售全为廉价品，保持低姿态，与新科技不沾边。如今拥有职工 110 万，2002 年销售总收入为 3000 亿美元，成为《财富》杂志 500 强第 4 名。

999 药业进入纽约第一个中国广告

纽约，人称国际都市，又叫未来城，别名 Big Apple(大苹果)。集国际金融、股票、财经、商务于一体。而地处最繁华的时代广场最引人注目。

5 月 11 日，我们驱车曼哈顿，经洛克菲勒总部，绕 42 号大街过中国领事馆，中心地区即时代广场。两旁摩天大楼广告林立，色彩纷呈，光怪陆离，那立体咖啡广告正腾腾冒着热气，好似咖啡香味扑鼻而来，Reebok 运动装在百老汇专卖店展示的特大球鞋更加醒目。钟楼高高屹立，上有巨大屏幕，正播送全美职业篮球赛，同行者告诉我们，伴着每年新年钟声敲响，钟楼顶端就有一巨大的苹果从空而降，在钟楼的斜对面高楼上，他急忙让我们看高挂这里的第一家中国广告，蓝底白字非常夺目，"999 PHAR-MACEUTICAL 三九药业"，挂出这四层楼房大广告，要 3 万多美元。

从"中国制造"创出"中国品牌"

《今日美国报》在头版报道说，美国人的一天，从起床用的闹钟到夜里睡觉前关掉的台灯，生活里离不开中国制造，包括起床穿全棉 T 恤或衬衣，早餐用的咖啡壶、餐巾餐具、电话簿、运动裤等等。

美国大城小镇，从 MALL（综合性购物中心），到 DELI（小商店），都能买到中国商品：一顶中国纺织草帽 6.99 美元，男游泳裤 9.99 美元，露天帆布折叠椅 10.99 美元，较高档的丝绸连衣裙 20.99 美元……前年全美钓鱼竿 24%、自行车 25%、塑料相框 35%、电话簿 27%、收录音机 47%、闹钟 34% 全是中国制造；尤其全棉制品到处是中国制造。

　　5 月下旬，女儿搬家到密执安州新居，为了给客厅新买的沙发配套，特开车到印第安纳州的家具专店 Value Furniture City 挑了一个漂亮的嵌着茶色玻璃的雕花木茶几。商店送货上门，包装大纸箱上分明印着 "Made In China"。然而，从 "中国制造" 走向 "中国品牌"，价格取胜没有出路，质量取胜才是关键！

老板的离别纪念品：温馨小甜卷

　　逛美国东部半月，无论在纽约美丽西餐馆，华盛顿的嘉宾大饭店，费城的唐人街小吃店，或芝加哥华埠广场的 "老四川"，都待客热情，服务周到；特别是华人开的嘉宾大饭店，一进门是一巨幅 "福寿图"，墙上一色的中国山水画；离密执安大学不远的北京餐馆，天花板上吊着一排大红灯笼，叫人十分亲切。每个酒店餐馆上完最后一道水果后，都无一例外地要送一盘小甜卷，这是一种类似中国小蛋卷的小玩意，不过是圆形，里面是空的，都装有一张打印着英文的小条，读了给人温馨之感。我摘下几小条，供各位观阅，并试着翻译如下：

To meet an old friend in a distant land,is like refreshing rain after a long drought.
（异国他乡遇知己，如同久旱逢甘雨）
Prosperity is in your future
（成功在你的未来之中）
Admire a rose for its beauty,but beware of its thorns.
（欣赏玫瑰的美丽，但要小心它的刺）
The only way to success is through ambition and hardwork.
（志气与努力才是成功之道）

在美国过"鬼"节 15

在中国，过了古历七月七鹊桥会就是"鬼"节七月十五了。大人说，这时家家户户要"烧包"即把纸钱装在类似大信封的包里，上面写着先考某老大人，或先妣某老孺人收。再在包上浇些鸡血，然后秉烛烧香鸣炮磕头，把包烧了，先人在阴曹地府才有钱花。不然鬼就来寻你，使你不得安宁。

谁也没见过阴曹地府，但我读书的培元小学隔壁就是城隍庙，我见过十八阎王殿，尽是牛头马面，青面獠牙的鬼，在世上"作孽"太多的人死后鬼也要上刀山，下油锅，阴森可怖。"鬼"节时，大人威胁我们不准游泳，说是"七月半、鬼邀伴"，鬼门关一开，大鬼小鬼纷纷来寻食，同时找替身以便投胎，还说我家门前的渌江里有许多落水鬼，吓得我们晚上不敢出门。

印象尤深的要数"放河灯"了。用一小块方板，上面用红纸作一朵花，中间点一只蜡烛，一盏盏河灯浮在水面，排成一串串，煞是好看。大人说，"放河灯"是祈求天地鬼神保佑，来年可以消灾。

这些都是孩提时代的美好回忆了。

秋天，我去美国探亲。10月一个周末，我们从芝加哥沿密执安湖畔返回，湖水蓝天一色。秋日景致，美丽如画，高速公路两旁的树叶深浅嫩，红黄紫绿，交相织染，叶叶如画。就在公路两旁的树上，我忽然看见高挂着一些用大白床罩做的人，随风飘荡。女儿说："这是'鬼'，美国的鬼节快到了。"难怪天天晚上电视频道尽放映些"鬼"电视……什么《僵尸》《狂奔》怪吓人的，而《MEET JOE BLACK》(据说已有译制片在中国上映，名叫《第六生死缘》)是一个复活了的鬼故事，讲一个心灵善良的"鬼"终于战胜了一个阴险邪恶的人，情节构思巧妙，画面也美，充满了人世间的爱情与温馨。

（左）万圣节之夜
（中）TRICK OR TREAT
（右）万圣节之夜的南瓜灯

　　星期天，我们驱车到农场买大南瓜，回来把它掏空，做成鬼灯，有的画上鬼脸，摆在大门口驱鬼辟邪。

　　10月的最后一天，31日，就是美国的"鬼"节了，也就是万圣节。与中国风俗一样，秋天丰收了冬天快来了，各色魔鬼、大鬼小鬼都会出来寻找食物，这时你就要请客招待鬼一番。你要防止被鬼捉住，你就得扮成鬼，而且要扮的比鬼更可怕，使鬼被你吓跑，你就安全了。

　　这天，男孩子大多数扮成凶神恶煞的魔鬼。晚餐后，我们全家开车到惠尔普公司的中国同事张工家。张工的儿子叫毛毛，今年8岁，读三年级。我们一进门，毛毛一身拖地黑长袍，带一个鬼头面具，红眼、獠牙，长舌头，向我们张牙舞爪扑来，直吓得我的外孙女尖叫起来。

　　男孩子的装束千奇百怪，除各种鬼面具，有闪着绿光眼睛的狼，有拖着长尾巴的狐狸，有的扮成带剑的武士侠客，一身闪着金光闪闪的扣子；有的是着紧身制服长筒马靴的骑士。女孩子大多着漂亮服装，有的化装成蝴蝶仙子，有的戴着南瓜面具，有的扮芭蕾舞演员，穿着像荷叶一样的高挑裙子，有的高中女生扮成泰坦尼克号女主角，袒胸露肩，像真的电影明星模样。这天上午，女儿为外孙女买了一套粉红色白雪公主那样的服装，又配了一双长长白袜，戴一尖顶帽，脸上还画着一颗心，写着英文字"LOVE"，她提着藤编的篮子，跟着化装的小朋友人群，到各家各户大声喊着："TRICK OR TREAT!"

TRICK，即诡计，恶作剧；TREAT 即请客招待。"TRICK OR TREAT"中文意思是："你是请客招待我们呢？还是要我们做恶作剧捣乱呢？"

照例，家家门前大多挂着南瓜灯和装饰着彩色灯泡，早已准备了充分的糖果来款待各种装束的孩子们，因美国人十分喜爱孩子，何况这孩子群中也有他们自己的孩子，主妇们十分友好的说着："WELCOM E !WELCOM E !"（欢迎! 欢迎! ）客气的就每人抓一大把，一般给个三、五粒。

秋日夜晚，微风吹拂，路灯通明，草地碧绿，一对对化装"鬼"群穿梭于社区的幢幢别墅之间，欢声笑语，此起彼落，我们赶紧跟在孩子们后面摄影拍照。在一个叉道上，又一群"魔鬼"突然吆喝着斜插过来，把我们的外孙女吓得摔了一跤，大半糖果都倒在草地上。她索性坐在地上，数起她的战利品来，我们帮她拾起。嘿! 大多数是牛奶巧克力呢。8 点多钟，我们穿过一片彩色装饰灯与南瓜灯满载而归。

美国万圣节，没有圣诞节那般热闹，但圣诞节太多商业气息；没有感恩节那般虔诚，但那是对上帝的，至于两百年前美国第一批拾荒者登上美洲新大陆面临饥饿与严寒活了过来是因为善良的印第安人给了他们无私的帮助。美国社会金钱第一，情比纸薄。现在自以为高贵的美国人早把印第安人的恩德忘到九霄云外。

万圣节，实在是孩子们真正欢快充满乐趣的节日；与其说是"鬼"节，还不如说是全美以社区为中心的孩子们的盛大化装晚会。

《昼与夜》（作于1939年）：这幅画也许是埃捨尔最为科学家与艺术家所熟知的作品之一。这是一幅异形画，艺术家发掘了镶嵌艺术众多可能性中的一种，组成地面的正方形升向天空，在右边成了白色的飞鸟，在村庄的夜空上飞过；画面的左半部，是黑色的飞鸟在晴朗的天空中飞过同一村庄。

16 看画家如何描绘智慧

1999年4月，正当桃花杏花李花盛开的季节， 昆玉河两岸杨柳一片翠绿。荷兰最著名的版画家、艺术家埃捨尔（1898-1972）的画，在北京展出。他的作品奇特有趣，为绘画开辟了崭新天地，使艺术步入到科学领域，作品吸引着广大观众，也迷住了科学家，你从他的画里可以领略到对对称、循环、秩序、悖论、相对性的视觉感受。

如今，科学家比艺术家更喜欢埃捨尔，也为更多人士接受，评论介绍说：美国印第安纳大学的认知学教授霍夫斯塔特所著的《哥德尔、埃捨尔和巴赫，永远闪烁的花环》一书闻名于世，并因此获得了美国普利策奖。霍夫斯塔特普诙谐地说："我之所以成了名人是因为我写了三个人：数学家哥德、版画家埃捨尔和作曲家巴赫。由于我的书，埃捨尔现在更有名气了。他也许会喜欢这种循环性的反论。"

这里介绍他创作的两幅画《昼与夜》和《瀑布》。

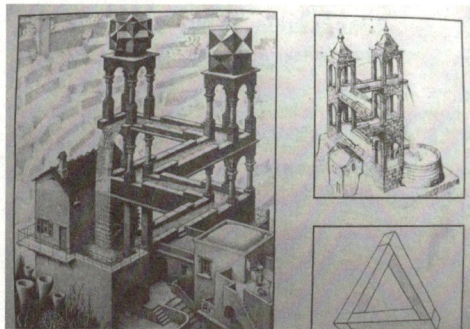

《瀑布》（作于1961年）：左图是最终完成的石版画，右上图是做准备的草图。埃捨尔的这幅作品是从数学家罗杰·彭罗斯的《不现实的三角形》（右下图）中获得启发而绘制的（彭罗斯的创造是用非正常的形式连接绝对规范的元素）。《瀑布》将彭罗斯所创的两个三角形连接在一起。组成了很不现实的瀑布水流。

埃捨尔利用了多点透视法，从各个局部来看，水在不断下流，可是水柱怎么又回到了起点呢？看这幅画时，我们需要跳出传统的透视规则，因为画面只是二维的世界。

名篇欣赏

1

2

3

4

5

6

7

中外新闻名著和文学名著欣赏

《中外新闻名著欣赏》系笔者在长沙大学新闻专业的专题讲稿，摘其要作为"点评"连同名篇全文曾在《南海潮声》期刊1997年1月到12月连载。《中外文学名著欣赏》系笔者在中南工业大学、长沙大学的讲座稿，原稿大多为电台报刊的约稿，部分已为华艺出版社收入出版，今选刊"点评"十五篇。

01

乔冠华在联合国代表大会上，当天联合国大会通过了中华人民共和国在联合国的席位（此照片曾获美国普利策奖）。

乔冠华：《谜一样的马德里》

才华横溢　叱咤风云
时代号角　国际述评

一般人只知道当过外交部长的乔冠华，而他早年却是在新闻战线上叱咤风云的记者。

乔冠华 1929 年就读清华大学哲学系，后留学德国获柏林大学哲学博士学位。1939 年他与邹韬奋、范长江、夏衍等在香港创办《华商报》，同年出任香港《时事晚报》主笔。正值二战，著名民主人士、文化人聚会香港，他成了他们每周咖啡座主讲人。他精通英文和德文，每日买来《泰晤士报》《纽约时报》、《华盛顿邮报》。他的演说环顾全球，分析透彻，眼光犀利，判断准确，成稿即为《时事晚报》次日社论，几乎每日一篇。从 1943 年到 1946 年，乔冠华又以"于怀"笔名在《新华日报》发表国际述评，每两周写一篇，共 67 篇，1983 年 12 月《国际述评集》，由重庆出版社出版。

《谜一样的马德里》是他为香港《时事晚报》写的 1939 年 3 月 13 日社论，着重分析马德里保卫战内部危机。他开头写道："留心国际情势的，谁都知道决定今后国际命运的将是马德里，然而偏偏对于马德里的命运，全世界报纸，除掉少数的少数以外，都噤若寒蝉。"他用事实揭示"目前在马德里内部进行着的战争中的战争，是主战派和投降派的生死斗争"。他痛斥西班牙政府加沙度将军和英国张伯伦、法国达拉第的投降倾向。

就在几个月前 1938 年 9 月 30 日，张伯伦和希特勒签订了《慕尼黑协定》，用出卖捷克的可耻代价，来换取希特勒的一纸空文，这个蠢猪张伯伦回英国时，他还不断地挥舞着希特勒签字的那份联合声明，并高声说"这是我们时代的和平"。不久，希特勒完全吞并捷克后，德军大举入侵波兰，第二次世界大战全面爆发。

最后他用诗一般语言歌唱："西班牙是一个生长橄榄树的地方，冬天到了，橄榄树的枝枝叶叶化为泥土，但是谁又能担保那现在已经变成橄榄田的肥沃的战士的骸骨，不在那历史的春天到来的时候，又结出青葱的果实，来点缀那风光明媚的半岛。"

他写的 60 多篇国际述评，人称"时代号角"，因富于文风，有人赞美他是"第一小提琴手"。据乔冠华的儿子乔松都的文章说："毛泽东在延安看到父亲的国际述评后，大为赞赏，说'乔的文章顶两个坦克师'。"

美读者文摘：《最难忘的英格丽·褒曼》

魅力四射　誉满全球
选材精当　真谛人生

　　西方记者最热衷名人报道。在美国，写名人新闻占国内新闻 75% 左右；倘有明星婚变，更是"狗仔队"追逐的热门话题。而 80 年代美国《读者文摘》刊载的《最难忘的英格丽·褒曼》，就是一篇选材精当的佳作。

　　契诃夫有句名言："要知道在大理石上刻出人脸来，无非是把这块石头上不是脸的地方都剔掉罢了。"如果热衷褒曼私生活，可以写成畅销的艳史传奇，每日报端尽可连载下去，何况褒曼在 50 年代因婚变"明星坠落"。但这里记者把这些都"剔掉"了，仅一笔带过，全力去写这位誉满全球大影星顽强的艺术追求。

　　一开头写她的魅力可谓誉满全球："她不施脂粉出现在银幕上，美国化妆品马上滞销。她在影片中扮演修女，进入修道院的女子顿时增加。一个影迷从瑞典把一头羊一路赶到罗马作为礼物送给她。多少封信只写上'伦敦英格丽·褒曼'便送到了她手中。"

　　文中写她酷爱演员职业，她演技精益求精。她是《东方快车谋杀案》中女传教士，《郎心似铁》中新嫁娘，《间奏曲》中女钢琴师，《神魂颠倒》中精神病学家……"一个接一个令人叫绝的角色使她几年之间便饮誉影坛，票

房成绩世界第一"；她无往不胜，拍摄了 47 部影片，三次获奥斯卡奖。她说"如果不让我表演，我一定活不下去"；她主演《忠贞之妻》初期，受伤骨折，"仍坚持上台——改成坐在轮椅上演戏"；癌症也不能摧毁她，就在她逝世那年仍不顾病痛主演以色列已故总理梅厄而荣获 1982 年埃米奖。这就是"英格丽·褒曼"！

全文精炼，惜墨如金，叙述紧凑，人物逼真，第一段仅 87 字，极生动概括了她在世界观众中的影响；全文只 1000 多字，精当的选材，描绘出了一个不屈不挠女艺术家的真谛人生。

慈善和各国领事夫人

黄远生：《外交部之厨子》 03

抓住典型　由点及面
重在写实　力显本质

　　新华出版社出版的《中国优秀通讯选》上下两大卷选集了 1911–1960 年半个世纪之佳作 153 篇，首篇即《外交部之厨子》。此篇曾收入《远生遗著》（卷二），原载 1912 年 7 月 10 日《时报》。

　　这名篇着笔虽一厨子，然一人带着一群，如英国布莱克名言"To see a world in a grain of sand"，一粒沙子看出一个世界，它让我们窥见到前清王朝到京都官场的腐败群像。"通讯"曾风靡京城，市民争相传阅。

　　作者是我国 20 年代的著名记者黄远生，他与邵飘萍齐名，被称为当年"大公报记者两楷模"。黄远生思想敏捷，笔锋尖锐。他三四十年代发表的大量通讯立意深文字美。有人称他为我国新闻史上通讯文体奠基人。他的这篇《厨子》，一开篇写道："自前清恭王管理总理衙门时代至今日之民国外交部，其间易若干管部亲王，易若干尚书侍郎，易若干司员，至于今日又将易若干总长，而始终未脱关系者，则余厨子其人而已。"你看，从清朝至民国外交部，亲王、侍郎、司员、总长，几易其人，唯余厨子盘踞京城未动，且"声势浩大，家产宏富"；继写其"连结官禁，交通豪贵"，又"以家产之千分之一，捐取得前清候补道花翎二品衔"，厨子之公子，亦以钱买官，获外部司官，横行京城官廷，神通广大，肆无忌惮。

　　作者抓住这一典型，由点及面、扩而广之，腐败官吏，丑态毕现。全文重在写实，力求具体，层次分明，趣味盎然。

　　读此八九十年前之作品，虽然"时过境迁"，仍形象逼真，栩栩如生，韵味不减。此篇鲜为人知，《中国优秀通讯选》也只登了前部分，本刊今将其原文全文刊载如下，以飨读者。

范长江 :《北戴河海滨夜话——从嘉峪关说到山海关》

如诗如画　如泣如诉
纵横交叙　气壮山河

范长江（1909-1970），原名范希天，四川内江人，我国极享盛名的新闻记者，是中国记协创始人。他 1933 年参加热河抗日义勇军，目睹国土沦亡，愤然疾书，开始投稿，1934 年后正式成为《大公报》的职业新闻记者，所写旅游通讯始登于《大公报》第十版，引起轰动，后改登要闻报，《大公报》发行量由此激增。

他 1936 年 8 月 23 日于北平在抗日烽火中写的《北戴河海滨夜话》（原载 1937 年《大公报》出版的《塞上行》），饱含热泪，以抒情诗笔法，充满着爱国激情，记叙了一个外籍记者的海滨谈话，他十分熟悉中国历史，亲身走遍了整个长城，详叙史实，面对今朝，面对中国人民的抗日战争，他说出了对中华民族的衷心爱恋与对苦难中国的深切同情。全文引古说今，以长城为红线，从明代嘉峪关、居庸关，汉玉门关，唐宋阳关、雁门关说到当今山海关。海滨月夜，娓娓道来，历史画卷，如泣如诉，现实悲剧，纵横交叙，范长江以海涛澎湃之笔锋，写来气壮山河，震撼作者和读者心灵。

读范长江抗日战争中的新闻通讯，至今仍使我们激动不已。它使我们的灵魂得到净化、升华。60 多年前曾有人用诗一般的语言赞扬他写的新闻通讯是"谁说笔锋不能横扫千军，听！这字里行间，犹响着金戈铁马"！

[美]埃德加·斯诺：《彭德怀印象》

05

浩然正气　千古传颂
细节描绘　个性特征

　　这篇新闻通讯选自美国记者埃德加·斯诺的《西行漫记》，原著《RED STAR OVER CHINA》，中译为《红星照耀中国》，1937年伦敦出版，1938年由上海复社翻译改名出版。全书十二章五十七节三十万字，此篇即第八章《同红军在一起》第二节。

　　读《彭德怀印象》，浩然正气，扑面而来，彭老总一生刚直不阿，心中想的是老百姓，与民同甘共苦。张爱萍将军曾写有《怀念彭老总》的诗："横刀立马为民谋，晚景凄凉千古忧，刚正不阿耻权术，万言上书誉神州。"张爱萍将军与彭老总都是敢说敢做顶天立地中国汉子。庐山会议批判彭老总，张爱萍将军敢于直言："彭老总耿直刚正，廉洁奉公。"会散后，唯有他钻进彭德怀那架冷冷清清的专机陪彭老总回北京。

　　作者斯诺1936年进入延安边区，以自己经历的客观事实把严酷现实、历史画卷及人物性格、外貌、神态、语言，十分细致地描绘了出来。彭司令员当时"指挥三万多军队"，司令部却是"一间简单屋子"，摆设十分简陋；通讯中特别是写作者亲耳听他与一个少先队员关于"大鼻子"的对话，亲眼见他在露天看演出时脱下自己棉衣披在一个小号手身上以及彭德怀吃饭、穿衣、爬山、睡觉、谈笑等细节描写，写出了彭德怀的思想境界——朴实无华、为民谋益、乐观坚定、胸怀坦荡、充满人情味。

　　高尔基说过："人，无论从外表或内心都有某种独特的东西。"斯诺在《西

"我死以后，把我的骨灰送到家乡，不要和人家说，不要打扰人家。把它埋了，上面种一棵苹果树，让我最后报答家乡的土地，报答父老乡亲。"
—— 彭德怀遗言

行漫记》"一九三八年中译本作者序"中写道，红军"用春水一般清澈的言辞，解释中国革命的原因和目的"，"读者可以约略窥知使他们成为不可征服的那种精神，那种力量，那种欲望，那种热情。——凡是这些，断不是一个作家所能创造出来的。这些是人类历史本身的丰富而灿烂的精华"。

《彭德怀印象》，斯诺把彭老总的不可征服的那种精神、力量、欲望、热情，那丰富而灿烂的个性和品格活生生地展现在读者面前。

（上图）彭德怀在天安门城楼
（下左图）彭德怀在抗战前线
（下右图）彭德怀在延安

鲁光：《敬你一杯酒》

十二姑娘　成串珍珠
教练本色　中国风度

　　《敬你一杯酒》一文于 1982 年 1 月同时在《人民文学》和《新体育》刊登。记得 1982 年 2 月春节过后,湖南图书馆邀请我在他们大厅分析这篇报告文学,大厅几百个座位无虚席,可见当时人们对中国女排的热情。

　　内容讲述在日本东京举行的世界女排中日决赛。作者鲁光以倒序开头:"日本东京,中国大使馆餐厅,灯火辉煌。招待日本各界朋友的酒会刚散席,符浩大使又为中国女排设下这丰富的庆功宴。"

　　接着写高挑壮实的苏州姑娘——队长孙晋芳端起斟满红葡萄酒的杯子,冲着同伴喊:"敬酒去呀!"一个个鱼贯向教练袁伟民敬酒,姑娘们眼泪如断线之珠……作者把敬酒的队长孙晋芳、铁榔头郎平、俊美苗条的"天安门城墙"周晓兰等十二个姑娘作了生动描绘。

　　中国队本以 2:0 领先,中国姑娘欢呼热度降不下来,袁伟民最怕的事发生了:连输两局打成 2:2,第五局又打成 14:15,再失 1 分就输了,全场紧绷。

　　进入东京的八个队教练几乎都沉不住气冲队员大喊大叫,有的被亮过黄牌,唯有"袁伟民依然那么冷静坐在那条矮矮的长椅上……"因袁教练知道,这时已不是比体力比技术,而是比心理比意志! 她相信中国姑娘! 当中国队以 27:25 赢了时,姑娘们狂欢雀跃,"袁伟民依然坐在那矮矮的长椅上,翻开他那精装笔记本,不慌不忙地写下最后一行 3:2 胜","然后,他站起身,很有礼貌地与日本教练小岛握了握手"。因比赛快开始时,小岛曾傲慢地走到袁伟

（上图）中国女排郎平、杨锡兰、梁艳等当年在湖南郴州女排基地签名留念。

（右图）中国女排

民面前指着自己的嘴上唇，意思是说等日本战胜中国夺冠时才把一直蓄了几个月的八字胡剃掉。中国队夺冠了，可袁伟民此时什么也没说，对小岛只是微微笑了笑。

中国队夺冠，七战大捷，姑娘把一切都忘了，只有欢腾泪水，拥抱，"袁伟民依然站在场外，双手习惯地交叉抱在胸前，那神态仿佛是一位画家在欣赏一幅得意新作……"

新闻发布会上，他回答世界各国记者："周恩来生前把日本教练大松博文先生请来教我们，现在超过日本，我们还要虚心学习！"全场轰动，连一直处于对立情绪的日本记者也热烈鼓掌。袁伟民又说："中国女排今天冠军是昨天夺的，从走下领奖台，一场新的世界冠军拼搏战已经拉开序幕。"长时间热烈鼓掌。

作者以敬酒为线索贯穿全局，以袁伟民中心人物为一根银线，把十二个女排姑娘如同十二颗珍珠串起来。全篇描绘细腻，布局紧凑，心理逼真，把袁伟民为代表的中国人沉着冷静自信的风度刻画得栩栩如生。

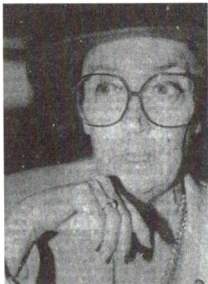

意大利记者奥里亚娜·法拉奇

[意] 奥里亚娜·法拉奇：《约旦的侯赛因》 **07**

充分准备 针锋相对
言辞泼辣 风格独具

　　意大利记者法拉奇以擅长采访国际上风云大人物而闻名，阿尔法特，西哈努克，邓小平，马列维国王，梅厄总理，甘地夫人……她曾勇敢地消解霍梅尼的傲慢；在越战问题上，使机智善辩的基辛格狼狈不堪。她说："做记者不容易。这是个艰难的职业，不仅要写得好，要有勇气，还要有一种道德力量。"

　　《约旦的侯赛因》（记者法拉奇写于1974年2月于安曼，先收入新华出版社出版；1987年5月，由嵇书佩、乐华、杨顺祥从意大利文本《采访历史》翻译名为《风云人物采访记》全译本出版；2011年分上下两册由译林出版社出版，此篇收入为上册第8篇）如实地把她访问的问答对话全文发表，再加上一个精彩的前言。你读读："人们一谈起侯赛因，就会想起暗杀、阴谋、冷枪、炸弹和毒药。"对他第一次暗杀，左轮手枪打中了他祖父阿卜杜拉，也射向他的胸膛，是他祖父替他别上的一枚厚实徽章救了他的性命；当他驾驶自己的飞机飞往欧洲，两架飞机向他袭击，他"俯冲"、"拉起"、飞"之"字航线，险些撞在山上；还有侍从趁他熟睡投出匕首，有人用硫酸换掉他的滴鼻剂，有厨师把毒药掺进他食物等等，简直像一部惊险小说，准把你吸引住。她提问尖锐，言辞泼辣，唇枪舌剑，步步紧逼，直把对方逼到她早已设置的"陷阱"里，使对方不由自主地透出真情。

　　法拉奇采访世界"大人物"，胜任自如，篇篇精彩，使人拍案叫绝。这是她长期艰苦积累的结果。她1930年出生于佛罗伦萨一个工人家庭，只上过几年医科学校，没有上过大学，全靠自学而成为国家公认的大记者。她的一句话会令你惊诧不已："我恨写作，它太辛苦了。"她每次采访前，要阅读的对方材料在桌上堆积成山；她提出的问题都经过深思熟虑。她宣称："记者的任务是追求真理。"她认为写历史必须真实，写真实需要勇气，"采访当权者不要害怕，应是他怕你"。她深入前线，勇敢非凡，她拎着录音机，穿着防弹衣，穿梭于贝鲁特的枪林弹雨之中。

她不相信有的西方记者标榜的"新闻自由"和"无倾向论"，她要如实客观报道，但决不隐瞒自己的喜爱。读读《约旦的侯赛因》，叙述与对话，漫谈与舌战，无不体现她自信、勇敢、坚定的采访风格，约旦国王的性格在她的笔下刻画得活灵活现。

08 [美]杰克·贝尔登:《月光下的银行》

边区深情　神秘色彩
淡远平朴　奇特美妙

　　《月光下的银行》，写的是我解放区艰苦环境里银行的奇特故事。作者是美国进步记者杰克·贝尔登，中国人民的朋友。抗日战争中他揭露日本侵华罪行。他深入解放区做了广泛的采访，写了《中国震撼世界》一书，是继斯诺的《西行漫记》后又一部著名于世的新闻报道。《月光下的银行》是从《中国震撼世界》书中节选的一段。

　　美国著名记者李普曼说过："好的记者可以借助自己丰富的经验直接观察世界，差的记者不会观察，因为他们觉得没有特别的值得观察。"贝尔登就是一个善于观察的优秀的战地记者，他实地探看，最能从平凡的事物中发现奇特的本质所在，捕捉到反映真实的平淡的小故事小细节，去展示大环境大背景。他淡淡地如实描述，娓娓道来，"上党"与"上当"的谐音描写，"上党"票与国币多次生动对比的叙述，游击区银行人员像"杂货铺伙计"，敌人一来，他就把算盘、毛笔、钱和账簿打进背包，背着"银行"迅速转移，"腰上还别上两枚手榴弹"，文笔平淡而优美，每读到这些精彩段落，使人忍俊不禁。特别是月光下，"埋藏金银的行动是秘密的，而且只在夜间进行。经过驴骡的长途驮运，才到达埋藏地点。不用说，只有最可靠的骡夫担负这种运输任务，不过他们也不知道驮运的是什么货。只有银行经理、出纳和一个党员知道骡子运的是什么"。这"埋藏金银的神秘行动"，是平凡，是真实，又奇特，充满一种传奇神话色彩；月色，田野，山洞，土屋，像一幅幅边区农村风俗画，把边区银行描写得趣味盎然，扣人心弦，给人一种淡远的奇特美感。

[美]黛博拉·康里：《哈乐斯的大减价》

场面壮观　绘声绘色
立体浮雕　如临其境

优秀的新闻通讯特写，总是能把人物、环境、事件绘声绘色地呈现给读者，使人读后如身临其境，有的新闻报道为何不吸引人？我国新闻界老前辈赵超构说过："因为它只有平面的记事，缺乏情感、气氛和神态，缺乏立体感。"

《哈乐斯的大减价》，是美国记者黛博拉·康里的一篇十分出色的新闻报道。其写作上最大特色如同电视的实况转播，给读者一种全方位的立体感。

记者写长达四百米铺面前，抢购人群已聚集如潮准备拼抢厮杀！交通已中断。总经理正巡视二百一十三个"战场"准备应战。他手持对讲机瞪着表开始传统的倒计时……

记者不忘把背景插叙：去年大减价，有三十万顾客欣喜若狂拥入哈乐斯，九小时内收银机全部进账九百五十万美元。三星期后减价结束，哈乐斯售出货物几百万件，其中男子上衣一千件，羊毛领带二千五百条，貂皮大衣六十件，紧身衣裤六十万套，钢琴六十四架。开业一百三十二年来从没有这样热闹过，全世界也没有其他公司见到过如此盛况。接着，作者有条不紊地把今年抢购的现场用艺术镜头像放电影一样一幕幕展现在读者面前，玻璃器皿部、厨房用具部、服装部、电器部的抢购……如临其境，如闻其声，如见其人，如触其物，高潮迭起，趣味盎然。

哈乐斯是欧洲最大的百货公司，每年两次大减价吸引了世界上许多国家的人群来争先恐后如上战场。大减价是公司收回资金、推销积压品的最好办法，也是最好广告。作者从热闹混乱的场面善于捕捉典型事例，勾勒出一幅幅像喜剧又像斗殴的立体画，形象逼真，滑稽可笑，叹为观止。

（左）长沙大学毕业生会餐；（右）毕业典礼后一个组邀老师登上岳麓山顶

大学新闻专业班课堂作业摘登

"长沙大学新闻传媒专业班学生课堂考查作业《中外新闻名作点评》800 字，50 分钟交卷：《哈乐斯的大减价》（美记者黛博拉·康里）"（今选九名学生作业各一小段）：

"如同一场战役，记者以其幽默的笔'购物厮杀'现场一幕幕展现……总经理像大将军阅兵似的巡视公司二百一十三个部门并命令组长们'应对即将来临的考验'，这篇令人忍俊不禁的特写成功还在于记者独具匠心的布局……"

（陈卓琳，现任《潇湘晨报》总编室 编辑）

"细节丝丝入微，令人叫绝！购物人群疯了似的像"短跑健将"瞬间冲刺到各个角落，一男人洋洋得意地每一手指套上一只茶杯，嘴上还衔着两只；一个怀孕九个月的妇女被推挤到桌下大声叫喊让我出去！一个警卫高举一只高跟鞋找它的主人……"

（谈金燕，现任《湖南工人报》记者）

"它没有冗长乏味的长篇叙述，而是极尽揶揄之能事，用电影蒙太奇手法将两百多个部门画面相互撞击迸出火花，用诙谐幽默的语言勾勒出疯狂大抢购的画面，强烈的视觉效果让人身临其境而愉悦兴奋……"

（张晓知，现在长沙市地税局工作）

"像一场世界杯决赛即将开始，《大减价》那热闹疯狂购物场面没让你眼花头晕，嘈杂不乱，乱而有序，有条不紊，按部就班，由点到面地娓娓道来……'这正是哈乐斯大减价精神所在'，平淡、质朴、含蓄、凝练的结尾，正体现作者轻松幽默的风格和力度所在……"

（钟恩，现任中南传媒新华印务有限公司海外科主管）

长沙大学新闻传媒专业毕业生访问长沙大厦

"美国人疯狂有目共睹，但没想到一个美国记者可以把素以绅士风度著称的英国的一次"大减价"描绘得如同橄榄球赛一样火爆。文章开始简洁交待出时间：8点58分；地点：哈乐斯百货公司；人物：'急于捞便宜的人'……全篇是美国风味的冒险抢夺和渲染，其结尾也如同奥斯卡最佳影片《勇敢的心》结尾那样精炼……"

（钟雯，现任湖南经济电视台记者）

"读《哈乐斯的大减价》，是新闻采访风趣活泼的美的享受，美感来自记者的洞察力和娴熟的驾驭力，故事的细节生动，文笔的自然流畅，角度的标新立异……"

（曾韬，现任《当代商报》记者）

"记者是用一种电影的特写长镜头来展示疯狂购物者的形象细节，栩栩如生，且风趣幽默，让读者身临其境……"

（刘汉林，现任中央教育电视台记者）

"啊！幽默诙谐的笔调，生动形象的细节，结构紧凑的高潮迭起，把我们带到了"大减价"商场的抢购现场，历历如目，可感可触，倍受感染……"

（黄裳，现某服装公司总经理）

"形象逼真的真观效应，火爆喧哗的可视画面，记者是用电影的摄影艺术把全文镜头化：全景，远景，近景；诙谐，滑稽，逗乐，把个百货公司"大减价"情趣盎然立体化展现在读者眼前……"

（唐泽，现任中央电视台地方部编辑）

10

谢冰莹：《爱晚亭》

《星期天专刊》1988 年 1 月 10 日刊登了《台湾的"中将教授"》，引起读者关注，彭锷教授曾在北伐立功，是赫赫有名的抗日将领。文中提到现代著名女作家谢冰莹教授，有人来信询问她现在何处，她的《爱晚亭》不知道在哪里可以读到。

著名女作家谢冰莹教授（不是谢婉莹，谢婉莹 1900 年生于福建长乐，原国立清华大学教授，中国文联副主席，代表作《冰心小说散文选》）。谢冰莹是湖南人，1905 年生于新化县，曾在湖南省立长沙女子师范学校读书，未毕业，投考当时在武汉的黄埔军校第六期，跟革命军北上，成为北伐时期著名"女兵"。在武汉时，发表了《从军日记》，被译成英、法、德、日等文，后上北师大，两度留学日本，抗战胜利后，执教于北京国立师大，1948 年任教于台湾师大，现定居美国。近日，本刊经她的长沙亲友推荐，今（1988年 2 月 21 日）登载她写的散文《爱晚亭》，文中充满了这位 83 岁老人对湖南家乡、对爱晚亭深切的怀念。

湖南女作家谢冰莹一开头就点笔"凡是到过长沙的，谁不知道有座岳麓山？游过岳麓山的，谁不记得爱晚亭呢？爱晚亭的名字是那么美，这么雅，这么富有诗意"。

她说她还是梳着两条小辫子 15 岁那年第一次与爱晚亭结缘，1937 年和爱晚亭告别，直到现在 83 岁了，她没有一时忘记过！她清晰地记得岳麓山的特点是先烈先贤的古迹多，说岳麓山虽然不雄壮但很秀丽，虽然没有瀑布但有一条来自山顶流入湘江的小清溪。她深情地歌唱："水是那么清，那么甜，流水的音调是那么幽雅而令人心醉。微风起时，枫叶发出轻细的欢语，恰似

爱人躲在树丛喁喁情话。"

　　谢冰莹老人当年正是从这里去武汉考入军校后，冒着军阀炮火，写下从军日记。她为北伐成功随时准备牺牲。她写下了诗一样的留恋："我愿意永远安静地躺在青枫峡里，让血红的枫叶为我做棺盖，潺潺的流水为我奏凄凉的挽歌。"

　　岁月如流，她把爱晚亭给她的"热情和坚毅又带到了海外"，海外赤子用她的心赞美爱晚亭："春天，你像一个含苞待放的蓓蕾，像一个婷婷的少女……夏天，你像一朵灿烂开放的玫瑰，你是热情如火的姑娘……秋天，你更妖媚，不因秋风萧索而憔悴，相反地，秋高气爽，你更显得潇洒风流，孤高雅洁……冬天，你更美极了，白皑皑的雪把整个岳麓山缀成纯银世界……溪水并不因为寒冷而冻结，它还是那么日夜不停地流着奔向湘江……"

　　冬去春来，花开花落，从十五岁少女到八十多岁老人，从爱晚亭到太平洋彼岸，她说如今像过去一样深深地爱着，永远地还念着爱晚亭！老人的"心弦在颤动，热泪在奔流"，她最后写道："我凝视着灰色天空，托悠悠的白云，带给你一颗炽热的心和满腔的怀恋……"

　　岁月如歌，在一个八十多岁的老人心里流淌！她的心和爱晚亭一样美，读她的《爱晚亭》，我仿佛又看见一个十五岁的少女，一个梳着一对小辫子的湖南妹子，一个穿着军装的北伐女兵，向着爱晚亭走来，脸上全是灿烂的笑，充满了快乐，充满了希望……

11

秦牧：《歌王云雀》

秦牧的散文《歌王云雀》是他从事文学创作工作五十周年之际本报的特约稿，刊 1990 年 11 月 28 日的《星期天》专刊头版头条。

秦牧散文以格调文雅、清新流畅、声情并茂著称，大到天际小至花鸟，娓娓道来，把你带到一种富有哲理的美的境界。

他起笔道："南方人爱养的小鸟，无非是画眉、云雀、绣眼儿、石青儿、金丝雀、虎皮鹦鹉一类的宝贝。我从不养笼鸟，但经过养鸟人挂笼子的地方，却常禁不住驻足凝神旁听。鸣禽的歌声，真像是出口成诗的乐章，那一声声直干云霄的柔情，那一串串美妙的颤音，常使我叹为绝唱。城里听到大自然的鸟声很少，这也算是一种补偿。"

这我知道，他住在广州闹市环市中路一安静小区华侨新村，附近街心花园，人们爱鸟喜欢关在笼子里养着。他笔锋一下把云雀带了进来："在许多笼养的鸟儿当中，我对云雀特别怀有感情。云雀（也就是百灵）的笼子特别高，一眼就可分辨出来，笼中有一小圆桌似的摆设，这是方便他振翅高飞和降下憩息的。对这种羽毛并不美丽，而歌声特别嘹亮迷人的小鸟儿，我每每怀着一种近乎敬仰的爱慕心情。"

使他百感交集以至铭记终生的是他在蒙古大草原乘车几百公里看不到一点人烟，路旁偶尔出现死马骸骨，草原辽阔，异常寂静，给人安详而又恐怖之感……突然，一阵爽朗欢乐、甜美异常的鸟儿的鸣啭响起来了。它唱得那么迷人。秦牧不知它在哪儿？不见它的踪迹？循着鸟声极目搜寻，才发现两三百米高空有一个亮点。秦牧兴奋地写道："那是阳光照射在它身上反射出来的光彩，那原来是一种云雀在歌唱。不久，又有一只云雀腾空而起，飞高而

又飞高，然后像一架具体而微的直升机似的，一动不动地停在高空之上，它们在那儿一同举行高空音乐会。我极目仰视，它们各个小得像一个镍币似的，然后这么一个个小小的光点，却奇迹般地发出那么美妙迷人的歌声。此情此景，几乎是难以描绘的。"

　　秦老写景写情，跌宕起伏，柳暗花明，把个云雀写得细腻入神，此时，他几乎在欢歌："我的怅惘之情突然一扫而空了。我对这带翅膀的小天使竟然产生了一种拜物教徒般的感情，它们把欢乐的感情传播给我了。"秦老把我们读者带了进去，接受一次心灵的净化。而那言近旨远的的结尾，更使人沉思，灵魂仿佛又得到一次升华："我国西北少数民族把云雀当做吉祥、幸福的象征，他们的歌词中常有'百灵鸟在歌唱'一类的词语。最后，还得再说一句，云雀飞得很高，然而却住得极差，常在草丛洞穴中筑巢，这种小精灵也真是能屈能伸了。"

　　1991年，《人民日报》为首的全国报纸副刊评审1990年度优秀时，《歌王云雀》全票通过，获一等奖。我把获奖证书寄给他。他回信说："武夷山一别，转眼数年，你们几位给我的印象很深……我那篇文章能够得奖，很出意料……"也许出乎意料却在情理之中。秦老以他的人品、文风与优美散文确立了他在我国文坛上的地位。

　　秦老逝世已多年，他的魁梧身材、洗白了的蓝色中山装上衣、宽边眼镜和他带着慈祥微笑的面容永远留在我们的心里。

【俄】列夫·托尔斯泰：《复活》

银幕首先呈现的是一座阴森的监狱，从这里提审的女犯名叫卡秋莎·玛丝洛娃。这个本来是天真美丽、纯洁无瑕的农村姑娘，聂赫留朵夫公爵家的女仆，被公爵诱骗和抛弃后，女主人把她赶了出来，她走投无路，最后沦为妓女。旅店仆役谋财害命，却嫁祸于她，法官们竟错判她流放西伯利亚。这就是旧时俄国一个底层妇女的命运。

伟大的艺术家列夫·托尔斯泰，把丰富复杂的生活加以精选洗练，以他那缜密的构思、激宕的情调和独有的艺术风格，把真实广阔的旧俄时代的生活情景，真实地再现到人们面前。

根据托尔斯泰同名小说改编的电影《复活》，基本忠于原著，却大大浓缩了。影片从法院审判开始，那高坐在审判席上的法官老爷，都急于忙私事；大腹便便的院长正一心想着下午的约会；而"刚打牌作乐到深夜"的检察官，连玛丝洛娃的案

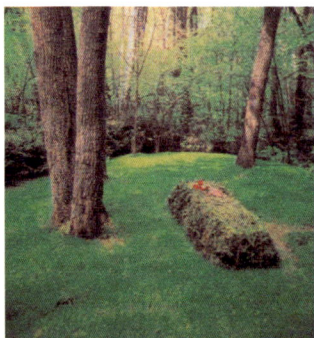

（左图）托尔斯泰和契科夫、高尔基
（右图）列夫·托尔斯泰极简单的墓

卷也没有看就宣读起诉讼，当他高论着他那套反动的法律理论时，电影以富于讽刺的蒙太奇手法，把法官、庭长、检察官们在妓女院的卑劣虚伪嘴脸，揭个淋漓尽致！列宁曾高度赞扬托尔斯泰"无情地批判资本主义的剥削，揭露政府的暴虐，法庭和国家管理机关的滑稽可笑"，称他是"天才的艺术家"和"最清醒的现实主义者"。

聂赫留朵夫公爵是作为陪审员出席法庭的。当他认出受审的正是玛丝洛娃时，良心受到了深重的谴责。他开始忏悔自己的罪过，毅然谢绝了柯尔查金公爵小姐的追求，决心娶玛丝洛娃为妻。但此时的她已经不是少女时代的玛丝洛娃了，她抽烟、酗酒，借以忘记过去的一切；与聂赫留朵夫重逢，勾起了她往日的血泪辛酸。聂赫留朵夫理所当然地遭到她的拒绝，但聂赫留朵夫仍一直跟她到西伯利亚。当他为营救玛丝洛娃奔波于莫斯科——彼得堡的名门贵府时，他看到的是奢华、虚伪与无耻，沙皇官僚群像使他厌恶；当他回到家乡巴诺佛村，看到的是饥饿、贫困与死亡，农民生活"比下地狱还糟"，他满怀同情地将一张张卢布施舍给农民。这一切，都是为了赎回自己的罪过，"凭着良心"去求得精神上的"复活"。托尔斯泰描写的"良心"、"人道"对反对沙皇专制的斗争，无疑起了历史进步作用。电影结尾，删去了原著中引用的长段福音书的说教，要人们相信主人公聂赫留朵夫的灵魂"复活"了，成了一个全新的人，并企图以"爱"和"良心"去改造那个黑暗现实，用"道德上的自我完善"去求得一剂拯救社会的"灵丹妙药"。

影片通过聂赫留朵夫这个形象，把托尔斯泰的两面性反映得如此明显。有人评说托尔斯泰作为俄国千百万农民在俄国资产阶级革命到来时所具有的思想和情绪的表现者，托尔斯泰是伟大的；而作为一个发明拯救人类的新的药方的先知，托尔斯泰却是可笑的。他反对专制政体的斗争是与鼓吹麻醉被压迫群众的精制的新毒药同时并行的。然而，托尔斯泰作为艺术家的世界意义，作为思想家的世界名声，都真实反映出俄国革命的特点。因此，他以及他的名著《战争与和平》《安娜·卡列尼娜》《复活》被誉为"俄国革命的一面镜子"，而《复活》则是他一生思想探索的总结，也是对整个俄国批判现实主义的总结。这正是电影《复活》值得我们欣赏与鉴赏之所在。

13

【爱尔兰】优尼契 :《牛虻》

《牛虻》,是爱尔兰女作家艾·丽·伏尼契写的一部长篇小说,近百年来,已成为各国读者争相阅读的世界名著。

十九世纪三四十年代,拿破仑帝国崩溃,意大利从法国压迫下解放出来,但又落到了更残酷的奥地利统治之下。为反对外国侵略者与专制独裁,1820年到 1830 年,以玛志尼为代表的青年意大利党继炭烧党之后,开展了爱国主义斗争。四十年代中叶,革命领导权落到了资产阶级自由派手中,他们主张改良主义,甚至把意大利统一的希望寄托在教皇身上。1848 年,教皇和王室公开反对反奥战争,奥军随即占领意大利整个北部。恩格斯当时曾在《新莱茵报》上指出,"意大利独立的丧失,将不是由于奥军的无敌,而是由于皮蒙特王室的怯懦"。遗憾的是玛志尼没有认识到这点,也每次都被血腥镇压了。但意大利的民族解放运动,却产生和造就了一大批可歌可泣的爱国志士。小说《牛虻》中的主人公牛虻就是一个杰出代表,书中生动地描写了他的生活、爱情、苦难和斗争,表现了他的坚强不屈的英雄主义气概。

牛虻在青年时代(即勃尔顿·亚瑟),就与青年意大利党有联系,立志要把他的生命献给意大利的解放斗争。他天真、纯朴,还是个虔诚的天主教徒;众人崇拜的蒙泰尼里主教在他看来简直是"一部百科全书"。然而,他的忏悔却成了卡尔狄神父(实际上是个特务)向反动当局告密的材料;他深深爱着的亲密女友琼玛轻信了敌人的谣言,给了他狠狠一记耳光;这时兄嫂又公开了他的身世:他不是勃尔顿的后代,而是蒙泰尼里的私生子。他愤怒地击毁了耶稣蒙难像,伪装自杀,跟一个水手流亡到南美洲。

小说的二、三卷开始时,已是 1848 年意大利革命前夜。主人公经历了十三年流浪生活，他的身体遭到了摧残，但生活的磨炼却使他成为一个成熟的政治家，一个刚毅不屈的革命者。他回到意大利时，化名列瓦雷士，以"牛虻"为笔名，发表了许多尖锐泼辣的讽刺性政论文，击中了敌人的要害。他满脸的刀伤使琼玛全然不认识他了；他的异常坚强和古怪的性格使琼玛觉得他像"一只黑色的美洲虎"，最初在玛梯尼看来似乎更像"一条冷血的鳗鱼"。然而，他比玛梯尼更接近也更相信人民群众，他看透了神父的欺骗和教会的伪善。牺牲时，他"怀着轻松的心情，好似一个小学生回家一般"地慷慨就义。他从一个虔诚的天主教徒，变成一个无神论者，从一个天真狂热空想的青年，变成一个饱尝痛苦、不为拷打所屈服的爱国主义者。正是这点，深深攫住了读者的心。

有人曾批评作者不该把牛虻写成悲剧的命运，而且是一种不幸的私生子地位，又纠缠在爱情与父子之情中。恰恰相反，作品的艺术真实，正是通过富有个性特征的牛虻去体现了意大利那个社会的本质，真实地反映了教会、王室与奥地利相互勾结的悲剧时代特点。这也是《牛虻》这部小说所显示的现实主义文学创作的伟大成就。

《牛虻》的不足之处，在于作者用了过多的笔墨来渲染父子之情，混淆了牛虻与蒙泰尼里的矛盾，似乎演出了一场父亲杀儿子的悲剧。同时，牛虻的性格中有一种爱冒险的冲动和寻求刺激的病态心理，特别反映在他的恋爱观上。此外，他对暗杀手段加以肯定，这也反映出作者受了她的丈夫伏尼契（一个俄国沙皇刑法下逃出来的波兰流亡者）和民粹主义的影响。牛虻当然受到时代的历史局限。"但就《牛虻》的本质，就他的强毅、他那种忍受考验的无限力量，以及他那种能受苦而毫不诉苦的人的典型而言，我是赞成的。我赞成那种认为个人的事情丝毫不能与全体的事业相比的英雄的典型"。读读《钢铁是怎样炼成的》作者尼古拉·奥斯特洛夫斯基的这段话，对于我们如何看待牛虻这个艺术典型，会有所启迪。这也是我国五六十年代年轻人心目中为何把保尔与牛虻当作偶像热烈崇拜的原因。

【印度】泰戈尔：《摩诃摩耶》

诺贝尔在遗嘱中提出， 文学奖必须授予"曾经写出有理想倾向的最优秀的文学作品的人"。1901年以来，每年由瑞典文学院评出获奖作家。今起，本刊将选登这类作品，以飨读者。

泰戈尔（1861——1941）是印度伟大的诗人、小说家和社会活动家。1913年，由于"他对真理的热切探求、思想的洞察力、广阔的视野和挚情、雄浑的表现手法，以及他许多作品运用这种手法维护和发展了生活的理想主义哲学"而荣获诺贝尔文学奖金。

年轻人大多喜欢他的《新月集》（表现儿童纯真颂扬母亲伟大）、《园丁集》（描写自然探索人生表现爱情）、《飞鸟集》（一部富有哲学启迪的格言诗）。

今天（1985年3月10日《星期天》专刊）刊登的《摩诃摩耶》，是泰戈尔一百余短篇小说中极享有盛名的。小说开始写摩诃摩耶和她从小一起长大的恋人罗耆波在河边破庙里约会。摩诃摩耶是名门之女，今年二十四岁，正当青春美貌的年华，"像一座带有早秋阳光色彩的纯金塑像，像阳光那样宁静而光芒四射，还有着一副像白昼光辉一样的自由无畏的眼神"。她哥哥帕凡尼查兰却十分凶狠残暴，并多次警告她不许她和只是丝厂一个普通工人的罗耆波谈爱，如不听他的话，他会用极刑对待他们。按印度风俗，摩诃摩耶父母双亡后，她的命运由哥哥主宰。

泰戈尔用诗的语言歌颂祝福摩诃摩耶与恋人罗耆波，"虽然系红线的神长久忽略了这一对青年，但爱神在这一段时间并未闲着。当主管宇宙的老神打瞌睡的时候，年轻的爱神却是异常清醒的"。他们决心相爱到底，永世不悔。

就在这天夜里，帕凡尼查兰把他妹妹带到火葬场，强行她举行仪式嫁给

一个即去火葬的垂死老人。摩诃摩耶第二天成了"寡妇"。按印度陪葬风俗，她残忍的哥哥与同样残忍的族人把她与死人"丈夫"一同捆绑火葬。虽中途倾盆大雨把火熄灭，可怜的摩诃摩耶脸部已烧得面目全非。她忍着烧伤的剧痛，用一副长长的面幕遮住脸，直奔罗耆波家。罗耆波见到她激动万分问是从火葬场逃出来的么？她回答道："是的，我答应要你家。我守信，我来了。可是，罗耆波，我不是从前的我了；我完全变了。只有我的心还是旧日的心。只要你提出，我还能回到火葬堆去。但是，你如果发誓永不拉开我的面幕，永不看我的脸，我就在你家住下来。"罗耆波放弃家中所有财物，和摩诃摩耶一起在暴风雨中出走，两人避开大路，在旷野飞奔……

他们终于相守在一起，然而一层面幕隔开了他们，"她在他身旁，却又遥远得不能接近，只能坐在她那不可侵犯的魔力圈之外"。

罗耆波忍不住在一个深夜揭开已熟睡的摩诃摩耶的面幕，"俯身看着她……多可怕啊！昔日熟悉的脸庞哪里去了？火葬的烈焰用它无情的贪婪的舌头砥净了摩诃摩耶左额的魅力，留下的只有贪婪的残迹"。她惊醒了，立即把面幕遮上，任凭罗耆波伏在她脚前，抱住她的脚，喊着："饶恕我！"她没说一个字，她走了，走进一片漆黑的夜幕……再也没回来！"给罗耆波的余生烙上了一道长长的疤痕……"

与其说这是泰戈尔的短篇小说，不如说他是一曲悲惨的散文诗。

泰戈尔的父亲是一位哲学家、诗人和宗教活动家。泰戈尔受家庭熏陶，有一颗善良的心。从小生活在文学庄园，广泛接触底层劳动人民苦难生活，为他创作提供了丰富土壤。他从英国伦敦大学法律系毕业回国后，创作的诗歌与小说都表达出深厚的人道主义，带有鲜明的反殖民反封建主义倾向，揭露了印度社会重大问题。特别是妇女悲惨的命运。

《摩诃摩耶》的遭遇，也让我们想起我国三十年代著名的悲剧电影——由金山饰影片中宋丹萍的《夜半歌声》，但那是一个特殊的个例，而《摩诃摩耶》反映的是印度当时社会的普遍制度！泰戈尔用抒情而又极度愤怒的声讨，通过少女摩诃摩耶的成长、追求幸福及悲惨命运的细致描写，揭露了印度的包办婚姻和惨无人道的寡妇殉葬制度。

普京授予索尔仁尼琴人文领域最高奖——俄罗斯国家奖

15 两个俄国诺贝尔文学奖获得者的不同命运

【俄国】索尔仁尼琴：《古拉格群岛》

　　1970年，苏联作家索尔仁尼琴"因他在追求和发扬俄罗斯文学宝贵传统时所具有的道德美学力量"获诺贝尔文学奖。他1962年写劳改营生活的代表作《伊凡·杰尼索奇的一天》在国内出版竟畅销达80万册，这些作品也被称为"赫鲁晓夫时代解冻文学代表作"。何也？正值赫鲁晓夫执政，赫氏正利用其批判斯大林。

　　索尔仁尼琴早年考入国立罗斯托夫大学数理系，同时考入函授语言文学系，成绩优秀获"斯大林奖学金"。卫国战争中入伍任大尉炮兵连长，两次立功受奖。在斯大林时代，特别是"大审判"后，一句玩笑或对领导人的抱怨以及喝酒后的醉话，都可能被告密而逮捕引来入狱劳改之灾难……索尔仁尼琴就因写给朋友的信中批评了"大胡子"（即斯大林）被人揭发于二战结束时被捕打入劳改营，经历了8年监禁流放劳改生涯，1968年又写了苏联收容所生活的《第一圈》及集中营生活的《癌症病房》，不能在国内出版，因勃列日涅夫上台。1974年，苏联总书记布里兹涅夫亲自签署命令剥夺索尔仁尼琴的苏联国籍，并把他押上飞机驱逐出境，先居德国、瑞士，后流亡美国。他的另一部巨著揭露苏联集中营的《古拉格群岛》出版，名声在世界大振。

　　《古拉格群岛》（"古拉格"是苏联"劳改营管理局"的缩写），与其说是文学作品，还不如说是文学性的报告，或是有广阔视角"全景历史"的文学社会调查，几乎都是真实人名、地点、时间、空间与事件，对全国庞大的劳改营苦难生活的整个历史过程作了真实的讲述，因此赞扬它"发扬了俄罗斯文学的宝贵传统"，评述它"是具有道德美学力量"，也正因为他是文学家、思想家，是哲学家，是启蒙家。"像俄罗斯诺贝尔文学奖获得者帕斯捷尔纳克的《日瓦戈医生》、肖洛霍夫的《静静的顿河》以及阿列克赛·托尔斯泰的《苦难的历程》，都用的是这种以现实主义的笔调，反映社会大变革的'历史＋小说'的文学作品形式"。

　　《古拉格群岛》深刻揭露了苏联极权时代触目惊心的集中营悲惨现实，使人们"犹如从一场持久的噩梦中苏醒过来"，索尔仁尼琴成为举世著名的作家，被誉为"反抗极权的斗士"，评论他"一个人用一

赫尔岑（1809-1852）俄国作家。赫尔琴："文学是唯一可以让人听到自己愤怒与良知呼喊的讲坛。""失去了个体自由，也就失去了集体自由，更失去了国家和民族文学及文化表达的自由，因为基础一旦被抽空，大厦就将被倾覆。"（赫尔琴：《彼岸书》）

（图左）赫尔岑和他女儿达达；（图右）巴金 1979 年在尼斯赫尔岑墓前留影（选自巴金译赫尔岑著《往事与随想》）

支笔战胜了一个超级大国的极权制度"。

《古拉格群岛》是文学性纪实描写，2003 年出版的（美）安妮·阿普尔鲍姆的《古拉格：一部历史》，则具有更历史性的宏观视野，全书对庞大的劳改营作了全景式描绘，从莫斯科到列宁格勒，从白海中岛屿到黑海，从北极圈中亚平原，从摩尔曼斯克到塔吉克。据作者调查统计，苏联总计有 2870 万人被强制劳改，1929 年到 1953 年的斯大林时代，古拉格群岛上死亡的囚犯达 274.9 万人，可作为《古拉格群岛》的历史佐证。

苏联"解冻"后，恢复了索尔仁尼琴名誉。

1994 年，叶利钦总统邀请他回国，结束了他二十年的流亡生涯。

1997 年他当选为俄罗斯科学院院士。

2007 年 6 月 12 日，普京总统前往莫斯科郊区索尔仁尼琴家中拜访，并向他颁发人文领域最高成就奖——"俄罗斯国家奖"。

2008 年 8 月 3 日，索尔仁尼琴在家中逝世，享年 89 岁。根据他生前遗愿，被埋葬在他自己选好的墓地——莫斯科顿河修道院。

索尔仁尼琴："世界正被厚颜无耻的信念淹没，那信念就是，权力无所不能，正义一无所成。然而，在这个世界上，最令人悲哀的莫过于一个民族的文学生命被暴力所摧残。"

索尔仁尼琴在自己家中

【苏联】帕斯捷尔纳克：《日瓦戈医生》

帕斯捷尔纳克，另一个诺贝尔文学奖获得者，这位俄国伟大作家却是另一种命运。

那年我到美国密执安大学参加孩子硕士毕业典礼，晚上看俄国诗人帕斯捷尔纳克写的《日瓦戈医生》，看彩色动画片后又看西伯利亚大雪纷飞白茫茫一片中日瓦戈医生所经历的苦难人生故事片《日瓦戈医生》。日瓦戈医生，是医生，也是诗人。影片讲述他苦难一生的经历，暴动，杀戮，饥饿……日瓦戈医盼望过正常的和平安逸生活和得到家庭情感的快乐，但没有，只有西伯利亚寒冷的冰天雪地，军官统治下的阴森恐怖，成群的被流放者和流离失所的难民，城市的饥寒交迫，农村的荒芜毁坏，公寓的老鼠成群……日瓦戈医生在苦难中保持着美好的梦想，满怀希望，不断追求温柔美丽的拉拉，追求爱情的幸福快乐，又不断地失去……帕斯捷尔纳克本是与叶赛宁、马雅可夫斯基齐名的俄国二十世纪伟大的诗人，从 1917 年到 1932 年他的诗歌在诗坛

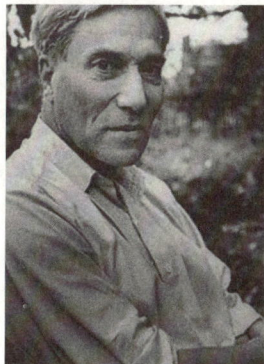

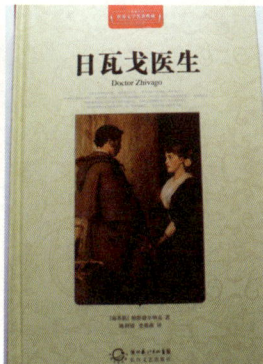

确立了他杰出的地位。然而三十年代后他开始过着隐退生活，外界只知道他在全心翻译外国诗。退隐 20 多年后，极富才华的帕斯捷尔纳克拿出了他的处女作第一部小说巨著《日瓦戈医生》，出乎他意料的是当局竟同意他的小说在苏联出版，但不久又没有了下文。与此同时，意大利语首先第一家出版，接着法语德语荷兰语芬兰语阿拉伯语葡萄牙语俄语西班牙语瑞典语纷纷出版，而美国密执安大学出版社翻译出版最多，《日瓦戈医生》已被译成世界各国文字出版。密执安大学校园那栋被茂密树林和碧绿草坪包围的研究生图书馆里，也有中韩日印等各国文字的图书库，我在中文图书库竟看到了中国现代当代几乎所有的著名作家的作品和评论，包括世界各国名著以及中文书评。

1958 年夏秋美国出版了《日瓦戈医生》，一个月后，瑞典诺贝尔文学奖评审委员会正式通知帕斯捷尔纳克，他"因在现代抒情诗和伟大的俄罗斯文学领域中所取得的杰出成就"获 1958 年度诺贝尔文学奖。

苏联原本要出版的，1958 年 10 月 27 日，苏联作家协会一反常态，却认为《日瓦戈医生》仇视社会主义，攻击十月革命，为敌人提供反苏炮弹"而作出开除他作家会籍的决定。

1958 年 11 月，帕斯捷尔纳克万般无奈，被迫在《真理报》上发表"悔过书"。

1958 年 12 月 29 日，他被迫发表声明拒绝接受诺贝尔文学奖。

从此，帕斯捷尔纳克每日醒来都像做了一场噩梦，各大报纸围攻、批判他，他面临被驱逐出境。

1959 年 3 月，他在家中被通知去谈话，苏联总检察长亲自严厉审问他，并被警告将追究他的刑事责任。

帕斯捷尔纳克获 1958 年度诺贝尔文学奖，被迫他终究没有去领奖。两年中都在被围攻被批判被审查的噩梦中度过，1960 年 5 月 30 日在莫斯科远郊彼列杰尔金家去世。他留下了《诺贝尔奖》诗一首，他朋友带出国外，1959 年 2 月 11 日，发表在美国《每日邮报》上。

《诺贝尔奖》帕斯捷尔纳克

"我算完了，
就像被围的野兽。
自有光明与自由的所在，
可紧跟我的却是追杀的喊叫，
我已经无法到外面去走一走。

漆黑的森林的池塘的陡岸，
还有被砍倒的枞树的树干。
通向四方的路已经被切断。
一切听天由命，随它的便。
我可到底做了些什么坏事，
我是杀人犯，还是无赖，泼皮？

我仅仅是迫使全世界的人
为我美好的家乡俄罗斯哭泣。
但尽管已面临死期，
我也相信有朝一日，
善的精神定将压倒，
卑鄙和仇恨的邪力。"

两个伟大的俄罗斯作家，同是诺贝尔文学奖获得者，他们经历了同样的苦难，却又有着不同的命运。但他们的作品都将永留人间，闪烁着同样的现实主义灿烂光辉和人类人性的人道主义的永恒光芒。

星期 星期肆 4 THURSDAY

艺海拾趣

1

2

3

4

5

6

7

A. 世界名画美术走廊

01 插图启蒙及其他

"凡是有趣味的东西能使生命美丽。"
—— 鲁迅

  儿时爱看《七剑十三侠》，还有插图连环画，常废寝忘食，诸如北侠欧阳春的七星宝刀削铁如泥……真个有趣！《老残游记》至今背得些，"进得城来，家家泉水，户户垂杨，比那江南风景，觉得更为有趣"，还有那"四面荷花三面柳，一城山色半城湖"，刘鹗这老夫子写济南府，风景如画，情趣盎然；长大了读《聊斋》，蒲松龄把花妖狐魅写得诡谲怪异优美动人；《天方夜谭》（如今翻译为《一千零一夜》）篇篇神幻莫测；丰子恺和张乐平的插图漫画真是一绝！当代作家何立伟的幽默画也别有风味。小说《牛虻》、《钢铁是怎样炼成的》，插图优美，故事曲折，亚瑟的坚强，琼玛的魅力，保尔的革命意志及他和冬妮娅的爱情故事，都激励着我们这一代人。

  再长大读雨果《悲惨世界》，巴尔扎克《高老头》，车尔尼雪夫斯基《怎么

（左图）巴尔扎克小说《高老头》插图。高老头对女儿说："我没有办法了，只好去偷。"（右图）《伏尔加河上的纤夫》中的老人

（上左）丰子恺漫画："你怎么会姓赵——你那里配姓赵？"
（上中）丰子恺漫画：《父与子》
（上右）丰子恺画：《月上柳梢头》
（中左）张乐平漫画：在公园长凳上
（中右）张乐平漫画——巡捕："和尚，两个人不准同车。"车上人："我们是尼姑呀！"
（下图）列宾《伏尔加河上的纤夫》

俄罗斯画家列宾像

办》，鲁迅的《阿Q正传》，海明威的《老人与海》，也读《多雪的冬天》《叶尔绍夫兄弟》……

　　启蒙我的世界名画是俄国列宾的《伏尔加河上的纤夫》，那为首拉牵的老人沧桑眼神和白胡长须令人震撼。后来才知道这是19世纪60年代俄国现实主义画派代表作。时值罗曼诺夫王朝统治最专制黑暗时期，民主运动高涨使一批进步画家退出皇家美术学院，成立了彼得堡"自由画家协会"，他们揭露沙皇专制制度的绘画到各地巡回展出，列宾即这个画派成员。这是我学生时代《中国青年》杂志插页上的"世界名画选登"，《伏尔加河上的纤夫》和《意大利小女孩》、罗丹的《思想者》，我至今保存了半个多世纪。

　　罗丹塑造了一强健体魄男子：他在沉思，注视着"地狱之门"下的悲剧世界。罗丹受诗人但丁《神曲》人文主义的呼唤和启迪，对人类苦痛寄予了极大同情，艺术美的无限在这里得到升华。

罗丹：《思想者》

当时《中国青年》杂志彩色插页：油画《意大利小女孩》和俄国列宾的《伏尔加河上的纤夫》

点燃一根火柴　照亮整个世界
—— 终身难忘的安徒生童话和插图

六十多年前的幼儿时代最爱看的是插图本安徒生童话，长大为人之父了，给女儿开的书目中必有《安徒生童话》，老了退休后给孙子孙女必讲《卖火柴的小女孩》。

这里不仅仅只是告诉孩子们人的命运是多么的不同，有的富有，有的悲惨，卖火柴的小女孩在寒冬的圣诞之夜多么凄凉！但她用小小的火柴每点燃一支，在这冰冷的黑暗世界就点燃了她自己的幻想、光明、温暖和希望！小女孩在最后一次点燃火柴时，在亮光下她多么高兴地看到她的老祖母了！她欢呼地叫了起来："请把我带走吧！我知道，这根火柴一灭掉，我就看不见你啦！"因她也知道，火柴熄灭时黑暗降临，美好世界就消失了。我记得当我的培元小学班主任荣筱年老师讲完后，全教室同学鸦雀无声。荣老师说，小女孩是幼稚的，她眼前只是一个幻觉，然而她的心灵是很美的，你看她是笑着消失在黑暗的世界。这个安徒生童话告诉我们什么呢？即使黑暗笼罩世界，心灵也应该有亮光、信念和希望。小学一堂课，终身都不忘。

《卖火柴的女孩》最早由作家周作人翻译于1918年刊登在《新青年》期刊上。安徒生一生创作了《美人鱼》《丑小鸭》《皇帝的新衣》《白雪皇后》《野天鹅》《海的女儿》等等164部童话，近百年来有一百多个版本的《安徒生童话》在中国出版，印数达700多万册。安徒生的童话是属于全世界的宝贵财富。无论对小孩对大人都具有永恒的魅力！

各国优秀的画家为其创作了无数的优美插图：
上图：《安徒生童话》:《野天鹅》(原为水彩画)【英】贝妮黛·华兹画
中图：《卖火柴的女孩》【日】黑井键画
下图：《打火匣》(原为彩墨画)【丹麦】艾瑞克·布鲁格瓦画

（左图）毕加索：《妻子
杰琳娜》
（中图）毕加索的另一幅
画：《亚维农少女》
（右图）莫奈《日出·印象》

艺海拾趣

"印象派"创始人莫奈的《日出·印象》

我无缘去巴黎罗丹美术馆亲眼目睹他那青铜铸造的著名雕塑《思想者》，但那年去美国却观赏了莫奈的《日出·印象》。

华盛顿广场林荫道四周，是国家博物馆群落，任何人可随时到任何馆免费参观。航空博物馆展示着世界上第一架莱特兄弟飞机。艺术博物馆参观馆人群最盛。

我是奔着莫奈的油画《日出·印象》而来。

室内洁净，一尘不染。展室内始终站立着一配枪黑人警察，身高二米以上，除他眼睛微笑友善地盯着和扫视着观众，他一动不动，好似一蜡像。

《日出·印象》，镶着金色相框，挂在淡紫色墙上。

克劳德·莫奈（1840-1926）的《日出·印象》，整个画朦胧状，港口远近建筑、船舶、桅杆，为晨雾笼罩。

莫奈在法国阿弗尔港口，凭他一瞬间视觉感受，真实描绘了日出时对光与色的印象。当时正统的沙龙学院派占着统治地位，莫奈一反学院派呆板僵化的色调风格，用他自然随意笔法，把早晨的天空、海水、景物交错渗透融合成一体。莫奈崭新的画风开创了十九世纪自然主义并把它推向巅峰，成为"印象派"领袖，也是现代艺术的起点。

在这里，严禁你用手去动它！你尽管拍照，你也可以坐上一整天来模拟绘画。我在隔壁画展室就见一美国女画家搭起画架正在仿绘制莫奈的另一幅名画《睡莲池塘》。

我徘徊于艺术博物馆，久久不愿离去，我私下问一内行，这《日出·印象》世界珍品价值若何？答曰："当时200万美元。"

又问目前谁的画价最高？答："毕加索用夸张手法把妻子杰奎琳的脖子拉长的《女人头像》一直由伦敦佳士得拍卖行收藏，近年以过去的两倍价格，即810万英镑（约合1300万美元）成交。"他的另一幅名画《亚维农少女》也十分昂贵。

文艺复兴时期古典名画代表作
世上最美微笑之谜 ——《蒙娜丽莎》究竟是谁？

03

达·芬奇的《蒙娜丽莎》，是世界艺术史上最著名油画。她优雅仪态万方，饱满圆润脸庞，无邪的眼神，美丽嘴角露出浅浅的微笑，给人柔和的温暖感，是一种撩人心魄的美的享受。

莱奥多纳·达·芬奇是意大利文艺复兴时期的画家、雕刻家、建筑家、科学家与发明家，当时他住在佛罗伦萨。住在他对面的是佛罗伦萨丝绸商人弗兰西斯科·吉奥孔达，1495年商人与16岁的佛罗伦萨美人丽莎·盖拉尔迪尼结婚。大约1503年，佛罗伦萨商人弗兰西斯科·吉奥孔达为庆祝他妻子第二个孩子诞生，他请达·芬奇为他的24岁的妻子蒙娜丽莎定制画像，"蒙娜"是意大利"我的夫人"缩写。

达·芬奇画这幅油画特别认真，前后花了几年心血作画。他十分激动自己成为了第一个为《蒙娜丽莎》油画魅力所倾倒的人，他决定自己保存这幅木板油画。不知为何商人和女主角没有来拿走，亦或达·芬奇故意推脱没有画完？据记载只知道1516年他离开意大利迁居法国时把这幅画随身一起带出国了。晚年，他受法国国王聘用，直到1519年去世，油画由法国王室买下，尔后拿破仑把它从王室移到法国卢浮宫珍藏。这些都是有历史记载的，得到普遍认同，但也有人对《蒙娜丽莎》提出各种猜想，众说纷纭，把历史故事神秘化。

故事在继续……

2012年4月，据新华社报道，意大利考古学家西尔瓦诺·温切蒂率领一支考古小组在佛罗伦萨圣乌尔苏拉修道院开始挖掘工作。英国《每日邮报》6月17日报道据温切蒂说"已挖出多人骸骨，可能有丽莎·盖拉尔迪尼的"。据文献记载，丝绸商丈夫吉奥孔达死后，妻子丽莎·盖拉尔迪尼成为修女，1542年7月15日死于修道院，享年63岁。吉奥孔达家族向这家修道院慷慨捐赠，按吉奥孔达遗愿，妻子丽莎·盖拉尔迪尼去世后葬在这里。

下一步将是从这些骨骼中提起脱氧核糖核酸（DNA）样本与她的埋在佛罗伦萨一所教堂的子女的DNA样本对比。如得到确认，考古学家可以还原她的面貌，就将知道这世界上最美的微笑真正是属于丽莎·盖拉尔迪尼的了。

（右图）达·芬奇在画《蒙娜丽莎》
（下图）波提切利：《维纳斯的诞生》

《维纳斯的诞生》

——这一古典代表作是所有艺术创作中最美的面容。

《维纳斯的诞生》是波提切利1487年完成的杰作，以希腊神话中"爱"与"美"的女神维纳斯为题材，表现了维纳斯诞生场景。

维纳斯的脸，是所有艺术创作中最美的面容，据说是以波提切利的情人西莫内塔·韦斯奇的脸为模仿对象画成的。维纳斯修长的裸体站在波光粼粼宁静海面的贝壳上，苗条优美，体态轻盈。此画是文艺复兴时期古典名画代表作品，也是波提切利一生中最著名的画作。

"后印象派"摆脱古典主义束缚
注重画面构思和感情抒发

莫奈是印象派创造人，称"印象派之父"，发展到后来不只是注意光影与色彩，摆脱古典主义油画束缚，也让色彩摆脱自然约束，注重画面构思与感情抒发，形成"后印象派"。

荷兰画家凡·高与法国画家保罗·高更、保罗·塞尚称"后印象派三杰"。

《星月夜》是凡·高代表作。星空被汹涌暗蓝绿色激流所吞噬，在卷曲旋转的太空，橙色月亮只能隐隐约约照亮灰暗大地，是凡·高躁动不安的幻觉世界。还有他对向日葵有着极深感情，他的经典之作画布油画《向日葵》以黄色为主调，象征着太阳和阳光，黄色葵花插在黄色花瓶里，如浮雕般，配合明亮色彩，一派生机景象。

这幅 1889 年之作，在当代仍被商人印在汗衫、保温杯上，成为畅销时髦商品。

《两个塔希提妇女》，保罗·高更创作于 1899 年。褐色肌肤，健美结实，饱含朴素气质和神秘色彩，把土著女子的原始纯情生动地描绘出来。

《狂欢节的最后一天》，是保罗·塞尚 1888 之作，画狂欢节上两个截然不同小丑，红黑菱形方格者高傲迈步，白色演出服者疲惫跟随，白色与红黑对比，感情异样，视觉鲜明滑稽。

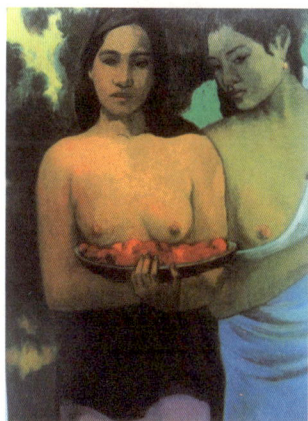

（上左图）保罗·高更：《两个塔希提妇女》
（上中图）凡·高：《向日葵》
（上右图）保罗·塞尚：《狂欢节的最后一天》
（下图）凡·高：《星月夜》

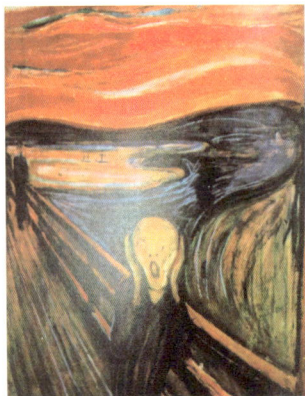

表现主义画风呈粗线条 蒙克的《呐喊》火红如血

挪威画家爱德华·蒙克是"表现主义"先驱。他绘制的《呐喊》，是另一种人类复杂境界，用蒙克自己的话：

"夕阳把云染得火红如血……我感到一声刺耳尖叫穿过天地之间，我画下了这些像血一样的云，色彩在尖叫……这就是我《生命组画》中的《呐喊》。"

画面红蓝绿赭多色粗线条，湍急河水和天空，沉重色彩渲染，抽象夸张的人物，表现了蒙克内心的恐惧和焦虑。它也成为当代许多工艺品图案。

新古典主义代表安格尔的《大宫女》

是西方法国 19 世纪新古典主义代表人物奥古斯特·安格尔的经典之作。女人裸体画是安格尔绘画的主旋律，他于 1830 年构思《泉》，二十六年后直到他 76 岁高龄时才得以完成，这杰作充分表现出女性人体的古典美。而这幅著名作品《大宫女》是以奥斯曼帝国的宫女为主题，十分尊重古典风格，用柔和的曲线绘画出女性温馨圆润、娇美光泽的形体美，她手持孔雀羽扇，头上包着土耳其头巾，在有着花纹的蓝色布景前，大宫女散发着女性纯洁脱俗的雅典美，异国风情扑面而来，体现了新古典主义的清新抒情、优美绝伦的画风。

（左图）《吻》局部
（中图）《街道》
（右图）《少女》

"分离派"大师古斯塔夫的《吻》呈几何图形

"分离派"又称"维也纳分离派"，它是从保守的维也纳学院分离出来而得名。画风强调简单的几何直线。

　　《吻》，是奥地利"分离派"绘画大师古斯塔夫·克里姆特的代表作，创作于 1907 年。在金色背景下，他画一对恋人在地毯般柔软草地上拥抱相吻，除脸与手脚及花纹，画面全部用金色色调完成，达到一种装饰美与东方神韵效果。

表现主义派基希纳的《街道》色彩深重

"表现主义"画派代表人物是德国画家基希纳，他 1913 年创作的《街道》追求粗线条简洁造型和深重鲜明色彩，两个时髦女郎正闲聊颇有几分得意神情，男士是一派绅士模样，画出了都市的繁荣和人物的欢快。

现代派夏洛瓦的《少女》水彩清新

法国当代画家夏洛瓦善水彩和石版画，画风活泼，温馨可人，色彩鲜明，其插画和名人肖像在法国、德国、日本、美国世界各地展出。

法国木刻家凯亥勒的木刻《泰伊丝》插图
—— 选自鲁迅《近代木刻选集（二）》

鲁迅说木刻：写真·趣味和美丽

鲁迅把自己第一部小说集叫《呐喊》，他 1929 年编辑出版的《近代木刻选集》收集了中外《呐喊》主题版画许多幅。他尤喜德国凯绥·柯勒惠支版画，大多以母爱和儿童作主题，也浸染着战争苦难。《德国的孩子们饿着》是那时代的写真。鲁迅引用罗曼·罗兰的画赞美柯勒惠支作品："是现代德国最伟大的诗歌，它照出穷人与贫民困苦和悲痛。这有丈夫气概的妇人，用阴郁和纤浓的同情，把这些收在她的眼中和她的慈母的碗里。这是做了牺牲的人民的沉默呐喊。"

鲁迅对生活充满了爱。他收集法国木刻家凯亥勒的木刻《泰伊丝》插图时，特别加了说明："木刻于他是直接的表现的媒介物，如绘画、铜蚀之于他人。他的作品颤动着生命……凡是有趣味的东西能使生命美丽。"［鲁迅《近代木刻选集（二）附记》］

（左图）凯绥·柯勒惠支：《德国的孩子们饿着》
（中图）《呐喊》之一
（右图）鲁迅木刻像

"比毕加索还强一倍"的倒霉画家
——[意]莫迪里阿尼：《情人珍妮肖像》

07

意大利画家莫迪里阿尼（1884-1920）画风特别，极有个性。《西方美术史略》对他评价简单，缺乏生气。1997 年我在海南主编《南海潮声》杂志，在海口书店购得一本北京外文出版社出版的《世界名画与巨匠》之一的《莫迪里阿尼》，印刷精美。我即在 9 月号期刊上选登了他的《珍妮肖像》等四幅画。

莫迪里阿尼先上佛罗伦萨后转入威尼斯美院。他天性高傲，不愿随人后亦步亦趋，导致他一时画卖不出，吃住无着，只好卖肖像画为生。一次画商压他的素描价到最低，他什么也不说将他的素描叠整齐后在上面打一个洞用绳子穿起来挂到厕所钉子上扬长而去。

他后来拜现代雕塑鼻祖布朗库西为师，放弃石膏塑造，而是在整块砂岩上用斧头切割。他的画风开始崭新一页，抛弃媚俗唯美倾向，把雕刻浮雕式线条与柔和色彩融合，用奇特夸张拉长变形手法创自己独特画风。毕加索也很欣赏他并多次充当莫迪里阿尼的模特儿。原波兰诗人后成为他的画商苏波罗乌斯基称赞他是"比毕加索还强一倍"的伟大画家。这里选出并介绍他的四幅画：

第一幅：《戴帽子的贝特丽丝》

贝特丽丝是英国《新时代》杂志评论编辑，曾撰文高度评价莫迪里阿尼，预言"这位不走运的艺术家将名垂千古"。她成为了他艺术知音，生活伴侣。画家画出她纤巧身材，优雅姿态，樱桃小嘴露出几分淡漠，却充满柔情，戴了一项时髦的黑天鹅绒帽。"他笔下那修长脖颈像摇曳的花梗又像矗立的圆

柱。"（《世界名画与巨匠》语）莫迪里阿尼与这位激进女权主义者终于分手，有人评述他们："如不期而遇的两颗行星偶然碰撞出绚丽光彩，毕竟各有各的轨道。"

第二幅：《持烟斗者》

白胡须白衬衫与蓝上衣小棕帽形成鲜明反差，红色脸与背景相映衬，夸张地把脖颈拉长，没有眼珠。他画《穿内衣的红发少女》《保罗肖像》《着蓝衣少女》《玫瑰色裸妇》都没有画眼珠。有人评说这是"画家傲慢孤独性格内心世界的表现"。他自己解释："就像古代最好雕像视而不见，而我画的人物不给他们画上瞳孔，他们也看得见。"

第三幅：《戴着项链的妇人》

这画的是他朋友罗洛娣，画家把脸部与身体分开来表现，胸部以色块描绘，由肩到交叉双手，形成一个完整的椭圆。脸部轮廓如鸭蛋形面孔，眼、鼻、嘴勾画细致而温柔，充满对少女青春美丽与纯洁温情的赞美。

第四幅：《珍妮·耶布特奴肖像》

珍妮是画家最后的恋人、未婚妻。画家 33 岁在画室邂逅了 19 岁素描爱好者珍妮，她娇柔清秀，素洁甜美，浓密栗色的披肩长发，莫迪里阿尼深深地爱上了她。他笔下的她"突出了人物的头—颈—肩构成的优美体态，他画珍妮最为动人，表情带有威尼斯圣母的忧郁和神圣"……说他的珍妮："像十八世纪的牧羊女，穿一条色彩柔和的长裙，浓浓地拥有一份无怨无悔的恬静。"（《世界名画与巨匠》语）

不幸，1920 年 1 月 24 日，莫迪里阿尼因肺结核病与脑膜炎高烧昏倒在画室，一生只有 36 年，全身心投入艺术创作达 22 年，将他的绘画与雕塑献给了世界艺术史。临终他只说了句"我永远的意大利"。次日，他的怀有身孕的未婚妻珍妮从五楼窗口跳下，也随他而去。夫妻墓碑上是："莫迪里阿尼——不走运的画家在荣耀即将降临之际被死神召去"，"珍妮——忠贞不渝的妻子为伴侣献出了生命"。珍妮实现了自己宿念，为她爱的人——她所崇拜的艺术家作永远的模特儿。

B.早年岁月
电影经典

苏联功勋女演员贝利茨卡娅

电影艺术的生命之歌

苏联功勋女演员贝利茨卡娅

在哈尔滨读大学二年级，曹让庭教授（后调湘潭大学）讲苏联文学肖洛霍夫《静静的顿河》，周末在新建大礼堂看原版俄文片电影，四集连映，那顿河美丽风光，广阔草原画面，特别是哥萨克葛利高里的倔强性格和他深爱着的美丽的阿克西妮娅，叫人难忘。扮演阿克西妮娅的苏联女演员贝利茨卡娅还主演过《没有说完的故事》中女医生，她爱上了一个下肢瘫痪的船舶设计师，演绎了一段十分动人温馨而富有人情味的爱情故事。扮演设计师的邦达尔丘克在苏联十大功勋演员中排在首位，他还主演了我们熟悉的莎士比亚悲剧《奥赛罗》。

四十年后，1997 年，我在海南办杂志，在书店见到苏联功勋女演员贝利茨卡娅的彩照，我把她刊登在《南海潮声》杂志创刊号彩色画页"世界明星选登"上。

《静静的顿河》：葛利高里和阿克西尼娅

怀念柯察金　忆恋冬妮娅

保尔·柯察金是那个时代的象征，他的名言"人最宝贵的是生命，生命每人只有一次，人的一生应当这样度过：当他回忆往事的时候，他不会因为虚度年华而悔恨；也不会因为碌碌无为而羞愧，当他临死的时候，他能够说：我的整个生命和全部精力，都献给了世界上最壮丽的事业——为人类的解放而斗争"，成为我们那时代年轻人的座右铭。那电影插曲《在乌克兰原野》也令人回想：

"在乌克兰辽阔的原野上，
在那静静的小河旁，
长着两棵美丽的白杨，
那是我亲爱的故乡……
美丽乌克兰原野，
如今已变成战场……"

最难忘的还是保尔·柯察金和冬妮娅，尼古拉·奥斯特洛夫斯基把他们的初恋写得纯情圣洁引人入胜，我们读《钢铁是怎样炼成的》后来又看同名电影，读得如此入迷，看得如痴如醉。

是的，40多年前，我们都暗恋上了冬妮娅，崇拜保尔·柯察金。

暑假团干班，我认识了长沙一中也是团支书的陈心武（后考入北师大俄语系），他曾获长沙市中学作文比赛第一名，他的笔名取作家名"尼古拉"，我取保尔·柯察金的爱称"柯里亚"，我们那时代是保尔·柯察金的铁杆粉丝，我们当时来往信中谈得最多的是保尔、卓娅、马特洛索夫等英雄儿女。半个世纪

《钢铁是怎样炼成的》：保尔·柯察金

过去了，冬妮娅的身影一直留在我们心中：她那有蓝色条纹的洁白水兵衫，她那随风起舞的飘带，她"那对美丽的、可爱的眼睛"……

当一群衣冠楚楚的贵族子弟花花公子，围攻挑衅欺侮这铁路工人家的保尔时，反被揍得落花流水，为首的被掀到河中，冬妮娅看得爽朗地笑了，笑得好开心。

他们相恋了……

保尔为了救党的工作者朱赫来而被追捕，在出逃的前夜，"保尔第一次与冬妮娅搂抱在一起，他感到冬妮娅柔软的身体何等温顺，热吻像甜蜜的电流令他发颤地欢乐，他的手还无意间触及爱人的胸脯"……

那时代，"没有无缘无故的爱"，是那么深深根植在我们的脑海！

保尔声称：他不想成为革命的禁欲主义者，但爱情必须属于革命！保尔对冬妮娅说："你必须跟我们走同样的革命的艰苦的路……假如你认为我首先应该是属于你的，然后才是属于党的，那我将是你的坏丈夫。在我来说，第一位的是党，其次才是你和别的亲近的人们……"

"冬妮娅悲伤地凝望闪耀的碧蓝的河流，两眼饱含着泪水。"

"冬妮娅的心肯定碎了，寒彻骨髓的毁灭感在亲切而不可捉摸的幸福时刻突然触击了她一下……"

冬妮娅不是别人，她是生长在富有尊严的贵族之家，她是"从一大堆读过的世界名著中成长起来"的高雅的"这一个"，古典小说为她提供了绚丽灿烂的生活理想，她拥有她寻找属于自己生活的权利，革命有千万种各式各样的理由，但没有理由来剥夺自己爱的权利和自身的价值……

（左图）战火中的布琼尼骑兵
保尔·柯察金
（右图）保尔·柯察金和冬妮娅
（图片原载《钢铁是怎样炼成的》）

　　有一次，面对保尔的质问与粗鲁，冬妮娅说："你凭什么权利跟我这样子说话？我从来就不曾问过你和谁交朋友，或者谁到你家里去。"那时代，革命不允许有属于个人的权利与自我意识，保尔的政治辅导员团委负责人后来是情人的丽达，没有；最后作为保尔的妻子达雅，也没有；冬妮娅，有。

　　她只要求呵护自己不带有任何崇高伟大光环的爱，她懂得属于自己的权利。

　　回忆我们中学时上《筑路》一课，在那漫天雪花飞舞的工地上，老师讲得意气风发。我们曾把保尔斥责冬妮娅"酸臭"的粗鲁当作具有钢铁般意志的立场坚定和划清界限……

　　当苏联解体，当我们经历了那场"史无前例的伟大"的"文革风暴"，"横扫一切牛鬼蛇神"，"把他们打翻在地，再踏上一只脚，叫他们永世不得翻身"！许多好曾相识；当我们也开始读冬妮娅读过的一大堆俄罗斯古典小说《在俄罗斯有谁快乐和自由》《钦差大臣》《被侮辱和被损害的》以及法国雨果的《悲惨世界》……我们再读读罗莎·卢森堡的《论俄国革命》，罗曼·罗兰的《莫斯科日记》，一个历史时代的终结，变得格外清晰起来。保尔·柯察金曾为之奋斗一生的伟大革命"走向表面化和形式化，从而最终走向当初的目标的反面"！"自由受到了限制，国家公共生活就是枯燥的、贫乏的、公式化的、没有成效的"（卢森堡：《论俄国革命》），我们能说冬妮娅要求有属于自己的权利——不附有美丽光环条件的爱情生活是"虚度年华"就"悔恨"吗？过着平凡质朴的生活就要"羞愧"吗？

　　今天，我们怀念保尔·柯察金，他曾给我们许多的勇气与力量；当那些鬼子强盗敌人来侵犯祖国，我们会拿起武器奋不顾身去保卫我们的国土！而冬妮娅依然为我们思恋而令人难忘！她那美丽可爱的眼睛，她那随风飘舞的蓝色水兵衫及飘带……冬妮娅的形象变得春雨般细润、亮丽而又温柔地驻留在我们心中，像春天翻耕过的泥土散发着自然的芬芳……

10

一个历史时代的终结

《列宁在十月》

《难忘的1919》

不管人们如何评价"十月革命",《列宁在十月》《难忘的1918》影片中,化了装的列宁从芬兰火车头下来秘密回到彼得堡,躲进瓦西里家中。瓦西里回到家中和娜塔莎的那一段经典对话让人印象深刻,至今仍成为人们的口头禅。

娜塔莎说:
"牛奶没有,
面包也没有,
拿什么来喂孩子呢? "

瓦西里说:
"不要难过,
不要哭,
会有的,
都会有的,
面包会有的,
牛奶会有的。"

影片中马特维耶夫铁路老工人的形象,他一边幽默地梳着头发,一边机智诙谐地把临时政府官员赶出车间……回忆电影镜头仍叫人忍俊不禁。是的,这是列宁在斯莫尔尼宫大厅演说。其时老托尔斯泰(列夫·托尔斯泰)已去世七年,而小托尔斯泰(阿列克赛·托尔斯泰)笔下的知识分子,度过十月

《列宁在十月》剧照：列宁和瓦西里夫妇

革命前后《苦难的历程》三部曲，也来到大厅聆听领袖畅说苏维埃加电气化，见到这激动人心的定格……

革命初期，苏维埃政权颁布的法令、宣言、公告何等激动人心，关于《俄国各族人民权利宣言》，关于《一切军人权力平等的法令》，关于《取消公民等级和公民衔的法令》（法令规定国家机关工作人员最高薪金为每月五百卢布），关于建立《工人监督》的条例……使人们相信无产阶级专政的国家是工人、农民大众平民的，是自由、平等的，是公正、廉洁的！

然而，列宁的期望和设想没有实现，斯大林时代的苏联形成了一套以个人集权、个人专断为特征的集权式国家体制——苏联模式。

当年德国著名马克思理论家、活动家罗莎·卢森堡的《论俄国革命》种种担忧和批评终成为事实，苏维埃的新的等级、官僚特权和各种腐败滋生、繁衍，曾为革命所大声疾呼的自由、平等、公正、廉洁已逐渐成为虚假的说教和空洞的宣传……

1936年莫斯科大审判后，中国共产党的创始人之一陈独秀即对苏联的国家性质发生疑问："这样不民主，还算什么工人国家？"他又说："每个康米尼斯特（communist，共产主义者，共产党员）……宗教式的迷信时代应当早点过去，大家醒醒罢！"（《记独秀》，《传记文学》第5卷第4期）

1940年3月2日至1942年5月13日期间，陈独秀发表的4篇文章和写给朋友的6封信中表达的观点，这些文字已收辑为《陈独秀的最后见解（论文和书信）》一书。

法国作家罗曼·罗兰在十月革命后最早年代访问苏联一个月，写有《莫斯科日记》，从这部封尘了半个多世纪的日记中，可以看到他在苏联的真实记录：宫廷中的上层达官显贵过着特权阶级的生活，但人民却仍然不得不为了谋取面包和空间（住房）而进行艰苦斗争。莫斯科的大学生、老师和小职员的生活非常困难，达官显贵有豪华的住所和挥霍的宴席，别墅和汽车旁有老百姓忧郁的目光和挥动的拳头……罗曼·罗兰尖锐而精练地一针见血："这是法老们的俄罗斯，人民唱着歌为他们建造金字塔。"（罗曼·罗兰著《莫斯科日记》，上海人民出版社1995年12月出版）

苏联的专制和腐败导致它的解体与消亡。

当然这也终究是一个历史时代的终结。

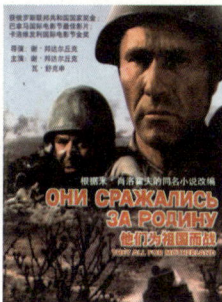

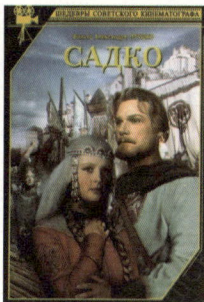

（左图）《乡村女教师》；（中图）《他们为祖国而战》；（右图）《萨特阔》

11

《乡村女教师》桃李满天下

那时代，我们都是苏联电影迷，《他们为祖国而战》、《勇士号开往马尔托》、《玛丽娜的命运》、《光明之路》、《一年级小学生》、《丘克和盖克》及童话《美丽的华西丽莎》、《萨特阔》、《一朵小红花》，都为我们所喜爱。

　　《乡村女教师》曾鼓舞着我们一代人。瓦尔瓦拉自顾只身到西伯利亚穷乡僻壤当山村教师，经历艰辛苦难，终于桃李满天下……那矿工儿子跟随她去列宁格勒考大学的路上，他朗诵的诗我至今记得：

"喂，朋友，
向前走，不回头，
天空、树木和沙洲。
身上穿着破棉袄，
向前走，不烦恼，
前面是光明宽广大道……"

《他们为祖国而战》

来自不同职业人群自顾组成一支苏军团队，在顿河草原与德国法西斯展开激战，阵地保住了！战旗在飘扬！却付出惨重代价，最后只剩下27人……

《萨特阔》

《萨特阔》是苏联第一部宽银幕立体有声电影，根据俄国神话改编。萨特阔驾驶装满货物大船到世界各地寻找"幸福岛"，历经风暴惊险饥饿回到故乡诺莆哥洛德，终于明白"幸福岛"就在祖国大地上。

12

《佐罗》

由阿兰·德龙主演的蒙面义侠
《佐罗》神出鬼没铲除以维尔
塔上校为首的军阀官僚故事，
百看不厌。

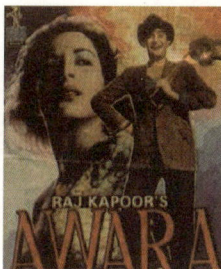

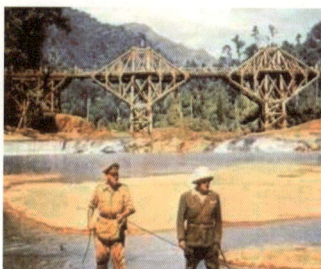

（左图）《罗宾汉》
（中图）《流浪者》
（右图）《桂河大桥》

《罗宾汉》

　　反叛英雄爱上了美丽的玛丽爱，他和勇士们拯救了村庄，为祖国抵御外敌，使英国重获荣耀，成就了历史上这史诗般的传奇。

《流浪者》

　　《流浪者》充分展示了印度电影载歌载舞的特色，画面优美，情节曲折。法官拉贡纳特根据他的荒谬理论"贼的儿子一定是贼"错判强盗的儿子扎卡有罪。扎卡越狱被迫成了强盗，他决心报复，法官果然中计赶走自己的已怀孕的妻子，她在大街上生下拉兹。扎卡继而引诱贫困中长大的拉兹做了贼……（这部电影放映在我国"文革"以前，也就是我国曾广为流行的"老子英雄儿好汉，老子反动儿混蛋"以前，看看这电影挺有意思……）影片主要描写拉兹与童年伴侣丽达真挚的爱情，在当时全国上映几乎家喻户晓。

你一定还记得这首《拉兹之歌》：
"到处流浪，到处流浪，
命运唤我奔向远方奔向远方，
到处流浪。
孤苦伶仃，没有依靠，
我看这世界像沙漠，
它四处空旷没人烟……
我和任何人都没来往都没来往，
活在世界举目无亲和任何人都没来往，
好比星辰迷芒在黑暗当中，

到处流浪……
命运虽如此凄惨，
但我并没有一点悲伤，
我一点也不知道悲伤，
我忍受心中痛苦事幸福地来歌唱有谁能
阻止我来歌唱。
命运啊……
命运唤我奔向远方奔向远方，
到处流浪。"

《桂河大桥》

　　在太平洋战场，日军派遣一队盟军战俘为泰缅铁路建桥，日军斋藤要修桥，美军希尔兹要炸桥，英军尼科森要守桥；日本武士道、英国绅士风度及美国勇士精神三方展开了一场尖锐较量。BBC 曾评说"复杂的人性在广阔战争中得到升华"，《桂河大桥》富有强节奏的插曲为人们一直津津乐道而演唱不衰。

《罗马假日》：高雅的美的爱情喜剧片 13

看《罗马假日》，真是一种美的享受，为赫本的朴实逼真演技而惊叹！她没有一点矫揉做作，更无国内许多电视荧屏上让你吐槽的低级庸俗。

　　《罗马假日》（Roman Holiday）是 1953 年由美国派拉蒙公司拍摄的浪漫爱情片，故事讲述了一位欧洲某公国的公主与一个美国记者之间在意大利罗马一天之内发生的浪漫故事。罗马的特莱维喷泉、西班牙广场、真理之口与台伯河等著名景点均有在影片中出现。影片由道尔顿·庄柏编剧，由威廉·惠勒导演，并由格利高里·派克和奥黛丽·赫本联袂主演，取得了巨大的成功，成为好莱坞黑白电影的经典之作。奥黛丽·赫本也因该片获得了奥斯卡最佳女主角奖。电影上映后，片名成为很多商号争抢的名字，也有用罗马假日作为品牌的宾馆与摩托车。

14

《魂断蓝桥》：令人心碎的凄美爱情悲剧

《魂断蓝桥》我相信许多人看过无数遍，是一个真实美丽而凄惨的人生悲剧，百看不厌；影片中那主题曲《祝你一路平安》也最叫人一唱再唱。

　　《魂断蓝桥》（Waterloo Bridge）是一部美国黑白电影，由米高梅电影公司于 1940 年出品；导演是茂文·李洛埃（Mervyn LeRoy）。男主角是著名演员罗伯特·泰勒。女主角是主演《乱世佳人》的费雯丽，她的高超演技赢得了巨大的荣誉。第一次世界大战的一次空袭中，年轻漂亮的巴蕾舞蹈演员玛娜在滑铁卢桥上认识了回国度假的高大英俊的中尉罗伊，一见倾心，相互热恋，两人决定结婚时，罗伊被紧急招回营地，两人被迫分离，她感伤万分，由于错过演出玛娜被剧团开除，不久从报上的阵亡名单中看到罗伊的名字，玛娜几乎崩溃！感到生命失去了意义，又失业，生活无着，为了生存，她和好友不得不沦为妓女。更大的悲剧发生了！她在火车站，居然见到了她以为早已阵亡的罗伊，她是多么激动和兴奋不已！玛娜却因自己的失身而陷入极大的痛苦之中——深感一切都完了，她难过，伤心已极！她独自悄然离去——她来到最初相遇罗伊的滑铁卢桥上，连同她最心爱的护身符一起魂断蓝桥——主题曲《Auld Lang Syne》与电影情节的意境达到了十分融洽的完美结合，主题曲在全世界久唱不衰！他们的演技使该片成为电影史上最凄美不朽爱情片之一。费雯丽也因此片而享誉全球。

15

魅力永恒的《卡萨布兰卡》

不是因为卡萨布兰卡是摩洛哥最大港口城市，不是因为位于非洲西北端成为二战战略要地，而是美国影片《卡萨布兰卡》令我们有太多的回味，它的电影插曲《As Time Goes By》，把它翻译成中文，即《时光流转》，真令人荡气回肠……

"I fell in love with you   "我坠入爱河

Watching Casablanca   与你一起看《卡萨布兰卡》

Back row of the drive-in show   在露天汽车剧院后排

In the flickering light   摇曳的亮光中

Pop-corn and cokes   可乐与爆米花

Beneath the stars   在星光下

Became champagne and cariar   仿佛香槟和鱼子酱

Making love……"   爱意情长……"

　　这部在战争中拍摄又在战争中放映的影片，以其超越时空的魅力至今已整70年了。一个憎恨法西斯的汉子里克，一个地下抗击法西斯的领导拉斯罗，一个美丽多情的少妇依尔莎，演出了一场激动人心的三角恋；情节离奇曲折，对话简洁幽默，北非异国情调（影片又叫《北非谍影》），加上著名影星英格丽·褒曼饰演依尔莎，大腕男星享弗莱·鲍嘉主演里克，表演精彩至极。在战火燃烧的1943年获得第16届奥斯卡最佳影片、最佳导演、最佳编剧三项金像奖。

　　最美妙的是，1943年预告上映前8天，由艾森豪威尔率领的美英联军12万在北美登陆一举攻克卡萨布兰卡；不久，美罗斯福、英丘吉尔、苏斯大林在卡萨布兰卡举行会议作出决定登陆欧洲对德作战……

　　美国"百年百部经典影片"，《卡萨布兰卡》被评为第二；美国"百年百名超级影星"中，50名超级男影星中，享弗莱·鲍嘉排第一；50名超级女影星中，英格丽·褒曼排第四。

16

骑士之风随风《飘》逝……

记得 80 年代我们全国晚报首届科学编辑记者年会在北京召开。《北京晚报》在中科院招待看美国片《乱世佳人》。

"There was a land of Cavaliers and Cotton Field called the Old South……"

那是一个骑士与棉花田的故乡，人称老南方……

在这四季如春绮丽的南方佛罗里达，这又是一个历史时代的终结！

骑士之风即将谢幕！这里曾演绎过多少骑士与淑女的爱情，也有领主与奴隶的温馨情谊，如今都只能从小说中去缅怀了。

由玛格丽特·米契尔写的小说《飘》，被翻译成世界各国文字出版，同名电影久演不衰，人物的高超演技及制作的精致豪华，使之成为世界影片中的经典，一举荣获第 12 届奥斯卡八项大奖。

那令人难以忘怀的骑士、淑女与棉花田的美梦也随风而"飘"逝……

其它九部
经典之作

《阿拉伯的劳伦斯》：
沙漠英雄的传奇经历，为世人所传颂

《宾虚》：
十一项奥斯卡大奖，彰显影片辉煌

《赤色分子》:
掩埋在历史洪流中的
革命广阔画面和爱情悲歌，打动人心

《斯巴达克斯》:
赢得了影片成功，
那悲壮的画面，令人难忘

《十诫》:
宏大而考究的场面，还原著名的圣经故事

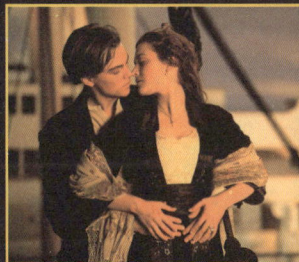

《泰坦尼克号》:
刻骨铭心的生死之恋，难以超越的爱情经典

《西线无战事》:
电影史上最伟大的反战电影，
引人深思

《辛德勒的名单》:
十年的积淀，
换来世人的震撼

《拯救大兵瑞恩》:
战争电影史上的经典之作，导演斯皮尔伯格再享辉煌

C. 翰墨留芳
纸上珍藏

17

《清明上河图》——书画史上的今古奇观

新年得一礼盒，名曰"书画双绝"：一《清明上河图》，一《兰亭序》，均为真丝织锦。《清明上河图》长 2 米，宽 0.3 米，把汴河上的虹桥两岸景致，车船牛马，人物风貌，古街小巷，织得细巧入微，我把它挂在书案墙上。

据古籍记载，《清明上河图》为北宋著名画家张择端的传世名作，是我国绘画史上无价之宝。它 800 多年的传奇经历，可谓是书画史上的奇观。

张择端完成这幅长卷后献给皇宫，宋徽宗为第一个收藏者，有其御笔"清明上河图"五字。随后演出了一系列惊心动魄的故事：

1626 年，汴京陷落，金银珠宝全被掠走，但金人不识此画之价值而流入民间。图上加有金人张著、张公药、王涧等无名之辈之撰跋题咏，是为民间收藏之佐证。

至元代，图再次收入宫中，画家赵氏承旨将画从藏阁中取出送回老家，后自留真迹而用赝品充其藏阁。

到明朝，这画落入大理卿朱鹤手中，朱精于雕刻亦识古画，后以重金卖给徐溥，徐患重病时赠予好友李东阳，故有李在画上书长篇跋文。后又流落民间，为明代学者王氏收买。明嘉靖年间，一代奸相严嵩访得画之下落向王索取，命鉴赏家辨其真伪，发现是赝品，在严嵩追查下，终获真迹。严嵩失宠败落儿子处斩严府被抄。

明代隆庆年间，画又被成国公朱希忠所得，几易其主，又被一内臣所窃藏于皇宫御沟石缝内，因暴雨沟水猛涨，淹及石缝。待雨停水退，画已全被污损，面目全非。

此时民间仍流传有一幅《清明上河图》真迹，何也？原来是南宋汴京陷落后，张择端南渡思念故国，重新绘制的。

至清乾隆年间，此真迹被湖广总督毕沅买到。嘉庆年间毕沅因滥用军费被处死抄家，《清明上河图》再收入宫中。

民国年间，末代皇帝溥仪从故宫盗走大批文物中就有《清明上河图》，先存天津租界，后存长春伪满宫图书楼。1945 年，日本鬼子投降，到人民解放军解放长春后，《清明上河图》收入北京故宫。这当然已不是宋徽宗亲自御笔"清明上河图"五字的《清明上河图》，而是张择端重新绘制的了。

《清明上河图》

中国工笔画代表作

　　我国的工笔画有着优秀传统，古代如唐代的《韩熙载夜饮图》（局部）对人物的细致刻画悉如生人，近代如清代的《关天培像》（清·无名氏）表现了我国民族英雄关天培在 1841 与英国侵略者虎门血战中壮烈牺牲气贯长虹的英雄气概，现代如我国画家赵国经、王芳美画的《古典仕女》细致逼真，极具中国古典美人的魅力。

　　我书房《清明上河图》对面，是"潇湘四杰"画家曾钟亚与张青渠二位的赠画《贵妃醉酒》和《文姬抚琴》、《映日荷花别样红》，画风独具，笔力简洁，最具神韵；国画家汤万清的《老屋》古香古色，温馨宜人。

读《风雅宋词精选本》

　　小弟王静送我一艺术珍品书《风雅宋词》，用雕着花绘制着古典人物和美人及宋词的竹片制成封面，高雅至极，内页是丝绸艺术的词和画，每词均有书法和古画相配，令人欣赏不已。当然少不了苏轼的《念奴娇》，辛弃疾的《破阵子》，秦观的《鹊桥仙》，李清照的《一剪梅》，晏几道的《鹊桥仙》，柳永的《蝶恋花》，范仲淹的《苏幕遮》，岳飞的《满江红》，李之仪的《卜算子》，王安石的《桂枝香》等等。

　　那首篇则是赵佶（宋徽宗 1082—1135，即那个被金兵所俘的国君，后死于金的领地五国城，今黑龙江省依兰）。他不仅能诗词，知乐善画，他的书法"瘦金体"更是别具一格。且读读他的《宴山亭·北行见杏花》，这是他 1127 年被金兵掳往北方五国途中忽见杏花盛开似火，百感交集写下的：

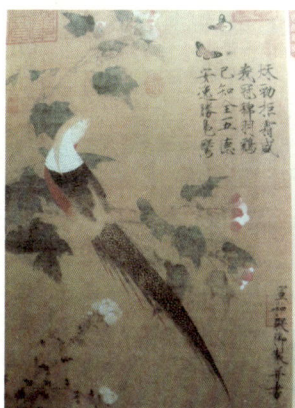

（左图）宋徽宗赵佶的瘦金体
（中图）《听琴图》
（右图）宋徽宗赵佶绘《芙蓉锦鸡图》

赵佶

亡国之痛
《宴山亭·北行见杏花》（宋）赵佶

"裁剪冰绡，轻叠数重，淡着燕脂匀注。新样靓妆，艳溢香融，羞杀蕊珠宫女。易得凋零，更多少无情风雨。愁苦！问院落凄凉，几番春暮？

凭寄离恨重重，这双燕何曾，会人言语？天遥地远，万水千山，知他故宫何处？怎不思量？除梦里有时曾去。无据，和梦也新来不做。"

词先写杏花，却春光已逝，实写自己故国不堪回首之感伤情怀，怜花怜己，无可奈何也。接着写离恨哀情，燕子归巢而它领会不了人的心绪。身为俘虏故宫相隔千万重，怀乡恋国只能在梦里了。最后叹息梦都没做了，内心哀转千回，已是肝肠尽断。这是一首千古传诵之绝唱。词附有他的绘画《芙蓉锦鸡图》，画上有他的"瘦金体书法"，并注有"宣和殿御制并书"。

离别之愁
《一剪梅》（宋）李清照

李清照

"红藕香残玉簟秋，轻解罗裳，独上兰舟。云中谁寄锦书来？雁字回时，月满西楼。

花自飘零水自流，一种相思，两处闲愁。此情无计可消除，才下眉头，却上心头。"

李清照（1084—1155），济南人，善书法金石，尤精诗词，是婉约词派代表，号易安居士，是宋代最著名也是中国文学史上最伟大的女词人，其诗词广为

流传，有"千古第一才女"的美誉。这首《一剪梅》最著名也极受称赞。词上阕她是想借乘舟以消愁，轻轻解下罗裙独自一人上了兰舟，谁知触景生情，忆昔日双双泛游倍添无限情愁，那鸿雁传书来否？更那堪月满闺房阁楼思念之苦！下阕写花儿飘落水亦自流的景色，感叹她和丈夫离别之苦，也感伤自己红颜易老，为思念丈夫而伤怀，愁苦的眉头刚有点舒展，相思之苦又涌上了心头！《一剪梅》以她简洁清新的格调写她与丈夫离别之愁苦，她真执深沉的情感跃然纸上，成为诗词中的"千古绝唱"。

寂寞之苦
《蝶恋花》（宋）欧阳修

欧阳修

"庭院深深深几许？杨柳堆烟，帘幕无重数。玉勒雕鞍游冶处，楼高不见章台路。

雨横风狂三月暮，门掩黄昏，无计留春住。泪眼问花花不语，乱红飞过秋千去。"

欧阳修（1007—1072），江西吉安人，北宋卓越的政治家文学家史学家，文坛领袖，其诗词散文均为一时之冠，号称"唐宋八大家之一"。《蝶恋花》写幽居深深庭院中少妇伤春和怀念心上人的复杂情思和哀怨。上阕先不写人而是写佳人居住之地，用了三个"深"字，佳人被深锢于高高墙院浓密树林和层层帘幕之中，庭院繁华之深深，却不见闺房寂寂之佳人。下阕写凄然之狂风夹着雨横扫三月的暮春，门掩着正是黄昏断肠时，感青春之难留，含泪问花，花也纷纷凋落不语。此情此景，花儿飘落，佳人伤悲，全篇语言委婉，自然流畅，含蓄深藏，凄切动人。此词是为后人评价甚高的宋词中的又一绝。

欧阳修至于为何样女子伤悲地写下这《蝶恋花》，没有说，很可能是高贵而知书达理的"官妓"吧。这"官妓"不是后来"胡同"和"窑子"里的妓女，宋代的"妓"被称为"女乐"，即"能文词，善谈吐"，且精于"丝竹管弦，艳歌妙舞"，是不提供性服务的。宋时规定官员"赴非公使酒食者，杖八十"，即参加有私妓作陪的私宴也要打八十大板，也有记载官员私召妓饮酒而罢官的。宋时欧阳修和苏轼及秦观等官员文学家经常在公宴上与"公妓"对唱，和诗，弹琴，这"泪眼问花花不语"的美人可能是欧阳修心中爱慕已久而又十分熟悉的才女佳人吧。

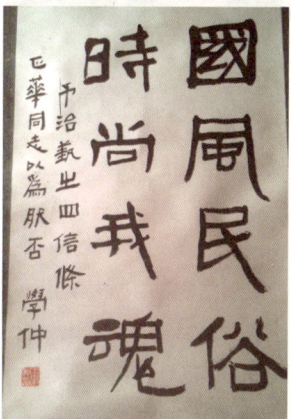

潇湘书画家作品选：
（上页下）左钧国画《千峰万壑醉秋红》
（上右）汤万清国画《老屋》
（上左）李铎书法《秋水共长天一色》
（上中）王超尘书法《独坐幽篁里》
（左）王学仲的书法治艺"四信"《国风，民俗，时尚，我魂》
（下左）潇湘四杰之一曾钟亚画《映日荷花别样红》
（下中、右）潇湘四杰之一张青渠画《贵妃醉酒》和《黛玉葬花》

（左上）和杨懿文书记文学院副
院长及文学创作班小分队摄于青
少年宫
（左中）文学创作班小分队访问
千年学府岳麓书院
（左下）于沙讲诗
（右上）和长沙青年文学讲习院
创办人杨懿文书记（左）在首届
结业学员联欢会上留影
（右中）长沙青年文学讲习院首
期学员班结业留影
（右下）文学创作和读书活动以
及和湘军作家们的联欢晚会，图
自左至右为一级作家于沙、李少
白、何立伟、姜贻斌等在联欢晚
会高歌。

潇湘文坛一道亮丽的风景
—— 记杨懿文书记和他创办的长沙青年文学讲习院

　　说来潇湘文学讲坛，你怎可忘记湘军作家们畅谈他们自己的全国获奖作，也笑谈文学的中外古今！长沙晚报副刊部曾创办"青年文学讲习所"，周全胜兄欧阳瑜兄和笔者尽力张罗组织，每周星期天和周一、三、五夜晚，长沙晚报四楼大会议室，灯火通明，7点半开讲，经过考试获得学员证的200多长沙青年学员7点钟以前赶到，文学讲坛座无虚席，到开讲时人不断来只好站在室外走廊，连那八个大窗户都坐满，一睹湘军作家们的潇洒风采……湘军老作家们又有了一批年轻接班人时，我们请省文联主席省作协党组书记谭谈给我们写来特约稿《湖南文坛湘军青年作家文学创作巡礼》在我报《星期天》头版头条刊载。

　　1997年，长沙青年文学讲习院创办人杨懿文（现为长沙经开区党工委书记、长沙县县委书记），最是难忘那文学讲坛的美好回忆，他在当时出刊的《长沙青年文学讲习院文学创作专号》上发表文章写道："在长沙晚报社旧楼上那间破旧的大教室，我与那些激动的文学青年聆听韩少功讲《风吹唢呐声》古华讲《芙蓉镇》，真有恨不能再的感受。后来我又先后在省文联听过刘宾雁和刘心武的报告，印象也非常深。我以为十年前这段难忘的经历，或许正是我们再度策划创办青年文学讲习院的初衷。"这年他是共青团长沙市委副书记，青年联合会副主席，他率领他部下团市委宣传部部长和办公室主任杜华学和余宏伟来报社，极想再办那样的文学讲习所，我说："大好事，不是所，应扩而大之办院啊！"杨懿文到底是优秀青年工作者，他组织能力强，满怀激情积极筹办，一个由省文联市文联、作协、团委、青联共同创办的规模更大的"长沙青年文学讲习院"如期开学。省文联主席省作协党组书记谭谈任院长，省作协主席谢璞和市文联主席李少白任副院长，杨懿文和笔者任常务副院长具体组织策划，学院分"文学创作班"，"文学欣

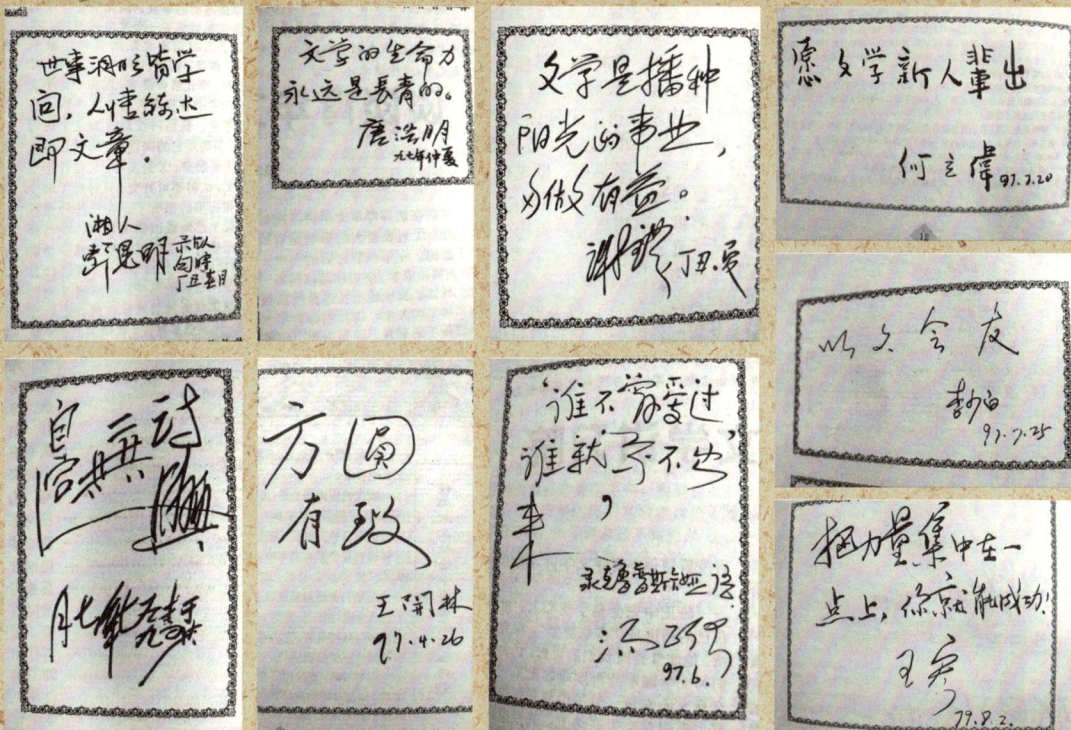

"长沙青年文学讲习院"文学湘军中著名作家讲课之余，也留下了他们的笔迹，可惜时间已久，只找到湖南省作协主席唐浩明、名誉主席谢璞等少数作家的亲笔翰墨了。

（本页题字和照片均原载《长沙青年》期刊《长沙青年文学讲习院文学创作专号》）

赏班"，"文学启蒙班"，来自长沙各条战线的学员，总是提前一小时到达长沙市青少年宫大阶梯教室占座位，来听文学湘军著名作家讲课，省市电视台电台报刊媒体作了系列报道，文学讲习院收到我们意想不到的强烈反响。学院文学创作班连连办数期，大教室学员座无虚席。省、市报社电台电视台作了连续报导，《长沙晚报》记者申芙蓉写的长篇文章《文学的回声》刊登在《长沙晚报·星期天》头版上，影响很广，长沙青年文学讲习院成为潇湘文坛一大亮点！

当年盛况，学员们和从这里走出的年轻作家至今还津津乐道，回忆着当年湘军著名作家的大气和风采：湘军一大批一级作家热情为青年文学讲习院授课，谭谈讲《＜山道弯弯＞和小说创作》，谢璞讲《小说＜二月兰＞以及散文创作》，原省文联主席康濯讲《从"我的两家房东"说说创作之源泉》，韩少功讲《西望茅草地》《风吹唢呐响》，古华讲《爬满青藤的木屋》和《芙蓉镇》，叶蔚林讲《没有航标的河道上》，唐浩明讲《曾国藩》，李元洛讲《谈谈"大作家"》，彭见明讲《生活素材的提炼与创作》，张扬讲《报告文学创作》，水运宪讲《文学与生活》，蔡测海讲《小说创作技巧》，于沙讲《从古典到现代诗歌的创作》，何立伟讲《关于小说创作》，王一飞讲《电影电视剧本创作》，骆晓戈讲《女性主义文学》，胡光凡讲《文艺理论和文艺批评》，何顿讲《现代小说创作》。湖南师范大学文学院院长罗成琰等教授把大学课堂搬到了青少年宫青年文学讲习院，罗成琰讲《现代中国作家与中国传统文化》，彭炳成讲《唐诗宋词》，吴容甫讲《红楼梦"芙蓉女儿诔"》，叶幼明讲《史记"鸿门宴"的人物塑造》，赵晓岚讲《词与音乐》，舒其惠讲《名人名作与人文素质》，戴海讲《文学与人生》，汤正华讲《中外新闻名著欣赏》，徐麟讲《鲁迅的启蒙主义和创作》，詹志和讲《外国名著欣赏》。台湾女作家龙应台回故乡湖南衡东县也特地绕道赶来长沙青年文学讲习院讲《从＜魂牵＞＜山间小道＞说文学人生和我的"写作秘密"》（这"山间小道"即她记忆中的岳麓山小道）。这么多湘军作家的文学讲坛，给年轻的文学学员留下了难以忘记的美好回忆！

《兰亭序》—— 书画史上之极品

18

新年礼盒"书画双绝"的另一珍品即《兰亭序》,全文织在一丝质柔美之扇上,风雅得很。

王羲之的《兰亭序》,为"天下第一行书",历来视为极品。但其真迹据记载早已与唐太宗一起葬于昭陵,传世于今的最为神似者是冯承素钩摹本,即常言之《神龙本兰亭》。

此真丝织锦扇以《兰亭序》神龙本为底本,采用高精度真丝织锦技术制成,字字袅娜,一展行云流水之神韵,是书画和织锦两项中华民族传统结合的珍品,经特殊工艺处理,可永久收藏。

真丝织锦扇上《兰亭序》全文

"星期天" 书法家们的翰墨珍藏

笔者特别要感谢的是,《长沙晚报·星期天》专刊1985年创刊到1995年的十年间,一直请著名书法家与书法爱好者赐刊头字,他们的书法为长沙市老百姓所喜闻乐见,有的作为艺术品珍藏,十年中他们题写的"星期天"三个字都放在头版显著位置,异彩纷呈,为《长沙晚报·星期天》专刊添加了高雅的风姿异彩,今选若干墨宝留念。

《星期天》书法家的翰墨流芳:

1. 史穆书
2. 何光年书
3. 刘昆仑书
4. 刘世善书
5. 曹汝成书
6. 蔡栋书
7. 胡六皆书
8. 莫应丰书
9. 杨向阳书
10. 于沙书
11. 周旭书
12. 周昭怡书
13. 康濯书
14. 王超尘书

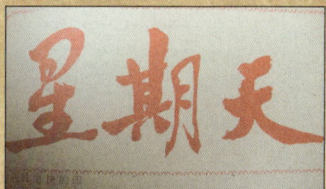

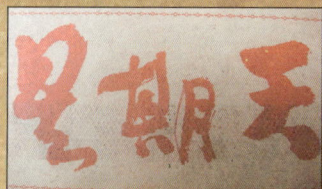

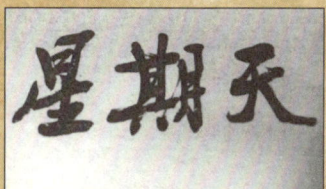

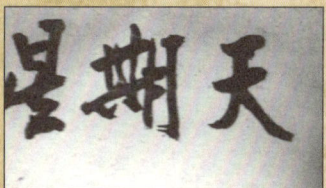

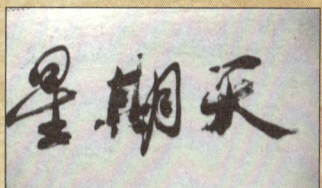

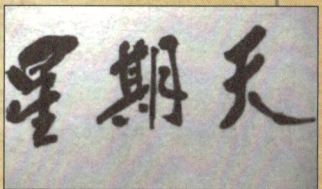

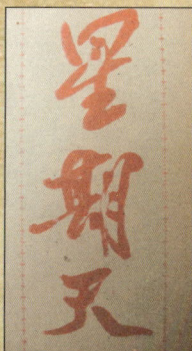

拥抱山水

1

2

3

4

⑤

6

7

世外桃源——北疆喀纳斯湖山谷中禾木村

01

从美丽天池到神秘的喀纳斯湖
—— 路虎越野车北疆纪行

2012 年 9 月 6 日，从炎烈盛夏的广州飞到乌鲁木齐，顿觉凉爽。朋友在乌市克拉玛依"来拉齐"款待烤羊肉，马奶子茶，那新疆"拉条子"（一种用羊肉与西红柿炖的汤）味道更绝！鲜美！店堂优雅，谢绝抽烟喝酒，却有乐队伴奏，别样西北风情。

天山雪和"左公柳"

Land Rover 路虎越野车走高速 110 公里直奔天山，美丽的"天池"深藏在最高主峰博格达（意"圣山"，海拔 5445 米）的山腰里，广阔湖面呈半月形，晶莹清澈，群山云杉塔松环抱，蓝天白云，倒影湖中，煞是美丽！女儿 Tina 说："爸，看那！中国的阿尔卑斯山。"一齐远望，雪！洁白的覆盖整个山顶，漂亮极了！沿途道路旁垂柳恰似江南风景，啊！"左公柳"！清朝时，为平定入侵新疆的阿古柏匪帮，1871 年，调我们湘人左宗棠任陕甘总督并督办新疆军务，直到 1881 年离任，十年间，左宗棠湘军纪律严明，威震边陲。他号令湘军从陕西潼关过甘肃全境到新疆喀什修筑数千公里驿道解决军粮，同时在道旁种植柳树沙枣，新疆少数民族称赞为"左公柳"，湘人左之好友杨昌浚写有七律一首：

"大将西征人未还，
湖湘子弟满天山；

新栽杨柳三千里，

引得春风度玉关。"

穿越第二大沙漠到五彩魔鬼城

下午6时太阳仍高挂，新疆时区差两个小时，夏季要9点才天黑，我们钻进越野车赶路北行。初公路平，树成行；未几，过唐朝城遗址，野马中心，石油基地火烧山路口，已是广袤沙海，进入到准格尔盆地的古尔班通古特沙漠了。驱车三小时，无有人烟。9点车驶过颠簸路面到五彩湾路加油。夜宿沙漠中宾馆——古海。

次日一早，继续穿过我国第二大沙漠，无边无际。有黄羊野兔出没，路标"爱护动物，珍惜自然"和石油钻井，白色蒙古包及红顶黄绿相间小房子闪过。10点钟进入离奇的"五彩城"，全是连绵起伏似红似紫似土似石的红色山峦。无水，无树，无花草，无人烟，寂静无声，忽一老鹰"哇"的几声从头顶掠过，天穹低垂，浑然暗紫，徒添恐怖感，似进入魔鬼王国。幸有一群野鸡"唧唧"飞扑过来，我与孙子翻山追随拍照。阳光角度时变，果真出现了红、紫、绿、白、黄五色相间景观，一展五彩城神奇独特的亚丹地貌。

我们没能拾到彩石，早被旅游者捡光了。

从额尔齐斯大峡谷到仙境禾木村落

一路兼程，过恰克尔图加油站，火烧山，富蕴县辽阔，石头城奇形怪状，过可可西里，可可托海，额尔齐斯大峡谷，溪水，密林，高山，蓝天，白云……全是绿色水世界。

驱车十小时，行程800公里，夜抵阿勒泰（突厥语"金山"），早在公元前160年西汉时属西域都护府，盛产黄金宝石以"狗头金"著称。

夜宿阿勒泰市金桥，城市洁净，屋舍美丽，建筑风格别致。阿勒泰山森林密布，鄂尔齐斯河流过，北经俄罗斯流入北冰洋。

8日穿过美丽布尔津城和五彩滩，在连绵起伏阿勒泰山脉之字形狭窄险道盘山，右森林，左峡谷，前面来车需退到宽路段才能错车，翻过三座山抵达禾木乡。

（左图）观鱼亭上看喀纳斯湖
（右图）在喀纳斯湖畔

　　清澈溪水河畔，密林葱郁，尤以白桦林迷人，蓝天冰川雪山，羊群马儿牧民家园，如同仙境，那么美那么安静！我们在"驴友之家"用餐，伴着新疆乐曲。那一栋栋精巧而带着篱笆的木质小平房，已住满了上海和东北来的游客，是逃避那人世间的喧哗与烦恼么？

　　啊！又一个世外桃源。

喀纳斯湖和水怪之迷

　　8日夜宿原始森林深处援疆干部中心，半晚寒冷竟需盖棉被。9日晨驱车喀纳斯湖。

　　喀纳斯，蒙古语意"美丽而神秘"，于中、蒙、俄、哈的四国交界处，湖为冰川融汇而成。我们登山，最后一步步踏完一千零六十八个石级，上到山顶观鱼亭俯瞰云海，壮哉！人群一片"啊呀"声！10时云散见见山下蓝色湖面，成南北狭长走向25公里，碧蓝碧蓝，阳光下森林色彩斑斓，湖面四周是雪峰耸峙，天赐奇观呀！下午乘船在碧波湖面。

　　湖中有著名冷水小黑鱼，鲜嫩无比；更有巨怪至今是谜。

　　船上放映"喀纳斯湖水怪之谜"。1988年中央考察队用仪器探测，水最深处达198米，在6米深处有巨大鱼群被一338米长的船形不明物追逐；湖畔成吉思汗后裔图佤族人证实湖边牧马多次被卷入水中消失，湖畔还发现过马骨与白熊毛，传说甚多。同游者孙子多多刚从英国回来，他说海外传闻喀纳斯湖水怪是一巨大无比三文鱼……

　　船至湖中三道弯返回，前面五道弯就是属禁区的中俄边境。

　　太阳西斜，又驱车至月亮湾、神仙湾、卧龙湾拍照，那又是另一番河水蓝的碧透的山色奇观了……

黄果树大瀑布洗礼
—— 劝君多吸负离子

2007 年 8 月 6 日飞贵阳， 8 日驱车两小时抵达黄果树。仰观大瀑布，高 77.8 米，宽 101 米，瀑从天降，倾泻而下，蔚为壮观。如《徐霞客游记》所述："捣珠崩玉，飞沫反涌，如烟雾腾空，势甚雄厉。"我远远拍照，水花早已飞湿全身。

正值盛夏，游人如鲫。从 36℃酷暑的广州到 24℃的云贵高原，更有周围 20 平方公里之内汇聚了 18 个瀑布，形成世界上最大瀑布群，似入天际，精神为之大振，继要导游领路，穿上蓝色透明塑料雨衣，进山钻入《西游记》曾于此拍景之水帘洞，绕大瀑布前后上下左右一大圈，可谓尽情尽兴矣！

老伴王老师因高原反应大，先天晚上血压从 120 升到 180，头昏无力，半夜去医院急诊住院。8 日晨血压降至 145，大家鼓励下，戴着氧气袋，仍乘车慕名而来。此时，老伴坐在大瀑布前石阶上，早已展眉为笑，心情大爽，气色好多了！连连说："这里真好！真舒畅！"

何哉？大瀑布之疗效也！

抬头四望，山林密布，氧气充足；更因大瀑布周围负离子特别丰盛，这里每平方厘米空气中含负离子 2.8 万个以上。负离子入肺进到毛细血管中，可以使血液呈碱性，它能激活人体的新陈代谢，并有效清除血液中的垃圾——自由基。

德国物理学家勒纳最早发现细微水滴带正电，周围空气便带负电，水滴扩散的过程就会不断产生大量的负离子。这一自然现象即以他的名字命名，称为"勒纳现象"。勒纳也因此等物理学成就荣获诺贝尔物理学奖。

另一诺贝尔医学奖得主温伯格有进一步阐述：人体中正常细胞与癌细胞

（左图）在黄果树大瀑布前
（右图）大瀑布后面的水帘洞
（下图）大瀑布四周公园有一队队贵州苗族少女表演"新娘出嫁"，载歌载舞，图为"新娘"之一

最大的不同在于正常细胞要充足的氧才能生存；癌细胞却讨厌氧，只有在氧不足，血中氧浓度低或自由基浓度太高才会分裂蔓延。在充足氧的环境中，正常细胞生气勃勃，癌细胞则死气沉沉。适当运动对人体有益，就是因为可供氧很多。而负离子和氧是人体血液的必须，它激活正常细胞发展，清除自由基。

凡有水花飞溅的地方，瀑布山泉树林繁茂湿度大的森林山地，水滴多，负离子就多。

你家淋浴中也有！只是自来水要消毒，含有氯的添加剂，它会损伤肺，你如安上除氯除杂质的转换接头，可享受负离子了。当然，你想吸收更多负离子，到大自然中去是最佳选择！

03

夜登南岳

瞻仰了金碧辉煌的南岳圣殿，我们继续攀登五岳独秀的南岳衡山。

沿蜿蜒公路而上，一路兼程，骄阳似火，汗透衣衫；经落丝潭，过大水库，就见到纪念抗日阵亡将士的忠烈祠了。祠旁泉水如注，游者争相捧饮，热气顿消。复行数里，进入松树林，浓荫若盖；回视来路，俯视万壑，峰峦绵亘，气象浑阔，个个喜形于色。但见前面石碑上对联醒然在目，"尊道而行，但到半山需努力；会心不远，欲登绝顶不辞劳"。从南岳大庙到绝顶祝融峰，全程三十里，至此行半，故为半山亭。

西行二里，观摩镜台，拜福严寺，大雄宝殿依山就势而建，巍然屹立；寺中见一古银杏，为六朝慧思禅师开辟道场时所植，距今已一千四百年，树腰逾五米，我们四人手牵手才可合抱。寺外一峭壁上，见"极高明"三个大字，为唐朝大臣李泌手书，是他被幸臣李辅国、杨国忠等所妒忌、诬陷而隐居衡山时所写。暮色中，穿过一片密林，至南台寺，此日本国佛教尊奉为"祖庭"之所在。清光绪十年，日本梅晓大和尚来南岳礼祖时，曾赠送全部藏经于此寺中，并刻有"日本僧赠藏经记"石碑。可惜经历了"文革"浩劫横扫，全付之一炬，藏经已荡然无存。

夜返半山亭，招待所已灯光通亮，游客盈门，寝无虚席。夜宿林间大帆布搭成的帐篷中，枕褥俱设，倒也舒适。白日步行山路，红日当头，汗水如注；入夜，清风吹过，卷起松涛，倍觉凉爽；唯泉水沐浴，寒彻筋骨。

夜半二时许，帐篷外收录机音乐与人语欢声夹杂，即披衣起床赶路，夹在大批爬山人群中鱼贯而上，男女老幼青少年居多。一路手电亮光闪烁，谈笑风生，倦意全无。不用相问，都是赶天亮前到峰顶观日台看日出的。

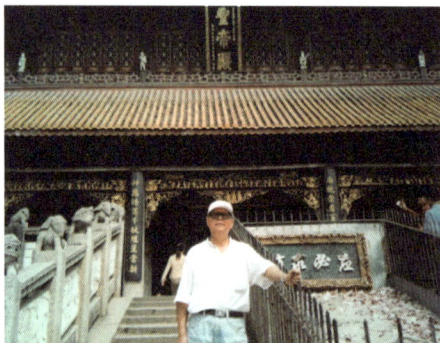

（左图）南岳山上的早晨；（右图）南岳山下南岳大庙

行数里，山愈陡，人群渐渐稀落，时有成群男女青年大步流星从我们身边往前冲。手电光照亮处，见姑娘们大多着高跟鞋登山，为之愕然。我等中老年之辈踽踽而行，走走歇歇，仍汗流浃背。此时风停夜静，松涛早已平息，千峰肃立，万壑无声，唯有上穹隐约星辰，指引我们攀登。

至南天门，如入天界，上宇星星似伸手可摘，霜雾萦绕，云气相接。东紫盖峰，西天柱峰，皆朦胧不可辨。南天门石牌骑路昂立。我们用手电照亮石牌两旁对联，右幅为"门可通天，仰观碧落星辰近"，左幅是"路承绝顶，俯瞰翠微峦屿低"。同游者皆倚石而坐，吃点面包，少憩，再猫腰而上。经高台寺，过上峰寺，四周怪木奇石，深不可测。天亮前，我们终于到达观日台！此时天风浩荡，山峰、古木、云海，皆浑浑然。霜气在眉，云雾荡漾胸前指间，仿佛置身于仙人环境。定眼四望，观日台周围和气象站台阶上下，人群密集，皆背风，或坐、或卧、或倚、或立。此时万籁俱寂，六宇浑然一色。约摸四点五十分，重阴涟豁，青光微露，皆屏息凝视东方。须臾，一条紫色云带，横亘东际。青紫变作橘黄，忽又化为暗紫色，似有血紫球会从云中喷出。啊！没有！没有！仍钻进厚重灰暗的云层中去了……

观日台人群静寂无声，注目东方，翘首企盼，良久，仍无动静，东方依然黑云重雾。人群开始叹息、无奈、失望……约摸半小时，云雾渐消，人群开始散去，倾时，山顶已经通亮。

我们终究未能看到日出，久久不愿离去。听说贺龙元帅曾专程上衡山看日出，每天凌晨早起，一连等了十天，仍未能如愿。他骂了一通娘坐着他的军用吉普扫兴下山而去。

从观日台下，行半里，登绝顶祝融峰。红日耀眼，大地豁然，望群峰拱卫，远近出没，如波涛奔驰。俯瞰潇湘诸水，如条条白色练带，宛若田间小道，一览无遗。心际算是得到一点慰藉，毕竟"衡岳千仞起，祝融一峰高"！

武夷九曲溪漂流记

金秋时节，全国晚报记者及被邀作家、教授到这里进行了三天科学考察。我们攀登黄岗最高峰，探向原始森林的挂墩山，沿着山泉踏上闽赣交界的桐木关。

俯瞰武夷山，方圆一百二十里，占地八十五万亩，是祖国东南秀丽的绿色宝地，为珍稀动植物国家级重点自然保护区，大面积处女林达三十一万亩，生物群落保持原始状态，为世上罕见。

9 月 23 日，我们从密林深处的自然保护区大本营三港出发，中巴士盘旋在险峻的之字山路，驶向小武夷。

小武夷是著名风景胜地，三十六峰，九十九岩，峰岩叠嶂；七十二洞，

（上图）在九曲溪竹筏上（右图）与作家秦牧夫妇、北师大校长王梓坤、北京自然博物馆长黎先耀和春城晚报副总编辑傅媛坐竹筏。

（左图）在九曲溪河畔
（右图）在赣闽山脉交界处武夷山最高峰黄岗山

洞洞幽深；一百七十七座殿堂宙宇亭阁，散布其间；一百零八景，景景奇秀，最秀属谁？莫过于九曲溪了。

九曲溪竹筏用八根粗大竹子组成，前面一米处用火熏弯，翘出水面成船状并列摆着三对竹椅，每筏坐六人，前后各一乡民执杆掌筏。溪水两岸，竹林密布，峰岩拔地而起。俯视溪水不深，溪底全是鹅卵石，见游鱼百头许，影布石上，往来嬉戏，好清澈好清澈的溪水呀！

8点正，我们分组上筏。我与北师大校长王梓坤教授、作家秦牧夫妇、编审黎先耀、春城晚报副总编傅媛同乘一筏。乡民用竹篙点着鹅卵石，发出清脆响声，竹筏飘然离岸，顺水而下，盘旋于奇峰峭壁之间。真可谓武夷山水天下无，层峦峰嶂尽是画。难怪有诗人偏爱武夷九曲，"桂林山水甲天下，不如武夷一小丘"。明代英雄戚继光曾率兵路此，至今武夷宫壁上仍有他的题诗："一剑横空星半寒，甫随平虏复征蛮，他年觅取封侯印，愿向君王换此山。"

竹筏在九曲山回环迂折，撑杆山民忽地唱到："曲曲山回转，峰峰水倒流"，他用流利的普通话讲解着九曲的神话传说及历史典故，王梓坤教授和秦牧称赞他讲得好，问他在哪个学校读过书，山民黝黑的脸上挂着笑，风趣地自称太阳大学毕业。原来他们崇安县星村竹筏队的都是在县旅游局培训过，个个能诗会文。他告诉我们，九曲全长十五华里，自西向东流，两弯为一曲，九曲十八弯。顺流而下一百分钟，从一曲走上水三小时。古人游九曲，都是逆水行舟，常是七天半个月，因每行一曲，上岸参拜庙宇，沐浴斋戒，有的要题诗壁刻。

九曲溪两岸三十六峰，峰峰都有壁刻，多达七百余处，最大壁刻为一曲边的"镜台"二字，宽达五丈，百里之外，醒目可见。范仲淹、辛弃疾、陆游、刘伯温、王阳明等都在此留有石刻诗文。我们从筏上看壁刻，应接不暇。秦牧夫人吴大姐拿出钢笔与小本本，左顾右盼，也记不赢。峭壁上大书"空谷传声"处，有朱熹亲笔题刻的"逝者如斯"四个大字。那"飞翠流霞"字迹秀丽；"五曲幼溪津"石刻为明朝兵部侍郎陈慎（字幼津）的手迹。晒布岩上"壁立万仞"四个特大壁刻，更为壮观。我们终于饱览了这闻名中外的摩崖石刻了。

竹筏向水花飞溅的芙蓉滩，绕过七曲三仰峰，进入六曲，我们仰望北危崖上，看到陡峭的一线石梯，直通云端，那顶点便是武夷第一山——天游峰了，为观云海的最佳胜地。

我们飘过老鸦滩后，便进入水势平稳的五曲。这里一片丹岩翠碧，可见到武夷山的真颜——砂粒岩，即为一种烧焦岩，呈红褐色。远处翠绿丛中，房舍点点，是工人疗养院，赏月亭屹立山顶。竹筏拐过一弯，

2013 年中秋重上武夷山

2013 年中秋佳节期间再登武夷山。图为作者和长沙晚报社部分离退休人员登上武夷山《壁立万仞》、参观福建土楼和云溪漂流留影。

便是卧龙潭，寒气逼人，龙潭深沉苍壁，对面飘来芬芳的茶香，此为元代皇家茶园遗址，现在盛产着闻名于世的福建武夷茶。

在四曲，见溪边一插向云霄的山峰，导游说："这就是大藏峰，可以看到船棺了。"我们一齐抬头引颈面向悬崖峭壁，果然见到那玄妙古奥的洞穴处，有许多灰黑色陈旧木板。北京自然博物馆长黎先耀教授说："这是一种楠木船棺，用现代科学仪器测定，确定为殷商时代的葬物，距今已有三千多年了。"至于古越人怎么把船棺放进这悬崖峭壁的洞穴，我们在筏上争论不休，莫衷一是。不过，最后还是倾向于从悬崖绝顶上用绳索吊下来之说，只能远观而未能近察。直到 1975 年，考古队在这发现了船棺十七具，大都已崩裂散开。导游告曰："在大藏峰隔溪对岸的山顶，用军用望远镜，可以见到一洞穴内的骸骨和船棺零散碎板。"这是我国南方古代少数民族历史变迁的可贵实物资料。

约摸 9 点 40 分，便抵二曲，美丽的玉女峰和威武的大王峰隔溪对峙，三姐妹亭亭玉立，临水插花状，形象俨然。果然不出所料，恰好 100 分钟到达，便进入豁然开朗的一曲了。

上得岸来，翠柳依依，高峰峭壁，全倒影在明镜的溪水中。自然保护区入口拱门上有李先念题字："青山不能破坏，绿水不能污染。"

是时溪畔游人如潮，我们登车上路，导游朗诵起朱熹的《九曲棹歌》来："九曲将穷眼豁然，桑麻雨露见平川，渔郎更觅桃源路，除是人间别有天。"我们在车上依依回首，那美丽的玉女峰好似还在向我们点头……

勇攀十万大山

05

久已慕名"十万大山"！ 2011年"五一"节，忽女儿来电："爸，飞南宁啊！"飞抵，即马不停蹄驱车两小时直抵十万大山脚下，赶上大队人马，夜宿云雾山庄，空气新鲜甜润，精神为之一爽。

次日8时整，一行人沿石头河拾级而上，穿密林，过山涧，激流飞瀑，百步一景：紫荆迎春、天女浴池、龙袍古树、人间仙境……高山上的池塘竟深达4米，满山红花绿叶苍松翠柏，更有怪石嶙峋，倒影水中，似一幅幅长卷山水画。

十万大山在广西防城港市上思县，距南宁136公里，面积8810公顷，森林覆盖达百分之九十八，动物有短尾猴猕猴黑颈雏大灵猫穿山甲华南虎等，植物一千八百多种，空气负离子含量高达每立方厘米8.9万个，为黄果树的三倍，号称"华夏第一天然氧吧"。

山高壁峭，草木异花，古苔遍地，奇枝倒挂，多不能识。同行者曰：大山集"六大特色"——高、奇、幽、秀、古、野于一体，当年上山剿匪惊险异常，五十年代电影《英雄虎胆》在此山拍摄。

山壁陡爬山难，走走，行行，歇歇，队列渐散，欢歌笑语也少了，两小时抵达三叉江时，众人气喘吁吁汗流浃背，女婿陪女儿等一行人往左，与我们分道扬镳。"老爷子您上十万大山吗？往左可探珠江源头呀！山道平坦多了。"

我点头笑笑："谢谢。"依然往右去攀登石壁，不怕！何况有冯李二君壮胆，小黄小姜二年轻小伙做伴。继行仅百米，忽见一大树横于山崖，上有大字"请人吃饭不如爬山出汗"。嘿嘿！一鼓作气再上，竟无路可走，尽是石头树根盘

（上页图）在十万大山瀑布旁
（上图）在十万大山十个高峰之一九龙松山顶
（右图）在十万大山竹林丛中

杂交错，步履艰难。冯君告曰："这又长又粗的树藤名叫'过山龙'。"爬深山老林，只剩我共五人独行，万籁俱寂，悄然无声。可谓"夷以近游者众，险以远至者少"矣！穿过一片竹林，茂密如盖，不辨西东，劈刺为道，坐山石歇息。须臾，回头见一蜈蚣，近在咫尺，赤红壮实硕长无比，世间罕见，令我毛发悚然，李君手疾眼快即以长竹竿挑之甩出山下，深山老林草木禽虫皆非一般耶！

冯李二君即为我削竹枝杈以为杖，可助一臂之力，亦可防虫。越上越陡，他们劝我老翁量力而行，并告曰上次老张比我年轻二十，但身体比我胖，到山腰即返。

我仍不停步，复前攀。行百里半九十啊，岂能有半点松懈！再鼓作气，行程四小时半，终于登上十万大山之九龙松峰顶。老少五人均汗如雨下，虽衣衫尽湿，却相视展颜而笑。

九龙松的粗大松枝如臂膀向四边伸展，形似九龙。我们立于山顶旧凉亭，居高俯瞰十万大山连绵起伏由东向西，如绿色波涛奔泻远去，极为壮观！

哦！"世之奇伟瑰怪非常之观，常在于险远，而人之所罕至焉，故非有志者不能至也。"

人生，亦如爬山！

冯李二君告曰：此"九龙松峰"仅十万大山十峰之最低峰，手指远处，叫"狮山观海"，那才是最高峰。

塞外行

记得儿时读唐诗，有岑参的"君不见走马川，雪海边，平沙莽莽黄入天"句。这"雪海"，指的就是西北塞外苦寒之地了。与岑参同时代的另一诗人李颀，写有《古从军行》一首，其中四句"行人刁斗风沙暗，公主琵琶幽怨多。野营万里无城郭，雨雪纷纷连大漠。""大漠"泛指塞外一带，好一片荒凉！这"刁斗"，却是一种类似现代的锅，铜做的，行军中白天作炊具，晚上敲打作巡更之用。那"刁斗催落月"之地如今该是一番什么情景？

8月，我有幸出塞，沿着阴山西行，过敕勒川，到鄂尔多斯高原绕库布其沙漠，抵河套。那"秦时明月汉时关"的古来征战之地呢？

长城外，古道边……

盛夏，从长沙乘6次特快北上，钥匙串上小温度计由红线越过了38.5℃，汗流如柱。车过华北下了一场大雨，从车外吹进凉爽的风，人们才展眉为笑。

车抵北京，转而西行。我们乘295次快车直奔呼和浩特。西北特产华莱士和大西瓜，蜜香可口。夜里入睡，秋意袭人。到达京包线上的集宁市是次日清晨。见月台上内蒙人竟着短棉袄，或披羊毛大衣。集宁与张家口为内蒙两大风口，即使盛夏，早晚也需加衣御寒。这下我可领略了中学地理老师讲的"早穿棉袄午穿衫，围着火炉吃西瓜"的含意了。

8月，正是西北黄金季节，同车有不少外国老头老太太及金发女郎到塞外旅游，日本少年骑马旅游团也乘车来塞北，其中十五岁以下的中学生十七人，还有两位年仅十岁小学五年级小姑娘，他们将与内蒙少年骑手纵缰驰马锡林郭勒大草原。

车抵呼和浩特，晚报同行已驱车等候多时。呼市人行道上两排高大柳树，枝叶如盖，像希腊神话仙女长发从天空垂下，柔软飘曳。高大松树象守卫塞北前哨卫队。街心花园雕塑"吉祥如意"、"盅碗舞"、"牧

（左图）和北师大校长王梓坤；（右图）晚报同行在昭君墓

羊女"，富有塞外风情。那亚洲最大赛马场，全国最大少年宫，蔚为壮观。

内蒙古西起乌达，东至满洲里，长达四千多公里。以兴安岭为界，东林西铁，以大青山为界，南农北牧。呼伦贝尔草原是世界三大草原之一，更有准格尔煤田——储藏量占全国的六分之一。呼和浩特，意为"青色的城"，像镶嵌在内蒙大草原上一颗绿色珍珠，如今长城外，古道边，满城是绿，已不是高适笔下"大漠穷秋塞早腓（衰）"的荒凉情景了。

昭君功过，谁与评说？

8月7日，我们乘车出呼市九公里，一座人工筑成高大山丘，红柱凉亭屹立其上，这便是昭君墓。据说每到秋凉霜冷，周围草木枯黄，唯有昭君墓上草色常青，故文献记载又称"青冢"，藏语叫"特木尔乌尔虎"。

昭君出塞故事，自古为文人所渲染，"泪痕滴透马蹄沙"是何等悲伤；马致远的《汉宫秋月》更是凄凄切切的了。然史书记载"王昭君，字嫱，西汉南郡人。元帝时以良家女子选入掖庭"为元帝后宫的侍诏。汉武帝与匈奴连年战争带给老百姓的是痛苦与灾难。公元前 33 年，匈奴呼韩邪单于第三次觐见天子，"愿婿汉氏以自亲"，昭君自愿充当和亲使者。她到达漠北后，被封为宁胡阏氏（匈奴君主正夫人），生有一儿二女。自此汉匈使者往来密切，中原文化得以传入匈奴，塞北和平，国泰民安。《史记》中《匈奴列传》也有记载六十年间"边城宴闭，牛马布野，三世无犬吠之警，黎庶亡干戈之役"。昭君出塞，确实播下丁友谊种子。1963 年，董必武参观昭君墓题词："昭君自有千秋在，胡汉和亲识见高。词客各摅胸臆懑，舞文弄墨是徒劳"。

天似穹庐，笼盖四野

8月8日，我们驱车向包克图，右边是阴山山脉大青山，左边是一望无际的草地。《鄂尔多斯报》记者刘哲说："这就是敕勒川。"大家一齐引颈朝窗，不约而同念起公元 6 世纪北齐人斛律金吟诵的《敕勒歌》来：

"敕勒川，阴山下
天似穹庐，笼盖四野

天苍苍，野茫茫
风吹草低见牛羊"

敕勒川，白云下，时有牧羊人赶着羊群，但蒙古包（古时称作"穹庐"）却要到内蒙古东北呼伦贝尔草原上才能看到。牧民已由游牧而定居。我们见到内蒙村民、牧民用土墙或砖围成院落，种上果树花草，用大红大绿漆成彩色门窗。

8月10日，我们乘车出包头，南渡黄河，过公路桥，进入伊克昭盟。这里是闻名全国的鄂尔多斯高原，八万多平方公里，海拔在一千米以上，三面黄河环抱，南面是万里长城。早在三万五千年以前，这里的祖先"河套人"以自己的劳动与智慧，在这里创造了灿烂的"河套文化"。

我们沿着柏油公路急驶，路旁白杨树笔直高大，在广漠沙地上，我们见到成排的伸向远方的灌木丛林，那就是"沙柳"！它不怕干旱不怕风寒，在沙漠中顽强生长。汽车沿着干涸河床开到库布齐大沙漠边缘——响沙湾时，我们都从汽车里跳了出来，脱下鞋袜，全不顾沙粒烫脚，沿着绳梯，像孩子似的高兴地爬上了沙漠的顶端。

从伊盟首府东胜驶向伊金霍洛旗（县）时，大家惊奇了！这里地处毛乌素沙漠，而这个旗镇是一片绿洲，不像包头到五当召途中那么荒凉，这里街道整洁，树木成林。鄂尔多斯的毛乌素沙漠已出现了一个又一个绿洲，伊金霍洛旗受国务院嘉奖，内蒙授予他们"银马奖"。汽车驶入旗镇见一匹雕塑大白马，扬蹄奔驰屹立。

奶茶·手扒羊肉·那达慕

那香甜可口的奶香（也可放盐），是用红茶煮后掺奶；鄂尔多斯人对客人最佳款待——"手扒羊肉"，是将羊肉切成若干块（头、蹄、下脚除外）白水下锅，大火煮至红内变色即可。蒙古族兄弟大块大块的羊肉敬给我们（每人还发给一把蒙古刀），不油不腻，香美鲜嫩。

鄂尔多斯蒙古旗热情好客，讲究礼貌。晚上，伊克昭盟委、鄂尔多斯报、呼和浩特晚报为全国各晚报赴塞北同志洗尘，举行了别开生面的歌舞宴会。我们有幸听到了参加过世界青年联欢节的著名蒙古女歌手阿丽玛的独唱，蒙古骑手舞起那娴熟滑稽的耸肩动作，逗得大家直乐；而对唱"二人台"、"走西口"是地道的塞北味。

遗憾未能赶上"那达慕"盟会。"那达慕"汉意为"游艺"，蒙古称"查干苏格"。每当7月、8月，

在广袤大草原，骏马疾驰，骑手似燕子腾空飞翔，冠军可得一匹好马，亚军得牛一头，还有摔跤、射箭、歌舞。物资交流会同时举行。

我们进入鄂尔多斯时，"那达慕"已近尾声。美国农业企业家韩丁和著名记者斯诺的女婿彼得·恩特尔8月1日到达这里已一饱眼福。8月10日，我们抵达东胜时，他们又启程向锡盟大草原进发了。听说一千公里外的另一个盟正在拍摄电影《成吉思汗》，五万人到达那达慕，盛会吸引了大批中外游客谒拜成吉思汗陵。

谒拜成吉思汗陵

8月12日，碧空如洗，我们驱车南行，越过鄂尔多斯草原，绕过江海子（大湖泊），穿过伊金霍洛（圣灵之地）镇，特来谒拜成吉思汗陵。

成吉思汗陵园在鄂尔多斯草原中部，规模宏大雄伟，占地面积五万五千平方米，主体部分是一座雄伟的仿元代城楼式门庭和三个相互连通的蒙古包式大殿，常青松柏树环抱，三个殿堂，顶如伞盖，金字尖塔，圆盖均为蓝黄相间的琉璃瓦砌成。正殿八角飞檐下悬挂着蓝底巨匾，镶嵌着"成吉思汗"蒙古文金色大字。

当正殿红色大门缓缓打开时，我们依次缓缓进入铺有红地毯的殿堂，庄严肃穆，鸦雀无声。我们仰望着正厅高达五米的成吉思汗塑像，他戴盔披甲，按剑端坐，神态威严。我们见到这位民族英雄的雄姿了。

西殿，供奉着象征成吉思汗九员大将的长矛，还陈列着元代战刀与马鞭子。一玻璃大匣内摆着铜质镀银马鞍，已成灰黑色。讲解人介绍说，去年在东京展出，经中日专家鉴定，确为八百年前的元代真品，据说是成吉思汗坐骑的马鞍。东西两廊壁画，工笔重彩，绘着成吉思汗的出生、遇难、成长、战绩、风土人情以及中外文化经济交往。正殿后是寝宫，黄缎子覆盖的蒙古包内安放着成吉思汗和夫人的灵柩。

这天，我们全国各晚报代表推举了三位年长者王梓坤教授代表我们敬献了白色哈达，上书四个大字"一代天骄"。作家李准的献词苍劲有力，"运筹金帐，为中华扬眉吐气，盘马弯弓，开广域欧亚两洲"；费孝通的献词字迹清秀，"民族团结，万古长青"；中国人民大学赴内蒙实习队的献词是"一代天骄，民族精魂"。

我们出得大殿，望四野，无边无际。蓦地，仿佛耳边有战马嘶鸣，四周是刀光剑影，千军万马纵缰奔驰在鄂尔多斯草原，呐喊声震彻寰宇……

哦，"叭叭！"汽车喇叭声声，催我们上路了。我回到现实中，眼前是美丽的伊金霍洛旗，她那么平和，那么宁静。一个伟大的爱好和平、也决不甘屈辱的中华民族已屹立在世界各民族之林。啊！民族的精魂……

德天跨国大瀑

中国德天瀑布—越南板约瀑布,相依相连,宽二佰多米,落差七十多
三级跌落,四季飞瀑是亚洲第一大跨国瀑布,全世界最美丽的瀑布.

07

亚洲最大的跨国德天瀑布

2011 年 8 月 31 日， 从南宁驱车两小时抵达西南边陲凭祥，南行 18 公里，城关巍然在目，五星红旗招展，古松环抱，别样洞天，见一巨石上书有"南疆国门第一路"。在国门边界路上，有一半圆形矮石即国界石，两面标有各国文字。

古城关建于汉朝。先后名鸡陵关、界首关、大南关、镇夷关、镇南关，1949 年后改为睦南关，今为友谊关。是夜，宿龙州。

9 月 1 日，沿中越边境巡逻山道西行，崎岖，弯曲，惊险，两旁石山高耸，独立似天塔，成对似驼峰，人烟稀少，偶一村落，是石屋、红旗、甘蔗闪过。中越边界，一河之隔，对岸越南屋舍、船筏、山腰哨所、清晰可见。

广西山水，格外洞天。我们走到一大峡谷下，陡峭难行，石面又滑，相互搀护着，说"别急！这里有八百一十八等石阶梯"！越下越难走，只见高高的悬岩上是千奇百怪的钟乳石，各种不知名的稀奇植物满谷盘根错接，行人告曰："这树有毒，别动它！"我们缓缓前行，进入原始森林时寒气逼人，却又早已汗流浃背！下到深处抬头望，周围阴森灰暗只见一线天有亮光，仿若隔世。终于下到谷底，过一石桥，豁然开朗，有泉水潺潺，恍如入世外。复走溪边鹅石山道，行百余米，见一瀑飞流而下，蔚为壮观！再爬石级山路四百余米才出了山谷。这里就是著名的属泥盆纪石灰岩地貌的通灵大峡谷。

我们到达德天时，已是中午。河岸有巨石横卧，七个大红字"德天跨国大瀑布"（越南叫板约大瀑布），宽 200 米，纵深 60 米，高低 70 米成三级跌落。年平均水流量每秒达 50 万立方米，总流量为黄果树大瀑布的五倍。

我们立观景台观瀑，宽阔而美丽，没有黄果树那地势可自下而上近观飞瀑之壮观，也没有尼亚加拉大瀑布之惊险奇特，德天大瀑布却如迷人少女，

（图1）巍然友谊关
（图2）对面越南山腰是越南的哨所
（图3）摄于大瀑布前
（图4）在瀑布前我方
（图5）清朝立的"中国广西界"碑
（图6）在瀑布前
（图7）在祖国西南边陲防城港东兴口岸
（图8）在属泥盆纪石岩地貌的通灵大峡谷

羞羞答答，一级从天降，二级水势迟缓，三级飞泻直下，如百练垂落，声闻数里。瀑布下是30米深200米宽的深潭，潭水碧蓝，中越两国百姓的游船渔船、竹筏穿梭其间。

河岸一钓鱼老翁告曰：老百姓期盼官吏们能"德行天下，德感上天"，故名"德天"。又说了些民间传说：龙脉穿峡至此，尽显神灵之气，施布于天、地、水三界，谓一生二，二生三，三生万物，故有诗云"源内一条龙，穿景过峡间，冲天三生界，福降满归春"。

"归春"，即广西靖西县源头之归春河，它辅育着西南大地，也赐福邻邦，流入越南二十公里后又从广西崇左市折回过大新，积蓄着水势从德天村断崖跌落，形成这宽阔美丽壮观的亚洲第一大跨国大瀑布。

此处河水与大瀑布均以中线为中越边界。我们在岸边见到一巨石用中国汉字竖写着"中国广西界·五十三号"界碑，为我国清朝1896年立，2001年又建有新碑为835号。

红拂墓

08

青山何幸此埋香

悠悠岁月多少次梦回渌江，渌水河畔有西山。 杨柳依依，渌水青青，故乡景色。一中母校灯光带给我们多少童年的幻想。几十年风风雨雨，已化作烟云消散；而故乡山山水水，一中亭阁、校舍，却依然铭刻在我们心上……

暑假，夏日炎炎，顶着骄阳，驱车醴陵，看母校、拜师长、登西山，寻找童年的足迹。你可知道这张照片是何方？它就在渌水河畔西山上，红拂墓，这是我们思乡游子童年都去过的地方。

红拂女本姓张，名出尘，原为隋朝车骑将军杨素家的一美貌艺妓，因手执一红拂而得名，唐初大军事家李靖年轻时曾去见杨素，未受到重视，红拂女见李靖相貌堂堂，谈吐不凡，很有才学，料定此人必成大器，很为主人专横自傲、没有眼力而惋惜。当晚，红拂女逃出杨家，追上李靖，表达倾慕之情，后结为夫妇，她协助李靖建功立业。唐太宗时，李靖官升至兵部尚书，掌管军政大权，先后击败东突厥、吐谷浑，又封卫国公，并著有《李卫公兵法》。

红拂一直跟随李靖行军在外，转战南北，不辞辛劳，为人友善贤惠，甚得上下军兵及百姓爱戴。当她途经醴陵时，不幸病故，据说醴陵西山即为她埋葬之地；又一说，此处为她的衣冠冢。醴陵南社诗人有《游红拂墓》诗云："水云漠漠荡清空，夹道山华夕照红。回首李唐无片石，独留荒冢长秋蓬。"

今日西山红拂墓，四周林木葱翠，有一石碑，上刻有"青山何幸此埋香"，反映了家乡人对她的崇敬之情。在那封建专制时代，红拂女敢于冲破正统礼教的桎梏，真不愧为女中豪杰。

同游者广州陈宏康，株洲余志汉，长沙吴昌实、黄永炽，深圳邓文炳均从一中（湘东）于 1949 年9 月参加军政大学；陪游者亦为一中校友、醴陵县副县长王诚泰是也。是日高温、摄氏 39 度矣。四十多年前，也是炎热天，校友投笔从戎，亦转战南北，何等意气风发；今日归乡，已是白发苍苍，所幸身体还健、风骨犹存。待到母校校庆，再同窗共聚，笑谈天下事，把酒临风。

夜观尼亚加拉大瀑布

9月4日上午10时从密执安州圣·约瑟夫市出发，过印第安纳进入俄亥俄，17时入纽约州，18时经敦刻尔克抵布法罗，行程八小时一千公里，夜宿 Cararan motel，两个房间116美元。

是夜8点，车朝尼亚加拉河驶去，远远几公里外就听见隆隆水声，下车复前行，有巨大轰鸣逼近！啊！尼亚加拉的雄伟壮观，你简直难以想象，那天崩地裂似的洪流直泻而下，雷霆万钧，惊心动魄！老伴不敢靠近栏杆紧紧抓住我手不放。太宏伟！太惊险！太可怕！难怪印第安人取名"尼亚加拉"（印第安语"雷神之水"）。此时美加两岸灯火全亮了，秋日之夜黑幕笼罩，伴着大瀑布千军万马之轰鸣震耳欲聋，奇特！壮观！迷茫！四周漆黑一片，更添加神秘莫测的恐怖气氛，我们在哪？在神话里？在魔鬼窟？上苍怎么创造出如此独特令人心惊肉跳的奇异景观！我们沉默，四下观望，相视无语，惊呆了！直到对岸加拿大一高塔燃起五颜六色焰火，如梦初醒，已是深夜23时才驱车回旅店。

Niagara(尼亚加拉)大瀑布，世界第一大跨国瀑布，号称世界七大奇观之一。它处于美加交界，连接安大略湖与伊利湖的一条56公里河道，在此宽350米的戈特岛，浩瀚水帘从海拔174米高的伊利湖骤然陡落跌入河谷断崖，水势汹声如雷。我们看到的即美国这边"婚纱大瀑布"。加拿大边境内四下飞瀑形如马蹄的称"马蹄大瀑布"。

次日，阳光灿烂，大瀑布奔泻而下溅起浪花，水汽立达100多米，营造出美丽的七色彩虹。河上建有 Rainbow Bridge（彩虹桥），美加两国各管一半。此时，才看清楚加拿大对岸昨天放焰火之高塔，号称世上最高旅馆。从上到下均为玻璃电梯，内设有剧院旋转餐厅，高150米。

中午时分用40美元购得五张票全家乘电梯直下，凭票领得蓝色透明雨衣，搭乘"雾中少女"号游船驶向大瀑布，远远的，水汽浪花已扑面袭来，简直是一次大雨浇头，摄像机及裤子鞋尽湿。

（上图）在大瀑布下"雾中少女"号游船上
（下左）在彩虹桥上
（下右）瀑布下的虹

（左图）在观鸟台上；（右图）大榕树中的白鹭和灰鹭

好大一棵树——看江门鸟中君子奇观

10

从广州番禺南行顺德往西驱车一小时，过江门就到达新会天马村的"小鸟天堂"了。

隔河相望，层林密布，枝叶覆盖交错达一万平方米，这竟是一颗大榕树！

导游说："400年前，河中只不过一个泥墩，一颗榕树长期繁殖，万鸟栖身，鸟树相依，形成这道独特风景。"巴金曾来游写有《鸟的天堂》，收入小学课本，名声鹊起。我们特地下午去参观了梁启超故居赶紧返回，等到傍晚前到此看小鸟奇观。

我们主要是来看鸟中君子的！

登观鸟楼二楼，对面河中古榕岛，大榕树上栖鸟1300多只，以野生鹭为主。鹭又分白鹭与灰鹭。白鹭晨出暮归，灰鹭暮出晨归。即白鹭做白班清晨飞出觅食傍晚归巢晚上休息，灰鹭做晚班夜飞出觅食早晨归巢白天睡觉。导游告诉我们，这最为奇特的是，白鹭夫妻与灰鹭夫妻共建一个鸟巢，夜晚白鹭夫妻住宿，白天灰鹭夫妻睡觉，依时作业，互不干扰，以礼相待，绝对绅士风度，真乃鸟中君子也。

我们不断看表，傍晚6点10分导游提醒，"快啦！看！"不一会，就有几百只灰鹭从古榕岛树从中飞向天空，几乎同时，有几百只白鹭从外空飞来渐渐降落，住进还带着灰鹭体温的暖巢。啊！我赶紧摄下这鸟中奇特景观，叹为观止！

（左图）大房的一角；（右图）这栋大房子的上新屋

好大一栋房 —— 看岳阳古建筑群天下一绝

1月3日，湖南下了今冬第一场大雪，把公路全封了。严寒没有改变我们去张谷英村的计划，汽车打滑，我们改乘火车从长沙出发，不到二小时抵达岳阳市新火车站。从岳阳市东去，过107国道，经新墙，十步乡，两小时后抵达渭洞乡，这里就是几年前才发现的明代古建筑——张谷英村了。

张谷英村，说它是村，不如说是一个规模宏大建筑群落。是好大一栋房。

这巨大迷宫，覆盖在洞庭湖畔，青山环抱，绿水潺潺青瓦盖顶，鳞次栉比，檐牙高啄，廊腰缦回，石桥卧波，长达一公里。

自明初张氏祖先张谷英定居此，子子孙孙，繁衍至今，已历600多年。

古建筑群从明代万历年间（1573-1620年）始建，不断拓展兴建，形成于清代嘉庆年间（1796-1821年），几经沧桑，现基本上保留原貌。目前，有房屋面积4万多平方米，包括厅堂1700余间，天井200多个，住有650多户共2160多人。比较完整的门庭建筑有"上新屋"、"潘家冲"、"王家塅"等，它们兴建于乾隆十八年（1753年），分则自成系统，合则浑然一体。

据当地记者与导游介绍，最早明代张谷英村祖辈建筑依山傍水，后因人丁繁茂，房屋连房屋，形成了这严格整体建筑群明、清的不同风格。地面铺方砖，屋顶一色青瓦，十字穿堂，曲径通幽，转廊拐弯，又是一高堂，入内则有三百年前的龙凤雕花窗，兼有画栋画梁，兽榄画屏，廊檐衔接，四通八达。建筑以木为主，以青花岗岩为辅。是研究我国古代民间建筑艺术的珍贵文物建筑。

导游说："房屋特大，进去不小心会迷路；下雪落雨，从东头走到西头，都不会打湿鞋。"说也是，屋宇相接，建于弯弯小溪两边，用青长石搭桥。形成"溪自阶下流，门朝水中开"的格局。

张谷英村外墙壁厚结实，对外窗户开得很小。似一座碉堡。在明清宗法制统治下，这儿事实上可能是个宗法制的封建社会的缩影，保留着氏族制度的传统习俗。

张谷英村建筑古群落的建筑结构要求及审美功能相应，整个建筑通风、采光，用溪水洗衣、浇灌。现仍保留完好的龙涎井、长寿井是吃水用井。每一个大井的四角均有一大一小两根圆形木柱，恰好支撑屋顶。

被清华大学和同济大学古建筑学专家教授们誉为"天下一绝"的张谷英村近日已正式对外开放。喜欢名山大川古今建筑的人们到此一游，会得到一些知识和启迪。

游奇伟壮丽张家界挑刺三题

12

武陵风光，堪为天下一绝。登天子山观石涛，上黄狮山看林海，游十里金鞭溪看水浇四门，到王村乘舟游那清澈碧透的猛洞河，再着救生衣迎浪漂流；更有小说家沈从文和画家黄永玉的凤凰古香家园……一路峰岩柱石，奇形怪状，特别是钻进那原始森林，踏着柔软树叶覆盖的林中山路，听溪水潺潺，闻松叶飘香，那奇峰、幽谷、碧水、深林、洞穴，汇大自然造化与一体，尤其在山乡人家中进餐，吃山中柴火烧出的饭菜香味可口……我曾极力向人推荐，写文评介。真不可不谓人一生一大幸事。

然而，笔者今年7月底到桑植山沟里去参加一次全国高校文艺理论学术研讨会后，前往张家界观光，人工的太多了！楼台亭阁，宾馆林立，商场成片，叫卖声声，服务令人扫兴……特在报上挑其三刺：

金鞭溪幽古如画，马粪堆臭气熏人

7月28日中午，我们一行十余人从张家界进山，密林深处，奇山怪石，令人叹为观止。人们只顾抬头望山，谁知沿途已埋设了许多"地雷"。一游客不小心一脚踏进马粪堆，鞋袜俱脏，引得后面姑娘们一阵哄笑。行至"神鹰护鞭"处，大家正为景观赞不绝口，忽听得有人大吼一声："让开！"说时迟，那时快，三位小伙与一位女士骑着四匹壮马正迎面奔驰而来，一游客几乎被马撞倒，他们赶紧向两边树林中逃窜。

旅游胜地，何来马群？据说是供游客骑玩，视路程而索价。可苦了这7.5公里的溪边小石径，处处是马粪堆，尤其在驼峰招待所前，群马拦道，马粪臭气熏人，50多米的小石径竟找不到一干净处，我们不得不掩鼻踮脚择路前行。

（上页图）张家界石峰
（左图）从天子山上看十里画廊
（右图）张家界溶洞奇观

何日打掉这些"土围子"还水绕四门的浪漫秀色

沿溪行，2时30分，到达我们久已仰慕的水绕四门。这儿是武陵风光中心，大庸、桑植、慈利三县交界处，据介绍说是四水汇合，山溪秀丽，美不胜收。

今天已叫人大失所望矣！这天下午我们看到的却是，许多土墙把这里分得七零八落，一些没有列入规划的房屋霸地而起。我们走出张家界门卫时，守门人警告说："不要把票丢了！否则进这扇门时还得买票。"西去天子山，东去索溪峪，又有土围芋，门卫森严，都是要交"买路钱"的！可悲的是，通山谷的小溪里，只见鹅卵石暴露，荒漠一片，金鞭溪水已披上游挡住，我们全然见不到什么水绕四门！倒是见到一房屋被烧后留下的断墙破瓦，墙内杂草丛生，墙上"旅客之家"四个字依稀可见。据说这是三县交界处村民为争地争利进行了一场械斗后留下的"战绩"……

宾馆洗浴冷水浇头，教授们忙落荒而逃

当晚，大会秘书组考虑到有十多位年近花甲的教授，夜宿张家界宾馆。白天顶着炎日，已行二三十公里，早已几番汗透衣衫。

晚8时半，宾馆浴室门一开，大家鱼贯而入．左等右等，总没来水。这山区也怪，白日酷热，晚上竟寒气袭人，山风阵阵使人发冷，夜里需盖棉被。好不容易熬到9时多，有人说："来水啦！"大家赶紧开了水龙头，总算盼到些温水，大约也只几分钟，冰冷的溪水淋将下来，老者赶紧着衣，纷纷逃离浴室。等了1小时多，澡终未能洗成。

有几个人去找经理，答曰："经理跳舞去了！"

玉龙山冰川

13

寻觅消失的地平线
—— 访丽江古纳西人间天堂

读罢英国作家希尔顿的《消失的地平线》，香格里拉令人神往。暑假飞抵西南古城——丽江。

7月21日，36℃，从官房大酒店顶炎炎烈日上玉龙雪山，望山腰云雾如玉龙腾空。车至2900米，颇凉；改坐雪山车至3356米，山峰仅一石屋，甚寒；购索道票滑向4506米高峰，寒气逼人，空气稀薄，人们气喘躲进小木屋购热咖啡取暖。我与孙儿多多租得厚实羽绒服，随人群猫腰爬卵石斜坡，登上终年积雪山顶时已冻得手脚生疼。

立冰山望去，"刀削般金字塔山峰从地平线上隆起，灰色渐成银色，太阳光芒吻了上来，妆点成粉色胭脂，朦胧山谷卵石堆成斜坡山面"……这正是植物学家约瑟夫·洛克1928年9月7日拍下的照片啊！我们找到了古纳西植物王国了么？

洛克是美籍奥地利人，他为美国《国家地理杂志》撰稿，他1924年到1931年拍摄刊发的照片震惊世界。洛克迷恋丽江纳西族东巴文化，住此达27年之久。直到1948年8月离开时给友人信："我将返回丽江完成我的工作，与其躺在凄凉病床上，我宁愿在玉龙山的杜鹃花丛中死去。"可爱而倒霉的洛克没能返回丽江，最后病逝在夏威夷一张钢丝床上。

英作家詹姆斯·希尔顿没来过中国，他根据洛克系列报道创作了《消失的地平线》。小说描写维康等四个西方人被一东方劫机者劫往卡拉卡尔山谷的惊险历程。"卡拉"藏语"山中隧道"，"卡拉卡尔山谷"为"蓝月亮"（Blue Moon），原意是"绝无仅有的人间天堂"。1937年好莱坞将她搬上银幕，"香

（左图）丽江墙上纳西族文字
（中图）古城河边
（右图）在玉龙雪山顶

格里拉"名声风靡全球。

希尔顿描述这里是"被太阳最早照耀的东方人间胜地"，各种信仰和平共存，四处布满基督教堂，佛教圣殿，道观庙宇，伊斯兰寺；卡拉卡尔山谷有"清池荷花"，"狮子麒麟"，悬崖上是富丽文雅的"楼阁亭榭"……我眼前分明是刀削般山峰从地平线上隆起，这就是玉龙雪山！南北 35 公里，东西 20 公里，高峰十三座，主峰海拔 5596 米，雾中银峰雪壁镶嵌在石岩峡谷中，远处是隐隐若若的成片翠绿……

那翠绿迷人处，最是丽江古城。

这西南丝绸之路，滇藏茶马古道集镇，宋代以来八百年历史沉淀着多少古迹遗风。

下午，古城旅游者如过江之鲫。白墙黛瓦，芯木雕窗，石板街巷，古香古色。四方城中心凸起，水闸合则水漫彩石把路面冲洗干干净净，雨天无泥，晴日无土，共七十二桥。古城主街傍河，小巷通渠，雪水清洁见底，"家家潺潺流水，户户垂杨石桥"。丽江被赞为"东方威尼斯"，"高原姑苏城"。联合国 1998 年正式批准包括古城，纳西族文化共十项为"世界文化遗产"。

我们在丽江博物馆看到的说明均为纳西族、汉、英三种文字；在水渠边墙壁上是特别醒目的彩色纳西族象形文字。老者歌声嘹亮善舞蹈，女孩美丽苗条很漂亮。清澈水渠边处处雕花木窗小商店，我们买得纳西图案长裙，手工精巧银质项链及木雕"丽江维纳斯少女"。

是夜，观"纳西东巴文化戏剧"演出，座无虚席，竟有一半为外国人。

可惜这次没去中甸——云南迪庆州府，原始森林遍布滇藏交界金沙江澜沧江中上游，那里梅里雪山是藏传佛教八大神山之首，主峰 6740 米，美丽神秘的"碧塔湖"隐藏其中。

啊！消失的地平线，梦幻的香格里拉，绝无仅有的人间天堂！

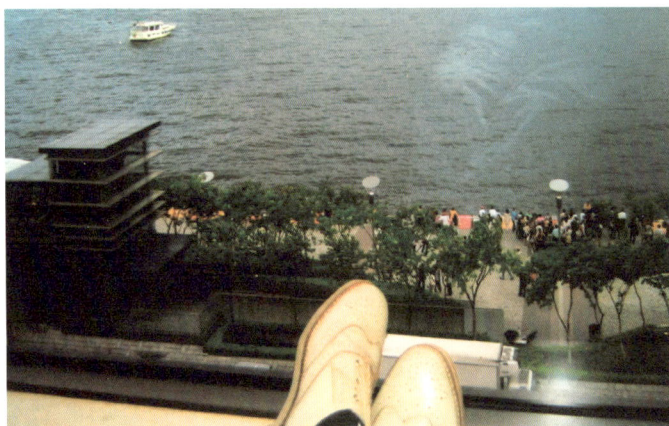

脚下是维多利亚港

港澳周末一瞥

14

（一）

7月18日，周末，从广州东站乘805次两小时抵九龙，住香格里拉，维多利亚港全在脚下了。

俯视窗下弥敦道，MATHAN ROAD在目；夜观港对岸，SHAPP,PHILIPS,五粮液，Haier霓虹灯林立，远望是通宵灯火照亮整个山头。

香港，世界经贸中心之一，旅游热点，1997年回归祖国后，每年游客以百分之四百的数字增长。

这里是万水千山总是情，是霍元甲李小龙；是亚洲最大金融中心，是红灯酒绿花花世界，是情场与谍战的神秘港湾。记得中苏论战中共发表"八评苏共修正主义"，赫鲁晓夫反唇相讥说你中国不也容许这

在太平山上俯视香港

（左图）香港大佛；（右图）与佛同行

个香港"厕所"在南中国身边？我印象最深的却是徐迟生动记述的乔冠华1939年在香港的二战时局演说。当年他与夏衍、范长江、徐迟共聚会的女皇道"蓝鸟"、"阁仔"以及用猫头鹰作标志的"聪明人"咖啡店依然还在。乔冠华的周末演说就是香港《时事晚报》次日的社论，几乎每日一篇。他二战中期发表的《向着宽阔光明的地方》社论，歌颂苏联红军反攻如第聂伯河汹涌潮头，"无情地摧毁一切，冲破德国法西斯黑暗闸门，流向那更宽阔光明民主的原野"！

周六，登香港最高太平山，佩服司机在狭窄陡峭山路快速通行有惊无险。立山顶，港湾尽收眼底，弹丸之地的东方之珠曾演绎多少惊心动魄故事。忽地飘来云雾，不辨东西，雾中豪宅价格数亿！港湾凯旋门公寓房价惊人，30万一平米，令人咋舌。是夜，游维多利亚港湾星光大道，辉煌灯火下男女老少自由自在，载歌载舞。港人明星学好莱坞，水泥地有无数港台明星手印；李小龙雕像前少女争相拍照。

周日登宝莲禅寺，过青马大桥抵昂坪，坐缆车远望大佛巍然山顶，近观为如来坐于莲，烧香跪拜祈求平安，观赏风景吃斋饭。

下午回昂坪见一队"香港青年步操乐团"少男少女着白边蓝制服，一十五六岁女孩执闪亮指挥棒横于胸前，打出各种姿势，乐队顿时奏出雄壮悦耳乐曲，为香港街头一独特风景。

啊！一只熟悉歌曲又奏响："I will rock you"！我让你摇滚。更美好的香港属于他们，自由民主歌曲会流向大地，"流向宽阔光明的民主的原野"！

（二）

2010年3月20日，又一周末，星期六从珠海度假村出拱北海关，傍晚时分抵澳门，夜住威尼斯人酒店。The Venetian Macao-Resovt Holel 为美国拉斯维加斯金沙集团投资。高39层的"威尼斯人"古老不夜城建筑壁画圆柱皆文艺复兴时古典风格，三千间豪华客房天天爆满。

拥有全世界品牌的十万平方米商场，灯火通亮如白昼，聚集在人工威尼斯运河两岸。人造蓝天白云与蓝色河水相映，葡萄牙人唱着意大利民歌撑着威尼斯传统的狭长小船驶过，处处拱桥石板路，以为身在异邦。

你可不要去美食包厢"乱点鸳鸯"，什么葡国鸡牛肋骨沙甸鱼之类小心宰你没商量。乘电梯下二层，世界名牌服饰价格昂贵。小吃店却热闹非凡，我们四个人消费不多却吃得可口，新鲜。在一宽亮商店，老伴看中一双鞋798元加税30元（和欧美一样，你购物税收由你立即买单！）孙儿购得一法国品牌背

（上图）在澳门威尼斯
（中图）在澳门
（下图）与基督对话

包 1680 元。女儿相中一对白金耳环，价格不菲，周末优惠五折成交。

是夜过古城引桥，各色建筑，似宫殿，似城堡，闪烁灯火，变化莫测。深夜穿过一楼宽广的赌城大厅，任凭你参观，却禁止拍照。巨大厅堂人满为患，各式赌具台桌齐全，花样百出。"老虎机"真个吃人，你一堆筹码，几分钟可输个精光，可谓从天堂下地狱只一步之遥。难怪国内不少官员贪色婪财，纸醉金迷，掉进这世界著名赌城。深夜经大人许可，孙儿去体味生活，带 500 港币去玩，半夜回房，却赢得 1500 元港币，上交爷爷奶奶作纪念。问其缘由，答曰："不能贪！"他熟悉概率，哦！到底牛津数学专业，牛！

次日返程，回首这巨大葡式风格不夜赌城，好个"威尼斯人"！旅游者，潇洒享受；贪婪者，必下地狱。

本书作者在庐山险峰（《成都晚报》摄影部主任刘春和摄）

晚报花儿朵朵红艳艳……

忆晚报同行，难以忘怀，摘几片花瓣，以示怀念。

林放阴谋策划，本人酒醉洪都

　　豫章故郡洪都新府最难忘，一是东道主南昌晚报姜松接待周到，热情诚恳；二是交了许多晚报朋友。那天评审完全国晚报首届科学小品大赛，已是凌晨三点。是日正逢端午，下午南昌市委市府在洪都宾馆宴请全国晚报同行。首先由会长黄天祥代表晚报同行们向老前辈作家秦牧、北师大校长王梓坤、北京自然博物馆馆长黎先耀《科技日报》老报人高级编辑赵之、上海《科学画报》主编饶忠华等顾问敬酒。席间，《福州晚报》邓长清端起一杯酒向我走来，"我不会喝酒呀！""那不行，今儿高兴！昨晚评出全国晚报 10 个金奖，北晚、新民各得两块，你《长沙晚报》也得了两块，这酒非喝不可！"盛情难却，我喝了；《成都晚报》刘春和也走来，"你喝不喝？不喝就是看不起我！"无奈，又喝了；谁知各晚报的年轻记者鱼贯而来，一个接一个，直把我灌醉为止，我一觉睡到次日上庐山前才醒来。后来才得知，这全是天津科技出版社高级编辑林放在幕后指挥，宴前与各晚报记者策划好了的："今晚要把老汤灌醉。"他阴谋果然得逞。林放，高个、坦诚，一脸微笑，为大家喜欢；他就是天津科技出版社为我们出的第一本书《科技夜话》责任编辑。

坐悬崖绝壁，至今仍惊然后怕

晚报同行登庐山，笑话连连，情趣盎然，我们八个记者登上"五老峰"，因去得早，大雾封山，几步之外，不见人影，常要大声呼唤，人却近在咫尺。中午雾散，《新民晚报》的王金海放歌一曲，嘹亮而宽厚。原来他音乐学院毕业转到新闻界来的。最受欢迎数《成都晚报》刘春和，他"长枪短炮"俨然一摄影家（后来果真调任《成都晚报》摄影部主任）。他说："你们敢站在任何山头，我就敢照。"我立马登上一绝壁山顶，他竟下山再登上对面山顶，拉开他"长枪"远距离为我摄下一照。他冲洗出后立即从成都寄来长沙。我竟有如此斗胆，好险！

黎胖老鼾声如雷，大数学家一夜未眠

在福州评完第二次科学小品大赛次日，直奔武夷山顶。阳光当头晒，黎先耀教授知识渊博，等他兴致勃勃地给大家讲述武夷山顶植被的来龙去脉之后，他的光头也被烈日晒脱了一层皮，红中发亮。是晚夜宿林场。黎老是大胖子，一天已疲乏之不堪，上床就鼾声大作，可害苦了同室的瘦个子北师大校长王梓坤教授一夜未眠。次日一大早，我还在漱口，王校长找我诉苦。当晚换成《兰州晚报》的年轻记者与王校长同室，这位大数学家才正常入睡。

大美人好啊！难道你喜欢丑八怪？

当时天津闻名全国的科普期刊叫《科学与生活》，戚永馨在《今晚报》创办的科学副刊也叫《科学与生活》。戚老总是选用一些美女、美景作刊头照片，编辑部有人利用一读者来信发难，戚老不予理睬。后来又告到了总编辑李一夫那儿，李总说："大美人好啊！难道你喜欢丑八怪？"

戚老当时也是晚报科学编辑记者学会的常务理事，他讲话发言最实在，知识广博，为人厚道，是我们晚报同行中最受尊敬的长者。他原为新华社记者，经历了一段坎坷后到《今晚报》社。每次出行，年轻人总是让我们两人坐大巴士前排，有次不知怎么和他说起了英语，他用一连串流利而纯正的英语回我，令我肃然起敬。我们说话很投机，真是相见恨晚。有次他儿子出差长沙，他特地捎来天津鸭梨。

今年春节我打电话给他拜年，我说才接到《南宁晚报》唐乔年电话，戚老说："哦！老唐，个子胖胖的，

（上页左）全国晚报同行摄于扬州
（上页右）晚报同仁《今晚报》戚永
馨、《南昌晚报》姜松
（右图）晚报八记者登庐山五老峰

头有些秃顶,诚恳地道的南方人啊!"我们说了许多,我还自称老矣,谁知戚老今年已80岁了,声音洪亮,意气风发,小弟惭愧。

晚报四朵金花出任副总编

学会是一个熔炉,锻炼和培育了全国晚报一代科普记者。刚创建时,不少人还是年轻姑娘和小伙子;转眼几年就成了独当一面的知名记者或编辑;很多人成了骨干,当上部主任;不少人被评为主任记者或高级记者;像大姐姐一样温存体贴的唐天中,出任《乌鲁木齐晚报》副总编;人见人爱、人气最旺的姜松,出任《南昌晚报》副总编;每晨必练太极拳的温柔可人的傅媛,出任《春城晚报》副总编;高挑个儿漂亮的张维璟,出任《福州晚报》副总编。

中国晚报科学编辑记者学会人才济济啊!

何日再聚滕王阁?

出塞外,过黄河,就是鄂尔多斯高原,直奔成吉思汗陵。几天会议后,晚报同行尽情欢乐着。呼和浩特晚报社用金黄色脆皮的烤羊肉款待着大家,还特地赠给每人一把精致的蒙古刀。参加过莫斯科世界青年的女高音唱的《嘎达梅林》,刘玫、姜松、傅媛、张维璟晚报美人用粤语歌《万水千山总是情》回应了他们;他们要我这湖南人唱了个《浏阳河》;《南宁晚报》的小崔满头大汗跳着迪斯科。

从呼和浩特返回北京,《贵阳晚报》的文艺副刊部主任秦家伦中途下车去看大同云冈石窟,时近半夜,大家舍不得,约好凌晨两点相互叫醒到月台送老秦转车。到了北京,走一个,大家又送一个,到北京站时,不少人哭着分别。晚报同行情,真是一片纯洁忠诚啊!

姜松曾邀我们去她家乡看鄱阳湖白鹤,去看秋水共长天一色重建一新的滕王阁。晚报的老朋友新朋友,能有机会去重游庐山,再相聚洪都么?

2006年2月22日匆草于广州

胶东湾海面静悄悄

7 月 28 日，去参加人民日报社召开的全国报纸副刊研讨会，时当酷暑，由长沙至武昌转郑州奔青岛，第三日下午才抵烟台，人民日报社大客车把来自四面八方的新闻界同行塞满，又疾驰三小时到达牟平县养马岛，已是下午 7 时。落日的余晖把全岛染得金黄，人民日报社、新华社、中国北方工业公司的休养所和天马宾馆成一字儿排开，跨过环岛公路与翠绿的灌木丛，就是一望无际的大海。会余，领受胶东风情。

海湾平和静悄悄——中国的夏威夷

海，蓝蓝的，无边际。对我们内地人来说，还带着几分迷惑与神奇。山光海色，秀丽如画，晨起观海上日出，远眺碧海空明，天水一色，令人遐想。8月 6 日跟渔民出海捕鱼，海浪把机船抬得高高的，浪花扑面，我等年老者颇感惊慌，年轻记者却开怀大笑；唯有渔民们稳立船头船尾，仅着一短裤，宽阔胸膛，古铜色背脊，镇静自若。海，蓝蓝的，越驶向深处，竟成为蓝黑，平静如湖，凶猛若狂。我们领略了海的威严，海的胸怀，海的气息。

养马岛位于山东烟台市东 30 公里，风景优美，白天阳光灿烂，夜晚月儿如钩，海风轻轻，四周静悄悄。

岛中部有汉太尉刘宠墓，碑文竟是大文学家、书法家蔡邕所书；岛中依稀可见边关遗迹，明代抗倭民族英雄戚继光曾派重兵把守。传说，公元前 219 年，秦始皇东巡途经此地，见岛上水草茂盛，群马奔腾，便指令在此养马，专供皇家御用。岛中有全国最大的跑马场，天马广场中央一巨大奔马石雕，昂首而立。

在烟台养马岛《人民日报》休养所

岛的四周海面开阔，港涧水深，更有 39 公里的海岸曲线。西端水深浪小，为天然良港；唯东端是一片水清沙白的空间地带，为海水浴场，是山东的旅游胜地。岛上气候温和，年平均气温为 11.8℃，春日旭，夏不热，秋凉爽，冬无寒，赞为"中国的夏威夷"。

杨子荣威风凛然，梁山泊遗风永存

从养马岛租来一自行车，沿乡村砂石路，迎着海风骑两小时，即可到达牟平县宁海镇，这就是闻名全国的侦察英雄杨子荣的家乡了。杨子荣家 79 岁的哥哥杨宗福热情接待，认真地讲述着杨子荣 1945 年参加八路军尔后出关转战东北消灭座山雕匪帮的传奇故事。1991 年 7 月，牟平县为纪念杨子荣，特在宁海镇树立一座全身石雕像；杨子荣身披军大衣，头戴风雪帽，腰系手枪，目光远眺，威风凛然。

8 月 5 日中午，宁海镇用烟台啤酒和他们自产的当地特产海味款待我们。那酒量，只有内蒙古两家报社的总编才可与之匹敌。那山东人的刚毅豪爽性格，溢于言表，真是"山东自古多豪杰，中国无处不山东"。

杨子荣的家乡宁海镇，1984 年总收入突破亿元，被誉为"江北第一镇"。6 年后，1990 年又成为山东省第一个 10 亿元乡镇。这天，《人民日报》等全国 80 家报纸的记者分成四组到四个村去采风，我们江南和西北组访问的正是王家疃村。

村庄有高大宽敞俱乐部、村妇女之家、村图书馆、村办小学和幼儿园、村老年活动中心及农村公园。村委会主任孔宪逻介绍：本村 960 人，460 个劳动力，农业人员仅 20 人，全部实行机械化，用两台价值 24 万元的联合收割机耕种 230 亩土地，除解决全村人口粮食外，还上缴国家 6 万公斤。96% 的 440 个劳力全部从事工业，全村有标准件、油灌、汽修、镀锌、织布、冷藏、印染、建材、五金、家具加工厂，全是改革开放以来兴建的。

十年前泥土与草棚搭成的低矮住宅、磨房与猪场，如今已是高楼大厦，别墅紧连。俱乐部门上一副对联"仰无负于天，俯无愧于民"，是梁山水泊英雄好汉遗风。

甲午海战惨败，国耻最难忘

8月7日，乘车三小时，直奔威海港。

威海位于山东半岛东北端，与辽东半岛的旅顺遥遥相望，共扼渤海门户，战略地位险要。

威海港三面环山，南北犹如两只巨臂前伸，突入海面，刘公岛正位于两岸之间，横列威海湾内，形成"天然水寨"。

一飒爽英姿的年轻水兵指引我们登上轮船驶向刘公岛，只见快艇整齐排列。有诗"遥听鼍鼓刘公岛，遍历狼峰威海城"，鼍（tuó 音驼）又叫扬子鳄；鼍鼓，即用扬子鳄鱼的皮蒙成的鼓，夜里用于打更巡逻；狼烽，即烽火，古时边关烧柴或狼粪以报警，可见威海自古战事连绵。

轮船靠在铁码头。铁码头为海中一长栈道，建于1889年，工程浩大，用厚铁板钉成方柱，中灌水泥，凝结如石直入海底，百余年来十分牢固，现为我人民海军使用。

从铁码头步行一公里，就到达北洋海军提督署，大门上高悬巨匾"海军公所"，为李鸿章题字。正厅展示着中日甲午争海战场面。后厅为蜡像馆，重现的是1894年8月8日北洋海军一次军事会议，十名海军将领威严地或坐或立，悉如活人。中坐者提督丁汝昌，共十名副将分坐两旁，唯总兵林泰曾站立，正愤然慷慨陈词。甲午战争的第一仗——黄海大海战就是这次军事会议决定的。海战中出现了邓世昌及200官兵誓与"致远"号战舰共存亡壮烈殉国的英雄事迹。大海战之前，武器装备北洋水师与日本海军相当，清朝政府经济上实力远远超过日本。海战失败后，日本发动侵略战争更加变本加厉，水陆并进，而清政府却消极防御，完全放弃了黄海制海权，还幻想依靠外国调停，谋求议和，导致甲午战争惨败。在刘公岛大海战中，提督丁汝昌、"定远"号管带刘步蟾、"镇远"管带杨用霖、护军统领张文宣等悲愤自杀殉国。刘公岛被俘请军达5137人，被俘军舰有镇远、济远、平远和广丙舰等四艘，被俘炮舰有镇东、镇西、镇中、镇南、镇北、镇边共六艘。1895年2月17日，日本舰队驶进威海港，占领刘公岛，北洋舰队就此全军覆没，成为千古遗恨，4月17日《中日马关条约》的签定，赔偿白银2亿两，为日本发展打下坚实的经济基础。中日甲午战争的失败，对中国近代史产生十分重大影响。国耻难忘！教训深刻，日本军国主义亡我之心不死，中国一定要提防日本！

近两个小时参观，新闻界同行一个个沉默无语，拖着沉重步伐走出海军公所。见刘公岛最高峰旗顶山上古炮屹立，山下是辽阔海面，倍增怀古之悲愤。

在威海港刘公岛北洋海军提督府

山坡上高高耸立白色纪念碑——"北洋海军忠魂碑"，甲午海战教训惨痛。国耻最难忘！

再回首，大海依旧如故，蓝蓝的，无边无际，任凭你去思索，去遐想……

静悄悄的海面，谁能预料何时将炮火隆隆巨浪滔天。保卫祖国神圣领海，一刻也不能忘！

解放军某部空军上校戴旭在他的《盛世狼烟》中说："600 年来，中国无人懂海军。从最早的郑和下西洋开始，我们就不懂海洋，郑和下西洋就一无所获，然后又开始实行海禁，这都说明我们不懂海军的重要。再说近代，北洋水师的失败是不懂海军，我们的舰队比人家的好，可是被人家堵在港口里打，清朝买回了人家的军舰但是买不回来海洋意识，买不回来对海军的真正的认识。要是北洋舰队懂海军，甲午海战应该在日本的海域打，那战争的结果应该是另外的样子，顺便，近代史也应该是另外的样子。"

戴旭上校的诗更有军人的气壮山河：

"寂寥帐下谁谈兵，

漫拭龙泉怅秋风。

东海惊涛南沙梦，

大漠狂飙边山情。

云涌难为《枯树赋》，

浪激犹闻《满江红》。

何日长缨天借我？

八方狼烟一剑平。"

吻别青春

01 密执安湖畔

幼小读《桃花源记》，心儿总思念这如诗如画的田园景色；后读《荷塘月色》，真喜欢那一片宁静。如今远离了嘈杂的繁华都市，听不到市俗的噪声与人为的喧哗。入夜，窗外密执安湖寂然无声，挑灯夜读，辛弃疾有词在目，"山远近，路横斜，青旗沽酒有人家，城中桃李愁风雨，春在溪头荠菜花"，身在异邦，心却在祖国家乡，真是"春风无限潇湘意，欲采苹花不自由"。

密执安湖静悄悄，静得有些寒意，有几分孤寂；但周围那迷人的景致，环绕湖畔的一片绿，那清新的空气与安宁静谧，又使我想起美国诗人梭罗的《湖边散记》（1997 年怆然去世的诗人徐迟有中译本为《瓦尔登湖》）。

梭罗在《湖边散记》中写道："我沿着湖岸散步，只穿一件衬衫，密云微风下有点凉意，对身旁一切事物并无特殊感情，万物与我竟合而为一。像湖泊一样，我的宁静有如浪过无纹，没有激越。晚风吹过微波在水平如镜的湖面，好像遥远的风景……"

密执安湖在美国北部，与加拿大接壤；瓦尔登湖在美国东部，波士顿附近，它们是一样的宁静，一样的美丽。

春夏之交，正是桃红柳绿的季节，我与老伴飞过太平洋，到美国密执安大学来参加孩子的硕士毕业典礼，那场面的热烈，毕业生高呼："GO BLUE！""GO BLUE！"的狂欢，至今仍在耳边回响。然后是长途跋涉旅游，从安娜堡，穿过俄亥俄峡谷，经宾夕法尼亚州，上阿拉巴契山，过马里兰和威斯康辛，抵华盛顿。接着驱车费城，沿一号高速公路北上，从新泽西州进入纽约，在雾雨朦胧中，看到高大的自由女神像屹立 Hudson（哈德逊）河畔，精神为之一爽，曼哈顿的高楼也隔河巍然在望，然而无论华盛顿纪念碑之挺拔，林肯纪念堂之雄伟，白宫、国会山庄之富丽，纽约大街的繁华，我最喜欢的还是这密执安湖畔的小市镇 ST·JOSEPH（圣·约瑟夫），喜欢她那像少女一样的单纯、简朴、美丽迷人。

ST·JOSEPH 已有 200 年历史，沿着湖岸高大浓密的树林，与蓝天白云倒影湖中，清晰可见。一幢幢楼房隐在树林丛中，造型各异，结构很美，你竟找不到相同的两幢房子：外墙颜色有雪白、米黄、橘红、淡蓝；有的还带着尖顶，如同安徒生童话里的阁楼，周围寂静无声，此情此景，如在梦幻之中，仿佛白雪公主和小矮人一会儿就会从阁楼中向你走来。

我们的客厅窗外是一片绿草地，游泳池后有条小路，经过一片树林子，就是湖边沙滩了。临窗眺望，湖面像海一样，无边无际，碧蓝碧蓝，一直伸到天的尽头。

孩子下班回家，有时全家开车到 Silver Beach（银色海滩）天然游泳场游泳；看成群的白色海鸥飞翔。湖中有一个高高的 Light House（灯塔），有长堤与湖岸相连，成为 St·Joseph 一独特景观，傍晚时分，岸边路旁的矮脚灯全亮了，点点灯光，与晚霞交相辉映，湖上笼罩有淡蓝色的薄露，你就能看到西边血红色的落日缓缓消失在湖面的天际。这时，女儿就把音响打开，歌后 Celine Dion 的歌曲从车里飘出来：every night in my dreams I see you, I fell you that is how I know you go on……柔情满怀，真有些叫人断肠。有时也放我们年轻时喜欢的歌——喀秋莎走在峻峭的岸上，歌声好像明媚的月亮，这似乎又给周围添加了一点别样的情趣与气氛。

周末，湖上快艇如飞，划出长长的人字形波浪，远处是帆船点点；湖岸有露天音乐会，人们穿着最漂亮的服装来听管弦乐演奏《卡门》和《蓝色探戈》；艺术节欣赏草坪上的画展，看美籍荷兰人跳大木鞋舞，听印第安人低沉哀怨的笛子诉说；有时驱车湖边小镇"赴集"；常有朋友邀请去参加 Party；到果园摘樱桃；独立节夜晚人们汇集湖边沙滩看烟花，但都只是一时的喧哗，过后，又恢复了往日的宁静。即使半夜骤然狂风大作，电闪雷鸣，好像要把屋顶都掀开。一觉醒来，湖面水平如镜，依然静悄悄，雨后阳光撒在湖面上，一片金灿灿。

当然，我与老伴最喜欢的还是带着小孙女到湖岸散步，微风吹着我们的衣衫。湖岸高大的松树、橡树、枫树、杨树的叶儿，在微风下轻轻飘摆。当拖着大尾巴的松鼠从树上窜到草地，小孙女便欢腾雀跃地把准备好的花生扔给它们，便有两只、三只松鼠瞪着眼睛围着我们转。

此时此刻，我们什么都不想，丢弃了人际的尘埃和恩恩怨怨，思绪与身子仿佛已融化在大自然里，在风里，在云里，在鸟儿的歌里，心儿是异常的宁静。

有时我们坐在湖边的靠椅上，看洁净的湖水随早、中、晚和天气的变化而呈现不同的颜色，时蓝、时绿、时青、时银白、时金黄、时橘红，变幻莫测，美丽极了！我们吸着花儿草儿吐露的芳香，听红眉鸟唱出悦耳的歌声。近看野鸭子在湖面划出浅浅的波纹，远看海鸥展翅飞翔的优美姿影，有时一只两只凝固在空中，其实它是从视觉中直线飞去，好似不动，只是越来越小，最后消失在湖面上……

写于美国 ST·JOSEPH 市密执安湖畔

密执安湖畔
之春

之夏

之秋

之冬

夏日灯塔

"荷塘月色"今何在?

这全然不是我心中的"荷塘月色"!

暑假,我中学同窗好友北大教授焦鹏飞陪我专程去清华园,到处都没找到。

快中午时分,问一老者,告曰:"荷塘早被请出清华园了!"在他指引下,我们七拐八弯走到清华园围墙外一偏僻角落,终于找到了一个人工小池塘,一些残败荷叶加上几棵稀稀拉拉柳树,水泥路旁一个小餐馆,还有一个打瞌睡卖冰棒的老太太……

我心中的"荷塘月色"比这美多了!

故乡渌江畔培元小学的国文老师易梦之温柔亲切地领我们朗读:"这几天心里颇不宁静……沿着荷塘,是一条曲折的小煤屑路……荷塘四面,长着许多树,蓊蓊郁郁的……曲曲折折的荷塘上面,弥望的是田田的叶子。叶子出水很高,像亭亭的舞女的裙……又如刚出浴的美人。"这"又如刚出浴的美人"解放后编入高中语文课时曾被教育部官员删去,"很正派"的道学先生们唯恐青少年见到"出浴"而且还"美人",当作"精神污染"清洗干净了。但我又迷惑,怎么清华园高等学府官员也变得霸气了,把几代人心目中的荷塘清洗出了校园。

《荷塘月色》,是易梦之老师给我们上的第一堂课,讲完第二周要背熟,背不出用宽篾片打手心。感谢易老师严厉的慈母的爱!让我们幼小的心灵充满了美,学会了爱,那"微风吹过,送来缕缕清香,仿佛远处高楼渺茫的歌声似的……叶子和花仿佛在牛乳中洗过一样;又像笼着轻纱的梦"。"塘中的月色并不均匀,但光与影有着和谐的旋律,如梵婀玲上奏着的名曲……"至今清晰记得。

人生多变,世事迷茫。

与北大焦鹏飞教授摄于北大未名湖

是童年把人生想得太美？还是现实并非我们想的那么美？抑或美只是在梦幻的影子里？我后悔不该去清华园寻觅那心中的"荷塘月色"！我真愿把童年的梦幻永远留在心里。

这让我记起第一次去湘西张家界，那原始森林与鸟儿欢歌，那松叶飘香与泉水潺潺，真是人生一次美的盛宴！后再去那里参加全国高校一次文艺理论研讨会。张家界变样了！人工的太多，楼台亭阁，宾馆林立，商场成片，叫卖声声……我再不想去了；被清洗出清华园抛在大学围墙外偏僻角落里的枯燥荷塘，我永远也不会再来。

余观之，世间万物：自然而然，才温馨，才生动活泼，才是真的；人工打造，很冷漠，很牵强做作，那是假的。

03 爱生活享受爱：放慢速度！

暑假，小女儿 Xingzi 带着她的小女儿飞往密执安湖畔。 7 月 15 日发来《落日》彩信："爸妈：女儿子薇子妍正从夏令营回家路上，我一人坐湖边看落日，心像湖面一样平静，真好！"我回她：《落日》真美！难得是这份悠闲与心境。"

无独有偶，大女儿 Tina 也发来短信《丝路花语》："别走得太急：停一停，聆听树上鸟儿叫路边花开声；别太累！歇一歇，好好欣赏身边绚丽风景。"

身边是番禺南奥花园三角梅一片火红，前面是长隆野生动物园碧绿密林。俯看高尔夫球场旁新修汉溪大道上汽车飞驰穿梭，年轻人真忙呀！他们来得及欣赏么？

"欣赏是无所为而为之的玩索，欣赏时人和神仙一样自由，一样有福。"朱光潜老先生如是说。

如今时髦话，"效率是金钱，时间是生命"！非洲瞪羚也知道，每天它一早醒来自己必须跑得比最快的狮子还快，不然就会被吃掉；狮子醒来就告诫自己必须超过跑得最快的瞪羚，否则就会被饿死。

2006 年，我与老伴参加她母校东北师大 60 年校庆期间参观长春汽车制造厂组装流水线：奥迪 A6

和 A4 每 85 秒钟一辆，本田平均 51 秒钟一部，奥拓 48 秒一台，车间标语分明高挂"时间就是金钱"！

如今是"快餐文化"！观念不允许你慢，你太慢公司不用你！你要快赚钱，快购车，快买房，连做爱都要速战速决，因明天一大早要赶去上班。你劳碌奔波，日夜打拼，苦寻项目，吃饭应酬，通宵加班……啊，年纪轻轻已加入亚健康人群的"三高"行列！你身体是否不堪重负危机四伏了？

你看过席勒·赛维斯汀尔的《遗失的部分》吗？完整的圆只有在一部分圆弧被切去慢慢滚动时，沿途才欣赏到美丽鲜花和明媚阳光并与蝴蝶鸟儿交谈。当圆找到遗失的部分又飞快滚动时，美丽世界不见了……

有得必有失，生活也需要舍弃，哪能一边欣赏落日同时赚大把大把钞票。人又不是机器上的"卓别林"，需要停一停，歇一歇！我欣赏作家苏童说的，"慢是很优美的，我喜欢慢节奏"。

现代青年的爱情，好似吃快餐；有的明星离婚跟结婚一样快。张艺谋苦苦思索拍了个《山楂树》，真怀念我们那时代的爱情，真挚甜美慢慢地爱。获奖作《云水谣》更上一层楼，你看：英俊可爱陈秋水与大家闺秀王碧云台湾邂逅而相爱，因政治分手他只好逃到大陆又赴朝鲜战场，遇上纯情少女护士王金娣，她长途跋涉追恋陈秋水直到雪崩两人牺牲在西藏高原。爱情够长够慢的了，岁月流逝悲欢离合长达 60 年。我看《云水谣》，被感动得泪流满面。

流亡法国的捷克作家米兰·昆德拉名作《慢》（英译本为《Slowness》）叙说他和妻子在法国公路上开车，一年轻人驱车紧追其后要超车。他妻子感慨："啊！这亡命之徒！法国几十分钟就有一人死在公路上呢！"昆德拉联想开来，高科技带来高速度陷入飙车的狂喜并非快乐！他写了一个年轻男子剧院邂逅美貌女子慢节奏艳丽动人缠绵销魂的爱情故事。

新出版加拿大记者卡尔·奥诺雷写的《享受慢活》，说快节奏让我们付出太多的惨重代价，书中叙述了英国牛津等大学向大学生发出警告，极力主张过一种积极的慢生活（啊！牛津大学，这世界上最古老最优秀的大学培养了 47 位诺贝尔奖金获奖者和来自 8 个国家包括英国的 17 位国王，以及来自 19 个国家的 53 位总统和首相），书中还引用了排在美国长青藤大学首位的哈佛大学给大学一年级新生的信（啊！哈佛大学，它培养了 40 位诺贝尔奖获得者和 9 位总统以及 30 位普利策奖获得者）。哈佛大学给学生的信是这样写的："……假如你们能减缓过于紧张的步调，假如你们能稍稍放松自己，把时间放在那些需要的事情上，你们就能从日常生活，从哈佛大学收获更多。"哈佛大学这封信的题目就是《放慢速度》！

04

万里写入胸怀间

3 月从美国回国，向住在加拿大蒙特利尔的李曼青老师及南卡罗纳州长郡中学周正规同学——电话告别，还说及何日都回国时在母校重逢？

在广州小住，4 月回长沙，16 日上午回母校，商酌迎接长郡中学建校 100 周年，惊悉罗海熬老师、何吉逊老师已离我们而去。一周内，长郡竟走了两位老师，岂不悲乎！

出国前，我见到何老师的情景历历在目。2000 年金秋季节，我与周正规同学骑自行车去看他。他见我们蹬车远道而来，喜出望外。他留吃饭。我们说这么好天气何必猫在屋里。是日中午，南郊公园聚餐，秋阳高照，忆长郡情怀，叙师生友谊，岂不快哉！如今他突然走了，心里凄然！

何老师一直教我们语文，先在高 34 班，我病后复学高 37 班，他又教我语文，还当班主任。他当时任长沙市高中语文教学大组长。记得有一次他上公开教学课，讲《钢铁是怎样炼成的》中的一节《筑路》，说的是保尔与冬妮娅久别后在一个严寒的雪地铁路工地上重逢。因全市的高中语文老师来了不少，后面坐不下。我班同学起立撤走许多课桌，搬到走廊上，同学们紧挨着坐，腾出一半教室，外校来听课的老师把教室坐得满满的。何老师那堂课讲得格外好，我们同学心里都暗暗高兴。

我一辈子走上了摇笔杆子的路，与何老师有关。我初中对语文课实在不感冒，而且讨厌作文。高中后，何老师上语文课讲得生动，大大培养了我的写作兴趣；加上我读了不少书，如苏联小说《卓娅与舒拉的故事》《古丽娅的道路》，车尔尼雪夫斯基的《怎么办》，高尔基的三部曲以及伏尼契的《牛虻》等等。我的作文有了进步。记得 1954 年 9 月开学，何老师把作文题写在黑

（左图）长郡中学同窗看望何吉逊老师（中）
（下页图）34 班同学与罗海熬（前排左起二音乐）、何吉逊（语文）、李人琢（校长）、梁涤青（体育）、李蔓青（英语）等老师合影于长郡中学 。

板上——《我经历了一次严峻的考验》，是针对同学们暑假参加了一次水利建设的艰苦劳动而出的。我当时病休才复学，没有参加那次劳动。大概受了保尔·柯察金的影响吧，我就写我经历与病魔斗争的考验。记得我在病中周静娟同学送我一本土耳其诗集《希克梅特诗选》，我在作文的最后引用了诗人的诗，"我还是那颗心，还是那颗头颅"。何老师用红笔在这篇作文后写了一页的评语，给了全班最高分 90 分，下面加了三个圈，批着两个字——"传阅"。

正是在何老师的鼓励与培养下，我考上了中国语言文学系。我大学毕业后分配到江南一家小报——长沙晚报当记者。记得过苦日子后 1962 年的一天，何老师到报社来找我。我见他脸很瘦，呈灰青色，双目呆滞，已不是我原来见到的神采奕奕的样子。我问他有病吗？他说没有。他是在 1957 年挨批斗被清洗出教师队伍的，后在南区（现叫天心区）的一个街道干体力活。中午饭时分，我留他吃饭。我给他打了四两饭，上面盖了许多菜，还有一份炒肉，他吃得津津有味，近乎狼吞虎咽。我想何老师准是饿了，就问他还要添饭吗？他说："不用了，谢谢你，谢谢你！"就默默地走了。

后来落实政策他回到长郡教高中语文，同时担任学校工会主席，思想开朗了，话也多了；晚年为学校写校史。何老师不只会讲课，草书写得十分漂亮。他用宣纸给我写了一横幅是李白的《送裴十四》"黄河落天走东海，万里写入胸怀间"，给周正规写的是鲁迅的"横眉冷对千夫指，俯首甘为孺子牛"。篮球也打得好，他与我们 34 班班主任张健知（李曼青老师的爱人）、英文老师李又起等老师组成的校教工篮球队在市里的教工比赛中夺冠。何老师还写得一手好文章。后来我做副刊编辑时，他写来的文章言简意明，从屈原的《天问》、贾谊《过秦论》《红楼梦》中诗词，到陆游的《钗头凤》……文笔朴实，生动有趣，点评精当，我都给予刊用，有的放副刊头条位置，很受欢迎。

05

天上太阳，红呀红彤彤呀……

我忘不了何老师的语文课，也忘不了罗海熬老师的音乐课。长郡中学那时没有音乐教室，上音乐课在水井旁简陋的四面通风的礼堂上。

罗老师给我们上的第一堂课是"天上太阳，红呀红彤彤呀"！我们唱熟后，他立即指挥我们从男女声二部轮唱到三部轮唱，越唱越起劲，45 分钟一下就过去了。从此，我们都喜欢罗老师上音乐课。尤其喜欢他教唱时那股认真劲。至今，我还记得他教唱时那嘴张得圆圆样子，他要求我们不要用喉咙喊，而是从腹部胸腔运气发出的声音来唱。

他教了我们许多歌，至今难忘，如"一根那个竹竿容易弯嗬"……语言生动，节奏感强，非常民间，非常生活，给我们带来了许多乐趣与精神上的熏陶。

第一学期，罗老师与团委学生会组织开了一场别开生面的文艺晚会，大多是同学们自编自演，高中部演出了《双送粮》。我们 34 班的节目是我、刘志辉、周俊明与盛赋霞、钱启予五人跳《鄂伦春舞》。

后来长郡中学成立了歌咏队，罗老师任总指挥，从红日照遍了东方，唱到伏尔加河船夫曲。长郡只有一架风琴。如到外面演出，就由高中部的大个子同学抬着风琴去，因我在初中就学会了弹琴，每次演出都是我去伴奏。殷杰、李正本他们的舞蹈队，有时由我来伴奏。小合唱《太阳下山》还到湖南省广播电台录音并播出。不知为什么，李正本的优美舞姿和她那对长长的辫子常常是同学们聚会时说笑和议论的话题。

罗海熬老师对每次演出或参加市里的音乐比赛，都极其负责，他自己印油印，装订，组织合唱团，常忙得满头大汗。

至今想起来，1953 年暑假，我十分对不起他。全校合唱团正排练《黄河颂》，

（左图）张友健老师 40 岁生日与袁诗懿老师及张在湄、张次兵、张已宁、张士四儿女全家福合影于 1954 年。
（右图）1978 年后焕发青春摄于爱晚亭

团委要我协助罗老师排练。开始召集、出通知都由我负责。就在这时，我突然患了肺病，市结核防治所（当时在东茅街）的医生要我立即停学全休，要停止一切活动，李人琢校长把我安排住进了靠近新礼堂的校卫生疗养室。罗老师后来见到我说："合唱团几天没见你，你到哪里去了？"我说："罗老师，对不起，我病了。"这个暑假我就这样离开了合唱团，离开了亲爱的罗老师。未能完成协助罗老师排练《黄河颂》的任务。

　　一晃，近半个世纪过去了，长郡生活仿佛就在昨天。如今，又走了两个老师。心里难过。他们的音容笑貌仍清晰地出现在眼前。夜已深，匆匆写上一点文字，以怀念老师，让他们的灵魂安息！

06

您高高的梧桐树……

梧桐，好亲切呀！

　　我儿时家门口就有两棵梧桐树，高过围墙直指蓝天，树干直木质坚，长至十米以上。古人赞曰："一株青玉立，千叶绿云委。"李白有诗"宁知鸾凤意，运托椅桐前"，说的是凤凰"非梧桐不栖"。

　　我从醴陵一中初中毕业，到长沙长郡中学读高中，那三府坪校园是两排整齐宽敞明亮的大教室，相隔的大天井中，全是一色高大的梧桐树，浓密树叶覆盖着屋顶，风儿吹过，沙沙作响，好似奏着美妙的乐曲……

　　长郡校园，度过我一生中美好岁月。我最难忘的恩师张友健袁诗懿夫妇的品格气质，就如同那高高的梧桐树。张老师教语文，任凭接连不断地各色政治运动，拔白旗，批白专……他一心钻研汉语语言与文学，他不随波逐浪，不说假话，一身正气，学者风度，庄重质朴。袁老师在教导处，排课表，刻蜡板，终日辛劳，温良贤惠，苗条个大眼睛，和蔼可亲。我高二当少先队辅导员，辅导初中 109 班中队；那年代被评为全长沙市优秀辅导员，张老师夫妇送我小笔记本祝贺。长郡中学教职工子弟，几乎都是我的小

我们年轻时代的楷模 苏联卫国战争的英雄
（左一）50年代青年出版社出版的《卓娅和舒拉的故事》；（左二）《钢铁是怎样炼成的》；（左三）卓娅在中学时代的少女照；（左四）苏联卫国战争胜利后建立的英雄丹娘雕像；（左五）50年代中国出版苏联卫国战争英雄连环图【青年近卫军】

朋友。当时张老师夫妇最疼爱读高小的女儿张在湄，也是大眼睛，留着一对羊尾巴辫子，左手臂佩戴着三红杠的少先队大队长标志。星期天常由她和仪器室黄老师的女儿黄洋（少先队中队长），领着职工子弟来找我去和解放军联欢；有时去学校隔壁文化电影院看电影。

不幸，我高中毕业检查出肺结核病不能高考而悲伤，张老师夫妇安慰我，把我带到他们家中，那教室天井高大梧桐树旁一个小巷里的教工宿舍，房子不大，但干净整洁，很温馨，桌上摆着《小朋友》《少先队报》《少年文艺》等期刊。

从他们家窗口可以看到那随风飘舞的梧桐树叶……

吃饭时，袁老师特地为我准备了专用的碗筷，待我如亲人。暑假初的十多天，我都在他们家吃饭直到我大姐叫我到衡阳去养病。

多年后我大学毕业分配到长沙，首先看望的就是张老师夫妇。

张老师后来调湖南师范大学中文系，我和爱人王扬慧到岳麓山下密林深处师大教工宿舍去看望他们……

我在《长沙晚报》工作时，请张老师为编辑部讲了半年《语法修辞》课。开始我们开车去接送他，他坚持自己坐公交车，炎热夏天河西河东来回奔波。张老师袁老师做人的品格与张老师教学的严谨是我一生的楷模……

1994年春节前夕，我从深圳回来打通师大电话，想周末去看望。电话中忽然噩耗传来，张老师夫妇竟先后走了！我在编辑部大哭起来，即伏案把我对二老深切怀念给张老师夫妇四个子女写了封长信以寄托我的哀思。我回家告诉我爱人王老师：恩师走了！也悲伤得半天说不出话来。

节后我收到了张在湄、冰冰、毛球、毛四的回信：

"汤老师：

我们含着热泪读完了您写给我们四姐弟的信，您信中充满着对我们的爸爸、妈妈的深切怀念与师生的深厚友谊，我们都很感动。

读着您的信，我们的思绪又回到了长郡中学校园，那一棵棵挺拔苍翠的梧桐树，那一串金色的梧桐子；那又宽又大的教室；那大哥哥大姐姐的朗朗读书声，这一切就像一组跳动着的画面，令人神往，令人陶醉。

我们清晰地记得，那时您在长郡中学读高中，担任少先队辅导员。您就像大哥哥一样关心我们，爱护我们，给我们讲故事，带领我们一大群长郡教职工子弟去'文化'看电影。我们四姐弟都很尊敬您，

（左图）中科院研究员、博导闵应骅教授和我涛姐已度过金婚之喜，从北京在网上发来他们和我与母亲四人在长沙合影照，半世纪风雨沧桑，母亲苦难家乡去世已三十多年矣，令人感叹不已；（右图）与老伴和涛姐半个世纪前上大学相聚在东北长春市合影

很喜欢您，您就是我们的启蒙老师。您以保尔·柯察金为榜样，您养病期间把保尔的像挂在床头；保尔、丹娘、还有您，是我们这一群正在成长的孩子们心目中的偶像。我们记得是您带我们看了好多苏联影片，像《一年级小学生》《丘克和盖克》《他们有祖国》《丹娘》，都给我们留下了难忘的印象，是您将阳光和欢乐洒在我们心灵上，是您使我们童年、少年充满了快乐，多么美好的童年！多么快乐的日子！在长郡中学校园，一切都成为美好的回忆，永远珍藏在我们心中，永不磨灭，就像红宝石一样发光！离开长郡后，我们再也没有过这么快乐的日子了，再也没有去打梧桐子了，再也没有听您讲故事了，我们都长大了，现在又老了，但是留下的却是一首美妙的散文诗，一幅五彩缤纷的水彩画！我们仿佛看到长郡那一群热爱祖国、勤奋好学、朝气蓬勃、团结友爱的年轻人；仿佛听到大哥哥大姐姐唱着《大阪城的姑娘》、《在那遥远的地方》，那优美动听的歌声，至今还在我们耳边回响。我们四姐弟就是在长郡校园这种气氛中度过了我们的童年。您告别母校长郡时，特地来看望我们的爸爸、妈妈，还送给我们许多书，我们就是读着您送给我们的杨沫写的《青春之歌》走向了青年时代，开始慢慢认识世界。

现在爸爸妈妈离开我们了，我们将永远怀念他们勤劳忠厚善良的一生，为教育事业默默奉献的一生。在长郡的七年中，是我们全家最幸福的日子……

爸爸妈妈离开我们了，但他们永远活在我们心中……

您对爸爸妈妈深切的怀念和深厚的师生之情将化为一束洁白的鲜花，我们会将这洁白的花敬放在爸爸妈妈墓前，爸爸妈妈一定会含笑于九泉……

在湄 次冰 毛球 毛四
于 1994 年 2 月 10 日"

啊！人生，有多少美好回忆，又有几多揪心的悲痛？恩师走了，心儿沉甸甸！我把他们四姐弟的信一直保留着，保留着这人生的美丽真情。也记下了长郡中学给袁诗懿恩师的挽联"一枝铁笔廿载耕耘以忠诚奉献精神育李培桃添沃土，八五宏图十年大计有儿女发挥才智立功建业告黄泉"，和悼念张友健恩师的挽联"课士唯勤待人以恕任它雨骤风狂平稳老成登上寿，执鞭与共垂暮相滋何图枫青林暗轩窗薪火诵遗篇"。

我最尊敬的两位恩师安息！阿门！

青春脚步：和涛姐同时收到文学和数学专业大学录取通知，走在东北长春市斯大林大街（后改为人民大街）上。

07

（左图）五十年后重来哈尔滨防洪
纪念塔
（下页左）哈师大原中文系教学楼
（下页右）与大学湖南老乡何文满
（后任望城一中副校长）、李淼（古
典文学研究所研究员）同学合影。

美丽哈尔滨　大学浪漫悲鸣二三曲

—— 我们读大学时那些事儿

哈尔滨，号称"东方莫斯科"，带着几许俄罗斯韵味。 你看那金色圆葱头穹顶教堂，南岗的喇嘛台和秋林公司，郊外成片白桦林，冬天铺天盖地的雪，松花江上雪橇让人想起"三套车"；有轨电车隆隆响过，天线上蓝色火焰在暮霭中闪烁，好似进入普希金的童话世界。

我们孩提时起内心情结还是久唱不衰的《在松花江上》，"我的家在东北松花江上，那里有森林煤矿，还有那满山遍野的大豆高粱……九一八，九一八，从那个悲伤的时候……"。东北抗日联军李兆麟写的诗何等气壮山河："朔风怒吼，大雪飞扬，征马踟蹰，冷风侵入夜难眠，火烤胸前暖，风吹背后寒。壮士们，精诚奋发横扫嫩江原！伟志兮！何能消减，全民族，各阶级，团结起，夺回我河山。"

回到阔别四十余载的哈尔滨，防洪纪念塔多亲切！李兆麟雕像巍然屹立，他与杨靖宇两将军是我们最敬仰的民族英雄。

松花江畔重游，夕阳西照，静看太阳岛一江流，大学岁月点滴记心头。

先登防洪大堤再上高等学堂　教授各有风采令人快乐难忘

　　记否松花江畔日日夜夜，水位高过了哈尔滨城市。1957年9月大学报到当晚8点，全校同学开赴防洪第一线，全市干部工人上白班，所有大学的学生夜晚进班挑土连续两周夜战到天明，个个学保尔·柯察金奋不顾身。深夜12点半加餐两大馒头一盐蛋一香肠吃得真香。工地通亮，歌声不断，从此大家熟悉了中文系女高音:郭玉贞的《绣荷色》，许帼范的《玛丽诺之歌》，于淑媛的《小二黑结婚》。当然还有《红莓花儿开》《山楂树》和《海港之夜》，总爱唱那"蓝头巾在船尾飘扬……"。于淑媛还是全校花样滑冰能手，她伴着《在水波上》的优美旋律像白雪公主在冰上的风采舞姿，看得同学们目瞪口呆。许帼范苗条个儿穿着得体大方而漂亮，像个古典美人，她曾在我当团支书的支部任宣传委员，酷爱俄罗斯文学，喜欢和我商讨俄国名著，讨论着安娜·卡列尼娜，辩论着如何评价车尔尼雪夫斯基《怎么办》中的微拉·巴伏洛夫娜，以及《战争与和平》中的娜达莎。她曾给我写过一封文字优美感情丰富的长信，引起一场小风波，那是后话。

　　"蓝色天空中像大海一样，广阔的大路上尘土飞扬，穿森林过海洋来自各方，千万个青年人团结一堂。拉起手唱起歌跳起舞来，让我们唱一支友谊之歌！"庆祝抗洪胜利在松花江畔，人山人海围着圈跳集体舞，我们的团旗飘扬在太阳岛上。

　　战胜百年洪水，再上高等学堂。周通旦教授讲《楚辞》，眼睛只看天花板；曹让庭教授（湖南老乡，后调湘潭大学）讲《死魂灵》，讲《前夜》，不慌不忙，绘声绘色；王乃安讲师说诸子百家细声细气如蚊子哼，好似和尚在念经；周清和教授用长沙塑料普通话讲鲁迅小说带带表演，他做着动作说讲鲁迅笔下的"雪花膏"把鼻子贴紧窗户玻璃看美女，有点像京剧小生；杨安伦教授的《文学概论》课最热闹，七嘴八舌争论不停；北大调来一个讲师书生气十足却热情洋溢而别出心裁，他讲唐诗宋词，自己新买一架钢琴邀我们到他教工宿舍，他用喉音尖叫自弹自唱《阳关三叠》，笑得我们肚子痛。

哈师大合唱获一等奖大学生活很浪漫　《北方文学》成了我们中文系创作乐园

　　从南岗喇嘛台坐4分钱有轨电车，到和兴路，原叫沙曼屯，如今是大学校区。

　　哈尔滨师范大学周围一片密林，大礼堂屹立校区中央，旁边新建浴室干净漂亮！新盖图书馆书真多！校长于天放老地下党员参加抗日联军，他是自传纪实惊险小说《牢门脱险记》作者；校党委书记杜若牧是早年一二九运动的老革命。中国和苏联蜜月时代结束，外交关系紧张，有名的哈尔滨俄语学院被撤销

（左一）大学毕业留影松花江畔；（左二）"一三八"制我们自己盖工厂；（右三）摄于松花江畔三勤农场；（左四）《黑龙江波涛》琴声在江畔飘荡

与我校外语系合并，哈尔滨艺术学院、体育学院分别并入我校艺术系、体育系。校区扩大，从沙曼屯往南与哈尔滨医科大学相邻，往东隔一片浓密树林与东北林业大学、东北农业大学和黑龙江大学接壤。

艺术系、外语系女同学多，是各系邀请联欢的主攻对象。一年级含羞脉脉，高班男女同学成为树林子主角，朗诵诗歌读英语，唱歌奏琴和跳舞，密林成了爱情伊甸乐园。

我校管弦乐团与大合唱在东北颇负盛名。我有幸成为手风琴手之一。周末舞会开始曲总是奏《勃拉姆斯第五号匈牙利舞曲》。第一手风琴手朝鲜族同学李成天独奏《勇敢的善射骑手》获哈尔滨市优秀奖。校大合唱《黑龙江颂》气势磅礴，开句是"美丽富饶的黑龙江，宛如天鹅抬头唱"，黑龙江省委书记强晓初作词，原诗刊载《北方文学》，艺术系拾老师为其谱曲兼指挥，在全省高校比赛中夺得一等奖。

《北方文学》为我们中文系同学最爱。班长姜清池，从前进歌舞团调干考来，他的东北联军抗日小说首先发表，接着是门瑞瑜的散文和肖孟璋的诗。我的诗歌刊登了优厚稿酬，立即去南岗书店买了《朱自清散文集》巴金小说《家》《春》《秋》，美国作家杰克·伦敦的《马背上的水手》等，还请同学在秋林电影院看苏联俄文原版片《五海通航》，在喇嘛台旁地下室饱吃了一顿大列巴（俄国黑麦面包）和葛哇斯（俄国啤酒）。

全校风云瞬息突变大个子曹全上了黑名单　幸免一难很沮丧申请休学不知今在何方？

好景不长，风云突变。

1957年春夏，一种不祥乌云在天空飘荡。我们各大学的团支部委员以上学生干部聚集道里一个大礼堂，听中宣部文艺处处长林默涵报告。全校的欢乐和歌声戛然而止，变为愤怒声讨，大字报铺天盖地。你主张教授治校吗？右派；你说苏联红军入东北如何如何吗？右派；你说农民生活苦吗？右派。全校停课，日夜批斗，我们中文系一年级"揪出"六个右派，都是二十多岁的年轻人！公布"罪行"，立即开除。

我班来自呼兰县（作家萧红在这里写了《呼兰河传》）农村的大个子曹全，纯朴憨厚，睡我下铺，他刚评上抗洪积极分子，因在鸣放会上说了农民生活苦，上了右派分子黑名单。我作为团支部组织委员列席反右领导小组讨论，我细说了曹全父母年迈多病，弟妹多，家境穷，他讲的是实话，决不是"有意挑拨党与农民关系"、"恶毒攻击党"。有人揭发曹全骂反右积极分子某某"是假积极，野心家，他妈的瘫犊子想往上爬"，我说我没听他说过。

曹全终免一难，但很沮丧。他以家境为由申请休学一年，系主任任愫找我问他情况，我在他申请书上写了"属实"。一年后，曹全再也没回校。他到哈尔滨郊外他表叔工作的香坊一飞机工厂画图纸，一月34.5元，以维持弟妹上学。

（左一）四十年后与性格耿直豪爽的朝鲜族同学崔成万重逢哈尔滨，他部队转业考来是我们年级党支部委员，因在反右中"同情右派温情主义"而被免职;(左二三）过苦日子岁月她就是把粮票接济济男同学的善良朝鲜族女孩吴正善，这是她高中照（下）和大学毕业照;(左四）大学首届团代会上我们团支委孙世勋、刘淑岩和我及李丽老师在雪地合影。

大捕麻雀后全校大炼钢　夏日赴江畔开荒办农场雪天再去海伦乡
睡大铺冷炕冻得打哆嗦　篝火温暖夜空飘荡《黑龙江波涛》手风琴声

1958 年大力捕杀麻雀后就大炼钢铁，每系一高炉，炼出的全是炉渣子。通宵"放卫星"向党委报喜，我们中文系一晚写出诗歌八千首。不久大学实行"一三八制"（即一年中一个月休息三个月劳动八个月学习），省委指示在松花江畔划出荒地名曰"三勤农场"，我们中文系第一批去垦荒，挖土做泥砖，自己盖平房，辟田种稻谷，烧荒种高粱。从部队文工团考来的何于壁（后调回家乡湖南音协任秘书长）创作了《三勤农场战歌》，组建文艺轻骑队，大大调节了过重的体力活。系主任任愫和温凤起等团总支学生干部关心同学和蔼可亲，从工厂新调来系党总支一专干，刀把脸满面秋霜，我因任系刊《红起来》副主编，刊登稿件常要他主编最后审阅，我从来没见他笑过。

他板他的脸，我们自得其乐。夏天的夜晚特别宁静又美丽的松花江畔荒野燃起一堆篝火，夜幕降临，黑蓝色天空下，围火烧包米烤土豆吃，我们唱《三套车》，唱《故乡》，演奏手风琴《多瑙河之波》《黑龙江波涛》，令人难忘。

冬天来了，突然上级有令，不知道为什么又令我们中文系搭上火车集体拉到黑龙江北部摄氏零下三十七度的海伦县下乡办学。大地白茫茫冰天雪地。苦日子里肚子饿，吃黑甜菜疙瘩打汤没有油吃两个窝窝头。记得在校时，我们吃不饱，一到星期天，本地大学生带队，大家背包挎袋天未亮就摸黑出发，钻进哈尔滨郊区闷罐火车（运货和猪牛动物的列车）到二十里外农民已收割完了的黄豆地拣黄豆，到下午大包小包满载而归。大家煮着吃，女同学帮着把土砖搁起铁罐用沙子炒着吃，真是好香呀！我们突然冬天来的没准备柴火，我们睡的大炕冰凉，晚上和着衣裤睡，冻得我们直哆嗦。白天男女同学分坐在相对的两个大冷炕上把脚钻在被子里上课，老师穿"大棉猴"（东北一种带帽子的棉大衣）讲李清照，讲窦娥冤，讲狄更斯，讲马克·吐温……

豪爽耿直贾显湘突然失踪成了现行反革命　和蔼可亲党委书记"文革"不堪批斗自缢身亡

大学同学来自全国，同寝室我的下铺是贾显湘同学，湖北人，部入入党，尉官，任我们年级党支部组织委员，性格豪爽，群众关系好，他曾在大阶梯教室全年级课堂上为《文心雕龙》观点与教授辩论，把一向沉闷枯燥的文学理论课搞得少有的活跃。

那天我们从"三勤农场"回到学校，见我床下铺被盖全搬空，都以为党委把他调到什么地方学习去了。

（左图）在太阳岛；（右图）2006年，大学毕业四十年后重逢哈尔滨，前排左起门瑞瑜、陈英明、李丽老师夫妇、本书作者夫妇、崔成万，后排刘喜印夫妇、田景雁、刘长坤、王庚莞、贡仁年、温凤歧；（下图）四十年后重逢再唱《莫斯科郊外的晚上》

次日得知他失踪了，后来才知道他被公安用铁拷子拷走了。原来黑龙江省委书记收到一封匿名信，省委认定是我校大学生所为，省公安厅出动调查组，重点在中文、历史、政治、教育系查阅学生档案，逐个核对笔迹，最后缩小范围，结论是：贾显湘，他的匿名信长达几千字，大批浮夸风，历数大跃进弊病与灾难。他在信中最后的话是："什么大跃进，简直就是大跃退！大跃退！大跃退！"他被打成现行反革命，开除学籍，开除党籍，判处十二年有期徒刑。

人世沧桑 情何以堪？ 何日南来 把酒临风

人世沧桑，情何以堪！

听说贾显湘同学已提前释放，今在何方？

大个子曹全同学又在何处？

敢讲真话的部队作家姜清池同学调干考来，是我们中文系一年级六班班长。在大跃进中上面要求我们各班都把自己的牙膏肥皂和书籍全交出来大家共享，说要"提前进入共产主义"，各班各寝室正集中物资。他坚决反对，在班会上慷慨陈词说："你们这是小资产阶级的狂热！"他的班长很快被免职。嘿！那个特别时代的大学有太多的趣闻逗乐和幽默诙谐的笑话。多才的姜清池同学，你还在写小说吗？

延边调干考来的朝鲜族同学孙光珠，你记得我拉手风琴你跳舞满头大汗吗？你如今在平壤大学任汉语教授还常跳朝鲜舞吗？

温柔美丽的朝鲜女同学吴正善何等善良，总是把粮票让给我们男同学，听说你们少数民族不计划生育，年级党支委崔成万同学从北京打电话告诉我说你现在青岛，竟有五个女儿都像你如花似玉。

唉！我最好的同学王成国（佳木斯大学中文系主任）心脑衰竭走了，他那年在西南开完高校学术会特来长沙，我陪他参观岳麓书院和省博物馆，你为我家买来的小石蹍子我老伴还在用啊！

闵振贵同学（东北财经大学教授）患病时，我还托去大连出差的杨瑞忠书记看望他，不久患不治之症肌无力早逝；

多么温文尔雅和蔼可亲的校党委书记杜若牧"文革"中不堪批斗与凌辱，自缢身亡……

几十年风雨，弹指一挥间，所幸回母校见到许多老同学——班长陈英民、省党校刘喜印、省电大温凤起（原学生会主席）、哈师大贡仁牟、刘淑岩、崔成万、刘长坤、王赓莞、田景雁等同窗，还有班主任李丽老师夫妇，我的文友门瑞瑜（现任黑龙江省作协散文创作会会长），欢聚一堂合影留念。往事很浪漫，也有许多的悲伤……

岁月流逝，往事难忘，人老心未衰！何日南来海滨啊，再把酒临风？

08

亲爱的！让我们回忆往日时光

我们这一代，天空是金色彩霞，却有太多的黑云密布，电闪雷鸣，经历了多少风雨，道路坎坷，心历相同。也许是长郡中学同窗友谊难忘之故。

40 多年后，我们班每年相聚，创办《34 班刊》按时出版。白发苍苍，依然青春焕发，引吭高歌：

"亲爱的手风琴，
你轻轻地唱，
让我们来回忆少年的时光。
春天驾着那和平的翅膀，
飞向遥远的地方……"

两张一寸黑白照

窗外滴滴答答下着雨，剪开任谷虚同学从成都的来信，信中装着两张黑白照：一张龚安特着白衬衣照，当时共青团总支书记，大眼睛英俊小伙；一张是我病中照，戴着鸭舌帽，着黑衣，左口袋挂着钢笔，上面"第二中学"符号清晰可见。

我照片背面写着"54.8.11"，谷虚同学竟保存了五十年。他在"文革"浩劫中被批斗关押抄家，没收的照片几经周折才找回！在这长沙春雨之夜我匆忙写上一点文字，是对约稿响应，也是对同学情谊的珍重与感激。

（上图）34 班合影（中）为班主任张健知老师；（下页图）1998 年中秋节重聚长郡母校

感谢慈爱的李校长

谷虚同学信中说他们住长沙市黎家坡长郡中学高中部，我"一人住三府坪原长郡中学巷内一间小房子"，这是学校疗养室。我二年级患肺病休学。这首先要感激慈祥和善的李人琢校长，他的品格与表率为全校老师学生员工所敬仰！"文革"中他被打成走资派，挨批斗，被关进牛棚。他地下党历史清白最早解放，后调三中（今明德）负责后勤。我去看望他时他正和同学清扫阴沟一身是泥。正是李校长根据我家境困难而批准我继续享受一年甲等人民助学金，免费吃住在学校，病才得以好转康复。

一间温馨小病室

长郡中学医疗室，我和刘武生（原团委书记）在这里度过了一年快乐时光。书籍摆满小病室各个角落。我床头墙壁上挂着我姐给我画的保尔·柯察金炭笔彩色画。我床下有许多空瓶（有现在啤酒瓶大，瓶嘴短，橡皮塞），这都是 34 班龚安特、盛赋霞、周善云、汤一晃、杨叙六、刘志辉、王锦裘等全班同学凑钱给我买的鱼肝油啊！每周都有同学来看望我，不嫌弃我有肺病会传染，他们毕业还喊我去一起照毕业告别合影！

高 34 班，全校标兵班，长沙市模范红旗班，给了我温暖的爱和力量。

一副航空耳机

为了让我安心养病，同学们送我许多礼物，我最喜爱的是周可的一副灵敏度极高的航空耳机，插在我自制的矿石收音机上，清晰异常。我每日早晚收听湖南省电台"世界新闻"、"文学讲座"、"小说连载"、"音乐欣赏"，晚上结束曲起初是"良宵"，后来改播"舒伯特小夜曲"。然而，一天中午我与刘武生一同去食堂打饭回来，耳机竟不翼而飞，我放下饭碗（当时吃饭都是用带把的洋瓷缸）冲出疗养室大喊："谁拿了我耳机？"刘武生也帮我出去追找。这么好的耳机就这样没了。次日我告诉周可时，他一句责备话也没有，却反过来安慰我。一晃，过了 45 年。

周可为人正直实诚，即使他 1957 年在清华大学被打成右派，我从未听过他有半点怨言，他心底宽阔着呢！透明如镜，胸怀似海。他后落实政策出任水电师院科技处长。1996 年我班聚会一致选他为班长，这就一点也不奇怪了。

一包雪枣蛋糕

　　1954 年元旦，还有半年就毕业迎接高考。同学们仍没忘记我这个休学病号。

　　新年晚会在礼堂举行。当时传达室冯大爹喊我，说桌上有一包东西。我一看，"汤正华同学收"，没落款。我拿到病室打开，竟是一包雪枣、蛋糕、糖果。新年夜，我与刘武生等病友品尝这当时稀有珍品。谁不留姓名来慰问我这个病号，同学都说不知道，一直是个谜。

　　现在仔细想来做好事不留姓名应是刘振玉同学。她高中品学兼优、富同情心、正派无私、坦诚待人，是同学们公认的，她是我们十分尊敬的同学，而且她家境好，记得她住黄兴南路一个小巷内，父亲是湖南电业公司总工程师，也只有她家有这么高级的果品。后来得知她一家人都是国家人才，她哥哥刘振元，曾出任上海市副市长。

一条梅花牌卫生绒裤和三等功臣之死

　　高一上语文课，印象最深是讲方志敏《可爱的中国》，它深深激励着我们全班同学的爱国心，老师读课文时我们都哭了。这天上课时，有一个穿着褪色黄军装高个消瘦青年，右肩挂着一个黄色军用布袋，伴着有高大梧桐树天井边走廊，绕着教室走一圈，大家好奇看着他。这天，他加入了我们 34 班。

　　他，就是我们尊敬的来自朝鲜前线的三等功臣杨先诚。

　　那年冬天特别冷，高大梧桐树在北风中抖嗦，教室之间寒冷穿堂风使我们缩着肩膀，双手插在裤袋里，同学跳着跑着取暖。

　　我那时是班里瘦弱的一个，有天课间操后，杨先诚走到我面前弯腰用手摸我裤子，惊奇地说："这么冷，你怎么只穿一条单裤呀？"随即把我带到宿舍，从双层的铁床铺下拖出他的皮箱，拿出一条淡黄色卫生绒裤说："穿上！"我犹豫着，他又说："快穿！这么冷，我有。"他掀起自己裤脚，里面有深绿军绒裤。我穿上他给的这条梅花牌（裤头上有梅花标记）卫生裤时，暖和极了！一直暖和到心间。几年后，冬天我都穿着这条卫生裤，一直到东北去读大学穿着它到毕业。

　　杨先诚同学以他优异成绩考到东北人民大学（现吉林大学）政治经济系，并担任校团委委员。长春汽车拖拉机学院（现吉林工业大学）周善云陪我去看他，校本部挂着的十个全校三好学生标兵照中就有他。然而风云突变，说他反右派斗争温情主义严重，划为右倾，撤掉团委委员职，取消留学苏联资格，毕业分到与专

那年团市委在长郡中学举办团干夏令营，我们都崇拜保尔·柯察金、卓娅、马特洛索夫，是他们的真实粉丝。（左一）保尔·柯察金当年人涛姐根据苏联电影《钢铁是怎样炼成的》绘制的碳笔画挂在我的病室；（左二）陈心武（长沙一中团支书，后考入北京师大俄语系）；（左三）周静娟（周南中学团支书 考入清华大学水电系）；（左四）盛赋霞（长郡中学团支书 少先队总辅导员 考入北京师大教育系）

业毫不对口的吉林市九站特产学院。"文革"中，被打成反动学术权威，他被日夜跪着轮番批斗，关押审查受尽折磨。这位我们尊敬的优秀同学、志愿军三等功臣不忍受辱最后在九站铁路上卧轨自杀！噩耗传来，我们都说不出话……

一位飞来的漂亮"新娘子"

这"新娘子"我讲的是一位来自前线歌舞团的舞蹈女演员。那年我刚到东北长春，住在我姐家养病。一日，她一身戎装来学校要我姐辅导数学。她的潇洒与漂亮及她军队文工团特有的长筒皮靴踩在地上笃笃地响，引起师生注目。她就是后来周善云的妻子周梅元。她要转业考周善云学的专业——汽车制造。那年她终于考取了宁夏汽车制造专科学校。他们原都是茶陵人，又同班。我们称梅元是飞来的"新娘子"。

因为梅元在宁夏，加上那时我们何等热血！我女朋友红玉就是我后来的妻子王杨慧东北师大毕业，第一志愿就报名到大西北边疆去教书，她是要学苏联电影中的《乡村女教师》啊！八千里路云和月，在大西北一干就是九年。

从三湘四水，到东北平原，奔西部塞北，再返家乡。我们两家三代人成了最亲密的知己。我母亲病故前还在念着："正华，你的最好的同学周善云呢？"

周善云和飞来的新娘子

一本油印的《卅四歌选》

一本油印的《卅四歌选》，纸张粗劣，价值却珍贵。因它记载着34班同学唱过的歌，鼓舞了我们这一代人。记得有苏联歌《红色战士》："我们是红色的战士，保卫贫穷的人民，保护他们的田地、房屋和自由……"还印了法国《马赛曲》，那熟悉的歌词："前进前进祖国的儿郎，那光荣时刻已经来临……"著名美国歌曲《故乡的亲人》，也是这个时候学会的："沿着那亲爱的斯瓦尼河畔，那里有我故乡的亲人，我终日在想念……"

多么可惜！《卅四歌选》1953年我保存在疗养室，后又带到东北读大学，

37 班合影（中）为班主任何吉逊老师

毕业南下，搬运行李时却不知去向。《卅四歌选》从选歌、刻写钢板到油印出来，有着曾文三、廉为民、任谷虚等同学的心血！现在也不知谁还保存着这本珍贵的歌？

百年校庆难忘青春年华

我从 34 班病休一年后，复学 37 班。34 班正统，37 班活跃。在我脑海里，团支部书记朱淑纯、学生会生活部长熊蔚卿属传统型，善运动桂馥君、善球类罗先绮属体操型，善舞李淑坤、善舞又善诗朱用休属热情开朗型，娴静的李珊莉、张可含属淑女型，沉默少言的金淑媛、罗惠兰属质朴型……男同学呢？有学者派、自由派、社会活动家派、罗曼帝克派，这就不细说了。

班长有一颗火热的心。那年，他去美国南卡罗纳看儿子，我往密执安看女儿，每周电话不断。他说明年长郡百年校庆，是聚会良机啊！

他们多番操劳打听，把半个世纪未谋面的年过古稀老同学找到，中秋佳节，41 位同学聚会南岳欢庆百年校庆，回味往事，欢笑、表演、眼泪；那歌、那舞、那情，令人难忘……

其实，这里有他一生中的第二次青春焕发。他在班上学习名列前茅，尤以数理，他报考的专业没有录取他，因他社会关系太"复杂"，他多个亲戚在台湾，两个是国民党中央委员。"文革"中他为重点审查对象，被关入牛棚，受尽折磨苦难。也正是这社会关系，后来竟要他连任长沙市政协常委，令他哭笑不得！真是"成也萧何，败也萧何"。

周正规同学是多面手，他教物理，教数学，教英语，教俄语，教体育……是长郡中学副校长，是班主任，还一直担任校排球队教练。

两本《大学生之歌》

深秋，夜色如水。

看着一张张发黄黑白照，心潮起伏，两本陈旧的《大学生之歌》叫我激动。一本是周正规从长沙寄到哈尔滨给我的，跟随我47年了。有许多我爱唱的歌:《晚会圆舞曲》《依拉拉》《想念着你啊:北京》《灯光》《夏天的田野》《含苞欲放的花》，封面墨蓝色，上写有1956年2期，是"湖南省高校大学生之歌编辑委员会编印"，长沙印刷厂1956年11月5日印刷。另一本封面为玫瑰绿色，1956年1期，是唐汉明就读东北地质大学时在一个周末给我的。长郡学友常在周末到我家聚会。我姐用湖南带去的红辣椒炒牛肉款待，大家辣得满头大汗叫着:"好吃，好吃!"

这本《大学生之歌》收集了《长沙山歌》《解放军同志请你停一停》《玛丽诺之歌》《伏尔加河小唱》，白俄罗斯民歌《妈妈要我出嫁》，朝鲜歌《在苹果树下》，波兰民歌《卢笛》，海涅作词的《洛列莱》。

这本歌目录上写着:"让我们一同歌唱吧!汉明朋友"，落款是"颂明，1956年5月15日于中矿"。钱颂明同学当时就读中南矿冶学院，如今已在太平洋彼岸，你可记得?

孩子，你知道罂粟花为何这么红吗?

1955年暑假，同窗惜别。李冠一同学特地送我一幅他亲自绘的马特洛索夫铅笔画，画在白色铜版纸上，用蓝色硬壳纸作边。马特洛索夫头戴钢盔，眼看前方，双目炯炯，画得十分逼真。李冠一如今是海南大学生物教授，还是一个画家胚子呢!他在画的背面写有"赠给亲爱的汤它"，还有几行字:养蜂老人马田卡尔老爷爷问马特洛索夫:"孩子，你知道罂粟花为何这么红吗?"这是《普通一兵》中的话。一晃几十年过去了，这张马特洛索夫画我一直保存了50多年。

毕业分别同学留言

（上页左）与长郡中学 37 班同班同学长郡百年聚会南岳衡山
（上页右）与同班同学周正规（长郡中学副校长）于长沙南郊公园
（左图）长郡中学 37 班班刊《岁月》封面
（右图）李冠一教授、博导在高中毕业时画赠马特洛索夫像和李珊莉赠送的苏联功勋演员扎施企品娜照（饰演《一年级小学生》）（下页图），都保存至今五十八年。

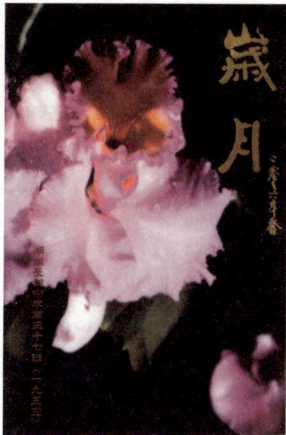

那时，我们都是苏联电影迷，《他们为祖国而战》《勇士号开往马尔托》《玛丽娜的命运》《光明之路》《一年级小学生》《丘克和盖克》及童话《美丽的华西丽莎》《一朵小红花》，都为我们喜爱。

1955 年新华书店出售过一套班达尔丘克等苏联功勋演员的剧照，一套有 10 张，不拆零，要买就是一套，比较贵。也不知道李珊莉是怎么知道我最喜欢其中主演《一年级小学生》的札施企品娜剧照，毕业时李珊莉特地把这张剧照送给我作纪念。她在剧照背面给我写上了留言："送给亲爱的汤它，祝你永远像孩子一样的天真，却蕴藏着布尔什维克的性格。你的同志李珊莉 1954.7.21。"我上大学时，把它钉在床头，毕业后到报社当记者，我把它匡在像框里，我一直收藏、保存半个世纪了。

周静娟同学那年考上清华大学水利电力系，临别送我一本《希克梅特诗选》，扉页上写有保尔·柯察金名言："人最宝贵的是生命，生命每人只有一次，人的一生应当这样度过：当他回忆往事的时候，他不会因为虚度年华而悔恨；也不会因为碌碌无为而羞愧，当他临死的时候，他能够说：我的整个生命和全部精力，都献给了世界上最壮丽的事业——为人类的解放而斗争。"希克梅特也有名言："人生征途，道路曲折，不管有多少艰辛，我还是那颗头颅，还是那颗心。"

《岁月》：时光会流逝，美会留下

《岁月》终于编完出版。

这是长郡同窗心结，也印证着我们半世纪人生的真实轨迹。我们曾憧憬过，梦幻过，幸福过，也经受过社会不明其妙的冲击与侵侮，然我们没甘屈辱，仍昂起高傲的头，保持着人生中的美好与纯洁，终于走到这盛世的晚年。

为纪念长郡中学建校 100 周年，衡山南岳之聚，把我们这份情这份爱表达到了极至，因而也才有了这本《岁月》。

《岁月》倾注了长郡中学高 37 班同学的爱，篇篇稿件是心中的歌，是流淌的血，是不了的情，编者不敢有丝毫怠慢。正规是总策划，把他那颗赤诚的心展示和献给了 37 班和这本《岁月》；同学不弃，抬举我为主编，诚惶诚恐，为《岁月》付出他孩子气的童心与热情，尽心尽职，努力而为之；执行主编用休，才学会电脑，从版式设计到美化排版，她苦心经营了 8 个多月，有时半夜起来敲打着键盘直到天明，付出了极大心血，显示着她对同窗的爱；另一执行主编冠一，从海南不断遥控，指示频频，一煲电话起

苏联电影《一年级小学生》

码半小时，展露着一个博导的心怀与对同学的忠诚；振宇的编写和校对甚为仔细，表现出一个学者的严谨风范；多才多艺的任文，作为计算机方面的专家，全力指导；热情的锡纯，全心看稿；财务主任郭实士，湘雅的免疫学教授，像做学问那样细致可靠；热心的淑坤为编务与约稿做了大量工作，事无巨细，认认真真。本刊小小编辑部"人才济济"，通力合作，十分高兴地完成了《岁月》的历史使命。

岁月，岁月，岁月悠悠。岁月染白了同学们的黑发，岁月也凝聚着同学们的爱心。

"时光会流逝，美会留下"，麓山的枫叶又红遍了青枫峡，湘江如歌如诉滔滔北去，人生的美丽终会留下，留在我们心里，留在这本《岁月》中。

半世纪前后今昔梯云阁

梯云阁前思绪随着风儿飘去……

青云山上梯云阁重建一新。阁外柏树井然像卫队，银杏树叶茂婆娑。阁门添新联一幅，"斯文一脉，厥盛千年"。阁南操坪，即"民主广场"，1949 年 4 月 28 日"要民主、要自由、反内战、反饥饿"大游行从这里列队出发，故名。"4.28"就成了母校校庆日。

5 月 31 日重返故里，先拜醴陵一中母校，与 80 岁高龄老校长黄炎俊、老同学原醴陵县副县长王泰诚、一中校长汪理智、书记罗东红、老朋友漆则朋、周佩林老师重逢梯云阁，感怀母校，趣谈今生。待母校 100 周年校庆再来攀登阁楼细说端详。

一

梯云阁有近八百年历史，为宋嘉定十二年（1219）醴陵知县刘君存督建。"梯云"寓收揽山水秀气梯云而上之意。历元明至清，几经圮葺，至光绪间曾扩建，竖方柱十二根，翼角高翘，盖琉璃瓦，有楹联曰："开阁俯苍茫，记二三则旧文，把酒话醴泉、剑石；鞭云睇碧落，将千百年往事，隔江问红拂、丁仙。"

朱熹晚年来阁讲学，并赋《自题小像》诗一首："苍颜已是十年前，把镜回看益怅然，履薄临深量无几，且将余日付残篇。"民国年间，章太炎、蔡元培也来醴登阁，有题匾，可惜手迹不存。据史志记载，高阁建成后，与北门的文笔峰隔江相望，醴陵人才辈出，可谓渌江山水秀，文笔点春秋乎？

二

少年时登梯云阁，渌水、西山、状元洲尽收眼底。阁四周林木环抱，鸟语花香，最为幽静，是我们一中同学晨读背古文、啃英语的好地方，课余常来嬉戏玩耍。

1949 年从一中（湘东）高中部参军的湖南军区干休所老干部吴昌实，至今仍保留着我俩五十多年

一中同学理事会部分理事在湖南省政协留影

母校校庆时运动会一角，（左三）黄炎俊老校长，主席台（左二）方勇校长。

前在梯云阁的合影。睹物思情，何等亲切。老师威严与慈爱，同窗男女同学笑脸，穿过时光隧道重现眼帘。

记得高个子喻科盈老师的化学课，眼睛深度近视阳名瓒老师的数学和物理课，胖乎乎陈明良老师的数学课么？他们上课从不带教本，也没有教案，化学方程、物理公式、数学演题都背得滚瓜烂熟；成天架着一副墨镜的李石静老师的公民课最为严肃，课堂总是鸦雀无声，因为同学们看不清他墨镜后的眸子到底在盯着谁；一学期下来，公民课本从未翻动过，课堂上他尽讲时事，如平津战争已结束，战火正烧近石家庄……拉得一手好小提琴的叶舍予老师上音乐课时，总是西装革履，头发也梳得油抹溜光，调皮同学说："青头蟆（苍蝇）落到叶老师头上怕都要拄拐棍。"最难忘的是慈祥大胖子吴达成老师的体育课。冬天，他带我们迎着北风沿渌江岸晨跑，上青云山绕梯云阁一圈而下；夏日，他领我们列队到东门浮桥上，口哨一吹，同学们争先恐后跃入渌江，水花飞溅，我们自由自在畅游在渌水碧波里，此时我们真是世上最快乐的人了。

三

梯云阁，昔日一中图书馆。

图书管理员老师瘦个子，不是醴陵人，说话怪怪的，但对同学和蔼可亲。我们拿着借书卡爬上梯云阁狭窄木楼梯，从他那里借读许多古今中外图书：英汉对照《天方夜谭》《卖火柴的小女孩》，繁体字本《古文观止》《啼笑因缘》，冰心的《寄小读者》，巴金的《家》《春》《秋》，也有高尔基的《母亲》，无名氏的《塔里的女人》和美国小说《蛮岛女泰山》等。

解放前夕，同学中曾悄悄地、神秘地传阅着两本书——《新民主主义论》《论联合政府》，纸质粗劣，封面上印着戴八角帽的毛泽东像。直到解放后，我们才知道，这书正是从梯云阁图书馆传出来的。那位图书管理员老师原来是一中地下党员谭振东。教导处的萧项平老师、李传文老师、高中部的朱方义、王泰诚同学，都是地下党员，初中部的田中柱则是发展得最早年龄最小的地下团员。他们冒着生命危险，冲破黎明前的黑暗，为迎解放做了大量的工作。"4.28"大游行就是他们策划领导的，梯云阁是他们的秘密联络站之一。

四

新修的梯云阁，撩起我无限思绪，往日如昨，怎能忘怀？

"你是灯塔，照耀着黎明前的黑暗……""年轻的朋友赶快来，忘了你的烦恼和不快"歌声至今仍在耳边回响。

一中进步势力强，民主空气浓。高中同学冲破围攻、盯梢、谩骂，排练了许多文明戏和大型戏剧《孔

老乡老同学聚会广州

醴陵市建市 20 周年醴陵一中百年校庆老乡老同学相聚
湖南卫视（刘雪梅摄）

雀胆》；各种学术社团、刊物墙报如雨后春笋。我们东乡同学成立了"六Ｆ"结社。为了表示与劳动人民一起，各取一笔名。吴昌实为"渔夫"，陈宏康为"农夫"，邓文炳为"渔夫"，余志汉为"洁夫"，朱万献为"奋夫"，荣先民为"雪夫"，唯独我是初中生，最小，后加入的，取名"晓夫"。1949 年 9 月，他们从一中（湘东）高中部参军，到南岳集训后分至解放军各兵种，1951 年先后赴朝参战。陈宏康回国后，离休前任广州军区某部政委；余志汉回国后在沈阳军区，离休前任株洲齿轮厂纪检书记；邓文炳回国后在 47 军，离休前任长沙韶光电工厂工会主席；吴昌实一直在炮兵部队，离休前任合肥炮兵学院系主任。他们是我的高班同学，余志威和我年纪相近都读初中，他家在东乡浦口进城读书寄宿，解放前夕就住在我家，他参加了地下外围组织，原来他姐夫就是醴陵地下县委书记，他后来参军从部队转业到地方，离休前任湖南省委老干所书记；荣先民由部队考上中南矿冶学院，后任个旧锡矿山总工，几年前不幸病故在他奉献了一生的大西南；唐大德参军也在南岳衡山集训，离休前任国防科技大学教授，他曾是我涛姐同班同学，他爱人刘雪梅是我同学，她任湖南电视台总编室主任。王泰诚一直留在家乡工作，先后任团县委书记、县教育局长、县委宣传部长，离休前任醴陵县副县长；田中柱从醴陵县委调至湘潭地委，后任职湘潭日报和市委办副主任，离休前任湘潭市政府侨办主任。朱方义离休前任醴陵瓷业公司总经理；刘满樊一直任班团支书，入党后调湘潭地委组织部，后考入南京理工大学，任大学图书馆馆长；陶慧萍年纪最小，成绩一直拔尖，能歌善舞，她是醴陵陶柳军长最喜欢的小孙女，后毕业于一师范，成为优秀教师。我们这一群醴陵一中同学，亲如兄弟姐妹情谊，半个多世纪来，一直保持联系。

五

今登梯云阁，昔日校园景致，历历在目：青云山岗南坡下，是私立湘东中学，张伯兰校长住房前，一到晚自习后，我们就猫着腰去摘棚架上的葡萄。沿着棚下走过操坪是教导处，门外挂着一截铁轨，那时没有电铃，全靠一位半工半读的穷苦同学敲这根钢条作信号。他叫黄力天，后来参军了，离休前在总参任动员部组织计划处处长。钢条敲出清晰激越的声音，指挥着全校的作息："当当当！"三响连击为上课，"当！当！当！"单响间击为下课，紧急集合则为长时间紧敲不绝。

由教导处下石阶梯，笔直水泥路，两旁隔着七里香是二层教学楼，尽头为食堂。有一米多高的特大木甑蒸饭，饭挖到甑底时，我们初中小同学必须腰搁甑边，头朝甑底，双脚几乎朝天，才能装上一碗饭；每天酱萝卜丁、黄菜、花生米，要不就是豆腐脑打汤。初中生二十人一寝室，睡高低铁床；高中生八人一房，睡高低木床。湘东中学思想活跃、师资雄厚。张伯兰校长不惜重金远道去搜罗聘请名师，化学老师喻科盈就是他花双倍的光洋（银元）从浏阳一中挖来的。在浏阳时，喻老师曾教过胡耀邦的课，给胡的印象殊深。湘东中学教学质量高，数理化成绩尤为突出。高中第一班在全湖南省毕业生会考中曾夺得第一名。

庆祝醴陵一中地下党革核家县的校友
1982.4.8

梯云阁隔墙北望，青云山岗北坡下为教会遵道中学。一栋栋美国式洋楼别墅坐落在花丛草地绿树掩映之中。遵道的女生打扮时髦，每有集会，她们着装整齐划一，漂亮校服令人羡慕不已。我们拿她们饭前做祷告作笑料以相讥，还学她们右手撮齐五指在胸前点划"十"字，大声叫着"阿门"！遵道英语最棒，全县第一。

隔渌江相望，西山谷绿树环抱中的县立师范，历史悠久，学生一律享受公费待遇，弟子大多出身贫寒，勤奋自强，国文功底厚，善琴棋书画。我二姐人涛醴师毕业，数学拔尖，写作、绘画、音乐、舞蹈皆优，就是在这环境中熏陶造就。

三校合并为一中，发扬优良传统，校风好，学习优，文体比赛也出尽了风头，尤以游泳成绩突出，在全县、全省、全国多次夺魁。姚佑和同学在 1963 年 1964 年在雅加达和金边新运会上夺得女子游泳金牌 3 枚、银牌 2 枚、铜牌 1 枚，为祖国在国际体育场馆内多次升起五星红旗。

六

梯云阁，后为一中音乐教室。在阁外草地，我们练过秧歌，习过腰鼓，排过文明戏。我们排的童话剧《打狼》，曾参加全县捐献飞机大炮的公演。我演哥哥，唱词至今记得："一更里，月儿低，月儿弯弯照河西，妈妈到河西走亲戚，妹妹在家里哭啼啼。唉嗨唉哟，我心中好着急。"演妹妹的是同班的张莉萍，她与胡佑群热爱家乡瓷业，报考化学系硅酸盐专业；张莉萍的爱人邓迈雄同学学波兰文，成为我国首席波兰文专家，《华沙进行曲》就是他翻译的；扮狼的刘奇履同学毕业后考入医学院，现在纽约行医；剧中打狼农民由聂森林同学扮演，后来他在兰州从事攻爆破专业科研工作，后调长沙矿山研究院爆破研究室任高级工程师。

1950 年寒假，学校组织土改宣传团，在渌口演出时，我们白天背行李行军，扛上沉重道具。早起到塘边破浮冰用冷水洗漱，晚上演出后睡祠堂大庙戏台。我们排练大型歌剧《白毛女》，连续巡回演出十多个晚上，场场爆满。高中部钟驼子（钟建武，因个高，腰板欠直得名。后考入湖南大学法律系，后任《武汉晚报》总编辑）饰恶霸地主黄世仁，演得活灵活现，还兼合唱指挥。当时号称一中校花的黄璞饰喜儿白毛女，同时演《兄妹开荒》，在宣传新式婚姻文明戏中演媒婆。《白毛女》全剧的插曲全由我用一台老

（上页图）醴陵一中校庆 77 周年长沙校友合影于长沙。二排左起第四为李人俊（李立三之子）、吴达成（体育）、李传汉（教导主任）、张伯兰（校长）、向自民（湖大教授）、李传秾（语文）等老师。
（右图）醴陵一中百年校庆"为母校干杯！"
（下图）醴陵一中主要由私立湘东中学、美国资助办的遵道中学和公办的醴陵师范合并而成，如今都建设一新，但旧时的建筑仍叫人怀念（下图左一）1947 年湘东中学两排七里香水泥路上阶梯就是教导处；（左二）遵道中学带地下室的洋楼（如今是校办公楼和科技馆）；（左三）位于风景秀丽西山的醴陵师范。

吻别青春

式风琴伴奏，害得几名高中同学好苦，演到哪就抬到哪。我们排练的《红军舞》及秧歌队、腰鼓队极受农民欢迎，总是一处演出还未结束，下一站农民就赶来相接，那个寒假生活紧张，但心情愉快，终身难忘。

说起校花黄璞，我不由得想起了她弟弟黄定，是我小学初中同班同座，又同住一条街，是我儿时最好朋友，后来考入清华大学，1957 年被批斗，夭折于十三陵水库；另一个黄盛肇同学，考入武汉大学，也不幸于 1957 年魂归长江东逝水。我们小学和初中一直当班长的黄腾蛟，学习成绩总是全班第一，后考入华中工学院（今华中理工大学），1957 年也被划为右派，大学毕业充军到内蒙古二十载，落实政策后出任包头火力发电厂厂长兼总工程师……一中校园，一中同学，令人思念，绵绵无限啊！

仰视梯云阁顶，望故乡蓝天白云，远处有一、二只风筝，思绪也跟着随风飘去。此时此景，使我记起我们醴陵的一位老乡、台湾著名演员、歌星刘若英的歌《门》：

还记得风中飘着炊烟

他离家时推开门的声音，

孩子们站在门沿睁大着眼睛

满天风沙淹没依靠的身影

常常望着天空白云

想着船长爸爸吐出的烟圈

他常说四望无际的岁月

漂泊只为了想忘记

Those foolish days, Foolish days

……

少年壮志，离乡远游；大学毕业，当了一辈子记者。岁月蹉跎，风风雨雨，什么名，什么利，都化作烟云消散，唯故土母校难忘，有多少情思"剪不断，理还乱，是离愁，别是一般滋味在心头"，真是"未老莫还乡，还乡须断肠"。

我们少年的纯情呢？我们无邪的天真呢？我们的恩师和同窗呢？我们的思，我们的念，我们心中的美，都留在我们最难忘的故土，留在一中校园。

"文革"中晚报和周南的奇闻趣事笑话

10

晚报因何样一篇社论再停刊？晚报停刊作鸟兽散

　　往事可悲可叹又可笑，我说的是"文革"。一个权势人物一句话，可以人头落地，可以把知识分子赶出家园流落他乡；一个单位说散就散，比如《长沙晚报》。

　　《长沙晚报》1970年叫《新长沙报》，"三清三反"高潮中，发表了一篇惊心触目的社论《杀杀杀！杀出一个红彤彤的新长沙》。这社论很快被英国BBC广播电台翻译成英文向全世界广播。中央监听部门也很快收到并转呈中央文革，中央文革指示电告湖南省革委会追究责任。受到严厉批评的当时掌握湖南党政军大权的卜某恼羞成怒，指示长沙市革委会立即停刊《新长沙报》。因社论是市革委会主任景某指示报社写的，报社指示评论组当天写出次日见报。评论组在"文革"中先后有多个，当时有我们几个知识分子，属"老九"团结对象，这时，派了工人出身的红五类王某担任组长，另有一位"工联"代表工人邓眼镜是来掺沙子的。因快下班了，任务紧急，评论组匆忙讨论后，王组长回家开晚班连夜整理出来，直送景某审阅，内容全根据卜某当天在湖南体育馆作的"进一步深挖反革命"动员报告原话写出，社论标题也是卜某原话，由景某审定。卜某怕中央追究罪责，命令《新长沙报》停刊后，一周内全体编辑部人员作鸟兽散，被分遣到长沙市各单位。

　　我是师大中文系毕业，愿意当教师，市教委任我在全市挑选一个中学，我选择了四中，即周南。因那时我当了几年政治文教记者，采访报道过了解熟悉周南历史悠久传统好，校风正，环境小巧，绿荫覆盖，还有一个小亭子，

周南老同学聚会于长沙民俗村（唐和平、陈星伟摄）

校园整洁安静。到晚报复刊前，我在周南度过了愉快而亲切的时光。

风趣幽默老九群落——还有"三辣"、"三水"、"三腿"美名

5月，我和晚报同行好友肖劭禧编辑（《长沙晚报》总编室原副主任，在周南中学任语文教研组组长）、省体委王进江田径教练一起去周南报到，在那栋爬满青藤的老式二层办公楼，接待我们的是校党支部刘秘书，他消瘦脸庞神情严肃，脸上没有一丝笑，依然坐在他办公桌后，只抬头看了我们一眼。刘秘书（后来得知此人早年读过工农速成中学，"文革"中大权在握，一统周南天下，权倾一时）问了我们姓氏名谁后即拿起红宝书，我们不敢怠慢赶紧取出红宝书，目不斜视，正襟危坐，跟着朗读了"领导核心"、"革命不是请客吃饭"、"知识分子要接受再教育"等18条语录，尔后他简单分配了我们的工作：我与肖老师教语文并兼任班主任，王老师教体育。

参加第一次语文教研组欢迎我们的会真搞笑。组长杨敦伟、副组长陶如兰热情洋溢，谭淑娴老师讲话细声秀气，肖志彻老师讲话抑扬顿挫，姚征仪老师却是口若悬河，讲后哈哈大笑。一个老师说"文革"初期，市郊的农民大军进驻周南，问她书架上摆着的"鲁迅"是谁，与鲁肃有何关系，鲁肃是东吴封建君主高参，那么鲁迅也必定是封建官吏无疑，应属打倒的封资修之列，一套精装的《鲁迅全集》就这么被没收了；有趣的故事如"剃阴阳头"、"坐喷气式"，一个接一个，大家直乐，笑得前仰后倾。坐在一角的刘老师始终未曾发言，后来才知道，他"文革"初期曾被红卫兵用带铜扣的皮带打成重伤。

其实，中国知识分子，特别是教师，心最虔诚，是最听话最忠于职守的老九群落。即使在高压下，也诙谐幽默，周南教师中有著名的"三辣"、"三水"、"三腿"的美名，"三辣"即性格泼辣，敢说敢当，敢讲真话，是三位中年女老师，一个教语文，两个教政治，都担任连长。"三水"即喜开玩笑，不王八敬神作古认真，幽默风趣，与人亲近，招人喜欢，是三位中年男老师，其中一"水"，后出任周南中学校长。"三腿"即说话无边际，随口而出，没有书对的，喜欢说逗，俗名叫"腿胡子"，试举一二例："文革"时有位英语老师听说要他去给全校最捣蛋最调皮的乱班上课，他手持一筷子抵着自己的喉咙，叫全班最有力气的男生上讲台来用力击打他的手，筷子立马断成两截，而他喉咙无事，全班同学骇然，他即说：上我的课不准捣乱！别怪我不客气！全班肃然，果真有效。例二：有一美术老师讲，世界上有三大艺术，我给你们上的美术课就是世界第一大艺术，叫做"视觉艺术"。同学们乐了，有人问，那还有哪两大艺术呢？他回说：第二叫听觉艺术，即音乐，第三大艺术即味觉艺术，即烹调艺术。课后老师们笑他，叫他是第四

大艺术，叫"腿胡子"艺术。周南学校，在"文革"严肃的阶级斗争中，老师们也保持着乐观幽默，课余有说不尽的逗乐笑话，在以后几年，我与教师为伍，有更深切的体会。

友好亲切左邻右舍

如今周南，教师新宿舍拔地而起，教职工喜迁新房，但七十年代的教工宿舍，都只有一间小屋，宛如一排排鸽子笼。

我当时住在周南宿舍通泰街 118 号二楼，一家 4 口住一间；隔壁是易松涛老师（后来是周南中学校长），他的对面是何修诗老校长，后搬进温清午老师（后来是明德中学党委书记），都是一家三口住一间；我对面是陈绥老师，他一家三代同堂；谭淑娴一家五口，也是一间，两儿一女已长成大人，只好用床单挂起隔成小间。各家户室中间只有一个约十多平方米的过道，这就是我们共同的厨房与饭堂了，大伙都在这儿煮饭、炒菜、进餐，说笑话，讲故事。我爱人王老师与陈老师的爱人都教化学，也是教师，真可谓教师之家了，各家相互关心，和睦相处，这个单元共十几个孩子如同兄弟姐妹，十分亲切。

当教师的真是一群穷秀才穷朋友，但却是真朋友好朋友；囊中虽羞涩精神却富有，而在这充满友谊与学习环境的周南校园潜移默化成长起来我们的子女，均已成材，值得父母自豪。

纯真质朴桃李芬芳

我在周南教语文兼班主任，当了两年连长（"文革"时学校军事化，一个连有四个排，一个排即一个班）。当时王少初老师与教导主任黄更生向我介绍情况时说 5 连 4 排是全校有名的乱班，他说："这个班就交给你啦！"我与学生第一天见面一同洗地板，擦桌椅，出墙报；给他们上语文课尽量讲得生动些。我和他们一起出操，家访，打篮球，还斗胆带着四个班去橘子洲游泳。特别是担任初二连连长与高新连、高二连连长期间，作文比赛，朗诵比赛，歌咏比赛，篮球比赛……在高塘岭下乡办学期间经常停电，晚自习仍一片灯火，每个学生课桌上都有一盏用墨水瓶自制的小煤油灯，真是一点灯火一颗心！在煤油灯下，我领着两个连队的文艺精英分乐队与舞队排练过大型歌舞《红色娘子军》第四场；在煤油灯下，我给孩子们讲鲁迅的《野草》《藤野先生》，讲范仲淹的《岳阳楼记》，讲司马迁的《鸿门宴》，也讲赫胥黎的《进

三十年后再相聚给长郡中学党委书记高晓苏贺生日

化论》。我带着高新连连队去东郊东岸乡杨家湾拉练修水利。回校那天，看着这些调皮捣蛋鬼男女同学背着背包，脸上挂着笑，高举着周南校旗与红旗连队的锦旗威风凛凛列队进入周南校园，心里真有说不出的幸福与喜悦。

一晃，当时十六七岁的周南学子，如今都已成长，真是桃李芬芳……

晚报复刊惜别周南重返报社

1973年10月，长沙市决定《长沙晚报》复刊，调令已下，要我与肖劭禧老师回市里报到，筹备晚报复刊工作。

我记得在周南上最后一堂语文课是刚讲完小说《故乡》又开始讲鲁迅杂文《为了忘却的纪念》，分析了鲁迅当时的苦闷、彷徨与求索，课文写作的艺术特色终究未能讲完，同学们七嘴八舌叫开了："老师，听说你要调走啦！""还教不教我们？""我们不让你走！"一个同学带头哭了起来，先是女同学哭，接着我看见前排的男同学都热泪盈眶，我的眼睛也红了，我只好低着头。最后班长上台结结巴巴地说了些感谢的话，同学们围了上来，要我签名留念；原来全班同学早已作了准备，特地赠我一个过塑的漂亮笔记本为我送别。

呵！我怀念周南校园的教师生涯，老中青教师之间：友好、亲切、和谐；孩子们的心：纯真、朴质、透明；与他们在一起，我好像也回到青春时代。在他们的心底，没有铜臭，不利欲熏心；没有欺骗，不尔虞我诈……

我从晚报退休又十余载了，我与周南学生依然保持联系，是怀念那师生情，难忘那青春时代的纯洁无邪的人生啊！

今奉周南校友会约稿，匆匆写上一点文字，以纪念周南校庆……

1973年晚报停刊又复刊时，从市委笔杆子中调来新的党委书记何庚生，为大家喜欢。因经历了"文革"的疯狂，大家厌恶了打打斗斗杀杀！何书记很随和，从不摆官架子，关心体贴群众，和记者、工人打成一片。他最大爱好是下象棋，有次下班很久了，他家里人吃完晚饭来报社找他。知根底的人告曰："不要找了，你到市委宿舍附近蔡锷中路藩后街去看看！"他果然蹲在街边正聚精会神和一老头下象棋。

何书记教育子女也随和。你当然不知道何庚生这七品芝麻官名字，但你也许知道颇有名气幽默富有风趣的作家何立伟吧，何庚生就是他老爸。

毕业四十春秋，师生几多重逢。图为2014年4月长沙市委、市党校、市政府、市法院、市东方科技实业公司及省科协《第二课堂》杂志社、中南大学出版社等周南老同学再相聚。自左至右为易前、肖良定、李卫军和夫人及女儿、余元，前排彭亚非、吴志群、余健乐、汤老师、肖继红、徐崇理。

乔平从海军转业到报社到文联其书法笔力雄伟，颇有军人气概。2014年春《乔平书法艺术展》在风景秀丽的二沙岛广州国彩艺术馆展出。图为他潇洒挥毫，乔平书法《致远》和《观海听涛》（碧海蓝天供稿）

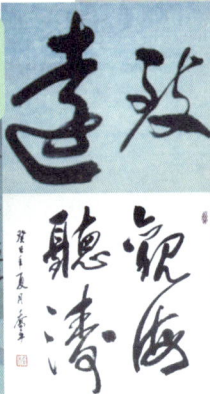

忆往昔青春焕发
看学子桃李芬芳

在高塘岭公社学农与高新连队一排合影（曾宪钧供稿）

在高塘岭一连一排的"红色娘子军"。
第一排左起：肖薇、刘丽、谭秋莲、田野、杨力军；
第二排左起：廖莉娅、易小惠、欧迈夷、余健乐、袁叶荣、周平；
第三排左起：陈葆琴、王湘玉、肖继红、袁桂军、张玉秋。

肖继红在高塘岭时演《红色娘子军》第四场饰演吴清华，图左为她跳蒙古舞；图右为徐崇理打腰鼓（选自肖继红的旧相簿）

向一平、宁群宾、胡珊络、廖铁、刘广武、王露、王辉明、彭德真、刘爱平等给老师贺新房。

带领高二连拉练到杨家湾修水利夺得"四好红旗连队"后和学生参观湖南第一师范全连同学留影（廖转美、曾宪钧提供）

快乐的高塘岭

"听吧！战争的号角发出警报

穿好军装，拿起武器

青年团员们集合起来

走向战场

万众一心保卫祖国

我们再见吧，亲爱的妈妈

请你吻别你的儿子吧

再见吧妈妈

别难过

别悲伤

祝福我们一路平安吧！"

记否？晚饭后，随着林鹏的手风琴伴奏，我们引吭高歌在高塘岭学农基地的树林下，我们从《听妈妈讲过去的故事》唱到《太阳西落红霞飞》，从《老朋友再见》唱到《红莓花儿开》，也唱《莫斯科郊外的晚上》，风儿吹过，把我们的歌声带向远方。

四十年前，周南中学高一连和高新（二）连两个连队在高塘岭学工学农，下乡办学。这里是整个高塘岭最大的院落，也无非是树林下几栋整齐的楼房和院落，却有周南师生学子们亲切的难忘往事青春回忆。

我们出操、上课各种活动一律军事化，随着王同学副连长的哨声吹响，同学们手上任何活计立马放下，急步奔赴操场，20秒内紧急集合，瞬息队列整齐划一，人群鸦雀无声。

啊！我们老师不照"文革"的课本讲，而是讲鲁迅，

讲高尔基，讲赫胥黎的《天演论》，还斗胆讲唐诗宋词，同学从我这借去一本《唐诗三百首》悄悄地传阅着，等离开高塘岭还我时书已是破旧不堪。

还有晚自习，经常停电，全体同学人手一个用墨水瓶做的煤油灯，各个教室一片灯火，真可谓一盏灯火一颗心！

我们组织连队乐团排练《红色娘子军》第四场。林鹏那天打电话来说："我拉手风琴，沈兆球、王文心、马曼菲拉小提琴，有两个同学记不起名字啦吹小号、拉革胡都很棒，还有崔雅菊的女声伴唱，你领着我们去农村演出，在公社大礼堂戏台上排练《红色娘子军》第四场啊！"

当然，伙食不怎么样，同学们肚子饿，男同学免不了摸黑去偷农民地里的红薯。四排的C同学等大个子饿得慌，他们半夜爬到食堂的天花板上用带钩的绳子偷香肠和腊肉，领导说太不像话，非处分不可，把这严重事件交给很权威的新华印刷厂驻校工宣队处理。工宣队也不是铁板一块，蔡师傅就很有人情味，他找C同学谈了话严厉批评他后也就不了了之。这事是如今同学们最喜欢调侃他们的趣事。

而最不明白的事却是国家出的大事，传达先党内后党外，先老师后学生，消息太惊人！说是我们每天都要祝福他"永远健康永远健康的林副统帅"成了反革命，而且叛逃连机带人都"坠毁在蒙古的温吐尔汗"，我们如堕五里云中，不明其妙。

啊！高塘岭的趣闻，轶事，滑稽，笑话，四十年后还是那么叫人怀念、高兴、快乐，回味无穷……

难怪！高一连连长贺志强老师从北京来，高新（二）连连长汤老师从广州回，肖继红下班立马组织最近的同学们从各自岗位赶来相聚，有太多的说不完的回忆、快乐、理想、追求、趣事、笑话，是人生旅途中最幸福的时光。

晓风残月
轻拂着渌江童年杨柳岸

"我家在江南
门前的小河绕着青山
在那花红叶绿的城池
我懂得怎样笑怎样歌唱"

　　我家在湖南醴陵县城,一条渌江绕西山穿城而过。从东门往南门,很多年以前,本地善人陈盛芳捐巨款建有渌江石桥,高十一米,十孔,宽八米,方便百姓过江。醴陵南社诗人袁家谱赞道:"渌江桥上好风光,但愿人人陈盛芳,八十万人皆好善,匹夫有责负兴亡。"桥上一引桥,通向状元洲,洲上绿草红花柳树沙滩,为醴陵第一景观。诗人阳名传有《渌江桥望月》,"孤高皓月色,烟锁一江深"。我常常走到渌江东岸,花一个铜板坐木渡船过渡去登西山。诗人陈粹劳的《西山杂诗》"古渡人稀秋水阔,撸声空放一船来",诗情画意,我家乡江南景色,如同一幅珍品中国山水画。

　　"啊!江南,春三二月,莺飞草长,少女的春恋在江边荡漾。微风吹醒了夏夜梦,迷惑的星星点缀着蓝天。秋水哟,蓝天一色,晓风残月轻抚着杨柳岸。寒鸦点点带来了鹅毛雪,殷红的渔火独照着江滩。千遍万遍唱不尽我的怀想,云样的柔情露样的娇娆,梦样的温存雾样的迷惘。相聚时我们青春年少,再见时又将是何等模样?"

　　这《忆江南》,据说是田汉作词,无名氏谱曲。

　　童年唱时少男少女,如今都已白发苍苍,少了孩提时纯真梦幻,多了老年的感慨悲伤,激情的,疑惑的,温暖的,冷酷的,甜美的,苦涩的,一齐袭来,带着忧郁带着泪水也带着欢畅。

重回故里渌江桥

11

渌水桥边县　门前柳已黄
我家住桥边碧水连波岸

"渌水桥边县，门前柳已黄" 这是我国宋代大学士苏州诗人范成大仰慕醴陵县城曾远道来访时写的诗句。我家就住桥边，那一排翠绿飘舞柳树旁，那一泓碧水连波渌江岸。

我家房子与醴陵县政府一墙之隔，大木曹门与县政府大铁门相邻。门前两棵梧桐树高过围墙指向蓝天，树叶浓密覆盖不见天日；树干粗大，我们细伢仔要两人合抱才能手牵到手（一般人以为是樟树，常有同学或老乡说："啊！你家就住在那两棵大樟树下呀！"）。樟树为常绿乔木，有香气做成箱柜子可防虫；这梧桐树为落叶乔木，树干直木质坚，可长至十米以上。古人赞曰"一株青玉立，千叶绿云委"，李白有诗"宁知鸾凤意，运托椅桐前"，说的就是凤凰"非梧桐不栖"。我上小学回家，常在梧桐树下可捡到附在枯黄船形又像调羹样子树叶边上带着的几粒梧桐籽唧；我拾些带回家，交给奶妈，她用少许茶油炒熟加点盐，脆而香，很好吃，梧桐树高高的树叶丛中偶尔有活毛虫掉到头上，这时细妹仔就会惊恐万状万状地尖叫着飞跑。

高大梧桐树下，就是我家一栋三进二层砖木结构楼房，为我父亲三十年代兴建，是座典型中式老宅建筑。父亲汤有祺 1895 年生于东乡庄埠，七兄弟姐妹一色贫农，只有他读过私塾能习文识字，中青年弃农经商十余载，是最先在老家改茅屋建砖瓦房的。他从商事瓷器花爆布匹棉花，勤俭治家有方，后在醴陵县城渌江桥边东门上建国路建这栋二层砖木楼房。中年汤有祺以重金和隆重婚礼娶 26 岁的母亲李隆冰入住新房。

我家中式老宅建筑，前后天井与晒楼相连，灰瓦明瓦交错，光线充足，

（左图）童年与母亲姐妹照
（右图）状元洲
（下图）作者童年时照

冬暖夏凉。梧桐树下进大门过小天井拾级而上入中门是前后大厅，左右厢房，从相对的两个红漆楼梯上到环形晒楼可俯看大天井。正厅有"天地国亲师位"神龛，后院高墙与"同春生"、"振兴"两大药铺为邻。他们用作药材种植的"屎冬瓜"藤翻过墙来爬满我家高墙，鸟窝处处，一大早常有斑鸠"咕咕咕"叫着在墙顶散步。

后院东厢房是我随父母住的卧室，宁波床与衣柜镶着镜子与山水花鸟刺绣。靠后天井窗户桌上摆着一对自鸣钟整点时同时敲响，一对绿色玻璃缸装着姜和白糖，中间一面大圆镜，旁边小相框有我戴球帽的童年照。母亲曾患喉疾大病一场，父亲厚礼请醴陵著名喉科医生张有为开刀治好的，张医生说房里湿气重，父亲请人挖地一尺让其通风，上面铺上木地板。

桂明姐和正雨妹睡西厢房，书桌上铺着她们练毛笔字的纸，桂姐的小楷毛笔字工整而漂亮。桂姐生于古历八月十五日中秋节，正值桂花飘香月儿最明，故取名桂明。她生于醴陵县东乡庄埠，不是我母亲所生，母亲从乡下接她进城读书，母亲叫她"桂儿"，她叫母亲"婶娘"。她圆脸，福相，性格质朴，从小算八字说她"旺夫多子多福"。正雨出生时，母亲说，生她时风雨大作电闪雷鸣，故取名雨。她从小能歌善舞，给家里添加了许多欢乐。一家人相处融洽。母亲患喉疾时，桂姐熬药服侍母亲体贴如亲生。那年祸不单行，我两个小弟弟正富正贵（我家四兄弟排行荣华富贵）先后病重被脓疱折磨。我亲眼见母亲和桂姐雨妹伤心流泪每日抱着奔波医院，弟弟去世时他们抱着小白木棺材不松手哭得像泪人。她们的善良贤惠包容，让我的童年感到很温暖和怀念。

我家老宅后院有个大水缸，周围种些花草，冬天大雪覆盖时，我们欢快雀跃打雪仗，做雪人；夏日夜晚，我们睡在天井摆着的竹床上，看深蓝色天空星星闪烁。母亲教我们看北斗星，《忆江南》就是这时母亲一边打扇一边教我和桂明姐和正雨妹学会的。有时她会为我们吹她那只珍藏的玉屏箫，如《木兰辞》；我第一次听她吹悲切切的《可怜的媚娘》和《秋水伊人》时，她眼里含着泪花，我感到母亲心里有种隐秘的哀伤。

外婆家老照片旧故事

（图1）这照摄于20世纪30年代，着青衣坐者为奶奶（外婆）李傅氏。不知其名只听她侄儿叫她"秀姑"，站在她左后边是她儿媳张金秋。听涛姐说金秋舅妈是一个佃农的女儿，没文化却温柔漂亮，外公当时在一大富人家做管账先生，他自作主张收她为儿媳，但隆信舅舅不喜欢她，结婚后一直住学校。金秋舅妈怀孕时舅舅不承认，后来才得知金秋在娘家和长工有染怀的是长工的孩子，外婆骂她"不守妇道"就把她休了，她走时很沮丧哭着不作声，舅舅什么也没说，金秋舅妈和隆信舅舅都很不幸，都是父母之命包办婚姻悲剧的受害者。外婆右边是姨奶奶，戴项圈的小孩是姨奶奶的孙子，听说从小勤奋努力，在醴陵东乡李家山冲里长大名叫李茂春，解放后他当了江西新余县花果山煤矿党委书记。外婆老照片中间坐着的幼儿，即涛姐，外婆说从小要多剃光头，头发就长得密且直

（图2）李隆信舅舅以后一直没有结婚，此照为隆信舅舅1940年留影，他生于醴陵县城瓜畲坪，与阳名璜（一中数理老师）、陈明信（陈明仁胞弟）同班同学，成绩优秀，尤善作文，被本家李氏宗祠学堂聘为国文教师，同时受聘《醴陵县报》和《大公报》特约记者和评论员，有"醴陵才子"的美名，他患肺痨早逝。他去世后我跟着涛姐到外婆家二楼阁楼上，见到他以"人言"（他把他名字"信"一分为二）为笔名，他写的文章剪报装满了半抽屉

（图3）母亲48岁时故乡留影
（图4）与桂姐涛姐1961年摄于长沙凯旋门照相馆
（图5）涛姐至今头发浓密；直却不是，她年轻时头发自然卷成波浪和圆圈，人们叫她"洋妹仔"。此照涛姐已22岁湖南第一师范毕业，1956年支教东北摄于长春市。
（图6）雨妹十五岁1951年参军摄于新疆军区文工团

12

玉屏箫声声　吹艳了月月红
童年梦幻似云样柔情

母亲的玉屏箫从她嫁到汤家就从娘家带来，解放后去新疆部队看妹妹也带着，再去东北长春姐姐那里住也随身带。我问过母亲她那珍贵的玉屏箫来历，她不说就只是说喜欢吹。母亲李隆冰，乳名淑贞，1909 年生于醴陵县城瓜畲坪"耐园"。这是一个用土砖作围墙的四间小瓦房。一棵高大石榴树开着像小酒杯样大的花，火红火红，菜地边是一片红艳艳的带刺的月季花，我们叫月月红。

母亲很受外公外婆疼爱，心地也如同外公那样善良，如有人来讨饭她总是用大碗装满饭菜给乞丐。母亲从小娴静温存，待人和善，会唱歌，善吹箫，喜古诗词，是学校文娱活动分子，深受师生邻里喜欢。她 17 岁那年带头全校第一个剪辫子留短发下乡支援农会做宣传；大革命中与县里学生运动积极分子温国平恋爱结婚。温国平后投笔从戎参加北伐，军旅成疾患痨病早逝，可怜的母亲才 23 岁，外公只好从醴陵东乡温家冲接她回"耐园"。

次年，涛姐出世，由于其父早逝，外公、细舅舅去世后，涛姐与外婆相依为命在耐园长大，养成自由独立自尊自强倔强性格。

涛姐继承了父母基因，从小长得很客气（醴陵话：漂亮），加上长了一头自然卷发叫"毛妹仔"，别人叫"洋妹仔"，人称"醴师校花"。由于家境清贫，考的是醴师初师后又考湖南第一师范，不要交学费，吃饭也不要钱。她奋发努力，不仅数理化，国文、绘画、音乐、舞蹈样样皆优；她会拉京胡、风琴、钢琴也弹得好。她还是我弹钢琴的启蒙老师，一首贺绿汀的《快乐的晚会》就是她教我的，我至今记得弹。

我们姐弟讲话声音手势很相像，我大学毕业分到长沙，单位同事程继祖对我说："你好像我老师？""谁呀？"他说："教过我数学的李人涛。""她是我姐姐，""哦，难怪。"我小时一直以为她是我表姐姐，但家里人又说过她是过继给舅舅李隆信做女。其实，她是我的同母异父姐姐。

我们退休后，1997 年春节 1 月 23 日涛姐从北京写信给我："又过去一年了，退休闲无事，拾起画笔涂抹些写意花鸟之类，对月季花突然感到非常的喜爱，每画一张，似乎看到'耐园'那两株开得蓬蓬勃勃的月月红，一株粉红，一株深红，伴随着我的童年，那是一段多么清贫而宁静的岁月。只要我一闭上眼睛，园子里的每棵树，外婆外公房里的每件物品，如藤睡椅、自鸣钟、老式箱笼，都会清晰地呈现出来，这是些永不褪色的图画。童年有些事渐渐淡忘了，但童年的家，一辈子也不会忘记。'耐园'家大门口是水塘，塘那边是吊井，再过去是大王庙，谁家死了人，要打着铜锣点着一个稻草把子去送大王灯……过大王庙拐个弯就到了美国教会办的遵道中学。"

童年记忆亲切而清新，外婆家门前大水塘波光涟漪，蓝天白云塘边树木全都倒影其中。塘左边是外公本家李氏宗祠，李隆郅（即李立三）从小在这里长大尔后投入工人运动，听亲戚说醴陵东边江西萍乡一带的工人都不认得这个"郅"字，还是当时也是工人领袖的夏明翰（后来成革命烈士，在长沙被杀害）给他取的"立三"名字。隔水塘相望的吊井边是有高大围墙的"良庄"，那是陈明仁将军公馆。公馆对门巷子走到头是一色美式建筑遵道中学，校长是醴陵著名教育家姚春华；附近还有一所求知中学，校长是我大舅舅他是隆字辈，信基督教后改名为李镇藩，又叫李华国，我们叫他华舅舅，大舅妈江仁杰原在美国教会办的遵道中学教导处，后在醴陵一中图书馆，我细舅舅李隆信从小聪慧学习优秀，被李氏宗祠学校聘任为国文教员，写得一手好文章，是《醴陵报》《大公报》撰稿人。他长得英俊，性格活跃，待人以诚，成为同学中的核心人物。我母亲李隆冰、细舅舅李隆信与"良庄"的陈明信（陈明仁将军的最小的弟弟，他家五兄弟排行为仁、义、礼、智、信）还有阳名瓒（后来是醴陵一中著名数理老师）、温国平（来自醴陵东乡温家冲，后投笔从戎参加北伐）都是亲如兄弟姐妹的同学和童年伙伴，一到周末或节假日就到我外婆家"耐园"来聚会。

我外公李春泉，矮而胖，是酱园账房先生，同行业商会会长，心地善良好客，乐观大度，乐于施舍，虽工资不薄，老来两袖清风。去世那晚拄着手杖到我家谈笑风生还吃了碗面条，回到耐园半夜患脑溢血在睡梦中乘鹤西去，没有疼痛过一天，邻里称其"前世修了，菩萨保佑"。外婆李氏瘦而高，不识字，老年常一人坐在门边竹椅上拿着一根下端开叉的竹竿赶鸡。她常可以坐着就睡着了，她被惊醒来，不管有鸡没鸡都连着叫："哦嘶！哦嘶！"我去耐园时她总是笑着站起来赶紧为我煮荷包蛋，放点猪油葱花和白糖，那以后我再也没有吃过那么香甜可口的荷包蛋了。

北门教堂尖顶屋带着十字架
西山脚下是翠绿的田园风光

13

教堂尖顶屋带着十字架

醴陵北正街教会屋顶尖尖的，带着十字架。6岁在这教会崇德小学每周做礼拜，教堂大风琴奏着宽厚柔和声音，老师教黑人歌曲《老黑奴》至今在耳边回响："快乐童年如今一去不复返，亲爱朋友都离开家园，离开尘世到那天上乐园，我听见他们轻声把我叫唤。我来了，我来了，我已年老背又弯，我听见他们把我轻轻叫唤……"做完礼拜就是我们的快乐节日，蒙着眼睛沿着墙壁摸到了画或糖果可以剪下来带回家……

教会学校与十字街中间有条王家巷子，走到尽头就是醴陵大戏院。细时候在这看过《穆桂英挂帅》、《盘丝洞》、《五鼠闹东京》，因看《活捉三郎》吓得病了一场家里再不敢带我去了，改看电影《火的洗礼》，好像是讲上海八百壮士抗日故事，还有《马路天使》，记得是一个天真活泼的漂亮女孩名叫周璇演的，还有那特别好听的天涯歌女……北方常有马戏团来县城演出，把年轻姑娘打扮得花枝招展骑在马上绕大街小巷一圈，连着几天在状元洲上用布搭起"围墙"敲锣打鼓，我们不买票爬在大柳树上看。有时北方南下马车队伍的人衣着破旧。母亲说"他们是河南叫化来逃荒的闹水灾，多造孽"！母亲会叫我们提着桶子去给他们分米。

西山脚下翠绿田园风光　　大人说不到洋学堂读了，一个人细伢仔怕别人拐走，二年级转学到桂姐上学的西山小学，每天早去晚归，桂姐一手牵着我，一手提着饭盒，过绿江桥走乡村小道去西山史氏宗祠。这里树木浓密，风景秀丽，"有时三点两点雨，到处十技五枝花"，油菜地黄色白色花儿一片芳香。小学校园分班级种菜比赛，我们低年级小同学两人抬一个尿桶去浇萝卜白菜，菜长得好的就插面彩旗。下午放学早就去绿江游泳，或上山摘映山红，有时翻山跑到红拂墓那边用竹篙去扑人家的板栗。

我们上国文课描红及格后就开始临摹柳公权的"柳氏帖"，开篇就是"天地有正气"，似懂非懂；"杂然赋流形"就不知说什么了。老师说："你们不懂，练毛笔字！"国文老师就是级任老师，他讲《岳母刺字》、

《木兰从军》、《昭君出塞》、《苏武牧羊》许多古代故事时，全班听得津津有味肃然起敬；有时也讲《杨家将》、《梁红玉击鼓抗金》、《七侠五义》，北侠欧阳春的七星宝刀削铁如泥，害得我们做梦都想。

在世要多行善 作恶会下油锅
城隍庙的节日五彩缤纷

城隍庙灯会满城灯火满城欢，东门上伍家巷是城隍庙。每当放学经过，我们赶紧飞跑逃遁，那阎王殿鬼怪青面獠牙实在吓人。

城隍庙很大，可怕但也可爱，高大门神尖帽上有"一见大吉"四个大字，前为十大阎王殿，统管阴间亡魂。中厅是十八罗汉与二十四位诸天菩萨。大人说：人死后都要见阎王，在世要多行善，做恶事会受惩罚：或上刀山，或下火海，或挖心肝割耳鼻，或由小鬼夜叉叉入油锅。五殿阎王最威严，由黑脸包公把守，拒绝行贿，赏罚分明。十个殿中人与鬼的雕像色彩鲜明，悉如活人。

后厅才是城隍爷所在。大殿有宫灯高挂，左右文武判官栩栩如生。每年清明、端午、中秋、腊八、特别是古历正月十五元宵节，即"灯节"，县府官员都要来参加庆典，祭拜护城佑民的城隍菩萨，此时钟鼓齐鸣，香火缭绕，爆竹震天响，老百姓倾城出动。照例，我和桂姐涛姐雨妹跟着大人来作揖磕头，烧钱纸，向功德箱捐钱，祈求来年消灾免难。

地故事蝴蝶灯女孩儿彩袋香喷喷。白天，一台台"地故事"："八仙飘海"、"牛郎织女"、"贵妃醉酒"、"老汉驼妻"、"六郎斩子"、"罗成叫关"、"薛仁贵征东"，都是从街坊中选出最漂亮的少男少女化装后一色戏服打扮，绑着脚立在"故事台"上。每八人抬一台"故事"从城隍庙出发，浩浩荡荡全城大游行。两边有大汉拿着"响篾"一种用竹篾劈成两片的打得啪啪响在人山人海中开路。全城高潮是元宵灯会，我们每个小孩都提着各色彩灯"蝴蝶灯"、"蚌壳灯"、"青蛙灯"……挨家挨户去"讨蜡烛"，满城灯火，满街欢乐。

五月端阳时我们吃粽子包子盐蛋，喝雄黄酒；纯情美丽女孩脖子上耳朵上都戴着各色各样的菱角和彩袋，漂亮至极，从我们身边走过，喷香喷香的。渌江桥南北两岸，江边一色的吊脚楼，我们兴高采烈坐在绿江边吊脚楼上看划龙船，比赛的船分东西南北城，落后的常常发"输"气打起架来，看着"划船手"掉到河里成落汤鸡，真是好玩。八月中秋，吃月饼柚子糖醋藕；晚上在天井围坐抬头赏月；七月半"鬼"节，白天烧包祭祖，晚饭后一路飞跑到渌江边看"放河灯"。这是一种在方木板上用红纸做成多叶荷花，中间点燃一支蜡烛，从绿江上游下河，成串流过渌江桥汇合成满江灯火，缓缓漂去慰藉亲人亡灵。

14

从小就唱救亡歌曲
跟着大人到处逃难

1942 年，日本鬼子的红膏药旗飞机天天来县城丢炸弹。日本兵入侵湖南，我们逃难到醴陵东乡庄埠老家，鬼子又到乡下来抓壮丁杀猪羊捉鸡鸭烧掠抢夺。鬼子枪声"嘎……嘭"在后面追，我们姐弟跟在大人后面不分白天黑夜开始大逃亡，找亲朋戚友有一顿没一顿，尤其缺盐，没有力气走，我们挖厕所尿桶下泥土熬出白色的硝硝当盐。一路奔波无法洗澡，几乎都患上"闹疮子"即疥疮，奇痒无比，只好用手抠出血来。我祖母不堪劳累死在王仙乡田埂路上，直逃到李家山冲老外婆家才安歇下来。李家山在王仙乡与白兔潭之间，山谷密林深处有条小溪。每天有足够的红薯与芋头充饥，天天可以洗澡，疥疮终于痊愈。我和桂姐、涛姐、雨妹加上爱玉姐可以一起到溪里捉鱼虾，田里抓泥鳅，上山摘茶包，灌木丛中找杨隆瓣（一种酸甜可口的野生杨梅）吃。

生活渐无着落。父亲说"坐吃山空"，我们继续翻山越岭逃了江西省萍乡县上栗市。这里地处湘赣边境山区，道路崎岖，日本鬼子没来过，因此逃难者众多，商贾云集，买卖兴隆，号称抗日时期的"小上海"。我家在这小市镇经营一小旅店。

我插班上栗市小学。这儿也有一个石桥和引桥通向三面是水的小洲。上栗市小学就在小洲上，有沙滩草地菜园子。我参加了学校歌剧团，演出救亡歌剧《卖报童》，还演出了安徒生的童话剧《野天鹅》，学会了《枪口对外》《我家在松花江上》和岳飞的《满江红》。

山区上栗市别有洞天
爱玉姐烽火中八路之恋

在上栗市我们房子大，又有饭吃，爱玉表姐跟着我们逃难到我家。爱玉姐当年 20 多岁，穿件水蓝色英丹士林布父母装，高挑个，细腰圆脸大眼睛，和我姐妹很融洽。

到我家住店旅客，大多是做棉花爆竹瓷器夏布之类生意人。有一商人特别，每次来孤身一人和蔼可亲，讲义气，常接济外地难民和劳苦百姓，从不到外串门子，每餐必有酒，酒后谈笑风生。他来往江浙与湘川两地，住的次数多慢慢熟悉起来，来店就会问："爱玉呢？"母亲对爱玉姐说："这年轻人很可爱，就是没你高，你喜欢我就给你做媒哟！"爱玉姐听他来就飞快出闺房，给他端洗脸水，泡茶，远远站着，不吱声。有次，他带来几个挑夫，箩筐上是土特产与中草药，最下层居然是极珍贵的盐（当时两三担谷只能换一斤），全家惊讶不已。

这个四川人最后一次来我家，穿一身干干净净的白府绸衣裤，戴顶礼帽，向我母亲正式提出和爱玉姐结婚，先到醴陵去见我姨妈（爱玉姐母亲），再到四川老家去举行婚礼。

1945 年 8 月，日本鬼子投降。我提着小灯笼在上栗市参加庆祝胜利的提灯晚会大游行。我们家租了一条木船，顺绿江而下，回到醴陵县城。

有次过年，我问母亲："爱玉姐姐呢？"母亲一脸茫然："啊！谁知道呢？"

1951 年 5 月，西藏和平解放。那年暑假，我母亲忽然收到一个邮包，落款是"四川成都交际处——左爱玉寄"。打开一看，原来是两个红缎子被面，说是给大媒人的礼物，写信的就是那个"商人"，此时他正担任解放军进军西南的张国华军长的警卫团长（对外叫交际处处长），他的名字叫易野源。

我再次见到爱玉姐和那"商人"，是三十年后的 1973 年，我母亲特地从醴陵带他们到长沙来看我。爱玉姐姿色依然，那"商人"易姐夫热情如故，只是老了已满头白发。

我和母亲陪他们游岳麓山爱晚亭橘子洲，照了很多像，他仍是每餐必喝酒酒后话就多起来。

易姐夫抗日战争中一直担任王震的交通员，管后勤，负责湖南三五九旅南下支队与江浙新四军的联络，运送军火、医药等物资，几经风险，死里逃生，因他是四川人熟悉西南，1950 年调他到张国华部队随军挺进大西南。张国华逝世后即调回北京，随王震去东北大荒筹备密山军垦农场；后又随王震飞往新疆开垦，任新疆兵团农垦设计院院长。"文革"中被打倒，每月只发 20 元生活费，冰天雪地中与爱玉姐住马棚度日。这次落实政策恢复原职，补发了几年工资，夫妇俩乐得回四川湖南老家全国走一圈。

这位老八路仍精神抖擞，一路潇洒乐观，把他那光明磊落品格和侠义豪情与爱玉姐贤惠热情朗朗笑声留在沿途的亲戚朋友心中。

往事难忘，童年最有趣。那年我出差北京，涛姐陪我去北京双桥农场，爱玉姐与易姐夫特地买瓶好酒杀鸡款待，回忆四十年风云变换，感叹不已。

培元小学校规四个字：礼义廉耻
荣老师年轻漂亮像母亲又像姐姐

15

光复后，我们东门上的小淘气逃难归来背着书包沿绿江畔麻石路气宇轩昂地走过街巷，上培元小学高小啦！我们校徽是"培"、"元"二个铜字，用线缝在两边衣领上。

小学校长彭熙明（出任过《醴陵县报》主编，听说是地下党），小白脸西式头，戴副银丝眼镜，十分严肃，每周星期一必做周会，由他主持，在孙中山先生像与对联"革命尚未成功，同志仍须努力"及总理遗嘱前，带领全校师生齐声朗读："余致力，国民革命，凡四十年……"

学校大礼堂，四面通风，东向没有围墙，四根大石柱顶端有学校校规四个大字"礼"、"义"、"廉"、"耻"。正文各刻有九个字作注我至今记得"礼是恭恭敬敬之态度"，"义是切切实实之举止"，"廉是正正当当之行为"，"耻是明明白白之品格"。

培元小学庄严神圣，校园小巧，干净整洁。我们五年级级任荣筱年老师和蔼可亲，她年轻漂亮，像我们母亲又像是大姐姐。她讲陶渊明的《桃花源记》，冰心的《寄小读者》，其中一篇开头是："妈呀！猛然一声炮响，把我从梦中惊醒……"她带我们登西山"远足"，回来要写篇作文《春日郊游》。写登山许多同学就写"行人如蚂蚁，屋子像鸡棚"，写《国家兴亡，匹夫有责》就这样开始，"啊！今日之中国就像汪洋大海中之一只船"；写日记则是"光阴似箭，日月如梭"，"逆水行舟，不进则退"诸如此类，都是抄了"作文范本"上的。

荣老师和我们住绿江边同一条街，周日她带我们到东门上她父亲开锅铁铺家的后花园，柳树迎风飘摆下，有很多蜜蜂箱子。她给我们泡蜂蜜茶喝，那是我们喝过的世上最甜美的茶了！她调走时全班一片哭泣。我大学毕业回家乡特地去东门上找过荣老师，锅铁铺不见了。一次同学聚会得知长沙矿冶院高工荣宜嘉是锅铁铺的，我问她认识荣筱年老师么？她说："是我姑妈呀！去世多年了。"她姑父还在，原醴一中后调是长沙一中特级老师潘雄。我提着水果去看他老人家，他现在的夫人就是荣筱年老师的妹妹呢。

易梦之老师宣言："板子南山竹不打书不熟"
同窗幽默风趣"钵子"同学又叫"响屁大王"

那年冬天下了场大雪，培元小学操坪屋顶一片白。新来的易梦之老师上课十分严格，她教我们朱自清的《荷塘月色》、《匆匆》，薛福成的《观巴黎油画记》，刘鹗的《老残游记》，文天祥的《正气歌》。她讲得生动有趣，绘声绘色，全教室鸦雀无声。谁讲小话就立即叫起来罚背书，背错了用很厚的竹篾板打手板。我们开始都怕她，后来都爱她，真要感激她严厉慈母的爱，她给我们幼小心灵浇灌着丰富的营养和文学历史知识，让我们懂得了美，有一种朦胧的爱。

我们最讨厌的男老师是教导处的彭果劳，他常站在校门口用色眼盯着女同学看；听说他对寄宿男同学有不轨行为。后来得知他是一个特务，解放后被关押了。最讨厌的女老师叫阳嫔凯，她成天烫着头擦口红，穿着妖里妖气像舞女，同学给她编了顺口溜："买不买，美国的阳嫔凯，红嘴巴，猪八戒……"因当时发美国救济物资，有旧衣物还有一桶桶潮湿了的奶粉变成一块块。谁如果有支美国派克笔，有双回力跑鞋或卡机布裤，那简直叫人羡慕死。我们最讨厌的同学是蓄着西式头脸上搽雪花膏的家伙。他成天穿着响底皮鞋，还来叫我们班女同学去玩。1947年，东北四平战役后，彭熙明校长邀请回到家乡的陈明仁将军来培元小学作报告，他一身军装笔挺地站在讲台上，用茶杯作碉堡比划着打仗的战术。而这个穿响皮鞋蓄西式头的家伙竟是由他来向陈明仁将军和彭校长报告全校出席人数。大家不能忍受，约好放学时揍他一顿。我们没能得逞，因一放学他家有汽车把他接走了。

同窗同学大多是左邻右舍，青梅竹马，性格各异。班长黄腾蛟，父亲开镶牙诊所，住伍家巷。考试总是第一名。什么"鸡兔共笼"算术难题都难不倒他，少年白头，大家喊他"麻豆"；我家隔壁振兴药铺的聂森林一直担任学习委员，他天天记日记从没间断，脑壳大很聪明，小名"雄鱼老壳"；喻发明家开豆腐铺，缺劳力，他父亲为他娶了个高大的童养媳，我们叫他"小丈夫"。钟国昭家里开篾器店，他白天上课，晚上削蔑做篾器到深夜，一餐能吃几钵饭，我们叫他"钵子"，有次上国文课，他打了个响屁，易梦之老师瞪着眼睛看他，他站起来说："对不起，易老师，我忍不住了，这是生理现象。"他又补充说："响屁不臭，臭屁不响。"把老师也逗乐了，全班都笑翻。从此，他多一个绰号，叫"响屁大王"。绸缎铺的唐以正诡计多端，常坑害同学取乐，事后还一脸奸笑，大家叫他"奸贼"。

16

少女的春恋在江边荡漾
同乐会姹紫嫣红 蔡美人鹤立鸡群

她在女同学中最引人注目，名叫蔡凤贞，苗条个，瓜子脸，美如画中人，很少吱声，静静地来静静地走，从不参与女同学嘻嘻哈哈打闹。她天资聪慧成绩好，我们男同学常回头偷偷看她几眼，有一种说不出的神秘感。

她的威望在她转学来不久不仅背《荷塘月色》，连半古文的《观巴黎油画记》也都是用标准普通话背得滚瓜烂熟，她是没有挨过老师竹篾打的少数同学之一。同学推我出来和她背书比赛，因我背《老残游记》选段一次就通过了。至今我还记得那个叫刘鹗的老夫子竟然把济南风景描写得那么美："……一路秋山红叶，老圃黄花，颇不寂寞。到了济南府，进得城来，家家泉水，户户垂杨，比那江南风景，觉得更为有趣……"还有"四面荷花三面柳，一城山色半城湖"，难道比我家乡醴城县城还美么，易老师笑眯眯说我"背得好，抑扬顿挫，带感情"。从此，同学起哄说我和蔡凤贞是老师的"得意门生"。有次上手工劳作深，我们分在一组用纸折帆船和飞鸟。"奸贼"唐以正趁机大叫："看啦！一对得意门生。"蔡凤贞毫不胆怯抬头用眼睛瞪着他，"奸贼"立马闭嘴。

新年前夕，班上开故事会，或唱歌、跳舞、说笑话。蔡凤贞出了字谜，她说："左边三十一，右边一十三，加起来三百二十三。"谁也不知是何字，她说："是个'非'字呀！"亏她想得出，她把汉字数目横写与民间计数打码竖写合起来，鬼都猜不出来！

全校新年同乐会上，同学们穿新衣裳，姹紫嫣红，蓝翠交映。老师同学家长们把礼堂挤满。同学合唱最爱唱的歌："长城外，古道边，芳草遍连天，晚风拂柳笛声残，夕阳山外山。天之涯，地之角，知交半零落，一瓢浊酒尽余欢，今宵别梦寒。"一边唱一边吃点心。演出时易老师亲自挑选我、黄腾蛟、黄定排练了好久的京剧《宝莲灯》并不受欢迎；而蔡凤贞这么个小女孩一曲京剧清唱《苏三起解》获得全场老师家长同学的热烈鼓掌。夏天她穿连衣裙高雅清秀，冬天穿有洁白毛领的长大衣，真有鹤立鸡群之感。

开春，雪水融化，道路泥泞。有天放学蔡凤贞站在校门口和几个女同学在分发什么，她见到我："小子！过来。"我说："蔡美人，叫我吗？""不准这么叫，别学那般坏男孩样！""那叫什么？""叫姐姐！"她从书包里拿出一本小彩色本子，说："我下周不来上学了！""怎么啦？""我爸爸调到外地，送你这个。"我接过带着芳香的彩色小本子。我们站了会，她笑笑点点头挥着小手就这么走了。下周上课她座位空着，心里好像也空了点什么。易梦之老师说，她家住渌江那边阳三石醴陵火车站，她爸爸是铁路上总工程师。

17 毕业分手走四方命运多舛雾迷茫

江南三月，莺飞草长。同窗几载，多少春天的花夏夜的梦，任几度晓风残月轻抚着渌江杨树岸，那鹅毛大雪覆盖着状元洲沙滩。记否一起背书挨手板，渌水畅游多欢畅，大雪纷飞打雪仗，攀西山登红拂墓，"杀野外"汗透衣衫，下军棋冲锋向前，童年的梦几多柔情，如今毕业分手，各自一方到天涯。

"麻豆"黄腾蛟一直当班长，期期稳坐第一名，以优异成绩考上长沙市一中后考入武汉华中工学院（今华中理工大学），不幸被打成右派，听说与他哥哥1948年参加青年军去了台湾有关。他大学毕业"充军"到西北包头市工作三十载。那年我出差呼和浩特，得知他落实政策后出任包头市第二火力发电厂厂长兼总工程师。四十年后他哥哥从海峡彼岸归来与弟妹相聚于长沙，邀我这老同学，还有他们的隔壁邻里我的同事周全胜一起去赴宴，我看着他们老泪纵横，无限感叹……人生，有几个四十年？

（上图）作者晚年回故乡。摄于渌江桥上；记否少儿时那春风拂拂摆杨柳岸的醴陵渌江河畔，孩儿的嬉戏玩耍至今仍清晰呈现在眼前！（右图）校庆日在故乡街头与刘国平、应辉、江文笔合影；（右侧1）他就是黄腾蛟，从大学20多岁划接右派充军西北，后任内蒙火力发电总厂厂长；（右侧2）他也是同班密友聂森林，从爆破生涯中到高级爆破总工程师；（右侧3）少小时与余志威（左）合影，他就是湖南和平起义地下党代表余志宏弟弟，从危亡中参军 后出任省委干休所所长；（右侧4、5）刘满凡和陶慧蘋

　　我班另一个成绩拔尖的黄定，也住我家同一条街上，他姐夫陈聿修是全县城最著名医师；他上长沙一中后考入清华大学，也被划成右派，在十三陵水库劳动时投水身亡。家在醴陵县北正厅百货店的黄盛肇考取武汉大学，反右中也未能幸免，魂归滚滚长江。我同学陶诗潜，学习很优秀，听说高中毕业竟未能考上大学，同学都感意外，说是档案里不知写了什么？至今是个谜。他妹妹陶慧萍成绩拔尖，在醴泉读小学时品学兼优，又长得漂亮，同学称她是醴泉"校花"。她与我妹妹都会跳舞，她们一起扭着秧歌迎接湖南和平解放，解放前夕，她祖父国民党军长陶柳参加了筹备和平起义策划，可惜未能亲眼目睹这个大喜日子而过早病逝了。醴陵解放后，1950年儿童节在文庙坪文艺大汇演，我和陶慧萍同学都戴上红领巾担任指挥，各领着一中和醴泉小学的少先队合唱团演出。后来她的欢笑少了，陶慧萍见到哥哥的不幸，初中毕业不读高中考的是湖南第一师范，后成为长沙市优秀教师，担任教研室主任。陶慧萍的同班同学团支书刘满凡也是我的好朋友，我们分别时她们送给我一张她们的合影。我邻居振兴药店的聂森林考入楚怡高等工业学校，毕业分到兰州，调回湖南长沙矿山研究院任爆破室任高级工程师，后聘任海南省一个爆破公司任总工程师。小名"钵子"又叫"响屁大王"的钟国昭家弟妹多，小学毕业跟父亲做篾匠，劳苦勤劳一辈子，我回县城去看他，他和老伴就住在我老家的对门。我另一同窗好友"中英美面馆店"的应隆兴（参军后改名应辉），"文革"中从福建炮兵部队复员回家乡当工人，后落实政策任醴陵饮食公司工会主席；他在培元小学时他们相互暗恋的女同学黄宝芝也一起参军，却分到沈阳部队，天南地北没有了缘分，我们小同学都亲热地叫她宝姐姐也不知她今在何方？

18

母亲同窗阳名瓒老师一席话
泪眼聆听如同做梦一般

我怀着天真孩子心去寻觅童年足迹，走小巷子去醴陵一中老遵道学校有地下室的美式教工宿舍，去看望我母亲的同学阳名瓒老师。他已退休，依然戴着他那如同酒瓶底的高度近视眼镜，虽已古稀头脑清晰记忆力强。他见我又提着蛋糕来看他，说："快进来，来就来咯，总是咯样客气做啥咧？"阳老师和我母亲从小同学，他听我说她已经走了，他一惊，叹息说："唉！冒得解！冒得解哟！她比我只大一岁呗。她长得客气，又和气，几好一个人啊！"我坐在阳老师躺椅边听他细说我外婆家"耐园"故事，他说："我记得！我记得！你外公李春泉矮矮胖胖唧，酱园里管账，会两只手打算盘。我在湘东教你数学，我在醴师教你姐姐物理，你姐姐能歌善舞，绘画好，头发卷卷唧同学叫她'洋妹唧'。我和你舅舅李隆信同班，你母亲叫李隆冰，比我们高一个班。那时唧，我们从小玩得最好的，还有陈明信，他是陈明仁的满老弟咯，他和我同你舅舅李隆信你母亲李隆冰从小邻里，青梅竹马。陈明信跟随大哥陈明仁戎马一生，抗日战争中几次死里逃生，四平巷战时被俘，释放回老家，跟大哥一同起义。哎呀！他和大哥哥陈明仁几年前也都去世了！我们读书时你母亲李隆冰进步着呢！大革命我们一起下乡支援农会游行喊口号。她是全校第一个带头剪掉辫子下乡做宣传的。唉！都是五六十年前的事了，都记得，记得！唉！往事都梦一样咯，你节哀啊！"我总记得阳老师，不仅是他的数学讲得好，他人好，和蔼可亲，他见到我就要讲我外婆家"耐园"的故事，他和陈明信还到我家协华来吃过饭，陈明信带着警卫，牵着一匹大白马系在我家门口的大梧桐树上。

（左图）姐妹二人回故乡在昔日二层三进老式楼房家门口梧桐树前留影
（右图）雨妹在新疆军区军装照

迷惑的星星点缀着蓝天

19

总记得童年的蓝天白云，白天看西山映山红开，晚上看点缀着迷惑的星星……

我沿着渌江杨柳岸到东门上看我家门口那两棵梧桐树，啊！我家大门口那棵呢？我们不住这，好像树也有在天之灵，我家门前那棵开始衰败凋零，"文革"中全枯死了。岁月如流，如今这棵梧桐又见一新枝从根上长出来。我姐妹回家乡特地在我们家故居樟树前照了个相。

在一中母校，看望了黄炎俊老校长和我姐同学醴师才子漆则朋夫妇。黄老校长是湘东中学高三班的，与我大舅长子我表哥李新民同班，新民是地下党，后任广州军区营房部主任。他们与高一班李人俊玩得最好，都是我的高班学长。李人俊在他父亲李立三去异地闹革命时，住食无着，全由老校长张伯兰特批每期全免费入学住食。一中77周年校庆座谈会在我单位长沙晚报会议室召开，时在湖南政协文史室工作的李人俊不忘学校恩情特地约我去长沙河西接快百岁高龄的张伯兰老校长。

我到醴陵当时的县政府宿舍去看望王泰诚，他爱人李桔璜也是我同学，贤惠和蔼，她为我做家乡最美味的红曲鱼腊肉及醴陵丝瓜，他们夫妇给我亲人般安慰。我怎能忘怀照顾我成长的两位学兄王泰诚和田中柱。我戴红领巾时，他们只十多二十多岁因是醴陵地下党地下团领导学生四二八大游行迎接解放，分别出任团县委书记和学生工作部部长。我母亲早年患脑溢血中风住东门上县医院，我就住在与医院一墙之隔的一中工作组田中柱的办公室。白天我们一同到东门上吃锅贴饺王泰诚患胃病只能吃水饺。后来我到家乡就吃住在王泰诚家，那是东门上一条很窄小的小巷深处几间小平房，我下乡看望母亲就骑着他的自行车行30里山路。我患肺病休学那年田中柱每月寄来五元钱。往事不堪啊！他们因讲真话两人都被打为"右倾"。"文革"中王泰诚因是教育局长被打成醴陵县牛鬼蛇神总后台和反革命被关押几年，胃病复发瘦得皮包骨只有八十几斤，害得李桔璜每周走到南乡监狱去探监送饭。平反后他出任醴陵县委宣传部长。泰诚被派到长沙省委党校学习时，周末我老伴王老师做一桌菜在我家吃饭，当时的县教育局长也从醴陵来我家说带来好消息刚开完醴陵县人民代表大会上王泰诚以高票当选醴陵县副县长。王泰诚以醴陵县政协副主席田中柱以湘潭市侨办主任离休。

（左图）晚年退休与涛姐在家乡山坡歇息
（右图）雨妹在回家乡的山坡路上

　　从泰诚他那狭小巷子里的家往东门上走，就到了桂姐雨妹上学的原东方中学所在地。"解放区的天是明朗的天！"我们兄弟姐妹是何等欢欣鼓舞迎接解放，都从家乡醴陵奔向长沙。大姐桂明，49 年父亲要把她嫁到东乡去。桂姐哭着找母亲："婶娘，你帮我啊！爸爸旧脑筋，解放了还想包办，我会逃走！"果然，她去了阳三石火车站，母亲送去衣物路费，她只身坐火车到长沙考取"革大"，毕业分配到湘南土改工作团，土改结束分到零陵人民法院，院长秦加增，本地人地下党，为人质朴厚道喜爱古文会诗词。他们从恋爱到结婚。桂姐小时算八字很灵，"多子多福"，果真生有四个儿子一个女儿都工作很好。

　　雨妹解放初在学校和街道都是秧歌队领舞，回到家就高声唱"猪呀，羊呀，送到哪里去呀？送给那英勇的解放军。"1952 年她只 14 岁，戴着红领巾，还系着母亲一条三角形羊毛围巾从醴陵坐火车到长沙长郡中学找我，一脸笑："哥，我参军批准了，到新疆去！"这就是后来媒体称作的"八千湘女上天山"。我和在一师读书的涛姐何等高兴为她送行！谁知很久无音讯，同去的街坊女孩因水土不合死在天山脚下。母亲每天哭泣，后终于喜讯传来说去时没房子都睡在地窖里，大病一场后经过整顿培训，她是最幸运的一个因年轻会歌舞，分配到新疆军区文工团正式参军，且评为先进。大多新疆招聘团的只穿军装无军籍。但后来接连不断的政治运动使她吃尽了苦头尤在文革苦不堪言。所幸晚年调回故乡工作，为军人转业定为学校教师。儿子先抵职，因在部队长大一口标准普通话，考入醴陵电视台当节目主持人并主编主播夜晚《星语心愿》节目大受欢迎。后和爱人南下在一建筑公司工作。

　　我从东门上火车站折回去河西，登上渌江边风景秀丽的西山，啊！红佛墓，水濂洞，树荫覆盖的醴陵师范，涛姐考的就是这初级师范，因读书免学费吃饭不要钱，毕业在乡下教了半年书又去长沙考的也是吃饭不要钱的湖南第一师范。当时从湖南选拔一批优秀学生支援东北教育，她到了长春市当高中数学老师，后考入东北人大数学系，毕业分配到天津高校。二姐能调北京，这要感谢一下邓小平。当时有一份全国高级知识分子专家夫妻两地分居名单要照顾调到一起，邓小平大笔一挥："同意"。二姐夫闵教授和涛姐也在这份名单中，甚幸！二姐夫闵教授中国科学院高工、教授，博导，涛姐北京铁道科学院高工，他们有二子分别毕业于复旦和清华赴美读博后在瑞士等公司工作。

　　1980 年元旦夜，母亲在老家突患脑溢血病去世。单位说是落实知识分子政策，几经层层审批 1979年 12 月刚把我母亲户口从家乡农村迁入长沙市。我告诉母亲凭她的新户口本和粮食证已领到粮票还有布票寄到家乡了。母亲逢人便告："我户口落到长沙市了！"这意味着每个月可领到国家粮票 26 斤有饭吃了！现在的 80、90 后可能不知道这"粮票"对一个人的意义！当年你用人民币 1 角 4 分 2 买 1 斤米得凭一斤粮票，到饮食店买碗面给钱同时得交粮票二两。文革中我回老家看望母亲住泰诚家，次日借他的自行车骑 30 里山路就是带着 8 斤粮票和一瓶油。妹妹从新疆回老家看望母亲的日子，借了邻里的两只筻箕和一把锄头在后山开荒种红薯。1980 年元旦次日 1 月 2 号清晨 6 点钟，单位派谢作孚书记周全胜主任代表组织陪我乘火车回老家料理丧事。几多悲哀呀！我寄给母亲粮票和布票的挂号信 1 月 3 日才到，而母亲 1 月 1 日晚却已告别人世她盼望已久终未能亲眼见到这珍贵的 26 斤国家粮票！我这不孝之子只有悲痛和哭泣。办丧数日雨水如泪水不断，天老爷开恩在上山之日把阳光洒满福字岭。我所有亲戚和同事周全胜主任及我老同学王泰诚副县长等等众多好友同学排长队一直陪我上山送母亲最后一程。我们县城里有家啊！那么大一栋私宅，为父亲三十年代所建，即建国路东门上梧桐树下的三进二层中式老建筑，档案中记载一直是我家私产。到 1953 年私产再登记时，档案上户主写的就是我母亲李隆冰名字，这已为县房产办确认。也不知醴陵县还有多少私产未能落实政策？我家几次呈报，县人民政府等四大家批准房产办给我家落实了一百平方米，说以后再进一步落实。到如今，却一直也未能落实。人老矣！不知要等到哪个猴年马月？录以当念，也以此告慰长辈大人在天之灵，阿门！

涛姐退休后，又拾起她喜爱的花鸟虫鱼繪画，逢年过节我们就发 QQ 聊天谈心，今年新春她从北京又发来一份电子邮件，说："读了你的青春回忆，充满激情，质朴而生动，那也是对青春的祭奠。时间已经过去半个多世纪了，你写的都清晰地在我脑海中闪过，亲朋戚友小时同窗都鲜活可爱地呈现眼前，然中学的大学的同学原本一个个都是生气勃勃的，可是后来有的人成了受难者。我们这一代人的青春，大多是饱经磨难的年华。虽然有的人在几十年的苦难生涯之后成功了。但也有人没有熬到改革开放后的好时机，在那残酷的阶级斗争中失去了宝贵的生命。每个人的青春都有值得祭奠的理由：或为始终无法实现当年天真而又执着的理想；或为自己在青春岁月所受到的冤屈而抱憾；或为擦肩而过的爱情……如此等等。今天感而慨之，由此而想起林徽因的几段话：

'千帆过尽，
回首当年，
那份纯净的梦想，
早已渐行渐远，'

'萍水相逢随即转身不是过错，

汤万清国画《老屋》

刻骨相爱天荒地老也并非完美。'

'每个人心中都有一道暗伤，
这个伤口不轻易对人显露，
而自己也不敢轻易碰触…
时间是世上最好的良药，
它可以治愈你的伤口，
让曾经刻骨情怀与爱恋也变得模糊不清。'

'留存一段记忆只是片刻，
怀想一段记忆却是永远。'

'或许，人生需要留白，
残荷缺月也是一种美丽，
粗茶淡饭也是一种幸福。'"

夕阳西下，我从美丽的西山俯瞰这家乡的渌江，记起儿时背的杂诗来："古渡人稀江水阔，橹声空放一船来"、"孤高皓月色，烟锁一江深"。啊！微风吹醒了儿时梦幻，少女的春恋曾在江边荡漾，迷惑的星星正点缀着故乡的蓝天，我们都曾青春过，如今已是白发苍苍。青春可以吻别，而青春的记忆却是永远，永远。

柳暗花明　淡荡春光

她东北师范大学毕业响应号召去西北边疆，梦想做苏联电影《桃李满天下》中的瓦尔瓦拉，到穷乡僻壤少数民族地区当乡村女教师，她在西北十年献身西北边疆的教育事业；她历尽艰辛，她又有一个梦想，想回到家乡与丈夫和女儿在一起……

20

蝴蝶红

别墅朝南，正对着密执安湖，高大的橡树、枫树、杨树像一排卫队，守护着花团似锦的堤岸。

湖岸与别墅之间是一开阔绿草地。

窗外是花圃，朝北的汽车库通高速公路，车伴着湖的南岸西行两小时可达芝加哥。房子北面也是草地，孩子买来木栏栅围起来，就成了老伴的菜园子。

我和老伴王老师从北京航行十三小时抵达底特律，孩子从湖畔 ST·JOSEPH（圣·约瑟夫市）惠而浦公司总部来机场接，我们这次特地从长沙马王堆菜市场买了许多菜种子带到美国。

周末，阳光灿烂。全家出动，锹、铲、水管、施肥小车忙个不停，把从附近 sears（西尔施）超市买来成包氮磷钾混合肥颗粒均匀地撒在新开垦的草地。

清晨，老伴起得最早做了早餐，孩子上班后，我就跟着老伴绕过窗下盛开的玫瑰花圃下地了。看湖面银光灿灿，树林茂密，远离嘈杂急躁的世界，真难得这般宁静。

我想起美国企业家思想家卡耐基名言："人生最可悲的事情之一是我们全都把生活挪后的倾向，我们全部梦想着那地平线上方的某个神奇的玫瑰园，却不知享受今天盛开在我们窗外的玫瑰。"我们何曾做到：一生要好好孝敬父母？又何曾全家好好团聚享受天伦之乐？有太多堂而皇之的理由去劳碌奔波，奋发卖命，也正如我国女作家毕淑敏所言："我们把自己的头脑变成他人思想汽车奔驰的高速公路，却不给自己思维留下一条细细的羊肠小道。"

"我们说过的话，无论声音多么嘹亮，都是别人的手指圈划过。"我们给自己思维留下过自由的羊肠小道吗？我们何曾有过自己人生的玫瑰园？

（上页）老伴的菜园子；（左图）2006年回母校东北师大庆祝校庆60周年；（中图）十七岁考上东北师大；（右图）大学二年级摄于长春

桃花盛开湘江畔　窈窕淑女蝴蝶红

蓝天如洗，除云雀飞过，湖畔静寂无声，看着老伴在菜地忙碌的身影，思绪飞到故乡的湘江河畔。

江南三月，莺飞草长，一个天真美丽少女涌现眼前：短发系个红蝴蝶结，苗条个儿，红红的脸蛋，穿着翻领的花上衣；上大学时留了长头发梳成两个小辫，穿洁白上衣和蓝色背带裤。

半个世纪了！好像就在昨天！我们相识在故乡1956年桃花盛开的早春季节。

老伴王老师出身名门，父亲王恢端，是衡阳著名爱国富商，解放后出任衡阳市政协副主席。她从小会绣花会做衣会拉鞋底会做布鞋，是王氏家中兄弟姐妹（姐妹分别叫红玉、白玉、紫玉、青玉、小玉）中大姐，乳名红玉，1956年从衡阳一中高中毕业填报第一志愿第一专业考入东北师范大学生物系。

她年龄全系最小，上大学一年级才17岁，老师同学叫她"小妹妹"。2006年，我陪她去长春参加她母校东北师范大学校庆60周年，同学聚会生物系已改为生命学院的大教室，当86岁高龄教过她们生物课的张翼伸教授笑着问："哎！你们系年纪最小的那个湖南妹子呢？""她在这啊！"同学们乐呵呵地说。张教授拉着她的手说她还记得小妹妹课堂笔记用纤细绳头小字，书写工整，学习成绩好，身体苗条柔弱却能承受超乎她体力之重。她是系女子篮球队员，大学一年级长春市高校环城赛跑她获得第三名。

大学毕业支边十年塞北　路遥遥八千里路云和月

1960年大学毕业，她看了苏联电影《乡村女教师》（有的译为《桃李满天下》），好感人！她自愿报名到祖国最需要的地方，到大西北穷乡僻壤的农村去当教师，她要学习瓦尔瓦娜啊！到了宁夏回族自治区，分在平罗一干就是十年。她大学毕业21岁，教生物，教化学，也教语文，还教音乐，何等意气风发，与回族、汉族、蒙族学生建立了深厚友谊。可我们八千里路云和月，相隔遥遥啊！

记得我从长沙坐两天一晚火车去西北探亲，从中南到西北横跨六个省，行程八千多公里，暑假车厢总是塞得满满的没座位，要站到北京再转车。老伴回家更艰辛，她抱着孩子先从平罗坐长途汽车到银川，再到北京转车到长沙，有时只好抱着孩子睡在座位下面用报纸铺着的地板上。暑假结束，我们相别总是凄然泪下，她哭得像泪人。

1970年，感谢47军驻报社军宣队，他们与宁夏联系，解决了我们夫妻十年两地分居之苦，几经波折，终于从大西北调她到湘江之西望城县谷山中学。1972年寒冬，她托人捎来她亲手做鞋底有蝴蝶图案的

（左图）退休后摄于华盛顿广场；（中、右图）大学毕业留影；（下图）1972年冬天在长沙县农村煤油灯下写给老伴的诗《蝴蝶红》

布鞋一双和棉手套一对。我时在高圹岑农村学农，感动万分，深夜匆草一首七律《蝴蝶红》托人回赠给她：

"结发共枕喜十春，辗转八千情更浓。

十六秋冬愁相别，悲欢离合泪沾襟。

微风细雨湘江夜，窈窕淑女蝴蝶红。

喜极夏日春长在，红系春丝少女情。

雪里风波寒气彻，茫茫衷肠苦酒吟。

火车声声心碎裂，双泪滚滚哭断魂。

江南塞北秦娥月，两地相思苦在心。

体弱多劳常惦念，梅杏成果汝辛勤。

而今共饮一江水，掏尽肝胆一片心。

……"

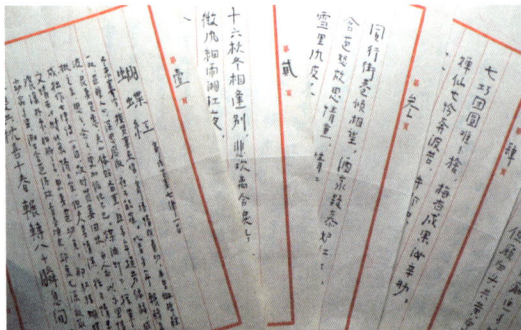

生活几多艰辛力挑重担　做八千纸袋可得八块钱

记得"文革"中，她父母亲年近七十，下放到老家农村当农民。解放初把他一生营商积累的花纱布公司及几个工厂全部无偿地捐献给国家；1957年受冲击从十三级高干降到十八级；市政协副主席、民建主委、市政务委员、省人民代表、省政协常委全都撤了，"文革"中下放老家衡南县农村当农民自食其力。我和老伴每月工资各53.5元，共107元。每月寄给我们的父母各10元，余87元，维持我们家4人生活，油盐柴米房租水电衣食学费等等。我们极少买新衣，全家人冬天的棉衣夏天孩子的衣裤裙子布鞋都是爱人凭布票去买布自己做。每到月底，需向同室教研组张凤玲老师借5元钱才能度过无米之炊的难关。报社为照顾困难户，我妻子白天上课回家后，晚上每夜做纸袋子到深夜，一个礼拜7个晚上脚都做肿，共做8000个纸袋子，可得报酬8元钱……

1974年1月上半月有一份开支因写在信封上，得以保存至今："还上月欠债15元，寄给母亲10元，寄生产队（换粮食）5元，买饭菜票3.80元，买肉0.5元，白萝卜0.11元，黄牙白0.1元，红萝卜0.1元，米5斤面条2斤1.15元，买肥肉（煎油）2元，周日买油条0.21元，还车票钱1.35元，煤油0.11元，糖粒子0.2元，油巴巴0.2元，买苹果（送给修自行车师傅）0.6元，买扑克0.6元，饼干0.28元，兰花豆0.1元，又买煤油0.22元。计42.39元。"

当时我妻子大学毕业已 14 年，经过各种运动，已历练成"能文能武"、"又红又专"、"特别听话""十分谨慎"的人民教师。别人一个钱当两个钱花，她是一个钱当十个钱用啊！

她在西北农村从教十年调回长沙谷山农村教高中数年，依然和在大西北偏僻乡村一样，领着学生扩建校舍，天刚亮就翻山越岭去鸟山乡山冲里扛着树和竹子走 20 公里回谷山中学；与学生一起挖泥拖坯做土砖栽树种菜盖房子，与谷山、鸟山、黄金、望城坡农村学生成为好朋友。白天上课，晚上领着学生排练《沙家浜》《智取威虎山》。1974 年调长沙市九中而后八中，担任高中毕业班班主任，她教的化学课受到学生欢迎，她是长沙市第一批高级教师，年年先进，1982 年评为长沙市先进教育工作者，1986 年被评为长沙市优秀德育工作者……

雨后天晴终有阳光　喜看儿孙姹紫嫣红

密执安湖畔静悄悄，只有风儿吹着树枝沙沙作响，我思路就这么在太平洋两岸来回穿梭……

老伴每日耕作，在女儿别墅后整理出一块块长方形菜土，茄子、韭菜、蕹菜、白菜、大蒜、葱如今已是一片碧绿；棚上的丝瓜又长又大往下挂着，收获的南瓜堆码在汽车库里，豆角大丰收，牵满着木栏栅的绳子上。吃不完她就为孩子做了两大坛酸豆角；冬天从密执安湖畔雪地拾回来许多松球丢进大铁桶里点燃熏了几十条腊肉……

啊！回忆，叹息，苦难，珍惜，还有遐想……那红蝴蝶结总在我心中荡漾。人世沧桑，几多艰难，莫要叹息，不必悲伤，雨过天晴，总有阳光……

你看，这老伴的菜园子与花圃，不就是我们的玫瑰园么？大女儿夫妇的御景花园，是我们广州的玫瑰园；小女儿夫妇已从美回国，在昆玉河畔的花园石榴枣子柿子都结果了，是我们北京的玫瑰园；孙子多多考上牛津大学在他那密林丛中古老英式建筑宿舍，是我们十分思念着的异国他乡的玫瑰园……

王恢端老人去世时衡阳市委市政府在《衡阳日报》发布讣告："著名爱国民主人士，中共地下党员，衡阳市政协原副主席，中国民主建国会衡阳地区组织创始人，第一第四第五届湖南政协常委王恢端同志，因病医治无效，于 2012 年 3 月 12 日 19 时 46 分逝世，享年 106 岁。"（左上图）为王老在衡阳市委市政府庆祝他 100 岁寿诞时留影，老伴的父亲王恢端老人是被湖南省人民政府邀请登上南岳衡山祝融峰的湖南十大老寿星之一。（上图）全家四世同堂合影照。（左下图）父亲百岁寿宴四代同堂回到故里青玉妹妹喜笑颜开！

蝴蝶红

—— 写给我妻子并贺我们金婚 50 年摄于广州

21 姐妹俩

姐妹俩长沙土生土长，都在岳麓山下喝湘江水长大，学的同样都是英语专业。

姐妹俩从小起，就学习和听读英式《灵格风》英语。那年我们花了一个月工资（53.5元）加1.5元共55元买了个电动唱机反复播放让她们每日早晚反复听读，听得她们哭丧着脸烦恼透了！因这比她们参加长沙市红领巾歌舞团跳《红色娘子军洗衣舞》，或要求她们熟练拉一曲小提琴《悲怆》,弹奏巴赫的《小步舞曲》，不知艰难困苦多少倍！

《灵格风》共六十课，仅仅开始三课是简单对话，第四课起，生词繁多，往后一课比一课难，更讨厌的是速度极快，她们不得不放学回家书包放下就听，睡觉前听，一早起来就听，做家务时也听……啊！很对不起你们，小小年纪，姐妹俩不知受了我多少训斥责骂！又掉了多少眼泪！

苦尽甘来，以至姐妹俩背课文的英语磁带，我竟分不出是姐姐读的还是妹妹读的了。

感谢大中学校老师的耐心培育，大学毕业，姐姐到中国有色金属总公司对外工程公司参加招聘考试，英语口语第一，竟超过几所外语学院来报考的老师，8月考试，9月出国；妹妹参加中意电器集团进口部公司招聘考试，以英语口语成绩优秀而被录取，尔后考 GRE 去纽约州立大学石溪分校读研。

家中父严母慈，姐妹俩的母亲以人民教师的品格从小以身作则。"礼貌"是教育孩子的第一要义，我们每坐公交汽车，姐妹俩必会给老人妇女让座。尊老爱幼，待人以诚，严以律己，言行一致，这是我们要求她们从小起做人的基本品质和修养。姐妹俩从小亲密友爱，都爱读书，生活丰富多彩，平淡而朴实。爱情婚姻，是女孩子人生中头等大事！我们也未曾包办，更不强行干涉，他们的对象都是她们自己找的，我们相信姐妹俩的眼光。如今姐妹俩工作生活平静而快乐。姐妹俩的夫君都是1.78米的个，都喜爱高尔夫，菩萨保佑，身体也均康健，姐妹俩两小家庭和睦亲密，是我们老人最大之安慰和快乐，人生亦何求乎？

如今姐妹俩都长大成家立业了，她们很孝顺，在国外写来的家信，都装满了两箱子，载其一二：

在夏威夷

姐六岁（小魏油画）

在纽约大学候校车

在韶山

在华盛顿

在大学雪地上

在西亚留影

在SEA LEVEL（死海）

在埃及金字塔

妹妹闺房

姐与立立表哥的家庭演出

在大学经济系教学楼

"Dear dad and mon：

才过了 Xmas（圣诞节），又迎接元旦。

窗外一片白茫茫，雪在不停地下，雪花到处飞扬，铲雪车在路上一直忙个不停。雪，洁白洁白，出太阳时，看满天雪花飞舞，真是美丽极了！学校已放寒假，这宁静的日子，总会想起祖国，想起故乡和温暖的家，想念爸爸妈妈，还有六堆子晚报宿舍我那间小小的卧室。雪景照片等冲洗出来再寄，今寄上秋天我在经济系教学大楼前面照及在 Village Center（乡村中心）的 duck pond（野鸭湖）照的。

野鸭湖，是我们纽约州立大学 Stony Brook（石溪）分校留学生经常去度周末的地方，星期天，我们开车去，还特地买一大袋面包，去喂海鸥、天鹅与鸭子。湖边上结着一层薄水，成群鸭子争夺游人喂的食物；天鹅呢，却像高傲贵族，旁若无人，吃食时温文尔雅；喂海鸥最有趣，你把面包屑往空中一扔，常被两只海鸥在空中同时接住，同时分享，精彩极了；这里动物根本不知道怕人。野鸭湖面如镜，四周风景优美，看着人们对小动物及自然环境的保护，真叫我们这些留学生感慨万分。我们这群海外游子特想念祖国，特思乡。我们十分高兴地从广播中听到祖国正加强环境的治理，也听到昆明湖鄱阳湖都飞来了成群的海鸥，但愿祖国山水和环境一天比一天更美丽……

寄上一照，是我在纽约州立大学 Stony Brook（石溪）分校校园十字路口，我每天在这儿等校 bus 来接我去上课或到图书馆干活。

我身上每一样东西，都让我想起长沙温暖的家，看：爸爸的蓝色围巾，妈妈的牛仔裙，姐姐的白外套，啊！里面包着一颗杏子，嘻嘻……

你们亲爱的小女儿 XINGZI 于长岛 1996 年新年前夕"

以上为妹妹的家书一封，时正在纽约读研；以下是姐姐在异国他乡工作时从海外寄到家中的几个明信片：

"亲爱的爸爸妈妈：

今天是国庆节，可我在欧洲，无法和你们一起庆祝。我现在在荷兰北海船上给你们写明信片。这里真是美极了。犹如身在童话世界，刚开始还以为是在美国 Hollywood 拍片场。这风车、郁金香、木鞋、奶场，便是荷兰的缩影。寄上一睹为快！想必你们正从芝加哥回国，特寄上明信片在长沙等候你们归来。

你们亲爱的大女儿 TINA 10.1 于荷兰"

"老爸：

飞机一到开罗就感觉不太好，入住美国的"Marriott"Hotel 竟要通过安全检查门。今天终于亲眼目睹了世界七大奇迹之一——大金字塔以及狮身人面像，不过没有图片上的这么壮观。时间老人对一切都是公平的！图片上这座埃及最大的金字塔是公元前一千年的。还寄上我在金字塔和比萨斜塔照。

TINA 4.20 于埃及开罗"

在巴西依瓜苏大瀑布

"老爸：

还记得在大学时我因收到一封附有《致雅典少女》的信而遭到您的"训斥"吗？

我怀着激动和盼望已久的心情来到了希腊名城——雅典。也许希望太大，因此感觉一般。这座拥有与中国一样悠久历史灿烂名城早已没有了昔日的繁华，让人平添一丝淡淡的遗憾和忧伤！九个图中左下图是第一届 Olympic 运动会举办的运动场。

TINA 4.19 于希腊雅典"

"亲爱的爸爸妈妈：

昨天我从欧洲来到美洲，而你们今天却从美洲飞往亚洲，希望你们一切顺利。巴西——这个我一直向往的南美洲国家，今天终于有缘一睹他的风采。这两天忙于 travelling，没时间上街买 postcard，只好将我住酒店的明信片寄来，匆匆写上几句，报个平安。

这次出来特别想家，尤其是一想起你们回国啦，我的心高兴的真的在颤抖，那是一种不能言喻的感受。这次你们的远行让我明白了爸爸妈妈你们在我生命中是何等的重要和举足轻重。我爱你们！！！

TINA 10 月 7 日于巴西里约热内卢 Sherton 酒店"

她们的梦想还在童话般的朦胧之中……

岁月如花

22

湖面平静，碧蓝碧蓝， 好像海，直伸展到天的远方，无边无际……

　　两个外孙女都在密执安湖畔长大。

　　妈妈和爸爸在洞庭湖畔结婚后，同在纽约州立大学石溪分校读研。大孙女 Tania 和小孙女 Maizi 从小爱唱歌爱演戏爱画画爱弹琴。

　　她们在圣·约瑟夫幼儿园开始学画画。

　　记得 2000 年，华人高行健获诺贝尔文学奖，我没有读过《灵山》，只读过他的《一个人的圣经》，我倒是很喜欢他的早期作品《有只鸽子叫红唇儿》，我把女儿女婿为我从网上下载的这中篇小说用 A4 纸装订成册。封面就是刚满 4 岁的 TANIA 画的，她写上了她的名字"Tania li"（坦尼娅李），我加上了书名并写上"插图：2000 年 10 月 26 于 ST·JOSEPH"。

　　她们 2004 年随父母海归到北京，就读中关村三小，每周周末请家庭教师上美术课。TANIA 的画在学校连连获奖。二人都爱看书，各种童话小说英文原著从美国带回一箱子，对生活经常提出许多疑问让你不知如何回答。TANIA 送给阿姨妈生日的一幅画是一束玫瑰，画面上写了一句哲理的话："凋谢是真实的，盛开只是一种过去。生日快乐！"让我们全家人惊叹！

　　2008 年，Tania 12 岁读初中一年级时获得"中国美术学院社会美术水平考级中心"的 6 级证书。她的画从写生画水果画房子到京剧脸谱。

　　Mezi 刚从美国来北京，听不太懂中文。上音乐课时，老师是外地人，有点点塑料式普通话，她讲五线谱，问学生："8 音符长？还是 4 音符长？"老师要子妍回答。子妍把"音符"听成"衣服"，想了想，很认真回答说："老师，您是说衣服的袖子吗？里面的衣服短，外面的衣服长。"老师懵懂莫名！逗得同学哈哈大笑。

　　Tania 和 Mezi 的英语口语好，因此都当上了学校英语广播站的播音员。中关村三小是教育部的试点，常有英国中小学教学考察团来参观，她们就陪同当上了小小英语讲解员。

　　如今，Tania、Mezi 同在人大附中，都弹得一手钢琴。我们去北京度假时，照例当晚的节目就有她们的钢琴演奏，姐姐演奏理查·克莱德曼的《梦中的婚礼》，妹妹弹贝多芬的《月光曲》，哦！小小年纪，岁月如花，带给我们老人是许多的喜悦与宽慰。可不？人生的幸福和快乐，没有标的，是一个心态，也是一个眼前脚下漫长的自我欣赏和欣赏别人的过程。

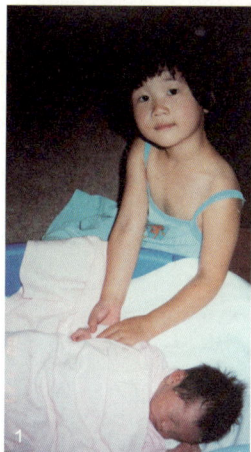

1,5,6. 从小姐姐照看妹妹；2,3. 姐姐学习好功课做完就浇花，我做得慢吃着饭还要加班做作业。4. 只有放假才能到海定公园去玩耍；7,8. 姐姐中学时的绘画；9,10. 子薇画京剧脸谱；11,12,14,16. 子薇的画；13. 子妍画《路灯下的女孩》；15. 子薇给小白兔妈妈的生日贺卡："凋谢是真实的，盛开只是一种过去。生日快乐！"；17. 子薇四岁给高行健的小说《有只鸽子叫红唇儿》画封面

（上页右图）和奶奶在密执安湖畔；（上页左图）子妍；（上页中图）子薇

23

他有一个梦：
考上世界一流名牌大学……

好个牛津小子！

牛津大学校园一景

牛津大学的学生食堂之一

公寓周围是开阔的树林绿草地

牛津大学正餐必着正装校服

多多在牛津大学学生公寓

"英国（TOUGH MUDDER）越野赛"

闻名全球的英国（TOUGH MUDDER）越野赛，是英国特种部队设计，全程21公里，一共25项极限障碍运动，检测参与者的团队精神及体能耐力。 图为强悍泥人挑战赛， 图为奋勇冲过有一万伏特的瞬息高压封锁线。在全英自愿报名方式进行，报名的同时必须承诺自己在大赛整个过程中如有意外事故都自己负责。

牛津大学学子们功课太重，常进行激烈运动以减压，每年许多大学生参加马拉松赛和加强马拉松赛。去年孙儿多多（中）与同学参加2013年英国（TOUGH MUDDER）越野赛，其惊险大大超过马拉松赛和加强马拉松赛，行程十分艰险，比马拉松距离长一倍，历时五小时，不只是跑步，沿途路障险恶，如要从5米高处跳入接近零度的冰水中潜泳而出，再过火焰关，如此等等。图为刚过烂泥坑行程一半时留影。

在牛津大学草坪

在牛津大学教学楼

在英国白金汉宫

在英国著名胜地西敏寺

远隔重洋，日夜牵挂。孙儿的信，带给老人的是快乐，是慰藉，是回忆。岁月如流，如风，如歌……

翻开家庭相册，多多的童年带给我们几多欢乐！

记否？你多么怀念全国名校长沙幼师幼儿园，那是著名教育家徐特立创办的。你那年暑假回长沙，你首先就去那里寻找你儿时的杨老师和你上过课的教室。在那时，奶奶开始给你讲算术讲数学，爷爷带你背诵唐诗和《桃花源记》……

待晴日，星期天，四代人（当年我岳父 82 岁与我们同住）同登岳麓山，全家激励你从山下湖大广场一直领跑最先到云麓宫山顶。然而你却怕水，你爸东北人，旱鸭子呢，周末带你到工人文化宫学游泳，烈日下，奶奶打着伞坐在游泳池边，去了四五次你也没学会，我只好用湖南人的蛮办法，抱起你抛到深水区，把奶奶吓的……见你挣扎着扑打水面吃了好多水，你终于学会游，你是那么高兴！从跳台高处直立"冰棒"式连同你的欢笑跃入深水区激起浪花飞溅……

你南下转到广州幼儿园大班尔后再读八一小学，在大院军人严律的氛围中长大，你守纪律，有礼貌，军区大院那些离休爷爷奶奶和在职的叔叔阿姨都喜欢你。你爸爸军人作风，要求你极为严格，又果敢地把你送到广东最穷乡僻壤的清远县山区吃苦锻炼。考入执信中学，你说是你人生的新起点。你真能搞！当上学术部长，组织团队与外校开辩论会；你是校足球队中锋去拼搏，几次受伤你一声不吭……

你竞选学生会主席，你热心公务，意气风发，天马行空……那么个小不点，如今长成一帅小伙，1.79米啊！

我是在你们《执信中学 2010 年招生特刊》上才见到你的照片与文章。你笔力利索，文情并茂，你是那么爱执信！你说：

"我认为我至今最幸运的事，不是考上牛津，而是能在执信读上六年，从初中到高中。

执信是大气的——我想作为一个爱捣乱的学生是深有体会的——这种大气的宽容让执信变得多元化，让每个执信人都能享有独立的思维以及被尊重的快乐。而这种气度，让学生在课堂上与老师辩论或把检讨写成文言文，都成为了可能。"

"现在回想起来老师们当时对我的不放弃、对我不竭的鼓励是多么的不可思议，能在执信这样一个优秀的群体里学习，是我终身的宝贵财富。"

你毅然决然地放弃了当时已经拿到的英国三所大学预科的 offer，而决定多花一年来读英国的高考课程，因为那是在英国考入牛津剑桥的唯一渠道。你第一次离开家到那遥远的异国他乡，你甘于寂寞，刻苦攻读，你总是做功课到深夜，睡觉前打电话来问候爷爷奶奶（在广州是白天）；你有时做数学题通宵达旦，

（左一）在英国获得全英奥林匹克赛物理银奖和数学铜奖；（左二）少年：在广州；（右二）儿童：《敬礼！》；（右一）幼儿：《爷爷的眼镜和奶奶的猫咪》

以方便面充饥，你说出国前和老师保证，你会考进一所他们都听说过的大学。你在收拾行李的时候，首先放进箱子里的是执信中学那两条绿色的校裤。

在英国 alevel，你有时孤寂难耐，但家人和朋友是如此牵肠挂肚，你长大了，懂事了，你从异国他乡和母亲通电话，把你在海外的喜乐与困惑都是第一时间告诉妈妈，你说妈妈的叮嘱、关爱与严格是前进动力，感到温馨和亲切，执信也是你的动力，你写道："亲人和执信是如此特别，以至让人魂牵梦绕。"

你说："我从来没有这么在乎过成绩，不只因为我是作为中国人和外国人比；还因为我是执信人，要和其他在英国的中国人比。"

喜报传来，你所选科目的所有单元都是 A，你还获得英国物理奥林匹克竞赛银牌，英国数学奥林匹克竞赛铜牌，这在 alevel 学校，已经是多少年没有这种兴奋与荣耀了！学校校长把你的照片放大挂在教学楼显眼的走廊上，以致你出乎意料第一次看到时吓了一跳："哦！好像我呀？！"学校为你开了隆重的发奖大会。你赢了！你的梦想，你的倔强，你的理想，你的智慧，你的信念，使你几年前终于先后拿到牛津（牛津剑桥本科阶段只允许报一所）、帝国理工、伦敦大学和华威数学系四所大学的录取通知书，你当然选择的是"牛津"。

你进牛津意气风发，你满怀热情和同学们一道努力，把三个学生会团结起来组建成了一个友爱热情活泼办事有效力的牛津大学中国学生会，你被选为了第一届学生会主席。第二年又发起成立了慈善组织你和几个牛津学子把海外捐资寄到贵州穷困山区小学。

那年执信中学校庆 90 周年，《执信中学建校 90 周年画册》上，我又见到你在牛津校园的全身照，刊在"世界一流学府青睐执信学子"彩色专版上。你着黑色的牛津校服，白衬衣，佩戴着洁白的领结，笑得那么平静、朴实、自然，祝福你！

正如你说，一个哈佛或斯坦福，一个牛津或剑桥的本科学位，以及任何一所世界名校的本科学位，在漫长的人生岁月中只会成为你简历中的不起眼的一行字而已。

今年你牛津毕业了，前面又有一座一座高山，等着你去冲刺……啊！小子，悠着点！

2011 年复活节，牛津大学放假，孙子多多从英国过英吉利海峡到欧洲旅游，首站尼斯，发来尼斯海滩和摩纳哥、罗马、威尼斯等许多风景明信片，现选两张刊载如下：

"爷爷奶奶：罗马很破烂啊！但走在街上随时都有惊喜，街的转角就是座罗马时代的庙宇，感受到古罗马帝国的强大，两千年前能造出如此宏伟建筑！同时也对比今天意大利的不少衰落，有的地方靠着老祖宗的老本赚点旅游钱。现在相当理解和支持国内的旧城改造。罗马古建筑前是'许愿池'，你们的孙儿在这默默许愿了，祝愿你们身体健康！（多多 2011.3.14）"

"爸爸妈妈：这是威尼斯的一个岛，翻译为中文叫'彩色岛'。所有的船和屋的门窗都涂上各种颜色，看来形象工程并非只有中国有。威尼斯，就是河流穿过的城中村，没有任何陆地上交通工具，都是船，水上'的士'，水上'巴士'，世界一绝啊！（多多 2011.3.15）"

寻找失去的童年　笑看那一滩鸥鹭

"自古多情伤离别，

更那堪，

冷落清秋节！

今宵酒醒何处？

杨柳岸，

晓风残月。"

我国北宋著名词人柳永的词如是说。

　　我少年告别家乡，走南去北，多少次梦回故里，杨柳飘摆的渌江总在心头热！相聚西山，围坐红拂墓碑"青山何幸此埋香"石级上，看渌江北去闪着银光，孩提时天真几多亲切！记否小学课堂《荷塘月色》多宁静！《桃花源记》好美丽！《正气歌》凛然可敬！还有热情似火的歌："年轻的朋友赶快来，忘了你的烦恼和不快""太阳下去明早依旧爬上来，花儿谢了明年还是一样地开……"那火红快乐时光！五十年代我从培元高小到醴陵一中再到长沙长郡中学高中，然后考大学！工作工作工作，一晃半个多世纪，人生旅途梦幻岁月，似"云样柔情"，有太多的"雾样迷惘"！童年欢乐难忘！童年天真令人遐想……心中亲切的还是永远的西山，红拂墓，状元洲，渌江桥，那晓风吹拂杨柳飘摆的渌江岸。

　　忆童年，天真烂漫，满头乌发！回故里，沧海烟云，白发苍苍。我们老了！我们的孩子和孩子的孩子长得比我们还高，我们的小女儿夫妇硕士毕业异邦

退休后摄于广州

工作后也带着他们的孩子从美国回到祖国安家，大女儿夫妇去年利用五一假期陪我老头子登上西南边境高高的十万大山！人生亦如登山，他们的孩子也攀登上世界高等学府的一座高山，今年从英国牛津大学毕业了，这是我们老人最大幸福和欣慰。我和老伴王老师今年结婚 50 周年，金婚已过古稀，也要去找回自己童年的天真！我国著名女作家冰心不是说了吗"那些大人物的事我们管不了不敢管也不会管，我们大可畅胆地谈谈笑笑不必怕别人笑话"！土耳其作家李凡·纳利也说要学会用儿童的心理去思考人生，"找回自己那失去的天真，去进入儿童阶段那人生的最高境界"！

啊！人生苦短，南宋还有一个与柳永齐名的女词人李清照说了：
"故乡何处是？
忘了除非醉。
沉水卧时烧，
香消酒未消。"
李清照词意境深远，委婉含蓄，怀念儿时情景；更有她著名的少女时代写的《如梦令》：
"尝记溪亭日暮，
沉醉不知归路。
兴尽晚回舟，
误入藕花深处。
争渡，
争渡，
惊起一滩鸥鹭。"
一个女子却有如此故乡情怀，思念心切，吾老者怎能不学其雅趣风度，让青春永驻，可谓：
"一面风情深有韵，
月移花影约重来，
淡荡春光，
芙蓉一笑开。"

写于 2012 年 6 月
广州市寺右新马路七号大院宿舍

文学讲谈

1

2

3

4

5

6

7

01

ON THE AESTHETICAL TONE, MOOD AND FLAVOR OF SCIENCE AND LITERATURE

【Abstract】 This paper aims to explain and emphasize that both the logical thinking and the thinking in images are of great importance to scientists and belletrists.

Scientists reveal the essential characters and rules of objective things and affairs by judgement and inference. Meanwhile ,they should also use the viewpoints of an artist to observe the universe, express and communicate their thoughts and feelings with vivid and realistic but dry and tasteless terms in their language to write non-fictional composition on scientific development or experimental investigation of natural phenomena. Thus, they will be able to produce and enrich the literary moon and taste in writing and to attain or be influenced by artistic effects.

Both theses on social science and natural science should all maintain the highest aesthetical value and standard.

【摘要】本文力求阐明对于科学家、文学家，逻辑思维与形象思维都十分重要；科学家用判断推理揭示客观事物的本质与规律，同时也应该以艺术家的眼光来观察世界、用生动形象的而不是枯燥无味的语言来撰写科学作品，使其产生富有艺术感染力的效果。社会科学论文与自然科学论文都尽可能富有情趣具有更高层次的美学价值。

【Keywords】 Aesthetics, Science, Literature, Logical thinking, Thinking in images, Artistic influence.

【关键词】美学，科学，文学，逻辑思维，形象思维，艺术感染。

论科学与文学的美学情趣

1. 引言

科学与文学、美学之间，并非一般所认为那样不相干。科学与文学的结合，将达到一种高层次的美学境界。科学与文学都具有巨大而深刻的认识力与社会力。

人认识世界的统一过程是沿着两种形式进行的：一种是科学地逻辑地把握世界；一种是艺术地形象地展现世界。他们统一的认识对象都是客观现实，都遵循同样的普遍的认识规律。

古希腊人的美学观点，正是同自然科学观点一起，包含在包括一切门类（社会科学与自然科学）的总的科学之中。唯物主义者赫拉克利特说："世界处在产生和消灭的永恒过程中，因为'一切都在流动，一切都在变化'，宇宙本身就是多样性的统一。"科学与艺术的差别不在内容，而在于揭示客观世界的方法。

科学深入事物的本质，揭示世界的规律，用概念、判断、推理和逻辑规律来概括对世界的认识。

文学有其反映客观世界的特殊方式和手段，这种艺术的概括方式就是形象，它具有艺术感染力，是一种具体、生动、真实的生活图画。

原载《湖南科技大学学报》1986 年 3 月第 2 卷第 1 期，中国科协和中国科普作家协会全国学术研讨会宣读论文，刊中国科协期刊《科普创作》1988 年 7 月第 4 期，1993 年湖南科技出版社出版。

爱因斯坦："科学永无止境，是一个永恒之谜。使我充满乐趣的理想是真、善、美。"

鲁迅："文艺是国民精神所发出的火花，同时也是引导国民精神前途的灯火。""凡是有趣味的东西能使生命美丽。"

　　我们不能把逻辑认识与艺术认识，或者说逻辑思维与形象思维绝对地对立起来，这是统一的认识过程的两个方面，中间没有不可逾越的鸿沟。恰恰相反，在实际生活中，我们常常看到逻辑思维与形象思维的紧密联系、相互依赖和相互转化。在一些光辉的科学论著里，总是同时具备这两种思维能力，作品从而显示的惊人剖析能力与艺术魅力，使我们感受到人类的高尚情趣与智慧的光芒。

2. 没有枯燥的科学，只有枯燥的叙述

　　科学本身就充满着情趣，这是一种超越一般的兴趣、风趣、志趣之上的特殊情感；对科学家而言，可以说是一种高层次的美学。科学给我们提供的材料是那么丰富，浩瀚无际；而且，一切都是真实的、生动的、美好的。可惜的是，会用文学的笔调来描绘科学的人太少了。无怪乎许多前辈，如俄国科学家罗蒙诺素夫最早提出"要走科学与文学相结合的道路"，俄国作家高尔基曾呼吁科学家要学会走进文学殿堂，文学艺术家要涉足科学领域。

　　现在让我们先来读读英国著名生物学家赫胥黎的《天演论》吧。书一开头，他就描述了一个关于"豆杆"的神话与传说。说有一根豆杆从地上直往上长，耸入云霄，直达天堂，其叶子伸展成巨大华盖。故事主人公杰克顺着豆杆爬上去，发现广阔茂密的叶子支撑着另一个新奇世界。于是，这少年便开始他的"天堂旅行"。赫胥黎借助这个豆杆故事，通过极生动的描述（这里有文学的想象、比喻、夸张、幻想），把人们从宗教的旧观念带到了"生物进化"的新世界。这就是赫胥黎 1893 年的《进化论与伦理学》的科学演讲。

　　赫胥黎接着论述了这种进化论表现在各个方面，比如水流入海复又归于水源；天体中月盈与月亏；位置的来回转移；人生岁月无情地增加；王朝与国家的相继崛起、兴盛、没落。正如人在涉过急流时，能在同一水里落脚两次，但"我不能两次走进同一条河流，这是因为虽然河流仍是同一个名字，但是水却改变了"。这里，他引用了赫拉克利特有名的格言。当然，当他说这句话时，更确切地说，当他思索这些话时，谓话的状态已不再是"现在"，而是成了"过去"。用英语来说，就不能用"is"，而应该用过去式"was"了。赫胥黎曾用这种进化论看世界，他说，那时的现实，"丑恶的竞争者比文学童话里美丽的公主要常见得多"，他还认为"宇宙的过程，其间充满了神奇、美妙，同时也充满了痛苦、不安"。这些观点，无疑是唯物主义的。这里我们看到的是一个生物学家，同时又是一个文学家、哲学家。你看，赫胥黎是怎样把科学与文学巧妙地结合，并上升到一种富于哲理的美学层次。

　　赫胥黎还说过："用不着怀疑，科学愈向前发展，自然界的一切现象将要愈广泛愈彻底用唯物主义

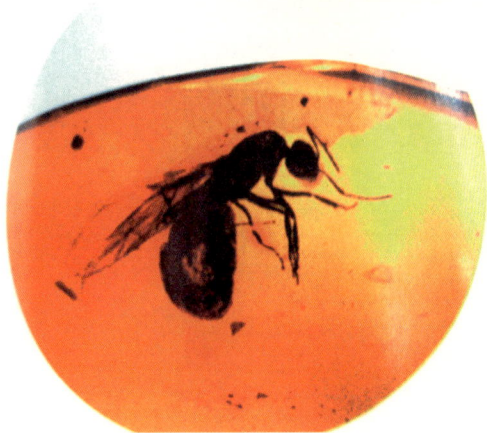

（左图）赫拉克利特
（右图）德国，距今 4000 万年的琥珀

来表达。"毫无疑问，科学的发展，也应该使科学、文学、美学的内容与形式的表达推向更高的层次。

把科学与文学相融合，赋科学材料以艺术形象，使科学知识充满生命与感情，那将比抽象地论断，枯燥地概述要生动有趣得多。基础理论、应用科学、技术发明，无一不可与艺术生命相结合。你看，茅以升写的桥梁建筑，钱学森说的系统工程，高士其讲生物说昆虫世界，华罗庚讲的数学方程，无一不集科学文学、甚至哲理于一炉，生动活泼，引人入胜，读来是何等亲切。俄国罗蒙诺素夫自己的科学论著实践了他主张"走科学与文学相结合"的诺言，他用艺术的语言描绘着宇宙的庄严而美丽的图画。在他的论著里，我们还可以看到一只小苍蝇的美妙故事，这只小苍蝇竟像睡美人一般，在琥珀的小棺材里睡上千万年，醒来后就开始讲述琥珀的历史。原来这珍贵罕见的琥珀，是经历了几千万年之久自然形成的一种树脂化石。远古的白松、红杉树干渗出黄色黏液，滴到树下飞过的昆虫身上，就成了小虫（或小草）的小棺材，变成半透明的树脂化石，由于密封，里面的小虫被完好的保存。罗蒙诺素夫还生动地叙述了北极光、太阳周围气层的火海、天体物理学、气象学和化学。

当然，许多学科还属于学者研究的范畴。但可以说，这些学科同时又是广大读者所极感兴趣的事业。科研是为了研究解决人们尚未认识或尚未解决的问题，是从知其然到知其所以然的过程。今天的知其然，不正是为了转化为明天的所以然吗？

俄国作家、文艺评论家车尔尼雪夫斯基曾幻想写一本《生活知识百科全书》，他说要像写长篇小说一样，有奇谈逸事，有情节，有诙谐，使得所有那些除小说以外什么书籍也不看的人，都要争着读它。我们不要忘记，巴甫洛夫正是读了车尔尼雪夫斯基等作家的书，决然离开了神学院而跨进了生物医科大学，成为举世闻名的生物学家，就如同布鲁诺读了哥白尼的书，而逃出修道院，成为一名伟大的科学家。

我们是多么遗憾地翻阅着一些论文集，包括社会科学和自然科学，过于束缚在简单抽象的逻辑推理之中；经院化，公式化，概念化；贫乏的内容，

（左图）俄国的航空之父——齐奥尔科夫斯基
（右图）科幻小说家凡尔纳
（下页图）科幻小说《海底两万里》

枯燥的叙述，干巴的语言，叫人望而却步。科学本身充满神奇和美丽，绝不是一个冰冷的符号世界。俄国文学家赫尔岑在《和青年人谈话的心得》一文中说得多好："为什么大自然中的一切都这样欢乐、鲜明、活泼而有生气；但是在书本上，同样是这些东西，却如此枯燥难读，如此晦涩而死气沉沉呢？这应该归罪于不清楚的理解和笨拙的叙述。"（《赫尔岑论著书信集》）是的！结论只有一个：世上没有枯燥的科学，只有枯燥的叙述。

3. 科学、文化和形象思维

科学是关于自然、社会与思维的知识体系。每一类知识的丰富积累，连成科学的一串，成为一门学科；无数的学科组成体系。达尔文说，科学就是整理客观事实，从中发现规律，作出结论。门捷列夫一辈子没有发现过一个元素，但他从玩牌中得到启示，依靠知识的积累与丰富的想象，终于发现了元素周期规律。从此，元素周期表就像世界上最伟大的魔术师那样，演出了一场场精彩的节目，并不断预告着新的内容，结果是一个又一个被发现。

为了更准确、更深刻地反映现实，帮助人们改变现实，科学与文学通过不同的方法，去探索客观世界的真理。无论是科学家、文学家、艺术家，都需要观察、研究、概括。科学家应该学会用艺术家的眼光来观察世界。

艺术的思维，是形象的思维。文学家就是从生活中撷取素材，用艺术的手段作形象的表现，去塑造艺术形象，构成作者所理想的完整世界。而想象和幻想具有突出的意义，高尔基说："想象——联想和幻想是形象思维的一个重要特点。"我国古代陆机说的"精骛八极，心游万仞"、"笼天地于形内，挫万物于

笔端"，说的就是想象。英国的布莱克有句名言"To see a world in a grain of sand"（一粒沙子里看出一个世界），不正是强调想象的作用么？但是，如果说形象思维只属于文学家、艺术家，而科学家、哲学家好像只会作抽象思维，那就错了！文学家单凭"生动的直观"，决不能塑造完整的艺术形象，而必须从感性阶段跃到理性阶段。科学家和文学家一样，都有一个从感性认识到理性认识的过程。科学离不开想象，科学家也需要形象思维。

科学强调且追求认识、叙述和结论的标准性和唯一性，文学艺术则追求和探索表述、形式和内涵的多样性和特异性。

想象是艺术家的生命，科学家也需要想象。想象赋予神奇的力量，能填满人类生活的空白。借助想象的翅膀，科学家可以飞翔到过去经历的世界和将要实现的未来世界中去。想象创造了万有引力，创造了原子中的"宇宙世界"，英国原子物理学之父、1908 年诺贝尔化学奖获得者卢瑟福在百年前就是这样想象，提出了原子结构的行星模型。想象创造了原子裂变，制造了威力巨大的原子弹，发现了黑洞，提出了《宇宙大爆炸》的理论。

爱因斯坦依靠想象创立了举世闻名的相对论原理。他说："想象力比知识更重要，因知识有限而想象力概括着世界的一切，没有想象力的灵魂就像没有望远镜的天文台。"

1920 年，当苏联十月革命后处于饥饿、疾病、疲惫之中，有一天，科学技术博物馆贴出一张海报：《到宇宙旅行》，报告人：发明家工程师察捷尔。当场答疑，免费入场。"次日，列宁接见了这位工程师，正是从他的口里，得知了俄国航空之父齐奥尔科夫斯基的名字。列宁兴奋地说："我们永远认为不仅诗人、艺术家需要幻想，在科学技术里也应该有幻想。我们日常生活中也应该有。没有幻想，十月革命也是不可思议的。""想象与幻想是一对孪生兄弟，如果没有想象与幻想，就不会有今天的基本粒子物理学和空间科学"，齐奥尔科夫斯基正是读了凡尔纳科学幻想小说《月球旅行记》中炮兵坐在大炮弹里由大炮发射到月球上去，推动了他研究星际航行的理论。潜水艇发明者西蒙·莱克在自传中的第一句话就是："凡尔纳是我一生事业的总指导。"门捷列夫也称凡尔纳为"科学的天才"。事实上，凡尔纳在无线电发明之前就已经幻想到电视，潜水艇、飞机、霓虹灯、导弹、坦克、火箭等在发明以前，凡尔纳都想到了。"幻想是最高价值的品质。"赫胥黎曾大声疾呼："用丑恶的事实屠杀美丽的假设，是科学最大的悲剧。"

想象还是一种力量，它使人们在现实中追求更美好的事物，并为实现它奋斗终生。古代多少科学家、文学家、哲学家以及人民群众借助神话、民间传说、幻想来表达对美好未来的憧憬。今天，人们在现代科学成果的基础上去幻想明天。科学的想象、幻想可以帮助人们展望未来，征服和利用大自然。

苏格拉底："我只知道一件事，那就是我什么也不知道。"
"真正高明的人，就是能够借重别人的智慧来使自己不受蒙蔽的人。"
"在罪恶登峰造极的国土里，欺骗和暴力掠夺就是法律。"

4. 科学、文学和语言艺术

　　科学已成为我们生活中不可缺少的必需部分，没有一个部门和学科是可以不依赖科学而存在的。语言文学是一种特殊的学科，有它特有的功能，它可以说是开启通向世界与生活大门的钥匙。文学家、艺术家要懂得科学；科学家（社会科学家和自然科学家）应该向语言文学大师学习。

　　科学与文学相结合的客观基础，是因为它们有同一的认识对象，即物质世界。它们所反映的内容是相同的，只不过是同一认识过程的两种不同形式。科学与文学不可分割的紧密联系还在于，真正的科学家和真正的文学家在认识和反映同一社会现象时，必然会得出同样的结论。关于这点，大家最熟悉的《恩格斯给哈克纳斯的信》是阐述得最有力、最明确的了。恩格斯高度评价了巴尔扎克的《人间喜剧》"给予了我们一部法国'社会'的卓越的现实主义的历史"，"在这个中心图画的周围，他安置了法国社会的全部历史，从这个历史里，甚至在经济的细节上（例如法国大革命后不动产和私有财产的重新分配），我所学到的东西比从当时所有专门历史家、经济学家和统计学家的全部著作合拢起来所学到的还要多"。

　　科学与文学有着同样的认识真理的途径，它们遵循着同样的普遍的认识规律。从生动的直观，到抽象的思维，到生活的实践这一认识客观世界的途径，无论是逻辑地反映世界或形象地反映世界都是适合的。

　　我们决不能把科学与文学对立，不能把逻辑思维与形象思维分离。在任何一本科学论著中，即使是一本抽象的科学论著，也有着形象。在经典著作包括在自然科学家论著中，形象不仅是某一原理的生动表述，简直与作品不可分离，成为作品中有机组成部分。在马克思的《资本论》里，精彩的形象思维例子处处可见，使作品异常生动、形象，具有极大艺术感染力和说服力。《资本论》第1卷里，马克思引用莎士比亚作品《雅典的泰门》中对金子作如此描述："咦！这是什么？金子。黄黄的，光光的，宝贵的金子。这东西只这一丁点儿，就可以使黑的变成白的，丑的变成美的，错的变成对的，卑贱变成高贵，老人变成少年，懦夫变成勇士，它还可以使窃贼得到高贵的显强，可以使鸡皮黄脸的寡妇重做新娘。"马克思评述说："莎士比亚是多么卓越地描写了金钱的本质！"接着又写道："莎士比亚尤其强烈地感到金钱的两种性质：1.它是有形的上帝，能够把一切人类的和自然的品质，转变为它们的对立物，是事物的变压器和变流器；它把各种不可能焊接在一起的东西接起来；2.它是无处不在的娼妇，是人类和民族的无处不在的鸨母。"这简直是绝妙的形象论述。马克思就是这样抛弃了客观世界次要的、偶然的东西，而选择最典型、最有特征又最常见的东西，去揭示客观世界的内在联系与本质规律。

陈独秀："当以科学与人权并重，德谟克利特（民主）与赛因斯（科学）可以救中国。"
李大钊："妙手著文章，铁肩担道义。矢志努力于民族解放之事业。"

古今中外的文学艺术大师，都应该是我们学习的榜样。但丁和塞万提斯，莎士比亚和歌德，普希金和果戈里，巴尔扎克和托尔斯泰，杰克·伦敦和马克·吐温，泰戈尔和鲁迅，在他们的创作实践中，都是从客观生活出发，力求反映出周围世界的本来面目，通过他们各自的观察、研究、概括，由感性认识到理性认识的"飞跃"，抓住了客观事物的本质，反映出他们的美学情操与理想。他们像自然科学家那样彻底，像数学家那样准确，像哲学家那样深刻，创造出一个个活生生的形象。他们的语言艺术魅力是那么吸引人，永远沸腾着青春的活力，洋溢着人类无穷无尽的智慧，给人们以经久不衰的美学情趣与艺术享受。

5. 攀向更高的美学层次

把科学与文学相结合，一个人需要是科学家又是文学家，同时是文学家又是科学家。这种人现在很少，但将来必定会很多。

俄国革命民主主义者车尔尼雪夫斯基的话，今天对于我们也仍有重要意义，他说：人要有广博的知识，要有思考的习惯，要有高尚的情操。没有广博的知识，就愚昧；没有思考的习惯，就鲁莽；没有高尚的情操，就鄙俗。有了它们就能远离动物，成为"万物之灵"。人的优势就在于智力、知识和情操。车尔尼雪夫斯基的"美即生活……但生活必须是我们所理想的那种生活"。他同时还说过："一个人的生活包含着多少美和伟大，这决定于他自己。只有庸庸碌碌的人才是空虚庸俗的。"

人类正面临着世界新技术革命的挑战，在这场历史性变革中，人类的认识能力将获得巨大的突破。

只要我们稍许回顾一下人类的科学文明史，就可以发现每一次激烈的变革都标志着科学文化艺术上最重要的转折。古希腊罗马的科学艺术与古希腊罗马的奴隶制社会相联；中世纪的文化与封建制度相联；欧洲文艺复兴时代到今天为止的科学文化艺术等复杂而丰富的历史，与资本主义的产生、发展息息相关。比如中世纪的黑暗与愚昧把科学文化一扫而光；战争的掠夺，城

（左图）赫胥黎
（中图）车尔尼雪夫斯基
（右图）高尔基

邦的毁灭，人们灰心丧气，大批人出世修道，转入一种以醉心上帝为幸福的宗教，幻想到极乐世界的天堂去的观念统治者人心。但丁的《神曲》是那个时代的再现。当时有句民谚"世界脱下破烂的旧衣，替教堂披上洁白的袍子"，于是，在建筑史上哥德式教堂出现了。教堂不像是一座建筑，而是一些生锈的铁架支撑着巍峨高大而摇摇欲坠的幻影，人们的情趣是可怜的，甘心走进这阴森恐怖的庞然怪物里去祈祷幸福。教士们自称决不创新，科学家、文学家也不容许有什么创造。14世纪到16世纪，文艺复兴带来了一个巨大变革的时代。哥伦布发现新大陆，麦哲伦开辟了新航线，地理大发现带来的新知识，使人们头脑中的教会神学观念开始迅速瓦解。文艺复兴运动猛烈冲击了教会的神权统治，在意识形态和科学文化的各个领域取得空前伟大的成就，并造就了一代文化科学巨人。他们多才多艺，是科学家又是艺术家，是建筑师又是画家。达·芬奇就是这样一个"文化科学巨人"，恩格斯在《自然辩证法》导言中称赞"达·芬奇不仅是一个伟大的画家，并且是一个伟大的数学家、力学家和工程师；物理学各种不同部门中的许多重要发现都应归功于他"。恩格斯在导言中又说："这是一次人类从来没有经历过的最伟大的进步的变革，是一个需要巨人而且产生了巨人——在思想能力、热情和性格方面，在多才参考文献：

1.［德］马克思《资本论》（马恩列斯著作编译局译）

2.［俄］瓦·斯卡尔仁斯卡娅《马克思列宁主义美学》（中国人民大学出版社）

3.［英］托·赫胥黎《进化论与伦理学》（《天演论》）（科学出版社）

4.［苏］伊林《谈谈科学》

5.［法］丹纳《艺术哲学》

多艺和学识渊博方面的巨人的时代。"

近代自然科学的发展，正是文艺复兴的产物。1543 年，是自然科学开始从神学解放出来宣告独立的一年。这年，两本具有划时代意义的书出版了，一本是波兰天文学家哥白尼的《天体运行》；一本是布鲁塞尔解剖学家维萨留斯的《人体构造》。后来，牛顿把地球上与天体的运动规律，概括在一个统一的理论中，这就是物理科学，是人类认识自然的历史上第一次理论的大综合。

近几百年来，世界科学技术飞速发展，又经历了几次具有划时代意义的科学技术大革命，由蒸汽时代，到电气时代，到原子时代，目前，已进入到了控制论、信息论、系统论的一次新的理论大综合阶段；人类本身由于"遗传工程"的研究，揭示了生命内部的更高层次，引起了一场生物学的革命风暴。社会科学与自然科学相互渗透，成为了不可分割的统一体。

中国古代科学家是世界第一流的科学家。中国的历史有着灿烂的科学文化。正如英国科学史家李约瑟说："公元 3 世纪到 13 世纪之间，中国保持了一个西方所望尘莫及的科学技术水平。"事实上"当黄河、长江已经哺育出精美辉煌的古代文化时，泰晤士、莱茵河、密西西比河畔的居民，还在黑暗的原始森林里徘徊"（钟叔河主编的《走向世界丛书》总序中语）。我们正迎着世界新技术革命的挑战，为中国科学技术的发展开辟美好前景。在这个变革时代，中国将培养出一大批有道德有理想有高度审美情操、有丰富科学文化知识、有创新精神的自然科学与社会科学相结合的高级人才。那时，世界将再次惊讶于中国的成就。■

（左图）鲁迅珍藏的法国凯亥勒木刻：《泰伊丝》插图

科学发展 · 文艺复兴与人性美的呼唤
——《论科学与文学的美学情趣》系列讲座（二）

上周给大家讲了科学与文学之间并不是一般认为那样不相干，科学与文学结合将达到一种高层次的美学境界。

今天我们来探讨一下科学发展 · 文艺复兴与人性美的呼唤。

一个古老的话题：什么是美？

什么是美？怎么欣赏美？

从哲学意义上，美的本质一是从客观物质属性中去寻找美，一是从主观精神中去寻找美。唯物主义者主张从人的主观对客观物质世界实践中去寻找美的根源。

"艺术对象创造出懂得艺术和能够欣赏美的大众"，马克思如是说。高尔基强调主观："美不在大沙漠，而是在阿拉伯人心里。"罗丹也重内心世界说："不是生活中没有美，而是心中没有阳光。"

今天走进你们中南工大，校舍整洁，绿树环抱，前面湘江北流，后面苍翠欲滴岳麓山；草地上三三两两大学生在安静读书，给人愉悦和青春气息。我们长沙市河西大学群落在一片岳麓山的密林深处，全国大学还少有你们这样的自然环境之美。

这里还有熏陶多少代人的历史渊源人文美。昨日登岳麓山，大门左右是"学正朱张，一代文风光大麓"、"勋高黄蔡，千秋浩气壮名山"。岳麓书院大门是"惟楚有才"、"于斯为盛"。同学们，这"惟"可不是"唯一"的意思！"惟"和"于"

在中南大学、长沙大学、湖南省图书馆等地作《论科学与文学的美学情趣》系列讲座。

李自健（湖南人）的油画艺术展示着"人性与爱"的大主题，他的"环球巡展"先后在六大洲20多个国家地区展出，欧洲、美洲评介他是"站在当代中国油画大潮头"，"具有文化使命的杰出画家"，他的大型油画《南京大屠杀》展出震撼人心，称赞他的艺术是"穿越国界的艺术"。

（左图）李自健油画：《慈》
（中图）李自健油画：《湘女·丹慧》
（右图）李自健油画：《家书》

〉〉文学讲谈

在这都是语气词。"朱、张"即朱熹、张栻两位我国宋代大师，书院内有木质对联高挂，"院以山名，山因院盛，千年学府传于古；人因道立，道以人传，一代风流直到今"。"黄蔡"即黄兴、蔡锷，是我们湖南人一代楷模。昨在蔡锷墓庐展室，见到他年轻时写的诗，我念给你们听听，一首《登岳麓山》："苍苍云树直参天，万水千山拜眼前。环顾中原谁是主？从容骑马上峰巅。"还有一首《军中诗》："绝壁荒山二月寒，风尖如刃月如丸。军中夜半披衣起，热血填胸睡不安。"一代豪杰，一身帅气，给我们一腔热血的灵魂美。

名人眼中的人体美

我们来说人之美吧。人们常说："你好漂亮！""真好看！""长得水灵灵的！"广东人说："真靓！"我们家乡湖南醴陵人说："咯嗒妹仔长得好客气！""客气"，我家乡土话就是漂亮。

我们《星期天》专刊创刊那年，专门介绍过我省著名油画家李自健绘画的少女美，如《山妹》，纯朴可爱。后来他的"《人性与爱》环球油画展"在世界各地展出，包括他的《慈》、《家书》和《湘女·丹慧》（他的妻子）。此外，当你看周璇的《马路天使》中那天真纯洁，听邓丽君的录像现场唱着那甜美的歌，看美国著名摄影师克丽娜的获奖作《造型》以及纯情美丽的《执花女孩》和《中国旗袍》《中国芭蕾》的艺术摄影，都给人一种美感。而工笔画在我国从古到今，如唐代的《韩熙载夜宴图》，宋代《清明上河图》，清代的《关天培》，当代的如叶浅予的新疆维吾尔族姑娘，以及赵国经、王芳美的《古典仕女》，都有着动人的魅力。

鲁迅1940年在上海一大学讲演，说美很大众化，他从乡村"健壮的少女美"，说到城里"杏脸柳腰的美人"，再讲到《红楼梦》中的林妹妹，说："美没有绝对性。"鲁迅喜爱木刻，收集了法国木刻家凯亥勒的木刻少女画，他加了说明："木刻于他是种直接的表现的媒介物，如绘画、蚀铜之于他人。他的作品颤动着生命……凡是有趣味的东西能使生命美丽。"（鲁迅《近代木刻选集（二）·附记》，1929年3月10日）

林语堂在他的《人生小品》中写道："有人看美专看脸蛋，凡有鹅蛋脸柳眉皓齿朱唇都叫美人……识趣的人是要看风韵的。"这"风韵"即"内涵"，人性内在的心灵美吧！他认为，三分容貌有姿态等于六七分，六七分容貌乏姿态无风韵，美就只有三四分了。他说："有人面目平常，谈起话来，有知识有气质，使你觉得十分可爱；有的摩登姐，做花瓶作客厅装饰可以，但一交谈风韵全无。"所以，英国人培根认为，一个打扮并不华贵却端庄严肃而有美德的人令人肃然起敬。

法国文学家哲学家伏尔泰说美十分风趣幽然："美是相对的，就如同在日本是正派的事到了罗马就

（左图）沈从文；（右图）沈从文故乡凤凰城

不正派，在巴黎是时髦的东西到了北京未必是。"他说："如果问一只雄蛤蟆美是什么，它就会回答是他的雌蛤蟆；如果问一个来自几内亚的黑人，美是什么？他便会说，美就是黑得油亮的皮肤，深陷的眼睛和一个扁平的鼻子。"

世界上两种人最不懂美　俗人缺乏本色　伪君子遮盖本色

我国安徽出了个大美学家朱光潜，他对美有深入研究。他认为"善"就是一种美，"恶"就是一种丑。因为伦理的活动也可以引起美感上的欣赏与嫌恶。他说："美感的世界纯粹是意象的世界，超乎利害关系而独立。""真实在离开实用而成为情趣中心的就已经是一美感对象了。"他从美说到艺术，说艺术的生活就是"本色的生活"。世界上有两种人的生活最不艺术，一种是俗人，一种是伪君子。因为"俗人"根本就"缺乏本色"；而"伪君子"则竭力"遮盖本色"。"俗人"迷于名利，与世浮沉，心里没有"天光的影"，我看就像罗丹说的"心中没有阳光"吧！他们的病根在于生命的干枯。"伪君子"则更在"俗人"之上，还加上"沐猴而冠"的伎俩，他们的特点不仅是道德的虚伪，一言一笑，一举一动，都叫人引不起美感。

朱光潜从浅显易懂的生活说到美和心灵的默契："微笑是一种不动的笑，是一种看不尽的笑；缘分是一种不可求的联系，是一种不能断的关系；觉悟是一种不清醒的感知，是一种不可说的透彻。"他还说："真正的恋爱应该是两个心灵的契合无间。"

读《边城》感受着爱之心灵纯情美　看《木屋》对精神文明呼唤着人性美

我们湖南湘西出了个大作家叫沈从文，他的恋人对他说，为什么有很多很好看的女人你不去麻烦，却老是缠着我？我又不是美人，为人老实不中用，实在很平凡。沈从文立即写信回她："美是不固定的，无界限的，凡事凡物对一个人能够激起情绪，引起惊讶，感到舒服，就是美。"

沈从文说他认识许多女子，能征服他统一他，只有她有这种魔力和能力。这个她，就是他的恋人，也就是他的妻子张兆和。

沈从文的文笔美，他的心灵也美。他一直过着简朴生活，给自己住的居室取名曰"窄而霉斋"。1985年，他的《沈从文文集》出版，得了一笔优厚稿酬九千多元。他凑足一万元（当时万元户就是富翁）捐给湘西他家乡山区办学，就是他写《边城》的地方。

美国著名摄影：《BEAUTY》（美摄影大奖，【美】克里娜摄）、俄国著名影星：功勋女演员贝利茨卡娅、法国著名木刻：画家凯亥勒的木刻《泰伊丝》插图、世界著名油画：《意大利小女孩》中国摄影艺术：《中国巴蕾》

记得多年前，湖南省作协"文革"后编了一套中外《中篇小说选》（分上中下三本），上册开篇即《边城》。

沈从文写湘西一个"凭水依山有着吊脚楼的小山城"，一条清澈溪水，一条渡船，一户人家，一个老船夫，一个女孩，一只黄狗，"住处两山多竹篁，翠色逼人而来"，老船夫就给外孙女取名"翠翠"。"她在风日里长养着，把皮肤变得黑黑的，触目为青山绿水，一对眸子清明如水晶，为人天真活泼，人又那么乖，和山头黄麂一样，从不想到残忍事情，从不发愁，从不动气……"

翠翠长大了于是演绎出山里人淳朴美丽动人的爱情故事……沈从文把他的喜爱、人性美与美的意境都融化在他的《边城》里了。

这种淳朴人性美也展现在我们湖南另一位青年作家古华笔下，他的《爬满青藤的木屋》获全国短篇小说奖。他写一个原始森林中长大的瑶族阿姐盘青青"长得水灵鲜嫩"，善良聪明美丽，向往美好事物，只一丁点儿物质文明享受，第一次用牙膏就感到幸福得不得了！寄托了作者"美好感情的纯真的心"。而作品中的山民王木通的愚昧却被当时视为老实，蛮横狂妄视为勇敢坚定，没文化视为政治可靠。小说历史背景"文革"时期，语言沦落为谎言的代名词，文化受文盲嘲弄，科学受愚昧窒息，文明受暴力蹂躏，民主受专制打压。有评论家评《爬满青藤的木屋》是"对人性美和精神文明的呼唤"。

世界文明古国的四大摇篮：巴比伦、埃及、印度、中国

美与文明相伴，丑与野蛮相随。

我们从湘西边城和湘南原始森林回眸到古老世界历史长河，人类古老文明摇篮都伴着河流形成。

古巴比伦文明（底格里斯河和幼发拉底河流入波斯湾）

世界上最早的法典——汉谟拉比法典，就是巴比伦王国制定的，国王是神灵代表，绝不允许强者压迫弱者。它最引人注目的科学成就是公元前 1800 年使用了乘法、除法表、计算立方根、倒数、指数表格，把一天分为两个 12 小时，每小时 60 分，每分钟 60 秒，沿用至今。

古埃及文明（尼罗河流入地中海）

金字塔是世上建筑史奇迹，建第一批大金字塔历经 4 个朝代 500 年。数学上最卓著成就是把圆分成了 360 度，他们发明了三角形面积与圆柱体积计算方法。

古印度文明（印度河和恒河分别流入阿拉伯海和孟加拉湾）

刚才那位女同学问到泰戈尔的《新月集》《飞鸟集》，就是继承了公元前 1200 年印度古诗集《吠陀》优美而富有色彩的语言。印度文化历史悠久，发掘出古石刻男女躯干造型完全符合现代解剖规律，比一千年后的古希腊雕刻更逼真有生气。印度人在几何学上不如希腊人，但在代数却遥遥领先，除十进制外又发明了零数原理以及至今全世界广泛应用的"1，2，3……"阿拉伯数字。

古中国文明（黄河流入渤海）

古商周精美铜器是世界古代科技水平的重要标志。我们湖南老乡耒阳人蔡伦用树皮、渔网、麻布制造发明了纸。公元 751 年唐天宝年间派高仙芝大将出兵大食（今阿拉伯），兵败，一些造纸工金银匠被俘，造纸术才传入西方。1276 年意大利才建造欧洲第一个造纸厂，美国费城造纸厂已是 1690 年了。以前俄罗斯人在白桦树皮上写字，英国人用羊皮，有所谓"羊皮圣经"。1041 年我国毕昇发明印刷活字版，德国用中国的活字印刷术 1454 年才印出来第一部拉丁文《圣经》。而我国此时已经印刷了精美的唐诗宋词，美术如《清明上河图》，建筑如山西五台山岩上的佛光寺，工艺如《鎏金铜观音像》……

丝，是最早西方人心目中的中国形象。欧洲泰晤士河、莱茵河、美洲密西西比河岸的居民以树皮裹身时，中国丝绸业已蓬勃发展。丝绸传入欧洲先是送了一些中国美女到波斯帝国（今伊朗一带），她们个个穿着薄如蝉翼、柔软的丝织长裙，波斯人以为是仙女下凡，称作"东方美人"。至今伊朗人称赞谁家女儿长得好，就说是"像中国人一样漂亮"。意大利马可·波罗横跨东西方来中国，把一个传奇神话般美丽富饶文明智慧的东方古国——中国风貌都写在他的《马可波罗游记》里了。他笔下中国人"谦虚有礼，性情温和"，"男子从事买卖，公正无欺"，"女子漂亮温柔、优雅洁净"。在马可波罗去世 100 年后，西班牙出了一个哥伦布，他也漂洋过海，整装航行，随身带着的就是这本《马可波罗游记》。

黑暗的中世纪　人性美的大扼杀

13 世纪到 14 世纪，在我国唐宋时代吧，欧洲中世纪却掉进了一个黑暗的深渊。世界开始衰落，数

（左图）20 世纪法国画家马蒂斯油画：《静物》
（中图）20 世纪法国画家马蒂斯著名油画：《粉红色裸体》
（右图）20 世纪法国画家马蒂斯油画：《玛格丽特与黑色猫》

亨利·马蒂斯是 20 世纪法国的杰出画家，善于用鲜艳色彩进行大胆的情感表达，使色彩效力发挥到极致。

百城邦毁灭。罗马帝国十字军东征圣战几百年，人性扼杀，尸横遍野，专制、残暴、愚昧使古代文明遭到空前浩劫。

英俊活泼的健壮男子和胸脯丰满的美丽女子不见了，身体不准暴露，而是用黑色道袍和复杂衣饰紧束隐蔽。社会重视的是太监、书记、僧侣。关于人体美的知识与研究一律禁止，艺术家不再有个人思想个人感情，一切艺术为教会所垄断。教士给信徒称绝不创新，大众生活一个模式。丹纳在他的《艺术哲学》一书中评述那个时代"艺术已入绝境，病入膏肓，行将就木了"。

在黑暗的中世纪，人们顶膜礼拜的是上帝，哲学成了神学的婢女，科学成了宗教的仆人，文学就是宗教文学，上帝至高无上，人生下来就有罪，人必须绝对服从上帝意志。"中世纪是从粗野的原始状态发展而来的，它把古代文明、古代哲学、政治和法律一扫而光，以便一切都从头做起。它从没落的古代世界承受下来的唯一事物就是基督教和一些残破不全而且失掉文明的城市"（恩格斯《德国农民战争》；《马克思恩格斯全集》7 卷第 400 页）。

直到中世界后期，灰心丧气的人们开始从恐怖绝望中幻想着有一种甜蜜温暖的生活，一部划时代作品诞生了，这就是但丁的《神曲》，四千多行象征性寓言长诗分为《地狱》、《净界》、《天堂》三部分，揭露了教会统治者的贪婪腐败和各派党争造成的惨局。但丁通过诗人维吉尔（象征理性）由贝阿特丽采（象征信仰）引导进入天堂，开始展示了文艺复兴人文主义思想曙光，长诗充满了但丁对人性美的强烈呼唤！恩格斯高度赞扬但丁："封建的中世纪的终结和现代资本主义纪元的开端，是以一位大人物为标志的，这位人物就是意大利人但丁，他是中世纪最后一位诗人，同时又是新时代最初一位诗人。"（《马克思恩格斯选集》第一卷第 249 页）

当然中世纪也出现过好作品，欧美广为流行的是《罗宾汉》，还有我们熟悉的《佐罗》。

大航行发现美洲新大陆 大贸易促进文艺大复兴

文艺复兴首先在意大利城市兴起。

1453 年，罗马帝国灭亡，欧洲自给自足经济开始解体，大批科学家哲学家流入欧洲；罗马废墟上发掘出大量古代文物，在欧洲人面前展示了一个光辉灿烂的古代文明世界；地理大发现与环球航行成功，带来了新的科学知识，人们头脑中教会神学观念的绝对权威迅速瓦解。

一个划时代大变革开始了！贸易与航海先后发生在意大利、葡萄牙、西班牙：

向东！威尼斯商人发展着东方与君士坦丁堡海上贸易，莎士比亚的《威尼斯商人》有生动的描述；

向南！葡萄牙人为了直接与中国人印度人做生意，1488 年他们往南航行绕过好望角从非洲东海岸到达印度，打通了往亚洲的海上航道；

向西！西班牙人航海家冒险家哥伦布在女王资助下，1492 年率领 90 名水手乘坐三艘大船经历一个月航行横渡大西洋抵达南北美洲之间的巴哈马群岛，发现了新大陆即美洲。记得我在长沙长郡中学读高中时名老历史教师沈望三告诉我们怎样记发现美洲年份："1492 就记住一是球儿啊！"

哥伦布 1502 年到 1504 年又四次航海到尼加拉瓜，当他从古巴抵达巴拿马海峡时误以为这是马来半岛，他认为他终于找到了他少年时代梦想的"黄金国"，他立即向西班牙女王报告："我到达中国啦！"直到他死还不知道他发现的是美洲。

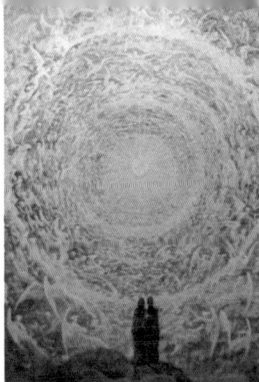

科技大发展　文艺大复兴　人性大解放

文艺复兴运动猛烈冲击教会神权统治，提倡以人为本，反对神权，文艺复兴带来全新的理念：

从迷信神 ·············· 到尊重人

从唯心 ·············· 到唯物

从愚昧 ·············· 到理性

从神学 ·············· 到科学

从强权蒙骗 ·············· 到个性解放

从禁欲主义 ·············· 到享受人生

从"神权就是一切" ·············· 到"知识就是力量"

从专制独裁 ·············· 到科学与民主

（上页上图）《神曲》：天堂
（上页中图）《神曲》：炼狱
（上页下图）《神曲》：地狱
（《神曲》图选自《随笔》2012 第 5 期资料：法兰西国家图书馆多雷插图）

　　人本主义者挑战神本主义的绝对权威，如狂风暴雨扫遍欧洲大陆，在科学、文化、意识形态等领域取得空前伟大成就，造就了一大批文化巨人。

　　首先是天文学，英国人罗伯特·格西特斯特针对教会顶膜礼拜的"天神"——"彩虹现象"作了科学的解释，并预告汽车和飞机将诞生。罗伯特的弟子就是以名言"知识就是力量"而闻名的培根，他挑战神权统治制度而被教会关了十年。教皇害怕科学技术，仇视民主人权，颁布法令"禁止一切未经审查的书籍出版"、"对可疑书籍一律焚毁"。波兰天文学家哥白尼临终前才出版了他的《天体运行》。意大利布鲁诺读了哥白尼的书，逃出修道院成为一名伟大的科学家，却被教廷判刑坐了十年牢，最后被处以火刑。达·芬奇是文艺复兴时期的杰出代表，他的名作《蒙娜·丽莎》是大家最熟悉的，其实他还是建筑师、哲学家、美学家，他留下五千页的各种机器设计手稿，包括飞机、转动的桥和连发手枪等，他都用速写描绘出来。意大利物理学家伽利略通过望远镜观察天体，写出了《关于世界两种体系对话》驳斥托勒密的地心说，证实哥白尼的日心说，他 70 岁被宗教法庭判终身监禁，他的书一直被禁，多年后（1638 年）才到荷兰出版。有趣而滑稽的是，多年前，我看到《参考消息》上报道说：到这个世纪的 1980 年罗马教廷才检讨 300 年前对伽利略的"不适当处分"。

　　这里我要特别提一下《失乐园》作者英国大诗人弥尔顿，他曾专程去拜访伽利略，他向全世界呼吁主张书籍出版无需教廷审阅，不必先经许可。他成为世界上第一个主张出版自由的人。

（右图）莎士比亚
（左图）20世纪法国画家马蒂斯油画：《玛格丽特与黑色猫》

文艺复兴时期经典作品　闪烁人性美的灿烂光辉

　　文艺复兴时代的作品，各种风格，如灿烂鲜花盛开，至今仍闪烁着人性美的光辉。意大利薄伽丘的《十日谈》，英国乔叟的《坎特伯雷故事》，轻松愉悦地揭露了教会的欺骗、僧侣的虚伪，肯定人性人权，歌颂爱情自由。法国人文主义代表拉伯雷的《巨人传》表现了人们不再信奉专制和禁欲主义，主张自由和尽情享受人生的权利和幸福。西班牙作家塞万提斯的《堂吉诃德》幽然、滑稽、可笑，塑造了一个人类英勇奋斗充满幻想的骑士典型。在这一大批杰出人文主义者中，莎士比亚是代表。他的四大喜剧《威尼斯商人》《仲夏夜之梦》《第十二夜》《皆大喜欢》，写人们向往自由和幸福，充满人性、幽然和智慧，对人性美的发掘与描写是无与伦比的，欧美苏联都拍有电影，在我国五六十年代放映时，人们争相观赏，可以说是我们学生时代人性美的盛宴。《威尼斯商人》中的高利贷者"夏洛克"成为一个典型，是我们至今生活中吝啬鬼的别名。莎士比亚的四大悲剧《哈姆雷特》《奥赛罗》《李尔王》《麦克白》写人文主义理想与英国丑恶现实的矛盾，是他创作的最光辉顶点。俄国美学评论家别林斯基说："莎士比亚是真正的新艺术时代光辉朝霞和胜利的花朵。"

　　人文主义者充分肯定人性与人性美，认为美的东西可以依靠文学的力量而永垂不朽，而文学是人创造的，因而宣告了人的不朽。这正是欧洲文艺复兴时期所发出的对人性和人性美呼唤最绚丽的火光。

莎士比亚的《十四行诗》，就是这一观念的代表作，我改了一下让它通俗些：

"我把你比作明媚的夏天，

你是多么可爱和适宜，

但狂风会把五月鲜花摧残，

妖媚的夏天又是这样有期。

美丽太阳照耀我们，
多么温馨多么灿烂，
金色光芒洒满大地，
也常为乌云遮盖而黯淡，
正如青春的美貌会走向衰亡，
自然的规律啊无法阻挡。

你的美貌不会消亡，
你的青春常在幸福又安康，
因我的诗篇的不朽，
会把你美丽与青春永存不亡。"

　　文艺复兴时代的光辉将在人类史上永存。"这是人类从来没有经历过的最伟大的进步的变革，是一个需要巨人而且产生巨人——在思维能力、热情和性格方面，在多才多艺和学识渊博方面的巨人的时代。"（《马克思恩格斯选集》第3卷445页；恩格斯《自然辩证法导言》）

　　今天就讲到这里，谢谢大家！同学们递来许多条子提问，下次我们一起探讨。

讲座外花絮

中南大学那个献花的女孩

　　中南大学来晚报社邀请我去讲课，点名要我讲在《湖南科技大学·学报》上发表的论文《论科学和文学的美学情趣》，谁知一发不可收场成为系列讲座，从课堂搬到阶梯大教室，各个专业的同学都来了，其中提问最多印象很深的就是那个献花的女孩，她的名字叫蒋曼辉，是学英语专业的。

　　不久，她毕业了，我和老伴王老师也退休了。她分到北京一个国防工厂当翻译，再也没见过她了。但几乎每年我和老伴王老师都会收到她的贺年信。

　　蒋曼辉在北京工作任务繁重，她很刻苦努力，她信中说她没有休息过一天，周六和星期天一早就坐公交车再转车到新东方上课强化英语学习。

　　那年春节她的航空信却是从美国北卡罗莱纳寄来的。她说："我被录取到北卡罗莱纳大学商学院读 MBA 了！对不起现在才写信告诉你们，你们不知道我每天的时间是多么紧张，我就像搭上了一列高速行驶的战车，想停也停不下，来美的前一天我还在北京上班呢。"她说刚到美国连床都没得睡，只有一个床架，几天下来腰酸背痛，第一个星期靠一瓶牛奶和一袋面包过来的，又赶上美国经济衰退时期，找不到工作，几经奔波才找到一家制药公司实习，算是最幸运了。她写道："我来美后并不感觉美国有怎么好，打拼好艰难呀。现在最想念中国菜，每天趟在床上想起来都流口水。"

　　蒋曼辉来自岳阳的穷山区，她吃得苦，有理想，有抱负，成绩一直优秀，大学学习期间都是自己兼职赚学费。我记得当时他们办了个期刊叫《青平果文学》，自己打印并装订得美观大方，每期都是厚厚一大本。她写的《穷山区的女儿》写得纯朴优美还带着点淡淡的忧郁。我推荐给晚报文艺副刊部，他们把它发表在《橘洲》上。

　　她 MBA 硕士毕业后，找到了一份不错的工作，又高兴地来信，还寄来一张她在 Atlanta 的照片。

诗品浅说 谈科学·文学与大学生几许对话

——《论科学与文学的美学情趣》系列讲座（三）

03

上两次讲了科学与文学的美学情趣，讲了科学发展、文艺复兴和人性美的呼唤。同学们递了许多条子。今天先回答上次的提问"什么是'诗品'"吧。

诗品，通俗讲，文学作品之风格。希腊人叫《On Style》，"Style"，翻译成中文，即"风格"、"作风"，还有"时髦"之意。

晚唐司空图有《二十四诗品》，形象描绘了各种风格的特点。清朝孙联奎曾在评《诗品》时说："梅止于酸，盐止于咸，而诗之味常在酸咸之外。"杨廷芝则说："诗不可以无品，无品不可以为诗。"

二十四诗品的第一章讲的是"雄浑"，杜甫的"群山万壑赴荆门"，李贺的"入门下马气如虹"，是这一类，"虹"出天际，雄伟壮观，有横绝太空之气势。李白的"秦王扫六合，俯视何雄哉"，秦统一天下，震慑八方，何等威风。又如卢伦的《塞上曲》"月黑雁飞高，单于夜遁逃，欲将轻骑逐，大月满弓刀"，以及现代人陈毅的《梅岭三章》"此去泉台招旧部，旌旗十万斩阎罗"，气魄之壮不可不谓之"雄"矣。东北抗日联军李兆麟将军的诗"逆风怒吼，大雪飞扬，征马跼蹰，冷风侵入夜难眠；火烤胸前暖，风吹背后寒。壮士们精诚奋发，横扫嫩江源，团结起呀！夺回我河山"，雄伟悲壮气吞河山之气概跃然纸上。

"浑"呢？《诗品》解释此绝非"浑浊"，更非"含糊"，而是有如云之气概。刘邦少年之志"大风起兮云飞扬，威加海兮归故乡，安得猛士兮守四方"，以及他的对手项羽的"力拔山兮气盖世"，似可谓"雄浑"之品。

《诗品》第二章讲的是"冲淡"。"冲"，和之意，如陶潜的"风飘飘而吹衣"；那么，"淡"呢？不是淡而乏味，而是谈而有味、有趣，淡而自然。杜牧的《七夕》：

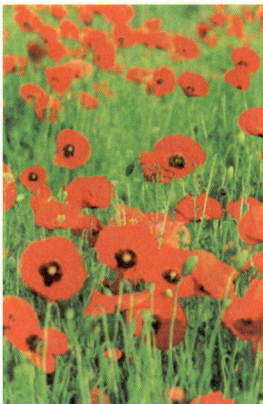

"银烛秋光冷画屏，轻罗小扇扑流萤。天街夜色凉如水，卧看牵牛织女星。"淡而质朴，达到一种平朴归真境地。李端的《拜新月》，写出了古代少女的纯贞与害羞之情："开帘见新月，即便下阶拜，细语人不闻，北风吹裙带。"淡淡的，如同一幅水墨画，此情此景，足够赏心悦目的了。至于李白的《静夜思》："床前明月光，疑是地上霜，举头望明月，低头思故乡。"就更为平淡而出奇了。从幼儿园起，个个都背得，因为用了最质朴、最逼真的日常语言。《聊斋》中一群美丽少女，风格上都是淡淡数笔，勾勒出活脱脱的可爱的女子形象。《王桂庵》中那个榜人（驾船者）之女芸娘，风姿灼灼，连她随口念来留给爱慕她的王生的几句诗也如同她一样淡朴："钱塘江上是奴家，郎若闲时来吃茶，黄土筑墙茅盖屋，门前一树马兰花。"这里全无惊天动地之笔，只有平淡无奇的自然之状。

至于其余如"飘逸"、"沉着"等二十余品，唐诗四万八千九百首，诗品不一，风格各异。严羽曾评述："子美不能为太白之飘逸，太白不能为子美之沉郁。"一个是"感时花溅泪"，哭哭啼啼；一个则是"海客谈瀛洲"，谈笑风生，风格之异相去远矣。还有一首大家特别熟悉又喜欢的"千山鸟飞绝，万径人踪灭。孤舟蓑笠翁，独钓寒江雪"。是冲淡，有平静至寂静的境界，且飘逸若仙，真是写绝了。

再看看西洋人如何说诗品分类，希腊人说的《On Style》，把诗品风格列分为四类：第一类 plain on style，可释作"平明"，"朴素"；第二类 stately on style，释作"庄严"；第三类 polished on style，为"精炼"；第四类 powerful on style，为"强力"。"强力"含有厚重、雄伟成分，大概就是我们所说的"雄浑"吧，还含有"劲健"；"平明"则相似于我们所说的"冲淡"，还可包括"自然"，这是自然平和，淡而无饰，意境却深远。不少名篇，则各种风格兼而有之。如同音乐，风格也各异。在曲谱的左上方，常见有"legato"，这是柔和优美风格，类似希腊人说的"plain on style"，可谓诗品之冲淡平明；曲谱上的"staccato"，是强有力节奏，是希腊人称之的"powerful on style"，即强力，可谓诗品中的"雄浑"了。

契诃夫的小说看似"冲淡"，却含蓄深刻。用西洋人的分析法，是"平明"，又"精炼"，也合"庄严"主题，"悲慨"更是"强而有力"的了。他的幽默诙谐的短篇，抨击着庸俗空虚的寄生生活和各类人的嘴脸，这种幽然是欢乐的善意的笑，笑中带轻蔑、悲哀与愤慨，笑声中又充满着悲伤的泪。如大家熟悉的《变色龙》《装在套子里的人》，就连他的平淡的散文诗《草原》，也是如泣如诉，如实白描出一个旧俄帝国寒气彻骨的晚秋，树木光秃，房屋狭小，道路泥泞，天空苍白，下面一群灰色的人却轮廓分明。有人评述："契诃夫的心灵，就是秋天的太阳一样，用一种残酷无情的光明照亮着那些渺小的可怜的人。"在世界文学宝库里，还有哪一位作家能如此这般用"平淡"的笔，又如此这般深刻、"沉着"刻画出那个旧时代的黑暗牢笼呢？

以上说诗品，浅薄之见。因有人提问，简要说说，仅供你们参考。

（左）荷马史诗《伊里亚特》
插图［苏］苏复洛夫
（右）荷马史诗《奥德赛》
插图［法］马蒂斯

古希腊生产力低下怎么产生了巨著《荷马史诗》？

提问：请您给我们介绍一下《荷马史诗》吧，怎么在那样生产力很低下的古希腊社会能产生如此宏伟诗篇？现在科技生产这么发达又怎么没写出来？

主讲：《荷马史诗》产生在公元前 11 世纪到公元前 9 世纪，反映的是科技生产力很低、奴隶制过渡的古希腊社会。

史诗包括《伊利亚特》《奥德赛》，前部写为争夺一个名叫海伦的希腊美女打了十年战，最后希腊人设计"特洛伊木马"攻破了城堡；后部写奥德赛取胜返国途中漂泊生涯。史诗情节引人入胜，结构精巧，想象瑰丽，有阿波罗太阳神、雅典娜女神、阿佛洛狄特爱神、月亮神、火神、战神等等，这些半神半人与人同形同性，吃喝饮食，恋爱结婚，生儿育女，也正直或残忍，也妒忌吃醋，充分展示着人性。恩格斯曾说："由于自然力被人格化，最初的神就产生了。"马克思在《政治经济学批判导言》中说："希腊神话不仅是希腊艺术宝库、而且是希腊艺术的土壤，原始生产力低下的地中海畔，却诞生了伟大的《荷马史诗》。""至今仍给我们以艺术的美的享受……在某些方面还是一种高不可及的典范。"（《马克思恩格斯选集》第二卷第 114 页）

随着科学生产力的发展，大自然不断被解读，希腊人的幻想与神话也就消失了。欧洲产业革命后，科技生产力高度发展，现实却血腥，狄更斯、雨果、莫泊桑、大仲马等应运而生；19 世纪的俄国生产力低下，也产生了世界上最精彩的文学名著，契诃夫、果戈理、屠格涅夫、列夫·托尔斯泰、普希金等文学巨匠的作品，至今仍闪着灿烂光辉。而美国的现代化高度发展，其文学创作却不可同日而语了。

马克思在《政治经济学批判导论》中又指出："关于艺术，它的某些繁荣时代并不是与社会的一般发展相适应。"这是因为"物质生产的发展对于艺术生产的发展的不平衡性"。

《荷马史诗》: 特洛伊木马

理想情操正承受物欲与功利主义冲击　现实感官型审美正浸淫着内在审美

也许由于科技迅猛发展与现代人越来越过着安逸舒适生活，常难以产生巨著吧。原来圣洁的高校，理想、情操、中国传统文化和美德，正承受着花花世界物欲与功利主义冲击，纯文学在消失，荧屏充满低劣庸俗，网络给你信息同时也把成批垃圾向你倾泻。

物质极大地丰富与发达是好事，但也带来感官享受至上，极大地压抑着审美的情操。《读书》中，王建疆先生撰文《我们缺少一个什么样的审美》，为社会忧虑而痛心疾首是有道理的。他认为人们被各种堂而皇之的思潮与理性所干扰、遮蔽，所以他大声疾呼："当前感官型审美已经在商品经济时代蜕变为商品广告宣传工具，与资本合谋来操控广大消费者。它已经异化为商业手段，沦为利益的工具，来麻痹大众心甘情愿踏进商业设计的圈套。"

这是当前一个重大课题。我和我一挚友聂森林，就是你们工大隔壁长沙矿山研究院一位高级工程师，一起重读了秦汉时期枚乘写的赋《七发》。文中从音乐、饮食、车马、游玩说到田猎、观涛，逐一精辟论述，最后力劝居于皇宫中的太子如果长期放纵声色、贪图肢体安逸必会损害血脉调和。全文主旨在说明享乐腐朽生活是致病根源。最后说得太子"涩然汗出，霍然病已"，病大汗而愈。

现实社会病根用什么药来治？依靠被异化的感官审美能创作出名篇吗？用重金约请性感明星来捧场？学《金瓶梅》故弄玄虚加许多空格格称删去多少字招揽读者以扩大发行量？把严肃的题材故意添上裸体加些床上戏？就能产生巨片巨著吗？

保持中国传统的文化美德　大学生莫要成为"垮掉的一代"

上次给大家讲到车尔尼雪夫斯基说的，人要有广博知识和高尚情操，要远离愚昧和鄙俗。我很羡慕你们生活在一个现代科技发达的时代，有电脑，有手机，信息无所不在，知识面广。我们那时大学生宿舍就是一楼传达室一部电话，打个电话要排队，来了电话要托过路的同学上楼来喊。

可有一点，我不羡慕你们，现实的高校，负面的消息常有耳闻，中国传统的文化、美德在失落。恕我直言，和你们有的同学交谈中，总感到内心缺少点什么，价值观？理想？信仰？情操？

另一位伟大的思想家赫尔岑一个多世纪前就预言过，他曾担心：人们在汪洋如海的信息中日益变得冲动和自私；我们的文化成为充满感官刺激、欲望和无规则游戏的庸俗化；真理被淹没在无聊烦琐的世事中……

湖南师大陶先淮教授 40 年前画赠本书作者铅笔画《尤·伏契克》

　　记得我读大学时，在《文艺报》期刊上有篇文章，题目叫做《垮掉的一代何止美国有》，说的是苏联年轻一代的负面生活。

　　美国前总统尼克松 1988 年写了一本书，他的企图跃然纸上，书中他公开宣言："我们要用我们西方的价值观、用色情去侵蚀中国人的文化，当有一天，中国人不再相信他们的传统文化、道德、价值观的时候，就是我们美国人不战而胜的时候，而他们中国年轻人，就会成为垮掉的一代。"（尼克松著：《1999：不战而胜》）目前，我国有的媒体是否好像也在帮尼克松做着这种潜移默化的负面舆论工作……这使我想起《绞刑套在脖子上的报告》的作者伏契克的一句名言："……人们啊，我爱你们，可要警惕啊！"

文艺复兴是一个产生巨人的时代　谁是你敬仰的历史伟人？

提问：您说文艺复兴时代是一个需要巨人而且产生巨人的时代。请问：科学家、文学家、政治家，谁的历史作用大？谁是您最敬仰的历史伟人？

主讲：这真是一个巨大命题。我用文艺复兴后法国启蒙运动的领军人物伏尔泰在他《哲学通信》中的话回答你。他说："倘若伟大是指得天独厚、才智超群、明理诲人的话，像牛顿这样一个杰出的人真是伟大人物。我们应当尊敬的是凭真理力量统治人心的人，而不是依靠暴力来奴役人的人；是认识宇宙的人，而不是歪曲宇宙的人。"

　　爱因斯坦有过类似阐述，他是科学家，也是哲学家，他说："我的政治理想是民主政体，让每个人都作为个人受到尊重，而不让任何人成为被崇拜的偶像。在我看来，强迫的专制制度很快就会腐化堕落，因为暴力所招引来的总是一些品德低劣的人。"

提问：您这说的是科学家，那么政治家呢？比如威震欧洲的凯撒大帝等风云人物，比如美国第一任总统华盛顿等等。

主讲：凯撒大帝英雄盖世，勇敢无比，几乎征服了整个欧洲，但他充满野心，是罗马帝国最高执政官。公元前 45 年被推举任命为"终身独裁"，第二年就被元老派刺杀了。另一个风云人物英国资产阶级革命领袖克伦威尔，死后被挖坟鞭尸。我国的秦始皇灭六国一统天下，但秦王朝命最短，只有 15 年。

　　德国尼采在他的《查拉图斯特拉如是说》一书中写道："你，热爱真理者，别嫉妒那些强逼和霸道的人，真理从来不在霸道者手里。"

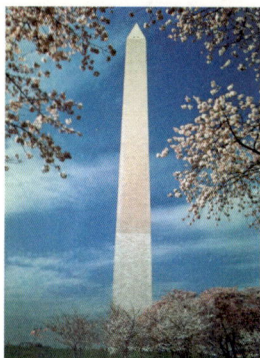

（左）林徽因；（中）印度诗人泰戈尔在中国访问时与梁思成林徽因夫妇；（右）华盛顿纪念碑

他的不可取代性是他宣布自己可以被取代而确立

至于美国第一位总统乔治·华盛顿，提供一些史实，供你们自己去评价：

美国独立战争打了八年，1783 年建立美利坚合众国。乔治·华盛顿当年 12 月 23 日即辞去总司令职，回到他故乡维吉尼亚州弗农山庄。美国著名作家埃利斯称"他是世界军事史上第一个打赢了战争就解甲回故乡的统帅"。后来是各州民主选举，以全票选他为美国第一任总统。任期满后，他拒绝连任，说："我留下或许比他们干得更好，但我宁愿留下一个好的制度。"他作出了一个决定：告别终身制。他再次回到故乡农庄，直到 1799 年 12 月在家中逝世。

当时美国独立战争中乔治·华盛顿的敌人英王乔治二世也曾说过："如果乔治·华盛顿解甲归田，他就是这个时代最伟大的人。"华盛顿逝世时，英王给了他最高荣誉：为他鸣礼炮 20 响志哀。美国另一个专栏作家乔治·威尔撰文评价华盛顿："乔治·华盛顿的不可取代性，最终是由他宣布自己是可以被取代的不朽行为而确立的。"

科学不是冰冷的符号世界　具有和文学一样摄魂震魄之魅力

提问：老师您讲文艺复兴时期产生了一代巨人，知识那么渊博。达·芬奇是画家，又是工程师；凡尔纳是作家，却懂得那么多科学知识。好难呀！

主讲：我不是要你们做地质学家，又一定当文学家。刚才有同学说起建筑土木专业，建筑土木本身就是一门高深艺术，中外多少建筑艺术令人叫绝！梁思成林徽因夫妇就是世界著名建筑学家，他们绘画好，音乐好，诗也写得好。当年印度诗人泰戈尔来中国访问，不是诗人去陪他，而是林徽因去接待陪同的。许多学理工的老前辈，科学专业知识过硬，文学功底也好。

钱学森说他的成功"是因为科学与艺术的结合"，当然他说的艺术是指他的妻子音乐歌唱家蒋筑英，他们夫妻确实是理工学科与人文学科相结合的典范。

我国在世界上享有盛名的数学家谷超豪劝告："年轻人不要重理轻文……文学能丰富生活，可以丰富数理化发展。数学是抽象的，可以凭借文学的想象来研究这个学科。"

我现在正读一本书，书名叫《比一千个太阳还亮》，作者德国人罗伯特·容克。书中记载着美国原子之父奥本海默的一次演讲，有一段话，我念给你们听："科学家与艺术家生活在不可捉摸的境地，这两

（左图）张爱玲在上海的旧居
（右图）张爱玲 1995 年在美国洛杉矶罗
切斯特一公寓 206 号房逝世
（下页左）张爱玲
（下页右）鲁迅

种人经常要把新的与已经知道的协调，他们用变化多端的纽带把科学知识与文学艺术以及广阔世界联系起来，保持着美好感情与卓越才能，在那遥远不可理解的领域与陌生地方，找到和创造出人类的美好世界。"

我国著名美学家朱光潜认为科学家寻求科学事实，穷到究竟，也正是因为科学的魅力可以摄魂震魄，他们孜孜不倦的科学活动也是一种艺术活动，不但善与美是一体，真与美也并未隔阂。所以他说："真正的科学家，他们是这样一群人：具有纯真的爱和天赋的善！"

请各位有空读一读萨顿的新作《科学史和新人文主义》，他说科学本身充满神奇和美丽，绝不是一个冰冷的符号世界。即使一个抽象的数学原理也归功于活生生有血有肉的人的深入观察和坚毅探索。

如何看张爱玲作品及其男女情

提问：我可以问个题外的作家吗？如何评价张爱玲和她作品的男女情？
主讲：说起这位才女作家，真对不起，我读完大学中文系还没读过她的作品。那时图书馆没有，教授们不讲。当时中国文学史没有张爱玲一席之地。

张爱玲生于 1921 年上海，家世显赫，祖父张佩纶是清末都察院左副察史，相当于现在正职检察长吧，他是李鸿章的女婿。张爱玲母亲是大家闺秀，才华横溢。张爱玲的父亲是整一个花花公子，典型的遗少。张爱玲父母离异后又有了继母。张爱玲就在封建家庭衰败与世态炎凉中长大。她受中国传统文化熏陶，又受西方文化影响，有深厚文学功底。张爱玲在圣玛利亚女校读中学时就发表了《霸王别姬》，考上伦敦大学因战争就读香港大学，1942 年回上海开始文学生涯。

张爱玲从小感到孤独无助，她说她好像"赤裸裸地站在天底下"。她写雨夜梦回香港大学狼狈得不敢惊动教会的僧尼管家，"只得在黑漆门洞里……冬雨大点大点扫进来，她把一双脚直缩得没处躲"。她苦闷，孤寂无助，怀疑活着的意义，"眼前一片虚无"。她的作品大多是些遗老遗少和小资产阶级为男

女问题恶梦所苦。她写到这恶梦里"是淫雨连绵的秋天，是潮腻腻的灰暗，是肮脏、窒息与腐烂的气味。恶梦没有边际，也就无从逃脱"……所以，有人不喜欢她的作品，认为低俗，没有高雅品位，心里是阴暗而荒凉。

其实，张爱玲保持着中国的传统文化，她孤寂冷漠的心又是善良的，苦闷地挣扎着。她以独特视角描绘出旧上海畸形社会一幅幅风情画。"是没落的旧上海世界最好的最后的代言人。"傅雷曾评说他的作品"有着淡漠的贫血的感伤情调与苍凉"；同时称赞她的作品是"我们文坛最美的收获之一"。文艺评论家夏志清说她"是彻底的悲观主义者，同时又是活泼的讽刺作家"，"是记录近代中国都市生活的一个忠实而宽厚的历史家"。

可惜这么一位才华横溢的杰出女作家晚年很凄凉，她孤身一人，居住美国洛杉矶，过着"流浪生活"，为躲避追踪，她住汽车旅店路边店和公寓，20多年，搬家200多次。最后4年居罗彻斯特大道一公寓的206号房，于1995年9月8日去世，她的骨灰生前已托人撒在太平洋。

关于张爱玲作品对男女情的刻画，如同她喜爱的《红楼梦》《金瓶梅》《醒世姻缘》，贯穿她作品的男女情也是属于中国的言情传统。

她把现实主义与现代主义，朦胧意识和丰富意象，人情风俗与人物形象，历史渊源与社会背景融于一体，极为细腻地勾勒出一个个男男女女活人，把小说写得华贵优美又悲哀伤感，富丽堂皇又冷酷苍凉。应该说，她笔下的男女情载负着深刻的人性内涵与人性的美学价值。

与张爱玲比较，现在怎样评价鲁迅和他的作品？

提问：您多次提到鲁迅和他的作品，与张爱玲比，现在怎样评价鲁迅呢？

主讲：这怎么比？刚才说了张爱玲可以说是旧上海那个旧时代最后的也是最好的代言人。如果说她是旧上海滩一棵如泣如诉、悲伤哀叹的灌木，那鲁迅是巍然屹立在黄浦江畔的参天大树。

是的，鲁迅在那个太过于沉重的黑暗时代也感到孤独、彷徨，但他从不曾停止过他主张的"韧"的战斗，他彷徨后是呐喊着"我们不再受骗了"！要摧毁这"铁的牢笼"！他的小说《狂人日记》《阿Q正传》等奠定了我国现代文学的根基，他的杂文代表着中国人的凛然正气。鲁迅的作品连同他的人格依然照亮着我们。他对人的尊严的维护，对丑恶社会现象的不妥协地揭露与抨击，至今还有着现实意义。

作为作家，鲁迅是真正的语言艺术巨匠，至今也无人企及，包括获国内的国外的世界顶尖的各种各样奖的各色各样的作家。

陈独秀早在半个多世纪以前就说："当以科学与人权并重"，"德谟克利特（democratic，民主）与赛因斯（science，科学）两位先生可以救中国。"他还特别提到鲁迅，他写道："鲁迅在《新青年》中特别有价值……鲁迅兄做的小说我实在五体投地地佩服。"

中国的十大古典悲剧和喜剧

提问：你说到了世界有著名的莎士比亚四大悲剧与喜剧，中国也有吗？

主讲：中国最有名的古典悲剧是《窦娥冤》，有的地方戏又叫《六月雪》；喜剧就首推《西厢记》了，以昆剧演得最出色。

中国历来久演不衰的戏曲很多，我读大学时老师重点选讲了几部。根据中山大学教授王季思老先生领导的中国古典悲喜剧编辑组征求了全国高校等各方面的专家学者意见后，提出了中国的十大古典悲剧和十大古典喜剧，是有权威的，供你们选读。

中国十大古典悲剧：

《窦娥冤》（元）关汉卿

《赵氏孤儿》（元）纪君祥

《精忠旗》（明）冯梦龙

《清忠谱》（清）李玉

《桃花扇》（清）孔尚任

《汉宫秋》（元）马致远

《琵琶记》（明）高则诚

《娇红记》（明）孟称舜

《长生殿》（清）洪升

《雷峰塔》（清）方成培

中国十大古典喜剧：

《救风尘》（元）关汉卿

《西厢记》（元）王实甫

《看钱奴》（元）郑廷玉

《中山狼》（明）康海

《绿牡丹》（明）吴炳

《墙头马上》（元）白朴

《幽闺记》（元）施君美

《玉簪记》（明）高濂

《风筝误》（清）李渔

《李逵负荆》（元）康进之

（左）天方夜谭中的阿里巴巴四十大盗的故事《阿里巴巴和四十大盗的故事》
插图［德］尤塔・赫尔格雷韦；（中、右）《天方夜谭》（即《一千零一夜》）英译本插图［法］
埃德蒙・杜拉克画

从《天方夜谭》到《马丁・伊登》——推荐十本外国文学名著

提问：上次老师给我们推荐了十篇中国古典散文，今天请您介绍些外国文学名著吧，并请您稍加点评。

主讲：如今纯文学在失去读者，以色情为调料或暴力打斗正取代纯文学。许多书刊在滑坡，名著或好的杂志销百万、几十万的火热年华已成明日黄花，市场和时代使然吧。

同学们读点好书吧。

培根谈读书精彩已极："读书足以怡情，足以博彩，足以长才。"他说"怡情最见于独处幽居之时"。"怡情"应该最是修身养性吧，使人的素质品格得以提高；长才、长见识、长能力，可在人世间处世判事。

这是大翻译家王佐良先生译的，文笔形象而有力。我读大学时把它工整地抄在我的读书笔记本首页："读书使人充实，讨论使人机智，笔记使人准确。因此不常作笔记者须记忆力特强，不常讨论者须天生聪颖，不常读者须欺世有术，始能无知而显有知。读史使人明智，读诗使人灵秀，数学使人周密，科学使人深刻，伦理学使人庄重，逻辑修辞之学使人善辩；凡有所学，皆成性格。人之才智但有滞碍，无不可读适当之书使之顺畅，一如身体百病，皆可相宜之运动除之。滚球利睾肾，射箭利胸肺，慢步利肠胃，骑术利头脑，诸如此类……"

鲁迅说："文艺是国民精神所发出的火花，同时也是引导国民精神前途的灯火。"这些天给大家讲的文艺复兴时期，就是"以人为本"。1987年获诺贝尔文学奖的布罗斯基讲演题就是《美学乃伦理之母》。他说："个人的审美经验越丰富，其品位就越健全，其道德观点就越清晰，也就越自由。"又说："书比朋友或爱人更可靠，一部小说或一首诗并非自言自语，而是一个作者与一个读者之间的交谈。"

《天方夜谭》—— 一座最壮丽的美的纪念碑

我读的第一本外国文学名著是《天方夜谭》，现在译成为《一千零一夜》。是阿拉伯8世纪到16世纪800年中民间故事的结晶。相传萨桑国王凶狠残暴，每晚要娶一美女，次日便杀掉，老百姓开始大逃亡。宰相的两个女儿山鲁佐德和敦亚佐德主动求见国王开始讲动人的故事引起国王兴趣而免遭杀害，共讲了一千零一个夜晚，国王终于悔悟。其实全书共有一百三十四个大故事，大故事又套小故事。故事想象丰富，情节曲折离奇，大胆艺术夸张，语言幽然富有感染力。《巴格达窃贼》《阿里巴巴和四十大盗》《女人和她的五个追求者》《渔翁的故事》是大家熟悉的。

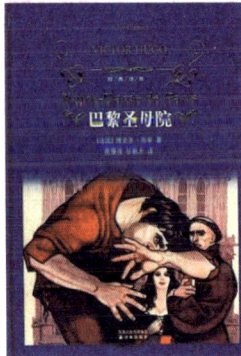

　　《一千零一夜》与古希腊《荷马史诗》不同,显示力量不在强壮体魄与勇敢,而是用智慧诙谐与夸张去救助无辜者,给穷人打开盛满宝藏的秘密洞穴。高尔基评价它"非常完美地表现出东方各国人民美丽的幻想和不可遏止的力量,是最壮丽的一座美的纪念碑"。

　　意大利歌剧《图兰朵》的情节就是学了《一千零一夜》的,传说这个公主规定求婚者须猜出她的谜语,猜不出的就处死刑。一王子隐姓埋名来求婚把公主的谜一一破解。王子要求公主在天亮前必须猜出他的姓名,否则必须信守誓言嫁给他。心急如焚的公主传达命令,要求在弄清楚这年轻求婚者姓名前全城人不许入睡。王子寄托他对公主爱慕,唱起公主整夜不得安眠的咏叹调,这就是大家知道的《今夜无眠》。

　　有人问为何叫"夜谭"?其实就是"夜谈",因为唐朝武宗的名字叫李炎,后来凡遇到两个火字相重的字都要避讳,这书是清末民初介绍翻译来的,还留有旧习俗痕迹。

《巴黎圣母院》《悲惨世界》——充满了大自然的对称,是世界上最优秀的经典之作

　　到了法国大仲马时代,《一千零一夜》善于用智慧的术士被拥有巨额财产的大富豪所取代。大仲马的《基督山伯爵》就是用财富去报仇实现自己理想。

　　法国伟大的作家雨果的思想充满了哲理,他对生与死、天与地、灵与肉、欢乐与忧伤、男人与女人、天使与魔鬼、爱情与仇恨、伟大与渺小……认为是永恒的双面。他创作那无与伦比的《巴黎圣母院》《悲惨世界》就充满了大自然的对称,是美与丑、善与恶、君子与小人的对比与融合。

　　《巴黎圣母院》描写了巴黎真实的画面,展示出一幕幕扣人心弦的生动情节,寺院敲钟的卡西摩多外貌是丑八怪,内心却充满光明磊落情怀;神父佛罗洛是那么神圣威严模样,心里却阴暗残忍自私。同名电影你们看过吗?由意大利影星劳洛勃丽吉达扮演书中的吉普赛女郎"艾丝美拉尔达",演出

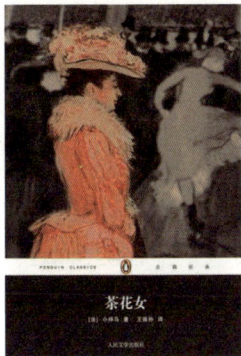

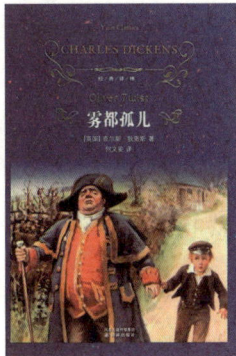

令人叫绝。

　　《悲惨世界》中女工芳汀及其私生女珂赛特和流浪儿的悲惨命运，酒店老板的贪婪无耻、敲诈勒索，警长沙威是凶狠当权者的忠实奴才……列夫·托尔斯泰说《悲惨世界》是法国最伟大最优秀的作品"。

　　两个法国大作家雨果和大仲马都因创作的伟大成就而获法国国王亲自授予的勋章。顺便说，大仲马接受勋章像小孩一样高兴像奴才一样谦卑，点头哈腰，滑稽可笑;而雨果接受勋章时态度和平常一样，昂首挺胸，不亢不卑，高傲庄严。

《茶花女》小仲马美丽的描述使他也荣获国王勋章，同时也使他伤感：心爱的女人只是一种心造的幻影

　　小仲马的《茶花女》也获得巨大成功，使他 1857 年荣获勋章。小仲马希望在周围女人身上找到骑士小说中那种美丽动人的夫人，但他找不到。他认识美丽迷人的涅谢烈罗杰伯爵夫人后，才认清这女子迷人而又可怕的双重面目。他目不暇接地欣赏着周围年轻美丽女子，但她们浪荡的生活使他感伤极了。他感叹："大自然创造了美丽、青春和爱情，可大自然本身又隐藏着多少卑鄙的算计与阴谋！"他认为莎士比亚把女人诗意化了。他认为爱一个女人只是一种心造的幻影，是骗人的海市蜃楼。我恰恰以为小仲马的感伤与悲剧也许正是他自己把生活想象得太诗意化了。

《雾都孤儿》—— 19 世纪英国底层的一面镜子
《简·爱》作者夏洛蒂感叹：爱情是最甜的也是最苦的

　　英国的经典小说，我劝大家读狄更斯的《雾都孤儿》。它描写了雾都伦敦贫民窟穷苦儿童的悲惨遭遇，是英国底层社会的一面镜子。它对周围环境，对人物的个性描写，那细节的真实与丰富的想象和作者的激情和语言艺术，都

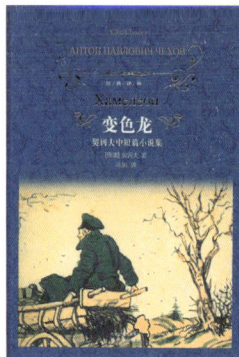

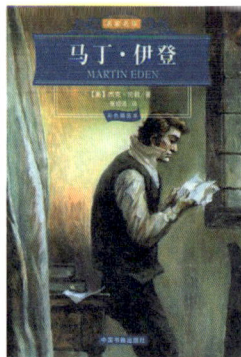

《简·爱》插图［美］佛里茨·埃钦褒格

是有很高的美学价值。小说在世界上极负盛名，多次搬上电影与舞台剧，在各国再版不衰。

在英国还有个出身穷苦女作家，名叫夏洛蒂·勃朗特，她有句名言："爱情是真实的，是持久的，是我们所知道的最甜也是最痛苦的。"她写的《简·爱》，讲一个出身卑微女教师与很有个性的富翁罗切斯特的爱情故事。拍的电影大家看过吧？情节起伏，感情真挚，柳暗花明，扣人心弦。她的妹妹艾米莉·勃朗特创作了世界名著《呼啸山庄》。

俄国的《安娜·卡列尼娜》——反叛封建权势贵族的"婚外恋"，一个美丽动人又悲惨的爱情故事
《静静的顿河》——顿河风光人情与历史真实的广阔画卷
契诃夫的《变色龙》等——含着眼泪的悲伤的愤怒的笑

俄国长篇，可读列夫·托尔斯泰的《安娜·卡列尼娜》，那欢乐的、动人的、

（左）《安娜·卡列尼娜》插图 [苏] 萨莫赫瓦诺夫
（右）《静静的顿河》插图 [苏] 维列斯基

美丽的"婚外恋"是对传统封建权贵的勇敢挑战。最终是悲惨结局，令人掩卷沉思。苏俄、英国、美国已有十次把它搬上银幕，各有特色，十分精彩，多看不厌，演出不衰。

另一部苏俄长篇小说肖洛霍夫的《静静的顿河》，是规模宏大的史诗性作品，记得我在哈尔滨读大学时，在大礼堂看作品的俄文版四集电影连放，看到深夜。描写的是 1917 年十月革命前后发生的一系列重大历史事件，有美丽的顿河景色与人情风俗，哥萨克人的豪放性格，和广阔的顿河两岸真实的历史画面。特别成功塑造了哥萨克代表人物葛利高里的复杂形象。

俄国短篇可读契诃夫，世界文学史上还没有哪位作家如此深刻，又如此幽默，带着善意的眼泪，带着轻蔑与愤怒的笑，如《变色龙》《装在套子里的人》。

《马丁·伊登》——把爱情写得勾魂夺魄，如痴如醉，一个"美国梦"的破灭

美国文学，我推荐你们读杰克·伦敦的自传式小说《马丁·伊登》，是我读高中时养病期间读的第一部美国小说。

小说主人翁马丁·伊登以第一人称讲述了一个有强壮体魄、勇敢坚定的贫穷水手，他有着阳刚之气，充满激情，爱上了一个美貌惊人、举止文雅的上层社会贵族小姐露丝。作品把他们的爱写得勾魂夺魄、如痴如醉，震撼心灵。水手为爱情拼搏，历尽艰难，干过各种苦力，情节波浪起伏。小说的悲剧在于马丁·伊登终于成为著名作家后，却感到人生幻灭而自杀。作品发表于 1903 年，无论是作为"个人奋斗"的典型叙述还是对"美国梦"破灭的描写，都在美国文学史上起着先驱作用。有人评说杰克·伦敦是"美国的高尔基"，他们相似之处是，都来自苦力阶层，为生活经历了各种艰难困苦，都成为著名作家，也都是以自杀结束了自己生命。马丁·伊登的命运不幸竟成杰克·伦敦生活终结的预言。当时真给我年轻的心灵划上了无数的问号。《马丁·伊登》在世界文学史上占有一席之地。

文学语言的艺术魅力
——《论科学与文学的美学情趣》系列讲座（四）

今天，我们来探讨一下文学作品的语言艺术，同时也说说科学作品同样需要用艺术的语言来表达。

1. 可读 科学新颖

行文切忌枯燥乏味苍白无力和八股调。生动活泼、新颖、有品位的语言大家都喜欢。

现在我给大家读一段《人民日报》副刊版《大地》一个文学刊物约稿信：

"不强向时代明星或时装模特儿那样的作家拉稿。不追求时髦；不追求轰动；不以喧嚣尘上之言辞为真理；不以招摇过市之徒为偶像。作为内容，这片园地里，种植的是五谷杂粮，瓜果蔬菜；作为形式，这个刊物仍然是披蓑戴笠，荆钗布裙。"

写得何等风趣！有品位，还用了比喻借代和乡土语言，生动已极，一看明了。这约稿信出自作家孙犁之手，他是北京文学界注重乡土特色民族风格的"山药蛋"派领军人物。

不论是文学家、科学家、历史学家、哲学家反映社会生活的方式有什么不同，他们都需要想象，需要形象思维，需要生动的而不是枯燥无味的语言来表述各自的论说。

现在我再来读一段儒勒·凡尔纳的科学幻想小说《海底两万里》，其语言，是艺术的又充满科学知识：

"先生，珍珠是什么？"

"珍珠，对诗人来说，是大海的眼泪；对东方人来说，它是一滴固体化的露水；对妇女们来说，它是她们戴在手指上、脖子上或耳朵上长圆形透明的螺细质装饰品；对化学家来说，它是带了些胶质的磷酸盐和硫酸钙的混合物；最后，对生物学家来说，它不过是某种双壳类动物产生螺细质器官的病态分泌物。"

这是多么科学新颖绚丽多彩的形象语言！

在长沙大学中文系新闻专业
班讲课，刊《长沙大学学报》

凡尔纳的渊博知识，他的诙谐幽然和生活哲理，熔成他一篇篇脍炙人口的艺术杰作。不要以为凡尔纳是天生的语言高手，他的第一部科幻作品《气球上的五星期》曾被 15 个出版社拒绝而退稿，1863 年终于出版时轰动了文坛。他勤奋刻苦，广猎科学知识，凡尔纳一生写了一百零四部著作，他去世后在他书房找到他生前亲手摘抄的笔记达两万五千本。

他是能想象出半个世纪甚至一个世纪后才出现惊人科学成就的预言家，是依靠丰富想象来发展那个时代科学成就的发明家，也是能熟练运用艺术语言的文学家。

2. 鲜明 形象感染

文学作品要求通过形象描绘出栩栩如生的生活图画，使读者如临其境，如见其人，如闻其声。

曹雪芹的《红楼梦》，不是靠离奇情节和惊险取胜，而是用十分细腻的艺术语言，精绘出一幅幅形象鲜明的工笔画卷，把我们带到了那个时代的社会深处。

在曹雪芹笔下，那潇湘馆的景物，竹林、石头、春花、秋叶、琴声、风雪、都带着林黛玉忧郁色彩。万紫千红的春天，在林黛玉眼里是："试看春残花渐落，便是红颜老死时，一朝春尽红颜老，花落人亡两不知。"而那秋高气爽艳阳天，对她却是："秋花惨淡秋草黄，耿耿秋灯秋夜长，已觉秋高秋不尽，那堪风雨助凄凉。"书中人物语言、随各人地位、年龄、性格不同呈现出千变万化特色，或长或短或雅或俗，在人物说家常絮语对话中看到一个个年龄和生活大体相同或相近而性格各异的少女跃然纸上。

鲁迅在他的《阿Q正传》中用了五个"然"字来描写阿Q：肃然，严肃之状；赧然，害羞之状；悚然，迅猛一惊；欣然，心情愉悦；凛然，严肃敬仰。形象鲜明地概括了阿Q不同境遇的不同心态。

用"然"组词，其语言的情感色彩差异精妙细微：悠然（逍遥自在）与陶然（悠悠自得），坦然（平静无私）与安然（平安无虑），默然（默然不语）与黯然（心中暗伤），悄然（寂静无声）与超然（离尘脱俗），哗然（众人鼓噪），怡然（妥适顺从），悍然（蛮横无理）等等。

有人描写我们湖南人左宗棠"风采凛然"，有敬仰之情；描写我们另一位湖南人曾国藩则是："为人威重，美须髯，目三角有棱，每对客，注视移时不语，见者悚然。"这"悚然"（恭顺敬畏）比起"凛然"就威严多了。

语言种样繁多，刻画入微，形形色色，要琢磨其褒贬、轻重、情调之别。如"笑"：奸笑（虚伪狡诈）、狞笑（凶恶阴险）、狂笑（笑里藏刀）等，多用于敌人；苦笑、冷笑、假笑、讥笑、嘲笑、耻笑、哄笑、嬉笑等，多用于贬意；欢笑、憨笑、微笑、吃吃地笑、格格地笑、咪咪地笑、哈哈大笑等多用于煲意。

蒲松龄的怪异小说《聊斋志异》里有篇《婴宁》，用动词"笑"的各种状态，活脱脱描写了一个笑声爽朗天真烂漫的少女婴宁："有女郎，捻梅花一枝，容华绝代，笑容可掬"，"良久，闻户外隐有笑声，'婴宁！'户外嗤嗤笑不已"，"婢推之以入，犹掩其口，笑不可遏"，"女复笑，不可仰视"，"以袖掩口，细碎莲步"，（婴宁坐桃树上）"狂笑欲坠，生曰'勿尔！堕矣！'女且下且笑"，"母入室，女犹浓笑不顾"，"放声大笑，满室妇女为之粲然"，"笑处嫣然，狂而不损其媚"。婴宁走到哪里，那里就弥漫着盎然的生气，充满浓郁的诗情画意。写得真好！我劝你们去读读。

3. 生动 多彩多姿

语言忌单调枯燥，句式要灵活多样，富于变化起伏，新鲜活泼，引人入胜。

句式上可用单句、分句、复句；写法上有描写、抒情、叙述（包括插叙、倒叙）；修辞上可用比喻"于百万军中取上将之头，如探囊取物"（这是明喻，另有暗喻、借喻）、借代（"圆规一面愤愤地转身，一面絮絮地说……"《故乡》）、夸张、对偶、排比、对比、设问、反语、比拟（拟人、拟物）、双关等十大手法。如"荷花叶子像出水亭亭玉立的舞女的群"（《荷塘月色》），"一个幽灵，共产主义的幽灵，在欧洲徘徊"（《共产党宣言》），"虹销雨霁，彩彻云衢。落霞与孤鹜齐飞，秋水共长天一色"（《滕王阁序》）等等，分别用不同修辞手法生动地把人或事形象地勾画。用词造句要新鲜多样，且具有装饰美、色彩感。

你看鲁迅用对比，"有缺点的战士终究是战士，完美的苍蝇毕竟是个苍蝇。"十分生动！古人用排比"井蛙不可以语于海，夏虫不可以语于冰，田士不可以语于道"，"与善人交，如入芝兰之室，久而不闻其香，与之化矣，与坏人交，如入鲍鱼之肆，久而不闻其臭，亦与之化矣"，都很生动。

清代袁枚说："一切诗文，总须字立纸上，不可字卧纸上，人活则立，人死则卧，用笔亦然。"柳宗元的《小石潭记》是形象鲜明具有立体感语言的典范："潭中鱼可百许头，皆若空中无所依。日光下澈，影布石上，怡然不动，俶尔远逝，往来翕忽，似与游者相乐。"所以老舍说："文学语言既有意思，又有响声，还要有光彩。"

4. 通俗 民间情调

许多乡土的俚语、俗谚与歇后语，来自民间，来自生活，极为生动："乐极生悲"、"绣花枕头"、"秋后蚂蚱"、

"猪八戒照镜子，里外不是人"。而"月亮胭脂红，无雨即是风"，"水深不响，水响不深"，"八月十五云遮月，正月十五雪打灯"是老百姓对科学气象的观察。

至于民歌民谣就多了。湘潭大学教授彭燕郊 20 世纪 50 年代曾在我读高中的长郡中学作《钢铁是怎样炼成的》讲座，讲得生动有趣，这与他有丰富的语言有关，他在湖南农村广为收集，出了一本《湖南民谣集》，我现在还记得几首，如："想你想你真想你，眼泪掉在饭碗里，妈问女儿哭什么？妈，辣子飞进了眼睛里。"下面这首西北民歌，好像还编成了歌曲："杨柳树开花把手摆，东村的哥哥到俺村来，石榴花摘几朵头上戴，哥是呀好小伙妹妹爱，牵牛花开花嘴朝上，吹吹呀打打呀迎亲来。"这是多彩而亲切乡土味浓郁的民间情调。

我们是否应该具备多方面知识，历史、地理、美学、心理学、哲学和自然科学，都应广泛涉猎。知识渊博，语言丰富，才能纵横驰骋，下笔有神。现在有的作品乏味无新意，可能与知识贫乏有关。

你们读过茅盾的《白杨礼赞》，可能不知道他写的《森林中的绅士》吧，他这样写豪猪的绅士风度："它也不怕跌落水里去，它全身的二万刺毛都是中空的，它好比穿了件救生衣，一到水里，自会浮起来的。"你看漫画家丰子恺写的《杨柳》别具一格，生动地叙述杨柳不能"参天"，也不会像红杏"出墙"，它始终不会向上爬"作威作福"，它"越长得高越垂得低，千万条陌头细柳条条不忘记根本，常常俯首顾着下面，借春风之力，向处在泥土中的根本拜舞，或者和它亲吻"。周作人在《故乡的野菜》中写紫云英："嫩茎煮食，味颇鲜美，似豌豆苗，花紫红色，数十亩连接不断，一片锦绣，如铺着华美的地毯，非常好看……花朵状如苦蝴蝶，又如鸡雏，白色的花，可以治痢，很是珍重。"桥梁专家茅以升写的《没有不能造的桥》说："路是人走出来的，有了路，就要桥"，"桥是路的一部分……没有路，就没有桥"，"桥在过河的地位上要服从路，路在两岸的高度上也要迁就桥"。此外，曹靖华的《带翅膀的媒人》，费孝通的《猕猴桃》等科普作品，都写得通俗易懂，来自民间，情趣盎然。

5. 韵律 朗朗爽口

语言音韵要调和，节奏感强，流畅自然，朗朗上口，具有强烈感染力，引起读者共鸣。老舍在《对话浅论》中说："字分平仄。""调动平仄要注意节调之美。""使人听着舒服、自然、生动。"

我们来看王勃的《滕王阁序》，前后语句对偶，讲究字的平仄，读起来声调十分和谐，"南昌故郡，洪都新府，星分翼轸，地接衡庐"为"平仄平仄平仄仄平"，"襟三江而带五湖，控蛮荆而引瓯越"为"平平平仄"，"物华天宝，龙光射牛斗之墟，人杰地灵，徐孺下陈蕃之榻"为"平仄平仄平，仄平仄平仄"，"落霞与孤鹜齐飞，秋水共长天一色"，"渔舟唱晚，响穷彭蠡之滨；雁阵惊寒，声断衡阳之浦"……

这篇通体整齐，语句与语句对偶，还有些词和词组也对偶，这叫做"当句对"，如"襟三江，带五湖"、"控蛮荆，引瓯越"，龙光对牛斗，徐孺对陈蕃等等。

杜牧的《阿房宫赋》中，"五步一楼，十步一阁；廊腰缦回，檐牙高啄；各抱地势，钩心斗角"，朗朗上口，十分流畅。把个阿房宫楼阁之复叠壮丽说得形象而富有音乐节奏感。

在诗歌，特别是古典诗歌中表现最为突出，李白的《关山月》"明月出天山，苍茫云海间。长风几万里，吹度玉门关"是阔大而壮丽的大自然形象美；卢伦的《塞下曲》"月黑雁飞高，单于夜遁逃，欲将轻骑逐，大月满弓刀"和王昌龄的《出塞》"秦时明月汉时关，万里长征人未还，但使龙城飞将在，不叫胡马渡阴山"，是气壮山河的爱国情。王昌龄的另一首《闺怨》："闺中少妇不知愁，春日凝妆上翠楼。忽见陌头杨柳色，悔教夫婿觅封侯。"把景色、心情与音乐节奏融为一体，使人一唱三叹。

乡土作家田间的《赶车传》里："模范不模范，从东往西看，东村吃烙饼，西村喝稀饭"，押韵有节奏很幽然。广为流行民间的"月儿弯弯照九州，几家欢乐几家愁，几家高楼饮美酒，几家流落在街头"就有音乐感。《聊斋》里《王桂奄》中那个榜人（驾船者）之女芸娘风姿灼灼，她随口念来留给王某的几句诗："钱塘江上是奴家，君若闲时来吃茶，黄土筑墙茅盖屋，门前一树马兰花。"质朴自然而富有韵律美。

6. 精炼 含意深藏

指没有废话，言简意赅，朴素精粹，繁简得体，藏而不露，余味无穷。正如唐代历史学家刘知几在《通史》中说："言近而旨远，辞浅而意深，虽发语已殚，而含意未尽。使夫读者，望表而知里，扪毛而辨骨，睹一事于句中，反三隅于字外。"

鲁迅主张含蓄委婉，文章不宜太直、太露、太过分，切忌冗繁。所以他说："有真意，去粉饰，少做作，勿卖弄。"鲁迅早在 1903 年写的科学小品《说鈤》（鈤即镭）"自 x 线之研究，而得鈤线，由鈤线之研究，而生电子说。由是而关于物质之观念，倏一震动，生大变象。最人涅伏，吐故纳新，新菡欲吐，虽曰古篱（即居里）夫人之伟功，而终当脱冠以谢十九世纪末之 x 线发见者林达根（即伦琴）氏"，语言质朴，言简意明。

报告文学家徐迟在"新华社国内记者业务训练班"作过一个很好的报告，我们把它全文转载在长沙报《通讯》刊物上了。他谈到报告文学写作的几个方面：思想、生活、语言、构思、细节、造句等。他采访科学家周培源时，构思很辛苦，开始写成一本流水账，写了三万二千字，《诗刊》主编臧克家打电话说他怎么越写越长？就推荐他看一篇古文，即《左忠毅公逸事》，是方望溪所写，是清朝桐城派散文家方苞。文中写了两个人物：爱国英雄史可法和他的老师左光斗。写一个风雪夜，一个大臣，一个灯光，一间破房，一个书生，一张桌子，一件裘衣，一篇文章，一声惊叹"他日继吾志事，惟此生耳"！文中写一冤案，写大臣为一奸臣害，大臣炮烙，书生跪拜，大臣一声怒吼："此何地也？国家糜烂至此，速去！"书生语："吾师肺肝皆铁石所铸造也！"接而写明末，书生带兵，与士卒同甘苦，坐营帐外，寒夜起身"甲上冰霜并落，铿然有声"！这大臣即左光斗，左忠毅公；书生即史可法。全文只五六百字，写得精炼有力，感人至深。

李约瑟（原英中协会会长，《中国科学技术史》作者）评述中国古代语言文字说："这种古老的文字，尽管字义很暧昧，却有一种精炼简洁和玉琢般的特质，给人印象是朴素而优雅，简练而有力，超过人类创造出来的表达思想感情的任何其他工具！"

至于含意深藏的艺术语言，古文中莫过于苏洵的《六国论》和杜牧的《阿房宫赋》，成千古绝唱。前文结尾："六国破灭，非兵不利，战不善，弊在赂秦，赂秦而力亏，破灭之道也。"后文："呜呼，灭六国者六国也，非秦也。族秦者秦也，非天下也……后人哀之而不鉴之，亦使后人而复哀后人也。"贾谊也写有《过秦论》，末尾句是"……身死于人手，为天下笑，何也？仁义不施，攻守之势异也"。

鲁迅的《纪念刘和珍君》是血泪的呐喊："真的猛士，敢于直面惨淡的人生，敢于正视淋漓的鲜血，这是怎样的哀痛者和幸福者……"其文结尾亦含意深藏："时间永是流驶，街市依旧太平，有限的几个生命在中国是不算什么，至多不过供无恶意的闲人以饭后的谈资，或者给有恶意的闲人作流言的种子。至于此外的深的意义，我总觉得寥寥，因为这实在不过是徒手的请愿。""苟活者在淡淡的血色中，会依稀看见微茫的希望；真的猛士，将更奋勇而前行。"

（在长沙大学新闻传媒班和《长沙晚报》作者培训班上的讲课，原载《长沙大学学报》）

《左忠毅公逸事》 （清）方望溪

先君子尝言，乡先辈左忠毅公视学京畿，一日，风雪严寒，从数骑出微行，入古寺。窗下一生伏案卧，文方成草。公阅毕，即解貂覆生，为掩户。叩之寺僧，则史公可法也。及试，吏呼名至史公，公瞿然注视，呈卷，即面署第一。召入，使拜夫人，曰："吾诸儿碌碌，他日继吾志事，惟此生耳。"

及左公下厂狱，史朝夕狱门外。逆阉防伺甚严，虽家仆不得近。久之，闻左公被炮烙，旦夕且死，持五十金，涕泣谋于禁卒，卒感焉。一日，使史更敝衣，草履，背筐，手长镵，为除不洁者，引入。微指左公处，则席地倚墙而坐，面额焦烂不可辨，左膝以下筋骨尽脱矣。史前跪抱公膝而呜咽。公辨其声，而目不可开，乃奋臂以指拨眦，目光如炬，怒曰："庸奴！此何地也，而汝来前！国家之事糜烂至此，老夫已矣，汝复轻身而昧大义，天下事谁可支柱者！不速去，无俟奸人构陷，吾今即扑杀汝！"因摸地上刑械作投击势。史噤不敢发声，趋而出。后常流涕述其事以语人，曰："吾师肺肝，皆铁石所铸造也。"

崇祯末，流贼张献忠出没蕲、黄、潜、桐间，史公以凤庐道奉檄守御。每有警，辄数月不就寝，使将士更休，而自坐幄幕外。择健卒十人，令二人蹲踞而背倚之，漏鼓移则番代。每寒夜起立，振衣裳，甲上冰霜迸落，铿然有声。或劝以少休，公曰："吾上恐负朝廷，下恐愧吾师也。"

史公治兵，往来桐城，必躬造左公第，候太公、太母起居，拜夫人于堂上。

余宗老涂山，左公甥也，与先君子善，谓狱中语乃亲得之于史公云。

【注】左忠毅公，即左光斗。明万历时进士，后为魏忠贤所害，谥忠毅。方望溪，即方苞，清散文家，桐城派创始人。

（左图）湖南科普作家协会科普创作一度很红火作品在全国排名前列，图左为科普创作研讨会一个小组摄于省科协；（右图）2010年科普作协成立30周年留影（省科普作协张剑祥、陈慧梅提供）

105

报刊编辑的美学品位
与科普文艺纵横谈
——《论科学与文学的美学情趣》系列讲座（五）
在《湖南科技报》编辑部的讲课

（一）

　　《湖南科技报》在全国很有名气，发行量名列前茅，今年仍有 50 多万份。《第二课堂》也发行到 40 多万，你们报刊编辑记者大多学有专长，专业素质比较高，文化科学知识功底好。承你们总编辑周思源多次相约，要我来贵报讲课，不好意思，今天给各位专家来上课，真有点班门弄斧，好在我们都是新闻同行，许多是老朋友了，谈错了，请指教。

　　我们报刊性质不一样。我们晚报副刊涉及面广，人文科学、自然科学、天地生数理化、文化哲学艺术，包罗万象。科技报以科技为主，有更多的科学性。但有一点我们是相通的，即注重知识性，科学性，同时也要有实用性，还讲究点语言文字的表达技巧。我们都是小报小刊，这就逼着我们采用短小精悍的文体，写作角度和文章口子小，且要求通俗、生动、易懂，切忌贪洋、贪多、贪大，十分注意发挥地方特色。这大概是我们的共同点。

（二）

　　关于语言文字的创造性劳动，我国古人很讲究文章的"载道"与"章法"。孔子说的"诗 305 篇，一言以蔽之，可以兴可以观可以群可以怨"，讲的就是文章的写作目的、方法与社会效果。到三国时期的曹丕，在他的《典论》中把

本文根据作者在《湖南科技报》编辑部的讲课录音整理，《第二课堂》杂志社社长余健乐、原总编辑禹云裘根据讲课录音记录整理，在《第二课堂》杂志 1993 年 8 月至 12 月连载。

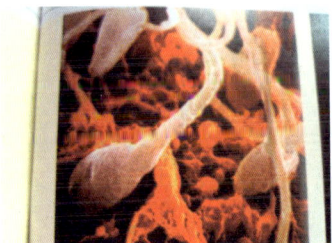

这神秘图片是人类的生育之谜，在这幅显微照片中可以看到精子在向卵子进攻的情景，它们一旦被严重污染了你想将会诞生出怎样的后代？

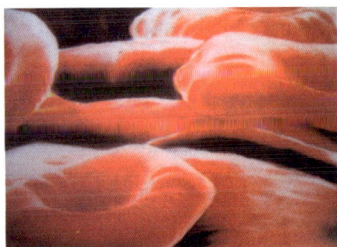

人体红细胞在显微镜下面看起来像一顶顶柔软的小红帽（以上图片据【科学画报】）。

文章推到一个新高度："盖文章，乃兴国之大业，不朽之盛事。"晋朝的刘勰写有《文心雕龙》，详尽而精辟地阐述了写作的理论与规律。当然，这些基本上都贯穿着儒教的写作与文学史观。杜甫是身体力行，儒教很深；李白的诗，更多的是道教，他求仙，进酒，其诗风如其人，豪放飘逸，潇洒恣肆；苏轼的许多诗，是儒佛道教的合而为一，他的《水调歌头》是代表。对屈原、陶潜、杜甫、苏轼的为人为文，王国维评价是很高的。他说三代以下之诗人，"无过于屈子、渊明、子美、子瞻者，此四子者，若无文学之天才，其人格亦足千古。故无高尚伟大之人格，而有高尚伟大之文章者，殆未之有也"。可见自古以来，做文章十分讲究人品与诗品，办报也应有编辑自身的品位。

（三）

我国古代有着灿烂文化。人文科学方面不必多说了，留名千古的大有人在；但自然科学技术方面，留下功绩者，名气远不如文史方面大。因为我国古代对科学技术不重视，科学家是不入流的。中国历代以四书、五经治国平天下，这被看是神圣不可侵犯的，科学技术则被认为是下等的。能工巧匠被视为三教九流最下层。我最近翻阅英中协会会长、剑桥分院院长李约瑟写的《中国科学技术史》（一部中国科技史，要外国人来写，是否有点遗憾）几卷书中，却详细记载了我国古代科技发明与创造，真是了不起。我们湖南老乡蔡伦，应该是我省最早的高级工程师，造纸专家，东汉人，是公元 1 世纪的事吧。直到公元 751 年，唐朝的高仙芝带兵到大食，就是现在的阿拉伯，塔拉斯一战败，被俘的有我国造纸工人，造纸技术才开始传到欧洲。当时的俄罗斯还是部落氏族，在白桦树皮上写字；英国用的是羊皮，那时有所谓"羊皮圣经"，还是奴隶社会呢。当时中国的长安已是世界文化经济中心，为国际上最大都市。"大使八方来朝，异物四面而至"，进贡的有大宛的汗血马，印度的魔术师，叙利亚的歌手与夜光壁。中国传出去的都是当时的尖端科学技术，造纸与印刷术，纺织与陶瓷。又如天体学，中国公元前就观察到太阳上有黑点，这是有记录可查的。到宋朝，我国已建造相当庞大的航海帆船，沈括的《梦溪笔谈》最早描述了罗盘针；化学上的重大成果是首创了火药，公元 1000 年，宋真宗开始用弩炮射出"炸弹"，这应该是世界上最早的导弹。这时的中国出了一个伟大的改革家，他就是王安石，公元 1069 年当了丞相，他的改革主要在财政上，严禁侵占公款，打击贪污，设立国家仓库的均输法，遭到贪官们的疯狂反对，1086 年，王安石被革职。其实，王安石是十分重视科学技术的，他研究过植物学、医学、农业和纺织技术，可惜他失败了。到了成吉思汗，横跨欧亚，把中国古老的文化科学技术也带到了欧洲。元代并不是人们所说的那么野蛮，元代时北京就建立了世界上最大的天

（左图）郭守敬的地震仪
（右图）以火箭征服西欧城堡的忽必烈

文台，天文科学家郭守敬 1276 年发明了世界上最早的天文望远镜——窥管，要比欧洲早 7 个世纪。元朝把火药大大地发展了，约 13 世纪，蒙古人用马队与带火药的箭和炸药横扫欧亚大陆，所向无敌。马克思曾说：是中国的火药炸开了欧洲的封建城堡。到了明代，有个叫宋应星的，一连 5 次考科举都落榜了，他重视实用技术，自学成才，1637 年写有《天工开物》，成为 17 世纪最重要的工程技术著作。

既然中国古代科技在长达 1000 多年一直处于世界领先地位，为什么近代科技中国又大大落后了呢？钱三强曾就中国的社会原因进行过分析：自给自足的小农经济和高度中央集权的封建统治到后期严重地阻碍了生产力的发展。他说，中国封建统治阶级重农抑商、鄙薄技术、尊经亲古，科举取士，大兴文字狱，都严重地阻碍了科学技术的发展。

世界却在飞速前进。18 世纪，英国产业革命和法国资产阶级的民主革命后，开始了以蒸汽机为标志的第一次技术大革命；19 世纪，称为科学世纪，最大的成就是进化论与电磁学，开始了以电为标志的第二次技术大革命；19 世纪末——20 世纪，开始了以原子能、计算机、空间技术为标志的第三次技术大革命。一系列惊天动地的大事发生了：1895 年发现伦琴射线，1897 年汤姆逊发现电子，1898 年居里夫人发现镭，1911 年卢瑟福的 a 粒子实验，1913 年波尔提出原子结构理论，1919 年卢瑟福成功地轰击原子核，1932 年查德威克发现中子蜕变，1938 年哈恩用中子轰击铀原子核成功，1942 年费米制造第一个原子反应堆，1945 年原子弹爆炸成功……

（四）

你们《湖南科技报》《第二课堂》，宣传科学知识受到欢迎。《湖南科技报》在"文革"期间仍坚持大力宣传科学技术，几乎是全国唯一的一家科技报，很不简单。最近你们作了一个很好的评报调查，一个月内收到评报信 3615 件，平均每天 100 多封，农民占 70%；按年龄结构，青少年占 73%。这说明《湖南科技报》的方向对，也符合中国科协几次提出的一不忘八亿农民，二不忘一亿六千万青年，三不忘二亿一千万中小学生。中央提出的"星火计划"，科学普及要面向广大农村。

你们《第二课堂》越办越好，发行 50 多万份到全国各省市的城市与乡村，后又分为中学生版，小学生版，图文并茂，内容丰富，通俗易懂，生动活泼，深受中小学生欢迎，路子也是对的。

提高广大群众和青少年科技文化水平，仍然是一个大问题，据统计，全国一级工，初一以下文化程度的竟占 80%。我省湖南农村，如江华，青壮年文盲多，村子里占有 40%。现在不少农民富了，生活水平

环境污染使美丽的公主吃了"毒苹果"而变成了丑八怪，这是美国迪尼斯动画片《小美人鱼》中的人物形象，这让人想起《睡美人》中称为"玫瑰"的奥罗拉公主躲避在森林里的《圣杯故事》。

大大提高，不少农民有彩电，有收录机、冰箱、沙发，有的还有汽车，少数的装了电话，但就是少了一样东西：没有书架。湖南省科协在浏阳县曾有一个调查，1980年到1984年四年中，县农村恢复与修建的庙就有173座，农民中有不少愚昧无知的典型事例。农村的精神文明建设是一个大问题。你们办的《湖南科技报》《第二课堂》，宣传科学、反对伪科学，反对迷信，普及文化知识，做了大量工作。《湖南科技报》收到的读者评报来信中表示对"煤油灯孵鸡"十分感兴趣，这特别受到专业户的欢迎，当然你们不会老停在这个水平上。我还看到有一封给贵报的来信，他说不喜欢《重返小鸟的天堂》这篇报道。我看这篇报道好，动物的减少是危险的信号，意味着环境受到严重污染，这是环保宣传的大主题，目光不能短小，科技报道不能只是实用，还要有战略眼光。科技报道要重视引导与提高。我省各个县的科技文化水平也不平衡，桃源县许多农村建立了科技站、俱乐部、文工团，村村有图书馆，有的有农民管弦乐队。长沙市文联与文学刊物《新创作》办了个青年文学函授讲习所，聘请了许多作家、教授、编辑当老师，分给我的那两个班共120多名学员，60%是农村青年，我负责评阅的作品中，写农村题材的最有生活气息，乡土风味浓。当然城市青年知识 面广一些，开拓力强。总之，一个农村，一个青少年，你们担负的任务就十分重大了。《湖南科技报》和《第二课堂》的编辑与我们晚报副刊编辑的知识面大概都要广，要杂。科技知识要求要准确，来不得半点马虎，在科学性的前提下，怎样写得生动，饶有情趣，为读者喜闻乐见，是值得研讨的课题。

我原来在文教组、工业组，后来到理论组，科教部，副刊部，现在办《星期天》专刊。我深感到，搞编辑工作，涉猎知识要广，邓拓就要求编辑成为"杂家"，他知识渊博，他的谈天说地，读来十分有味，一册《燕山夜话》，深得读者喜爱；秦牧的知识性稿件，是小品，也是散文，还充满哲理。办报要有品位，要讲究艺术。科学本身就有一种高尚的情趣，它并不需要用一些别的东西来作"佐料"，有不少作者写科技知识总喜欢引用一些古文诗词来作一种"诱饵"，以为这才会增加生动性、趣味性，好似科学是枯燥的。其实，真正深入到科学的奥秘中去，那才有着无穷的乐趣哩。凡尔纳的那个时代，不曾有过现代的先进科技，但当代的科技几乎是几百年前他的幻想与预言的实现。他的《八十天环球旅行》《月球游记》等，名扬全球。爱因斯坦研究相对论，他进入了一种高智商的境界，他把十分复杂的世界都概括在一种十分和谐的相对的世界之中。这几年我们全国晚报科学编辑记者学术研讨会，先后在庐山、呼和浩特、福州召开，我们都认为，科学本身趣味无穷，科学本身就是一种高层次的美学。我最近重读赫胥黎的《天演论》（即《进化论》），他写主人公杰克沿着豆杆爬上了天间，进入一个奇妙的生物世界，论述生物进化，充满哲理与情趣；爱因斯坦是科学家，同时又是哲学家和美学家。最近一个大学约我写了篇论文，题目叫《论科学与文学的美学情趣》，我特地用了"没有枯燥的科学，只有枯燥的叙述"作其中一段标题。门捷列夫在玩牌的过程中得到启示，

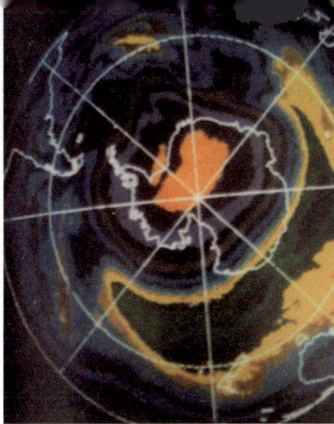

世界大城市人口正处于二氧化硫二氧化碳等污浊气体严重超标的包围中，中国占了巨大比例。北极上空臭氧已减少到有纪录以来的最低水平，平流层含氯量比正常水平高出了 70 倍，图为南极上空的臭氧洞。

他把化学元素按原子量次序排列成元素周期表。当时许多化学元素还不为世人知晓，后人根据这个周期表不断发现，又不断补充着周期表上的空白，这种伟大的发现，又是何等的富有情趣呀！

（五）

在庐山召开全国科学小品征文评委会时，我报发表的《留得秋桔春天采》《揭开"拿破仑盲军"之谜》获一等笑，袁隆平等写的《绿色王国的第一块金牌》，获优作奖，获奖作我们湖南有 15 篇，这些作品把科学与文学相结合，内容栩栩如生，又具有一种民族的、地方的特点。上海有个科研人员给我报写了篇《古老虫草的半透明灵枢》，这是写琥珀的形成过程，不到一千字，写得实在好，可惜评选投票时，只差一票落选了，但我在编辑湖南科技出版社出版的《谈天说地》一书时，我把它收入到书中出版了。

作为科学编辑，应该有文学的知识，而且能把深奥的知识写活，写得深入浅出，通俗易懂。1986 年在武夷山开评委会，秦牧也来了，他是我们全国晚报科学小品征文评委会的顾问，他十分称赞这次科普征文，认为搞得好，有影响力，也出了不少好作品。那天晚饭后，我们沿着武夷山上的小溪散步，他对我说你们报纸科学编辑记者中，能不能出一个或几个伊林、阿西莫夫那样的科学作家，现在伊林的作品已翻译成世界 60 多个国家的文字，阿西莫夫的作品在世界 56 个 国家翻译出版，中国的伊林，中国的阿西莫夫应该出在你们科学编辑记者队伍中间，因为这需要科学知识，又需要文学素养。北京师范大学校长王梓坤教授也同我谈过类似的意见。这是老作家、老教授对我们新闻界的期望。当然，我们中国出了高士其，近几年出了不少科普作家，如叶永烈就写了很多科幻小说。

当然，科普作品首先要求准确性。岳阳高级生物老师胡兆谦是我省著名的银杉树专家，他给你们《科学晚报》写的一篇文章在谈到第三纪冰川时期，许多生物死去但银杉犹存，在编辑出版文中错排成"第三世纪"，一字之差，差之千里。"第三纪"为五十万年前，而"第三世纪"则是公元二百多年，是一千多年前。这个差错是在最后审定时，被秦牧看出来了，这篇评奖就落选了。另外全国有名专家如数学家王梓坤教授，北京自然博物馆馆长黎先耀教授，有差错的文章几乎都难逃过他们的眼睛。科学性是首要的，讲的是符合科学标准；知识性是指作品是不是有给予读者以知识。

科普作品还需要有艺术的表现手法。我认为，你们科技报准确通俗有余，似觉生劫活泼不足。我翻了一下，《湖南科技报》一版是科技新闻，二版农业技术，三版科普卫生，四版乡镇企业。《第二课堂》分中学、小学两种版本，所设栏目林林总总，五彩缤纷。你们以宣传准确的新颖的科学技术取胜，形式短小精悍。

我看是不是可以多一点艺术性，形象性。如 60 年代我省出席过全国文教群英会的南县报，他们的版面活，宣传养猪，画了一头猪，标题好像是《我们家家都有小化工厂》，生动形象地图解了猪的价值。

我们几家报刊当然不好刊发长篇科幻小说，应该说更需要《十万个为什么》那样短小精悍的小品，通俗易懂，把各门科学知识写得津津有味，如"原子"那一章生动形象的描述，很容易为广大读者特别是青少年读者所接受。文中说：原子有多大呢？它说，把一粒原子放在一粒芝麻上，就好比一粒芝麻放在地球上，即原子比芝麻等于芝麻比地球；又说，如果用 500 万个原子排成一个长长的纵队，这队伍有多长呢？只一根头发丝横断面直径一半长，这是何等的形象。《十万个为什么》是一部很好的儿童读物，我喜欢叶永烈 60 年代写的《元素漫话》，不太喜欢他写的什么《海底擒谍》。

短小的科学小品体裁，十分适合你们《湖南科技报》《第二课堂》，也适合我们晚报的科学副刊。科学本身有无穷乐趣，这需要我们钻进去，还得借助我们编辑的科学知识与驾驭语言文字的能力，和善于表达的写作技巧。

（六）

现代报纸杂志，要跟上现代科技发展的步伐。要有新的观念，如时间观念，效率观念，要求高速度。那种"借问酒家何处有，牧童遥指杏花村"的田园生活无疑会发生一个根本的变化。

如今常用三个数据来测验一个城市的效率如何：一、在马路上走 30 米远的平均时间是多少。日本人走一步平均用 0.69 秒；有人测验，在长沙五一路最繁华地段，长沙人走 30 米要 26.8 秒；日本人 20.7 秒；香港人步行速度为深圳人的二倍左右。二、在城市里挑选 100 座钟，时间平均误差是多少。三、邮局卖邮票卖 100 张的速度是多少。

报刊都是反映时代的，现代化的管理也涉及到编辑、记者的新观念与快速作风。编辑要有快速的时间观念，要组织建立自己的作者队伍，依靠他们提供最新信息。如果每个记者编辑都有自己的 10 个或 20 个骨干作者，报纸信息灵通，就会办活了。湘雅医科大学刘笑春写来 600 字的短讯《全国第一个精子库》，我报比《光明日报》早登十多天，比新华社发稿早两个月。

我们晚报副刊与《星期天》专刊近几年抓了五个字：杂（内容文字，丰富多彩）、新（知识新鲜，突出信息量）、近（与现代生活贴近）、活（思想活，版面生动活泼）、美（文笔美，版面美）。我想标题也要美，下面着重谈一下标题艺术。

电脑虚构的世界简直太奇妙也太恐怖，因信息的网络传播会以假乱真。电脑虚构使美国总统挽着英国的女首相撒切尔夫人，那张地铁出口风大鼓起高高裙子的著名性感照片好莱坞美女明星梦露竟挽着一百年前的美国总统林肯。

（七）

　　一篇文章标题很重要，科普作品与科技报道都如此，它是文章的眼睛，如获全国优秀科学小品一、二等奖的《泡坛子里的生态学》（《贵阳晚报》）,《你有毛发五百万》（《北京晚报》）,《牵牛花为什么这样旋》（《新民晚报》）,《月亮——地球的妻子？姐妹？还是女儿？》（《北京晚报》）等，都很吸引人。《长沙晚报》获一等奖的《留得秋桔春天采》，标题也不错，记得在长沙发奖那天，发奖大会上，湖南省文联主席康濯把我叫过去说"这春天应改为春来采"，大家都说改得好。我想"春天采"是静态，客观记叙；改为"春来采"变动态了，可谓"一字之师"了。后来我们把它编入天津科技出版社出版的《科技夜话》一书中时就改为了"来"字。我约袁隆平等专家写的科学小品文原标题是《谈谈杂交水稻》，这是论文题，我把标题改为了《绿色王国的第一块金牌》，这样就带上了艺术色彩，有了美的情趣。我们湖南的月季用无性杂交，创造了73个新品种，我是从新华社发的消息中知道的，我特地请负责这项科研的湖南农科所农艺师陈则娴写篇文章，她写了许多技术过程，我要一个编辑改了两次，还觉得不理想。我在省科协一次展览中看到许多无性杂交植物都是在玻璃试管中成长的，回来我把这文章作了较大的修改，把《谈月季的无性杂交》题目改为《月季公主在玻璃宫殿中诞生》，这是新的科研成果，内容生动形象，标题也引人注目，在武夷山召开的全国晚报科学小品评奖会上获得二等奖。此外，如我报在全国获奖作品《头发里的大千世界》《八百里洞庭今安在？》《揭开"拿破仑盲军之谜"》，标题也都是比较有特色的。

　　科普创作不是纯客观叙述，也不只是对资料的加工整理，更不是天下文章一把抄的"二套贩子"。这里有作者的科学知识功底及写作水平，也有编辑的呕心沥血和美学艺术加工再创造。

　　我们几家报刊在宣传科学上是旗帜鲜明的，在我省还是有些影响。记得我省某杂志刊登过一篇《狐狸精奇案》，我请长沙基础大学常修颖教授首先写了《请看"狐狸精奇案"的奇与假》在副刊上发表；尔后《科学晚报》在一版作了长篇的有说服力的科学调查报告，由此而掀起了一场反对伪科学的大论战，热闹了好一阵。这说明宣传科学还有一个反对伪科学，破除迷信的任务。当然高科技也能弄假成"真"，如电脑上照片的补贴拼凑，常令人啼笑皆非。

　　总之，科学的研究首先就是把未知变成专家的有知。科普正是把有知转为大众的普及与提高过程。科学编辑工作是一项重要的科普工作，使知其然变成知其所以然，是把科学发明创造通向生产实践的纽带与桥梁，是使广大民众从愚昧、无知、贫穷走向聪明、有知、富裕的具有战略意义的岗位。

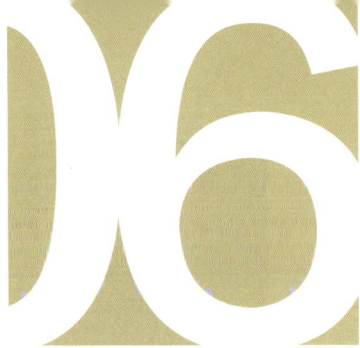

散文情致与意境美

——在长沙大学中文系新闻专业、《长沙晚报》作者通讯员培训班讲课

题材广阔，容量宏大。大到宇宙，小至花草虫鱼身边琐事。伟人奇观之绩，凡夫俗子之趣，父子母女之情，男女老少之乐，人物趣闻，山川名胜，日月星辰，风土人情，都可入题，所见所闻所想，随手拾来，皆可成文。

散文的核心是情，是心，是意境美。

散文写法最自由，不拘一格，散文贵散，尽情写来，但又不是散得无边无际，杂乱无章；因此散文又忌散，散而不乱，以情致贯穿全篇，以情取胜，通过对人、事、物和片段生活描述，表达作者的思想情怀。这情复杂、多层次、多角度，有的上升到一种富有哲理的美学层次。著名美籍华裔女作家阚家蓂说："有感情的文章，可以产生深入人心的魅力，无边无际的扩散开去，人的感情是相通的，似一支从心之弓射出的箭，可以产生飕飕飞声，穿向颗颗心房，引起振动和共鸣。""这音响，有的凄凉，有的悲壮，有的昂扬，有 的欢乐……由此产生心的交流，情的融和，优秀的散文之作，达到如此美妙的境界，都是由于情在撩拨，在触发，在鸣奏。"

立意高，意境才深，才能扣住读者心弦。散文最忌平庸、肤浅和苍白无力。王安石的《游褒禅山记》，开始不过写褒禅山名来历，继而概述前洞，游后洞却详其经历，全文点题立意在此："夫夷以近，则游者众；险以远，则至者少，而世之奇伟、瑰怪、非常之观，常在于险远，而人之所罕至焉，故非有志者不能至也。"这里就有一种境界。

王国维在《人间词话》中十分强调境界，他说："词以境 界为上，有境界者则自成高格。""境非独谓景物也，喜怒哀乐，亦人心中之一境界，故能写真

在长沙大学中文系新闻专业班讲课，刊《长沙大学学报》1992年（总6卷）第一期。

景物、真感情者，谓之有境界，否则谓之无境界。"他又深入阐述："其言景也，必豁人耳目；其言情也，必沁人心脾；其词脱口而出，无娇柔妆束之态，以其所见者真，所知者深也。"这说明散文作者要有真情实感，要努力在文中创造出一种意境，并深化主题。即所谓"观物也深，体物也切"。这里要靠作者的洞察力与形象思维。朱自清说散文的意境，似乎就是形象化，用具体的暗示抽象的，意境的产生靠观察和想象。丁玲在给白夜的一封信中也谈到，"艺术也需要一点远视，要有点虚，太实在了，反而有失之'死'，虚中有想象、意境、韵味"。

去年9月份的《读书》月刊在介绍《中外散文精萃》时讲到，"不同于诗歌不同于小说的散文，似乎特别需要有一点灵气存乎其中"。这灵气指的是什么呢？即一点情，一点灵感，一点聪明，亦或一点智慧？主要恐怕应指作者的心灵与真情实感。明代王夫子说过，行文要"以意为主"，"寓意则灵"；刘勰一言以蔽之的"情以物迁，辞以情发"，而散文为最。散文贵在情，贵在意。没有感情的散文，就像是一潭没有生命力的干枯的死水。

所以俄国作家巴乌斯托夫斯基把灵感比作谈爱，他说："灵感恰似初恋，人在那个时候，予感到神奇的邂逅，难以言说的眸子的闪烁，半吞半吐的隐情和心灵强烈的跳动。"

散文一般篇幅小，因此不容易写好，要求文章短，角度新，挖掘深，韵味浓。兵无常阵，水无常形，文亦无定格表达形式，常依各个作者的个性而定。可以抒情，可以叙事可以描写，亦可发表议论。

写人如朱自清的《背影》，冰心的《小桔灯》，鲁迅的《藤野先生》，巴金的《怀念肖珊》等；记事如秦牧的《土地》，陶渊明的《桃花源记》，杜牧的《阿房宫赋》；记游，如王安石的《游褒禅山记》，柳宗元的《小石潭记》，朱自清的《桨声灯影里的秦淮河》。通过写景抒情写物言志的，就更多了。以记载叙述事物为主的散文，叫叙事散文；以抒发感情为主的散文，叫抒情散文；有的把发议论的杂文，也包括在散文之内，叫议论性散文。但杂文已成为一种独特的文体，以鲁迅为代表的杂文，闪发出奇光异彩，是响箭，是匕首，是投枪，是文艺性政论，是散文所不能概括的了。

散文反映题材广阔，饱含丰富，有着时代浓郁色彩，可以听到历史前进的鼓点，正如秦牧说的："叱咤风云的，讴歌赞美的，剖析事理的，谈笑风生的，给人以思想启发的美感陶冶的，我们都需要。"

有的记事写景抒情议论，四者兼有，交错而行《岳阳楼记》是典范。"庆历四年春，滕子京谪守巴陵郡……"第一段是记事；"予观夫巴陵胜状……"开始写景；"感极而悲者矣"、"把酒临风，其喜洋洋者矣"抒情夹在其间；最后一段"天下之乐而乐"此自古绝句，为最简洁的画龙点睛之笔。有以情入景，情景交融的，如朱自清的《荷塘月色》，它反映了教授不与世尘合污的心境，表现了他的骨气及对当时社会的愤懑；

他的《匆匆》,感叹时间消逝,情感浓郁,像一首诗;冰心的《寄小读者》,是清新秀丽,流利飘逸的艺术风格,散文中洋溢着温柔、平和、缠绵,又微带着忧愁,她说散文是她"所最喜爱文学形式",茅盾称赞"在所有'五四'时期的作家中,只有冰心女士最最属于她自己"。她歌颂母爱的圣洁、深厚,那脉脉柔情,达到了一种十分感人的艺术境界。

托物言志,缘物寄情,如宋朝周敦颐的《爱莲说》,借题发挥,弦外有音,赞美莲花出淤泥而不染的特性,表达自己于恶浊的社会环境中不与其合污,也讽刺那些为荣华富贵争权夺利的小人。全篇短小,仅有二段,十句,119个字,言简意明,神形兼备,寓哲理于暗喻之中。这么短小的篇幅,却充分运用了七个修辞手法:排比、对比、烘托、设问、比喻、拟人、双关。句式也是同中见异,变化有致,有设问句、陈述句、感叹句,结尾处却戛然而止,余味不尽。《卖柑者言》,也是一篇千古传诵的散文,借卖柑者的话,说明欺世盗名的无耻者无能者比比皆是,文章设譬精当,寓意深刻,曲折委婉地揭露了那些"金玉其外,败絮其中"的邪恶势力。当代的散文如茅盾的《白杨礼赞》,杨朔的《荔枝蜜》《香山红叶》,菡子的《梅岭诗意》,无不借物以抒情,借物以言志,表现的手法各有千秋。

散文无感人的人物形象,无引人入胜的故事情节,靠语言的艺术魅力感动读者的心弦,使之与作者的心灵相撞击,发出共鸣。言为心声,思想清晰,才能做到语言明确,思想有深度,语言才有含量。而做到凝练,不是件易事。恩格斯说:"言简意赅的句子,一经了解,就能牢牢记住,就成口号;而这是冗长的论述绝对做不到的。"莎士比亚说:"简洁是智慧的灵魂。"写散文要惜墨如金。用契可夫的话说,写得好的本领,就是删掉写得不好的本领。李渔说:"意则期多,字惟求少。"知道得详尽,才能写得简练,炼字、炼句,必先炼意,炼意是精炼语言的根基。

我国古代文言文,文辞简洁严谨,在构词,造句上创造了许多凝练的形式与富有生气的精粹词语。王勃的《滕王阁序》为大家所熟悉,大家都背得的"虹销雨霁,彩彻区明,落霞与孤鹜齐飞,秋水共长天一色","渔舟唱晚,响彻彭蠡之滨;雁阵惊寒,声断衡阳之浦","物华天宝,龙光射牛斗之墟;人杰地灵,徐孺下陈蕃之榻",真可谓绝唱,语言精炼,十分和谐,抑扬顿挫,感情起伏,全文辞藻丰丽、结构紧凑、脉络清晰,气势畅达。王安石的《游褒禅山记》,杜牧的《阿房宫赋》,写景写人,抒情议论,都十分凝练而精辟。

徐迟原来是写诗的,他的许多报告文学(也可称作散文中的一类吧),有的语言十分凝练。他的《地质之光》是写李四光,其中有一段写到中南海,他引用了两句,即"轻尘不飞,纤蔓不动",这原出于古文《海赋》的,讲的是没有一点灰尘在海上飞动,没有一根水草在岸边摇摆,大海静,天空亮。当然,徐迟有的文章也不精炼,臧克家就批评过他有的文章越写越长,曾打电话给他劝他读一篇古文叫《左忠毅公逸事》的,

左忠毅公即左光斗，作者是方苞，即清代桐城派的方望溪，其文十分精炼，几百字文，却生动地写到了左光斗壮烈的一生及对史可法的影响。

　　散文语言力求优美生动，不单调，不枯燥，不要死板老套套。老舍就要求"文字的意、形、音三者联合运用"，努力使自己的文字"既有意思，又有响声，还有光彩"。怎样做到优美生动，这里包括了形象性的浮雕语言，即有立体感，清代的袁枚说："一切诗文，总须字立纸上，不可字卧纸上，人活则立，人死则卧，用笔亦然。"柳宗元的《小石潭记》，寥寥数语，把水貌的动与静写得活灵活现："潭中鱼可百许头，皆若空中无所依，日光下澈，影布石上。"还包括语言优美的节奏感，即抑扬顿挫的音乐性，富有音节美，散文作家常使自己的作品情文并茂，音义兼美，使人朗朗上口，一唱三唱，此外，还包括语言的多样化和装饰美，这通常是采用叠字，重复、比喻（明喻与暗喻）拟人、对比、设问、借代、夸张、排比等手法，去达到一种语言的魅力。朱自清的《荷塘月色》中，对荷塘叶子及周围的树木的描写，充满诗情画意，是优美的诗一般的语言，如把荷叶比做像出水的"亭亭玉立的舞女的裙"，把荷花拟人化为"羞涩着打着朵儿"。叠词重音的运用，更加强了语言的音乐性与节奏感。如"曲曲折折"（荷塘上），"远远近近"，"高高低低"（荷塘边的树），"隐隐约约"（荷塘外的山），"圆圆的""亭亭玉立的"（荷塘中的叶）。《阿房宫赋》的"二川溶溶、流入宫墙、五步一楼、十步一阁，廊腰缦回，檐牙高啄，各抱地势，钩心斗角"，就是用排比、押韵、对偶等，形象地展现了宏伟壮丽的宫殿图画，总之，语言贵优美凝练，生动形象感人，切忌干巴、晦涩、冗长、无味。

科学园地姹紫嫣红
——《论科学与文学的美学情趣》系列讲座（六）

07

A. 科学作品的特色·选题和审美感
—— 在湖南省长沙市科普创作班上讲课

国庆假日，朋友来访，话题少不了这次全国晚报征文：什么是科学小品？ 举些例子来说说。写些什么内容好？怎样写？

科学小品，是一种短小精悍的科学文艺散文。文虽小，但如同矿里取的宝，沙里淘的金，是要经过一番洗练的。唯其小，它小中见大，以小取胜；要求语言凝练，文笔生动。带有浓郁的文学色彩。著名科普作家高士其曾形象地称它是"科学与文学结婚的产儿，是科学与文学的结晶"。他又说："写作科学小品，要经过艺术的冶炼。"

把科学与艺术相融合，这大概是科学小品的一个显著特征。如果赋予科学材料以艺术形象，使科学知识也充满生命与感情，那将会比抽象论证公式，或枯燥讲解一个方程，要生动有趣得多。《长沙晚报·科学副刊》有此志久矣，总觉不尽如人意。但过去已刊登的如《细菌功臣》《蜂国拾零》《湖边思雁》《白蚁王国》《穿透地球的中微子》等，似应属于科学小品。大家熟知的《十万个为什么》丛书中也有不少佳作。至于高士其的《土壤里的小宝宝》《散花的仙子》和侯学煜的《什么是生态平衡？》更堪为上品了。只不过高氏之作富于文采，形象鲜明，姑且说它姓"文"吧；侯氏之作更有科学实践，事例生动，或者说它姓"科"。都不愧为科学小品中的佼佼者。

写些什么好呢？内容不拘，各个领域的科学技术知识都可以写，或应用科

先后由湖南科技出版社与华艺出版社收入出版

长沙市科普作家代表大会小组讨论

学，或基础理论，或成果发明，或身边生活，但要求从大量素材中取其精华，用生动凝练的语言，写得娓娓动人，尽可能做到科学性、艺术性、思想性、趣味性、通俗性的统一，有利四化，教益群众，给读者以智慧、美感、愉悦和启迪。

至于怎样写？不求一律。在选题新、内容好、材料准的前提下，关键是如何写得通俗简练，趣味盎然。切忌教案式，数字公式的堆积，或罗列甲乙丙丁。选题口子宜小，如取浩瀚大海一贝壳，却五光十色。文笔要活，可以诗情画意，哲理名言，引经据典，触类旁通；但忌芜杂冗繁，贵自然成章。你看，高士其写细菌，茅以升说桥梁，钱学森谈系统工程，华罗庚讲数学方程，集科学、文学、哲学于一炉，生动活泼，引人入胜。今天《长沙晚报》发表的《黄鼠狼功过谁曾评说？》联系实际选题好，把知识寓于趣谈之中，具有针对性；《拉面中的数学》从身边一个生活场景来说数学的魅力，文章短小生动，读来亲切。

全国晚报科学小品征文，来势喜人。一个多月，仅《长沙晚报》一家就收到应征稿五百一十二篇，内容广泛。撰稿者已不限于科普作者和文学工作者，有工人、农民、青少年、干部、教师、工程师、教授、医师、研究员等。不少作者注明："这是我生平第一次写科普作品。"有一位副教授来信："为了这篇千字文，我翻阅了二十多本参考书，花了三个晚上才完成。"可见，科普创作呈现了一个多么令人欣喜的局面。

据不完全统计，全国十三家晚报两个月来已发表优秀科学小品一百五十多篇。不少作品立意新、内容好、文笔活。尺幅千里，以小言大，微中知著。有的集文学、科学、哲学于一炉，给读者以智慧、教育和启迪，堪称佳作。为了把这次征文搞得更好，这里再谈谈选题问题。

从一个多月的来稿看，有一些作品题材陈旧，描写"柳树、水仙、蚯蚓、青蛙"之类的老生常谈不少。如果我们还停留在过去的水平，年年夏季谈荷、秋天谈菊、冬来谈梅，又无新意，就不能取胜。因此，题材要新颖，立意要新，标题也尽量不与一般科普知识稿雷同；要写自己熟悉的题材，不要"嚼人家吃过的馍"，老是"炒现饭"。今天本版刊登的《古老草虫的半透明灵柩》和《香稻而今香万家》，前者谈的是琥珀，却包含着生物学、防腐学、考古学，还有光学、地质学、有机化学知识，标题也还别具风趣；后者实际是作者亲身实践的科技成果，写的是自己最熟悉的事。

题材的好坏，决定着作品的价值。科学小品有较大的灵活性，选题内容不必强求一律，可以海阔天空，引经据典，娓娓道来，但要有新意，雅俗共赏，情趣盎然，顺理成章，联系各个领域织出一张精巧的"知识之网"。作品有新角度、新材料、新立意，可谓之上品；如少新意，但材料新，构思新，或在现有题材中另辟蹊径，道出新意来，亦可称为上品或中上品；如题材陈旧，又无新意，只能列入下品。至于"资料收集"甚至"天下文章一把抄"，就只能属于"等外品"了。

本报今日刊发的科学小品《蚂蚁行军目睹记》及作者附信，诸君不妨一读。作者不是专家，也不是作家，而是一个普通工人。尽管这篇工人的处女作略显嫩稚，但文字活泼，富有知识与趣味；唯其嫩，就颇觉新。作者第一次写这种文体，不得不用许多时间钻进图书馆，"折腾了一个多月"，但终于写成功了。本报已发表的《1101是多少》等，也是工人之作。有觉悟又有科学文化的年轻一代为四化正扬帆在知识的海洋，科学小品的作者越来越广泛，怎不叫人兴奋！

作者须有知识，科学小品尤其如此，不透彻了解自己要写的，大概总写不如法；只有攫得大量知识，才能取其精华。你看：黎先耀的科学小品《祝蜣螂南行》就富有知识，并且把屎壳郎写得多有风趣；贾祖璋的《花儿为什么这样红》和叶永烈的《声音"百宝箱"》，把大自然的奥秘和模拟声响写得活灵活现；钱伟长的《电脑的多种功能》，把当代世界新工业革命的知识信息展示在你面前，读后耳目一新；秦牧的《大自然的杰作》、饶忠华的《在故事和定律面前》，是提炼了的知识精华，更寓有一种哲理知识的美学情趣。

作者须有知识，知识也需要作者。科学普及是科学技术通向生产力的重要桥梁。科普作者正是做这种"桥梁"工作的。苏联著名科普作家伊林说过："为儿童写一部好书，这等于为科学队伍征集了新兵。"事实上，不少成大器者常是从科普读物入门而通向科学的殿堂。华罗庚是读了孙膑兵法中"赛马"的故事才开始跨进数学王国的；高士其青年时在李公朴书房里读了贾祖璋等人的生物小品后，才成为名噪全国的科普作家。大科学家法拉第在1860年圣诞节收到的请帖，如雪片飞来。他从中只挑选了一张，这就是到英国伦敦皇家学会讲堂为少年儿童上化学科普知识课，正是在这些座无虚席的小听众中，后来出了不少化学家。科普打开了人们的视野，引导人们去探索，去幻想，去创造；而科学小品是广大群众喜闻乐见的好形式。

科普队伍已在扩大，科学知识正在普及。我们热切期盼科技工作者、文艺工作者和科普作家，用艺术家的眼光观察科学世界，创作出一篇篇脍炙人口科普作品。

全国晚报科普学术研究会部分常务理事在庐山

B. 说说全国获奖科学小品新鲜·文采和乡土气
—— 在长沙召开全国晚报科学小品征文竞赛发奖会上讲话

今天发奖大会真是盛况空前，湖南省、市科协的主席和副主席，湖南省作协的主席和副主席及部分著名作家，也来光临我们的发奖大会，非常感谢！

全国晚报联合举办的科学小品征文，已经结束。从去年国庆节到今年四月的半年间，共收到全国各地的应征稿件九千零七十四篇，各晚报从中选刊了六百零三篇。最近评选出的获奖作品一百五十篇，《科技夜话》已汇编成册，请方毅题写了书名，高士其题词，秦牧写序，今年将由天津科技出版社出版。

《长沙晚报》这次有十五篇作品在全国获奖，在全国晚报评出的八篇优作一等奖中有两篇，即《留得秋橘春天采》《中国人揭开的"拿破仑盲军之谜"》。前篇写的最新科研成果，作者为邵阳市农业局的农艺师、中国科普作家石旭初，他以自己的实际经验和知识，把江南多年来对水果过冬的科研探索，以秋橘春采的诗情画意的描述展示出来，知识新，文笔活；刚才开会前，省文联主席康（濯）老对我说，这"留得秋桔春天采"中的"天"字改为"来"字吧。一字之师，改活了。后篇作者是湘雅医学院校报主编和中国科普作家刘笑春，他通过生动有趣的史实，阐述了我国眼科专家汤飞凡（湖南人）获得国际医药界金质奖章的科研历程，也写出中国人的志气。另一篇获奖作品《绿色王国的第一块金牌》，作者是我省杂交水稻专家、全国特等奖获得者袁隆平等。我们把这些本省的又具有世界尖端科研成果，通过不到一千字的科学小品，在报纸上向广大读者作通俗的讲解，是我们的一次尝试，事实证明是可行的，也是成功的；因为是现实题材，也就具有新鲜感、时代感，充满了生命力。王梓坤教授在这次全国晚报评选会上，特别点名称赞了这几篇小品是"真正中国民族风味的，具有自己的个性与特色"，中国科普记协副理事长赵之、饶忠华也为《长沙晚报》撰文，赞扬这些小品是"新的内容，新的突破"，它给我们以知识、信息、愉悦与勇气。这是科学小品特色之一。

获奖作品的第二个特色是：较浓厚的地方色彩，注重本地的"土特产"。

我们湖南堪称鱼米之乡，陶瓷之冠，有色金属产地，物产丰富，山川秀丽。锑，世界第一；钨，全国第一；汞、锰第二；又是世界上最大的杉木产地。这些都是我们湖南的特产与优势。世界上我国第一个把水稻杂交优势用于生产，而我省是全国最早的。从地方优势出发，我们先后刊发了《三粒金灿灿的种子》《绿色的宝石》《永不凋谢的湖南釉下彩》《世界锑都》《张家界峰林艺术画卷》《石中花》等或反映了湖南的科研成果，或体现本地的乡土特色。获奖作品《绿色王国的第一块金牌》《香稻而今香万家》《君山多奇竹》《百里洞庭今何在》等，就是这类具有地方特色的代表作。

获奖作品第三个特色是：作者几乎都是战斗在第一线的科技工作者，他们写自己熟悉的课题，写自己实践的科研成果，写自己的发现、探索与心得。这就打破了过去报刊上那种"年年夏季谈荷，秋天谈菊，冬来谈梅"的老生常谈局面，科学小品题材大大扩展开来。我们的编辑方针是切忌陈旧，力求创新，不"炒现饭"，不"嚼人家吃过的馍"。《长沙晚报》征文期间收到作品一千二百四十九篇，内容十分广泛，涉及各个科学领域；撰稿者已不限于科普作家与文学工作者，大部分是有实践经验、学有专长的工程技术人员、教授、研究员、高级工程师以及教师、干部、工人、大学生等。不少作者注明"这是我生平第一次写科普作品"，湖南中医学院一位副教授来信："为了这篇千字文，我翻阅了二十多本参考书，花了三个晚上才写成。"正因为有了这样一批新的科普作者群，成了繁荣科普创作、办好报纸的坚实基础。获奖作品《香稻而今香万家》的作者林蒲田，就是我省劳动模范、农艺师、娄底农校副校长，他写的正是他自己的科研成果"香涟一号"香稻米；湖南中医学院讲师瞿岳云与研

（左图）湘西张家界石峰林；（右图）湘南零陵水乡人家

究生袁伟合写的获奖作品《人中之"人"》，生动地介绍了生物全息律和中医诊断科学，这是他们自己的专业。农艺师范良智写的获奖作品《原子姑娘爱上了绿色王国》，生物教师胡兆谦写的获奖作品《君山多奇竹》，也都是他们自己的所学与熟悉的课题。

获奖作品第四个特色是：短小、文采，富有晚报的特点与情趣。或重大科研成果，或基础知识，或身边科学，都要求写得娓娓动人，尽可能做到科学性、艺术性、思想性、趣味性的统一。佳作奖（二等奖）作品《拉面中的数学》，全文仅五百二十字，文字短而活，作者（数学教师）通过对餐馆大师傅拉面的生动描述，把数学中乘方的知识与魅力写得情趣盎然，读来自然亲切。《人中之"人"》只有七百字，深入浅出，生动形象，把人的整体与局部的关系写得栩栩如生，复旦大学新闻系教授周胜林特撰文评介，称它是"柳暗花明，新添佳境，余味无穷"的上乘小品。获奖作品《向日葵向阳开吗？请问半支莲》，也只有七百余字，写得生动活泼，独辟蹊径，寓科学知识于趣谈之中。高士其说过"作者应该是语言的艺术家"，办报也是搞语言文字工作的，要讲究语言美，讲点情趣，这也正是晚报的特点吧。

我们次参加全国晚报征文，学到不少东西，得到了提高；与外报比，还有差距。但我们也有一条经验，这就是：办报要锐意进取，力求创新，要有自己报纸的特点与个性。地方报纸应有地方特色，还是"土"一点好，这也是地方报刊生命力旺盛的一个标志。如果地方报刊跟别的报刊一个面孔，老是千篇一律，就没有了特色，失掉了个性。

C. 把《科学副刊》办成老百姓喜闻乐见的科普大观园

——在全国晚报首届科普学术年会上宣读论文

我国著名科普作家高士其曾指出科普作品应注意三点：一、为中国人民所迫切需要；二、不要专从书本出发，就动起笔来，或是从外国杂志直接搬运过来；三、看是不是符合地方性和季节性。

地方报纸的科普副刊如何从本地区的实际出发，既注意科学性、思想性、艺术性，又办出自己的地方特色，努力把它办成为本地老百姓喜闻乐见的科普大观园，我们《长沙晚报》科学副刊近年来作了一点尝试：

联系地方实际寓知识于地方特色中

科海无涯，包罗万象。《长沙晚报》科学副刊自创刊后，已刊发 200 期，先后开辟了四十多个小专栏，比较系统地介绍了原子能、计算机、仿生学、塑料、地热、微波等科普知识。创刊初期，读者反映较好，称之"为群众打开了一扇知识'窗口'"，"看到了五光十色的科学世界"。但随着全国科普刊及科普杂志如雨后春笋般涌现出来后，一个比较突出的问题就是"雷同化"，读者反映"都是一个妈妈生的"。

记得一次座谈会上，长沙市生物学会理事长鲍惠生讲他带领学生到岳麓山去采集植物标本时发现了海洋化石，学生不相信，问："岳麓山顶上怎么会有海洋化石呢？"他从古生物学、考古学、地质学讲到地壳升降、山川演变、地层构造，给学生上了一堂生动的科学普及课。在座谈会上，科委的同志谈到"长沙市郊土壤为什么呈红色"，有的同志还讲到"白沙井的水为什么这样清"。这次座谈给我们很大启示。长沙是历史名城，有许多古老的特色。长沙马王堆西汉女尸出土后，中外参观者如潮水。我们针对参观者提出的问题，组织省博物馆考古工作者写了《西汉女尸为何两千年不腐烂？》《怎样知道西汉女尸的血是 A 型血？》《长沙出土的战国钢剑为何光亮如新？》。1980 年 1 月，我们正式开辟了《长沙的为什么？》专栏，受到读者欢迎，收到了大量来稿，先后又发表了《麓山南桔为何这么甜？》《爱晚亭的枫叶为何这般红？》。地质土壤方面，发表了《长沙丁字湾为什么盛产麻石？》《湘江水为何向北流？》《橘

在北京全国晚报首届科普学术研讨会上的宣读论文，刊《新闻战线》《科普创作》。

子洲是怎样形成的？》《长沙湘江码头为何在东岸？》。在气候学方面,发表了《长沙春天为何多夜雨？》《长沙夏天为何像火炉？》《立秋时节长沙为什么并非秋》等等。1981 年,根据读者要求,又开辟了《湖南的为什么？》,相继发表了《湘西山区何来恐龙化石？》《张家界峰林成因探讨》《南岳衡山是怎样形成的？》《八百里洞庭今何在？》《君山奇竹知多少？》等等。

科学无国界省界之别,是共性的东西,但可以通过个性来反映共性。西汉女尸、白沙清泉、麓山南橘、橘子洲头、丁字湾麻石、八百里洞庭、张家界峰林是湖南地方所独有的,我们正是通过这些具有个性特征的事物,来宣传地质学、气候学、物理学、地理学、动物学、植物学、考古学、化学等学科知识,这就带有浓厚的地方色彩。因为是本地的、身边的,看得见、摸得着,读者感到亲切、可信,就容易接受。

发挥地方优势突出乡土风味

乡土风味,指的是本地有,外地没有的,这就比较吸引人。

我们湖南自古称为"芙蓉国",堪称鱼米之乡,有色金属之地,陶瓷之冠,山川秀丽,物产也丰富。锑占世界第一,钨占全国第一,汞和锰第二;还有湘莲、湘绣、湘妃竹、茶叶、水鱼、南橘、辣椒、黄花菜,更有杂交水稻;蜘蛛治虫名闻中外,又是世界上最大的杉木基地。这就是我们湖南的优势。

杂交水稻,我们从袁隆平、李必湖的《三粒金灿灿的种子》开始,通俗地介绍了不育系、保持系、恢复系三系配套的科学知识,一直宣传到获全国特等奖,又刊发了《绿色的宝石》。在我省推广 6670 亩,获大丰收,它具有秆粗、穗壮、粒大、抗病、高产五大特点。广东双季种植获 2400 斤,我省一季达 1400 斤。后来推广到辽宁、新疆,均获成功。世界上我国第一个把水稻杂交优势用于生产,我省是全国最早的。蜘蛛治虫,我报最早刊登了湖南师院生物系副教授王洪全的科普文章。他们的试验田由 1976 年三百亩,到 1977 年七万亩,到 1978 年达九十八万亩。由于投放蜘蛛,化肥农药平均每亩 5.4 元下降到 0.61 元。科教片厂拍成蜘蛛治虫时,我们又配合作了报道。我们从地方的优势出发,先后发表了《永不凋谢的湖南釉下彩》《湖南的水晶宫殿》《有色金属之乡》《世界锑都》《湖南杉木著称于世》《湖南"金砂"(石墨)誉满全球》,以及《君山茶叶》《东山辣椒》《河西岳锂鱼》《"涟香一号"香稻米》等等。

对于我省所特有的珍树奇花异兽,我们开辟了《奇山探奇》专栏,作了系统的介绍,如金鞭自然保护区亚热带阔叶林中的芬芳扑鼻的香楠木,千年不朽的红木匣林,活的化石拱桐树,美味可口的山白果,以及角鸡、岩鸡、飞虎、岩鹰、九尾狐、猴面鹰等,都作了较生动的介绍。

结合地方趣闻把科学与艺术融合起来

"把科学与艺术融合起来。"这是高士其多次强调的。高士其还指出:"科学小品的作者,也应该是语言的艺术家。"地方特点除地理气候、文物古迹、物产资源、奇珍异宝外,还有山川风貌、民间故事、神话传说和名人诗话等,把这些与科学知识相融合,寓知识于趣味之中,是晚报的特色,也是科普副刊的一项要求。

我们从唐人高骈"当时垂泪知多少，直至而今竹尚斑"的诗，谈斑竹并非湘妃泪，来介绍龙竹、方竹、实心竹、罗汉竹、龟甲竹等千姿百态的湖南奇异竹林；我们从"巴陵洞庭秋，孤峰水上浮"的诗，来谈君山的形成及君山银针茶闻名全国；我们从舜帝南巡、娥皇女英等民间传说来谈九嶷山、金鞭岩、玉皇洞、白鹤泉等湖南的山川景物自然风貌；从杜甫"昔闻洞庭水，今上岳阳楼"的诗，也谈到八百里洞庭已经阻塞，森林大量砍伐，湘资沅澧四大河流水土流失，带来了生态平衡的严重破坏。

去年4月1日是我省第一次鸟节。我们配发了一系列爱鸟护鸟及环境保护、生态平衡的科普文章《湖边思雁》就是从"南思洞庭水，北想雁门关，稻粱俱可恋，飞去复飞还"谈起，大雁，北上到山西雁门关止，南飞到湖南衡阳而还，衡阳市至今还有回雁峰。我省洞庭湖是大雁南飞时的大自然招待所。可是现在却是"霜风渐紧寒侵被，云淡碧天无雁声"。雁到哪里去了呢？文章中指出，由于长期围湖造田、森林被砍、湖水干枯，加上人们无情地追捕，现在湖南天空很少看到排成人字形飞翔的大雁了。天鹅、野鸭、水鸟也越来越少。由于鸟少，虫就多，不仅粮食受害，洞庭湖的芦苇也虫害成灾，芦苇大量减产，又影响我省的造纸工业。这篇文章校生动地介绍了生态平衡与环境保护的科学道理。文中还引用了李时珍对雁有四德（信、礼、节、智）的情操的评介。这就使科学知识、地方趣闻、文艺色彩融为一体。读者爱看，不少生物教师剪贴这篇科普文章作为教材。

反映地方情况面向群众服务群众

报纸不同于杂志，小报又不同于大报，它除天天与读者见面外，有较强的新闻性和针对性，还可及时地用短小精悍的科普小品，回答群众在四化进程及日常生活中提出的问题，是服务群众的一个"窗口"。

长沙地区传闻有七级地震，人心惶惶。一个晚上连续接了五个电话询问此事。我们第二天在一版及时发表长沙无地震的消息，又在科学副刊上配发了《湖南为什么是弱震区》一下就稳定了人心。我们连续收到几封来信问《人看电视会受伤害吗？》，原来都是看了《北京晚报》3月22日三版《五色土》上登了一篇一百字的短文《电视机旁不宜种花》谈到花受电视射线而枯萎。我们及时在"科学信箱"上给予了回答并说明电视辐射剂量很少，X光透视一次为210毫雷姆，而电视辐射每小时只不过0.15毫雷姆。解除了群众的疑惑。1981年秋天，异常炎热，不少地区竹子开花，民间流传有灾祸临头。为破除迷信，我们发表了《竹子开花，不死人也要搬家吗？》

对与群众生活有密切关系的来信，都给予科学解答，如《戴夜光手表会致癌吗？》《为何不能乱服减肥药？》《红茶菌并非灵丹妙药》《如何防治蚕豆病？》《怎样快速去鸭毛？》《怎样消除狐臭？》《风火牙痛有良方》等等，为群众所喜欢。

我们针对本地区季节性防疫和卫生状况，开辟了"医生的话"。有一次，我们到湖南医学院附一院儿科门诊调查，发现三岁以下的儿童患佝偻病的高达五分之三。我们访问了儿科教研室，认为主要原因是现在大部分是独生子女，看得很娇，长期关在房子里，很少晒太阳，严重缺少维生素D。他们在一个区作过

（左图）绿道（Tina 摄）；（右图）窗外（Xingzi 摄）

调查：室外活动多，不吃鱼肝油者——无佝偻病；室外活动少，吃鱼肝油者——部分患佝偻病；基本在室内，不吃鱼肝油者——大部分患佝偻病。他们曾在湘西山区作调查，发现那里的儿童没有一个患佝偻病。因为那里的妇女都上山砍柴，总是把小孩放在背篓里一同背上山，这说明晒太阳的重要。我们发表了他们写的《阳光与佝偻病》《背篓小孩为何没有一个患佝偻病？》

抓住地方新闻使科普宣传有声有色。

全国性的重大科技成果，特别是本地区的科技发明创造。如全国闻名的杂交水稻，乳化抗水工业炸药、鳖的人工繁殖、八种色彩的彩色汉字操作系统等获得国家科委或省科委发明奖时，都配发科普文章，对一些本地不平常的趣闻，我们也不放过，因具有新闻性，知识性，为读者喜闻乐见。如邵阳地区园艺场去年一棵蜜橘树获大丰收，九个人在这棵树上摘了一上午，装满了十四筐、净重 858.8 斤；武陵山下著名桃花江畔沅陵县郊，一棵柑橘树去年十次开花十次结果，芷江县一株两丈多高的桂花树，一年四季月月开花，每月月初含苞，月中下旬开，当地群众称它为"月月桂"，去年冬季，桂花树仍披花不谢，满村飘香。怀化有一年三次结果的板栗树；益阳县一老农龙瑞祥家的狗，每天平均捕鼠三十多只，人称"捕鼠将军"长沙市去年 10 月发现一只高二尺直径接近三尺的大平菇等等。我们都作了介绍，为动植物研究所提供了资料，也扩大了人们的眼界。

总之，我们《长沙晚报》是张地方小报，文章篇幅小，这就逼着我们每篇科普文章的题材要小，写作的角度要小，文章的口子要小，因此，我们就逐渐注重"地方性"，在"地方性"上做文章。

记得湖南省开第三次文代会时，老作家曹靖华从北京到长沙光临指导，他有一次问大家："什么叫世界水平？"一下把大家问懵了，谁也答不出来，他接着："说你们邵阳的花鼓戏《三毛箭打鸟》《刘海砍樵》就是世界水平，因为世界上别的地方没有，这是独一无二的。"原湖南省作协主席老作家蒋牧良也说过："不要别人画猫，你也画猫；别人画狗，你也画狗。"这也就是指要有自己的特色。鲁迅讲的"没有地方性，就没有世界性"大概也是这个意思。地方小报纸，就是要土一点。"土"就是地方特色。这是地方报纸科技副刊生命力旺盛的标志。地方小报的科普副刊，如果和大报办得一模一样，千篇一律，一个面孔，就没有了个性，就会脱离群众，没有了根基。

08

星期周刊的整体构思与美学初探
—— 在全国报纸周末星期刊首届学术研讨（武汉）会上宣读论文

全国报纸相继创办的星期周刊（《周末》和《星期天》），是改革开放形势产物，她顺应时代潮流，摈弃空洞枯燥的八股调，信息广，内容新，形式活，呈现出生动活泼局面，为广大读者喜闻乐见。这次由《南方周末》《中国青年报·星期天》《南京周末》《武汉晚报·星期天》《长沙晚报·星期天》和《天府周末》六家发起的全国周末星期刊首届研讨会在武汉召开，全国报纸周刊上百家，林林总总，多彩多姿。让我们扩大了眼界，吸取了丰富营养和宝贵经验。

　　《长沙晚报·星期天》专刊于 1985 年 1 月 6 日创办。专刊为四开四版的地方小报，小报小办，这就逼着我们以有限篇幅，尽量刊发短小精悍文章，容纳更多内容与信息。专刊是晚报综合性文艺副刊，我们努力向各家兄弟报刊学习，力图办出自己特色。

（一）乡土风味———地方报纸星期周末刊的突破口和"绝对特点"

　　省会地市报纸有其共性，它首先是一张党报，强调宣传指导作用，同时是地方报，又是晚报，就有其独特个性，可概况为五个特点：接近性强，灵活性大，适应性广，乡土味浓，服务面宽。

　　本报《星期天》专刊办刊宗旨：坚持"为人民服务，为社会主义服务"，以"正面宣传为主"，不以猎奇赶时髦为目的，不以招摇过市之徒为偶像，更不以低级趣味色情怪类去"招徕"读者。力求格调高一点，尽可能丰富多彩，能紧贴时代脉搏，扬真、善、美，弃假、恶、丑，努力实施"三近"（与现实生活近，

（下页图）全国报纸星期天周末刊第一次主编会议在武汉召开。会议东道主《武汉晚报》总编辑钟建武（一排左一），筹备小组为《南方周末》左方（三排左二）、《南京周末》龚惠民（二排左六）、《中国青年报·星期天》李洪波、《长沙晚报·星期天》汤正华（一排右一）、《武汉晚报·周末》谢东虹（二排右一）。

全国报纸周末星期刊首届研讨会宣读论文，刊《长沙大学学报》1992 年第二期。

与每个家庭近，与广大老百姓民众近）和"五性"（熔思想性、新闻性、地方性、知识性、娱乐性于一炉），寓陶冶提高人的品格素质美德修养于谈天说地之中。

晚报星期刊，是一张综合性文艺副刊专号，是晚报中的晚报，更注重"晚"字，由晚报派生出来的首先是有乡土味的地方性。

《长沙晚报·星期天》专刊注重地方特色，优先组织具有乡土味的稿件最为本地老百姓喜爱。我们以此为突破口，把三湘四水的风情、景物、名人、轶事，与当今现实紧密相联，纪念红军长征时发《贺龙军长吃火锅》《杨勇将军回故乡》《许光达上将情系天下》。纪念"七七事变"时发《王震将军的抗日布告》，《宁死不屈的谭天觉（湖南长沙人）》，《抗日远征军潘裕昆将军（湖南浏阳人）的遗愿》，《左权（湖南醴陵人）将军在上海》。孙中山诞生纪念日，我们请湖南的黄埔军校第一期毕业生陈劼和黄鹤两位老人写《黄埔军校亲聆孙中山总理演讲》《怀着悲愤宣誓北伐东征》，还发了《叶挺铁军在湖南》。岳阳楼修复时发《战火烟飞岳阳楼》。左宗棠（湖南湘阴人）逝世100周年，我们刊登了《左宗棠新疆出兵灭外寇》《引得春风度玉关》《章太炎极力推崇左宗棠》。旅游旺季发《神州奇观张家界》《天子山的传奇》《凤凰画家黄永玉》《芙蓉古镇风情录》《湘南五盖山猎场采访录》《永州——柳宗元的八记》《齐白石（湖南湘潭人）老人二三事》《沈从文（湘西凤凰人）北平落难记》。女作家龙应台从台湾回家乡湖南衡东，我们即登载了特约稿《龙应台博士回湘记》。长沙走出的第一个影星王人美逝世，我们即时组织她的亲友写了《王人美与新华社广播开始曲"渔光曲"》《天涯欲祭疑君在》等等。

与本地有关的，也侧面配合，报载国家领导人接见包玉刚和包玉刚逝世时发《船王包玉刚在湖南》《包玉刚的四位千金及其夫婿》《十万银元是怎样从广州运到长沙的》，新华社报道电影明星胡蝶在美国写回忆录和逝世时刊发了《岳麓山下忆胡蝶》《胡蝶抗日中在长沙唱战歌》，马思聪逝世时发了《马思聪在战火纷飞中的长沙》等等。

本报星期刊反映地方现实，也注意地方历史；抓住地方特色，发挥地方优势；联系地方实际；服务地方群众，以"土"见长，以小见大，安于小，精于小，文章口子小、角度小、篇幅小。以"土"与"小"去赢得读者喜爱。本地人爱读本地人与事，可亲可信。地方性是别的报纸拿不去的东西，是本地特有的，是独家新闻，正如《新民晚报》总编辑赵超构（笔名林放）所说这是"绝对特点"。

当年在《星期天》专刊编辑室

（二）七嘴八舌——群策群力参与办刊最为群众喜闻乐见

星期刊创刊不久，反映可以，来信从四面八方各行各业寄来。长沙市五金公司退休老职工朱绍辉写来信说：“《星期天》丰富多彩，捧读之余，无限钦佩。余不学无文，今写赠短歌行即兴打油诗一则，聊以祝愿，'星期天，星期天，星期有幸看新篇，小品多，内容丰，广大百姓都称羡，知识广，趣味鲜，三湘四水传颂先，听我老翁来祝愿，日新月异星期天！'”湖南中医学院周为华赞扬《星期天》内容版面都叫人喜欢”后提了“献策五条”，特别是批评我们“不必过多登时髦名演员那种你吹我捧的大块文章”是很正确的。北区区委黄必成也写来《不事猎奇，永葆青春》的信。省委组织部杨敬东来信说《星期天》问世，使人耳目一新，颇受欢迎”！同时寄来《评星期刊意见三则》，其中指出：“贵报准备辟'道德法庭'专栏，叫人迷惑不解。道德以伦理学为准绳，违背伦理道德的，不一定都触犯了法律。既不触犯法律，何以上法庭？”说得好，我们改正。并把读者来信，批评，建议——刊登。

学者陈良澄以确切的史实来信纠正我们刊载的《向恺然与霍元甲》一文中“向恺然与霍元甲长期相处”的错误，说“黄文不是武侠小说，怎可子虚乌有”。他写道：“大刀王五卒于庚子之乱，梁启超《饮冰室文集》诗话有记载：'谭浏阳狱中绝笔诗'，曰'望门投止思张俭，忍死须臾待杜根，我自横刀向天笑，去留肝胆两昆仑'。所谓两昆仑者，其一指南海，即康有为。其一乃大刀王五，幽燕大侠，以保镖为业，其势力范围山海关清江浦一带，生平专以锄强扶弱为事。”后“浏阳被逮”“上面引用梁文是可信的，庚子八月，是公元 1990 年 9 月，此时向老（恺然）年仅十岁，而且一在直棣，一在湖南，怎么可能长期交往而朝夕相处呢。”“霍元甲故事有各种传说，有一说被日本医生下毒药害死的。此时向恺然十九岁，可能还在长沙楚怡高工学校，或许到了日本，而与霍元甲长期相处，这种可能性很少。”

许多来信帮助我们办好报，不断帮我们改进问题并出主意，湖南省纺织机械厂吴志强说读《星期天》专刊“心中不禁为之一动，深为长沙多了一份好报而兴奋”！他积极提出许多意见，后来很受欢迎的《体育大看台》专栏就是他最早提出来的。长沙市第一医院主任医师张剑祥不仅给我们写来许多短小精悍的《医生手记》，还写来趣闻杂稿如《治“王婆婆”发言妙方》，他说“空洞无物不着边际，如同'王婆婆裹脚布又臭又长'的冗长发言浪费时间，最讨人嫌”，他举出治方一，某国人聚餐会发言手里要握一块冰，说多了冰融化而受不了自然会收场，其二南非一部落发言者只能用一只脚站立，另一只提起如落地发言必须立马停止，引来许多这类风趣杂稿最为群众喜闻乐见。远在秦皇岛市的读者钱锋来信说我报《星期天》一到秦皇岛市就被抢购一空，提出“二版不要整版登长篇连载”等许多宝贵意见。开滦的《开滦矿工报》主编

《星期天》专刊邀请湖南新闻界老前辈座谈后留影，他们是刘乐扬、傅白芦、周艾从、向麓、湛震、黄曾甫、沈雨随、何绪、黄林石、熊沛、刘恒久等。

看了本报《星期天》来信说在我报星期刊启发下他们也办起了《星期天》。各方来信来稿给我们添加了更多信心和勇气，信息多了，稿件也多了，作者队伍迅速扩大。

（三）锐利目光——言论是星期周刊的眼睛和灵魂

依靠读者作者和群众办报，还要学习新闻界前辈的丰富经验，要有老报人的指点。

我们《长沙晚报·星期天》创刊不久，就邀请了《湖南日报》总编辑傅白芦、曾派驻香港地下党新闻工作负责人老报人刘乐扬、《湖南日报》的老前辈周艾从、向麓和湛震、著名的"长沙通"长沙新闻界老前辈黄曾甫、长沙新闻界老前辈《长沙晚报》总编辑沈雨随、副总编黄林石、地下党老报人何绪、长沙进修学院教授老报人熊沛、长沙市政协文史学者老报人刘恒久等十多位湖南新闻界前辈来座谈赐教。他们经验丰富，畅所欲言，亲身经历，甜酸苦辣，海阔天空，兴奋激情，热闹非凡。老报人提出了很多建议，说得最多的是一致认为言论乃报纸之"眼睛"和"灵魂"。就在这次会上，我们仿效鲁迅《并非闲话》，在《星期天》专刊一版开辟了《天心闲话》言论专栏，置头版右上角，围花边，各自选题作文。杂文家刘恒久用言无忌笔名以《闲话"闲话"》一文开篇（刊《长沙晚报·星期天》专刊1985年4月28日一版），由此而一发不可收拾，言先生写的《"送灶"今昔》《肚子里装着什么？》《说"廉"》《说"项"》《说三七开》《说三道四》《话"言无忌"》……笔锋犀利，痛快淋漓，刘乐扬的《描绘鲁迅忽以揣想出之》、黄曾甫的《旧调新弹》，沈雨随的《雷锋出国了吗》，中外古今，无所不谈——湖南省文联老作家朱力士（原《戏剧春秋》副主编兼编辑部主任，一位特幽默的小说家，60多篇幽默小说在他的笔下，中外古典名著中人物都跑到现实生活中成为主角，他的《俏晴雯开美发店》《唐伯虎赶考记》等令人捧腹）成为我报《星期天》言论的多产作家，朱力士写来的《送礼百态》《笑的困惑》《"潇洒"人生》《广告的艺术》都潇洒自如，切中时弊，颇受欢迎。许多杂文作者笔力不凡，也花花草草，风土人情，谈猫吹狗，海阔天空。这些短小精悍尖锐泼辣而调皮幽默的言论，很快引来大批报人和作者执笔。《天心闲话》一时名震三湘。《天心闲话》一系列杂文后由华艺出版社收入出版。

《长沙晚报·星期天》专刊邀请三湘老报人座谈中就有著名杂文家傅白芦老前辈。会后他给我寄来《张良与张家界及其他》（刊1985年9月22日《星期天》专刊一版），笔锋尖锐，文字泼辣，引经据典，生动有趣。我把它刊在头版头条。谁知见报之日，电话不断，意见针锋相对，大多赞扬此文写得"太好了"，有的反对，有一机关干部怒气冲天："傅白芦原是大右派，你们知道吗？他这文章是在发泄对党的不满！"

（左图）《星期天》专刊部分同仁合影于烈士公园；（右图）《星期天》专刊三湘四水采访小分队摄于株洲

我说别动气，你有何意见，把它写成文章，也一定给你登出来，可以讨论争鸣。他回我："你以为我不敢写吗？"我说："非常欢迎！"然而那位仁"兄"没有了下文。

甚慰，《星期天》专刊特别是言论专栏受到老百姓欢迎。改版后，言论《天心闲话》挪到四版《天心阁》专版。一版仿邓拓《燕山夜话》，另辟《麓山夜谭》，傅老又写来杂文《人们心目中自有次序》（刊1993年8月8日《星期天》一版），果然名人手笔，引来杂家无数。朱立奇写来《说序》，说傅文"笔触隽永，思想深邃，使人不能已于再读三读"；陶少谷寄来《俗谚中也有"次序"》，称赞傅文"笔力不凡，从名、事、意阐述了古今人们心中之次序"，他说了"官"、"权"、"利"在人们心目中的次序，他写道："60年代俗谚：'领导干部大前门，一般干部喜相逢，乡里干部喇叭筒'""70年代和80年代俗谚：'一等爸爸不说话（有人操办），二等爸爸打电话，三等爸爸去送礼，四等爸爸没办法。'"如此等等，他总结认为："官越高，权越大，利越丰"……云云。关于"次序"，讨论热烈，一时成为长沙街谈巷议的美谈。最后以傅老的《变无序为有序》作结，1994年全国报纸副刊评奖时，以全票一致通过这篇杂文获全国一等奖。

（四）五彩缤纷——扩大信息量紧贴生活与向外开拓

我们开始从本地走向全国去获取大量信息包括世界上信息，加强横向联系，改封闭型为开放型，我们先后在京、津、穗、特区和许多省会，还在德国英国美国等国访问学者中，聘请特约记者、特约通讯员，信息多了、也快了。如本刊广州特约记者用长途电话发稿报道战士杂技团在英国参加世界杂技锦标赛赢得25块金牌获团体总冠军比新华社发稿还早十天。

我们新辟了《潇湘旅游》、《国际博览》、《五洲游踪》、《外埠通讯》与《海外飞鸿》等专栏，刊登了不少省内外、国外来信专稿；《世界科技窗口》《祖国山河》《大千世界》使国内外的信息面更广泛。《我国最大的银河计算机》《我国第一个精子库》《尧茂书首漂长江》《"啼笑姻缘"的啼与笑》《少林寺英儿打山门出寺》以及《布鲁塞尔足球惨案目睹纪实》《南斯拉夫的修道院》《一个美国人在中国的奇遇》等，扩大了视野，受到读者欢迎。

几年来，本报星期刊四个版面作了三次调整与改版。一版为综合版以长沙市市花《杜鹃花》命名，杂文每期一篇，另增辟《社会长镜头》，加强社会新闻的深度与力度，歌颂美揭露丑，先后刊发的《1991年邵阳扫黑大行动》《扫荡胡强这般叫脑壳》《当代"刘青山"伏法记》具有针对性。一位读者来信说："我赞赏你们在鞭挞形形色色的旧势力方面所作的有力斗争，有破有立，富有思想性与战斗性。"一版注重传递经济、科技、文化教育、市场等新闻与信息，如《中国六大特区的特点与发展前景》《绥芬河风情》《中越边贸纪实》《来自特区的报告——海口美国工业村采访录》《上海浦东行》等。二版为《星期文摘》专版（后扩而大之出大 16 开期刊，由新闻出版署批刊号全国发行），摘全国报刊之精华，荟萃四海珍闻，容纳八方信息，给读者一扇扇五颜六色的窗口。三版把《科学副刊》与《现代生活》合并，改为《爱晚亭》，增辟《时装》《美容》《爱情》《家庭》《美食家》《医生手记》《科学博士与生活顾问》等，突出体现当代科技与现代生活情趣和时代生活气息。受到读者欢迎的《生活散记》则以文学的优美笔调写与人们贴近的日常生活为主旋律。四版改为《天心阁》，着重体现娱乐性、趣味性，茶余饭后，琴棋书画，花鸟虫鱼，影视歌星，融谈天说地的各类杂稿，汇古今中外的各类趣闻。

专刊突出体现"三近"，与现实生活近，与每个家庭近，与广大老百姓近，比较成功的征文活动有《我的星期天》（湖南作家协会主席谢璞亲临优秀作品发奖大会并写来文情并茂的评论）、《生活散记》《我身边的凡人小事》《开心时刻》《看图写文》（我们请著名作家兼漫画家长沙市文联主席何立伟写了总评）等。这一批批短小精悍的千字作品，文情并茂，是现实生活的一面面镜子，时代气息浓，如《恼人的艳阳天》在全国报纸副刊评奖中获得一等奖，《歌王云雀》获全国一等奖。一位读者来信说："每读《星期天》，知八方信息，实在爱不释手，是当今中兴盛世识时务的好刊，是星期天消闲、开心、益智、增趣的妙品。"

（五）星期刊的多层次、多功能与美学追求

报纸周刊体现多功能，包括新闻舆论，传播知识，提供娱乐，推销商品，体现多种风格，容纳多方信息，周刊需要也能够显示出自己艺术魅力、高尚的思想与哲学的光芒，可以把读者从一般的情趣引导提高一个美学层次，注重商品价值与经济效益，同时更注重美学价值与社会效益。

我们注意到世界上很注重新闻学与广告信息的密切联系，国际上正流行着"A—I—D—A"模式。即"A—affection(情感)，I—interest(兴趣)，D—desire(欲望)，A—action(行动)"，以及 "三 B"：Beauty 美丽的，Beast 最好的，Baby 可爱的孩子气的。这对我们办周刊也有启迪与借鉴作用，周刊要办得以情感动人；与他生活贴近，引起读者的兴趣，使他有读你的报纸的欲望，并主动来订阅。新闻广告亦如此。

中央精神说"僵化停滞是没有出路的"，显然闪烁着唯物主义光芒，唯物主义者赫拉克利特早就说："世界处在产生和消灭的永恒过程中，因为'一切都在流动，一切都在变化'，宇宙本身就是多样性的统一。"著名生物学家赫胥黎论述了这些变化表现在各个方面，如水流入海复归水源，天体中的月盈月亏，位置的来回转

移，人生岁月的无情增加，王朝与国家的相继崛起、兴旺、没落，正如人在涉过急流时，能在同一水里落脚两次，但"我不能两次走进同一条河流，这是因为虽然河流仍是同一名字，但水却改变了"，他引用的正是赫拉克利特的著名格言。变化是绝对的，不变是相对的。报纸周刊也在不断地随时代的变化而变化，变得更趋完善美好；不迎合保守的倒退的旧东西，善于引导读者向往随着改革而变更的五彩缤纷的新的美好生活。

至于周刊的风格与艺术，如同音乐之有庄严神圣的进行曲，温柔优美的抒情曲，跳跃欢快的节奏之别，各种风格，应兼容并蓄。过去有的人物专访，大多是简历传记式、概念化、脸谱化，没有深度，没有性格美的探索。我们力求通过人物内心世界的发掘，写出人物的个性特征与思想追求。如我们写著名湘剧演员陈爱珠的访问记，尝试用跳跃式的结构将较多的内容压缩在较短的优美的文字里，读者反映"别具一格，像一首散文诗"。一版刊登的《长沙模特透视》《方兴未艾的第二职业》《大学生暑假打工记》等也受到读者好评。

本报《星期天》专刊着力体现多功能，面向多层次，改封闭型为开放型，同时注重八个字：一、高尚，二、新鲜，三、多彩，四、精美。这也是本报进一步改革专刊的基调。专刊各版从内容到版面，都要求美些美些更美些，做到情趣高尚，新鲜活泼，雅俗共赏，多彩多姿。

坚持美的、向上的，反对丑的、邪恶的。如对一些巡回演出与文坛歌坛上的报道与特写，也打破了专唱"颂歌"的局面，有甜的颂扬，也有辣的揭露，特别是对一些丑恶的东西要抵制。前几年有段时期，长沙街头与社会小报泛滥成灾，塞满了低级趣味的东西。我们湖南就有闻名的《狐狸精奇案》《一个少女失身的日记》之类。我报最先发表文章，给予批判。

报纸星期刊应坚持大方向、高品位，又注重生动活泼、丰富多彩，力求体现"两为"、"三近"、"五性"的办刊方针，同时注重五个字，即杂（内容杂、信息广）、近（与生活贴近）、新（思想新）、活（版面活）、美（文笔美，包括插图、绘画、照片、装饰等），极力避免"一紧就收，一收就呆；一松就放，一放就滥"的偏向。许多读者来信鼓励我们，湖南省人大常委会副主任、高级工程师潘基硕特地写来五律一首，称赞《星期天》是：

"五性饶情趣，

三性世所珍，

众芳喧远圃，

独秀一支春。"

王首道同志接见本报星期刊主编时赞扬专刊说："既有大方向，又办得生动活泼。"1988年，廖沫沙看了本报《星期天》后，也从北京写信来鼓励我们说："琳琅满目，图文并茂，使我欣赏不止，既有知识、趣味性，又无庸俗、低级之感。"

办报纸周刊，已成为一个大的趋势，类型不同，各具特色，已出现异彩纷呈的局面，成了广大读者的好朋友。怎样有效地引导读者趋向更高的美学层次，潜移默化，陶冶高尚情操，培养人们具有更高的审美力、辨别力与欣赏力，揭露和鞭挞社会上的丑恶腐败，把星期周刊办得更为广大读者喜闻乐见，还有待我们进一步努力实践与不断探索。

（1988年全国报纸周末星期刊首届研讨会宣读论文，刊《长沙大学学报》1992年第二期）

附：《星期天》报刊主编的话几则

《星期天读报大参考》期刊创刊号卷首语

廖沫沙老人告别人世前曾给我们写过一信，他说他爱看家乡报纸《星期天》专刊，尤其欣赏星期文摘，他写道："我把两份《星期天》略看了一遍，我的感觉是琳琅满目，图文并茂，既有知识性、趣味性，又无庸俗、低级之感，尤其是在茫浩如烟海的报刊书籍中摘取的精华，使我欣赏不止，它满足了读者阅读全国报刊的要求，这样的栏目必须继续坚持、发展，包括诗文选摘，使读者读了一份《星期天》等于读到全国报刊的精华文粹。"由此，我们生发奇想，把《星期天》特别是星期文摘扩而大之出一本期刊如何？

几经筹措，今天终于把这本《星期天读报大参考》奉献给我们的作者、通讯员与广大读者，希望诸君喜欢。

为何曰"参考"？无非是为您提供各种材料与信息：政治经济的，哲学艺术的，文化娱乐的，社会生活的，商界市场的，如此等等，帮助您分析研究一些您感兴趣的事物；"大参考"者，为您提供的材料与信息更广阔更丰富是也。本刊将扎根在具有中国特色的社会主义大地上，力争情趣高尚，雅俗兼容；题材广，多彩多姿；视野阔，新鲜活泼；同时把思路拓宽，容八方信息，含公开内参。

《星期天读报大参考》将以刊登国内外重大事件背景和各类参考材料与报刊书籍之精华为主，注重新闻性、政策性、知识性、可读性；不以猎奇赶时髦为目的，不以招摇过市之徒为偶像，不以甚嚣尘上的言辞为真理，更不以低级趣味与骇人听闻之类去"招揽"读者；努力跟上改革步伐，紧贴时代脉搏，讴歌社会主义时代新人，揭露社会丑恶；突出增加信息量，东南西北，中外古今，国际风云，改革新潮，一卷在手，尽在其中，如廖老所言"读一份星期天期刊等于读到全国报刊的精华文粹"，此不亦乐乎！本刊如能为广大读者喜闻乐见，为诸君增添一点改革的勇气和生活的欢乐与信心，则善哉！幸哉！

本刊热切欢迎诸君赐教，盼望为本推荐好文章。这一期您读后以为如何呢？最喜欢哪一篇？最不喜欢哪一篇？欢迎您品头评足，指手画脚。来信请寄长沙市蔡锷中路 161 号《星期天读报大参考》编辑部。

谢谢！祝君欢乐、幸运，过一个愉快的星期天。

(1993 年 8 月)

《星期天大观》编后

承蒙作者厚爱，不吝赐稿，又幸得广大读者不弃，《星期天》专刊创刊五年，颇受大家欢迎，编者甚幸之至矣。

今年，不少读者要求出版专刊汇编，因此，我们忙了好一阵，又翻阅着这五年来的两百多期报纸，从两百多万字中选出这十多万字，编成十个篇目。文章经过浓缩，力求短小，同时能展现出历史和现实一个侧面，尽量与时代脉搏相通。天南地北，古今中外，海阔天空，大千世界，评古论今，说长道短，酸甜苦辣，风土人情，不拘一格地娓娓道来。小书一本，林林总总，有雅有俗，似觉缤纷，故斗胆取名曰《星期天大观》，盼望诸君喜欢。

在迎接国庆四十周年及长沙和平解放四十周年之际，我们以此献给读者，由华艺出版社出版。

书首，我们请黄林石同志写了序。同时刊出周谷城老和王首道老的照片及廖沫沙老写给我们的信，这里并无拉大旗作虎皮之意，只因为这三位德高望重的湖南老乡都很关心家乡报纸的缘故。周老经常看《星期天》专刊；王老回家乡，几次接见我们；廖老也常从北京写信来，他是"三家村"唯一留在人世间的老人了。

最后，我们要感谢华艺出版社和长沙中意电器集团公司等企业的通力合作，感谢长沙晚报黄林石、郑兆衡、瞿振振诸兄参加了本书的编辑工作。五月发稿付排，八月仓促成书，差错之处，敬希原谅，谢谢！

（1989 年 8 月）

《星期天文摘》期刊寄语

花开花落，岁月匆匆，每当您打开还散发着油墨芳香的《星期天》专刊时，时间又过了一周。如今，《星期天》已伴随您度过二百六十个星期天了。

昨日烟雨、当代风采、名人轶事、三湘风流、文苑之窗、芙蓉拾萃、天心闲话、武林传奇、科学小品、生活情趣，也许给诸位留下过一点印记。去年我们汇编的 32 开本《星期天大观》一书已由华艺出版社出版，姑且当作过去几年的一个小结。今年起，改为大 16 开《星期天文摘》定期出版。

送走八十年代风云，迎来九十年代新春。《星期天》衷心感谢诸君的大力支持、爱护与帮助，值此马年春节，敬祝新春好！

《星期天》是《长沙晚报》一张副刊专号，小报小办，请莫嫌弃报上的小文章。读《红楼梦》《战争与和平》大部头，如同音乐之听《命运》《黄河颂》交响曲，可到人生的大世界去体味。那一小曲《致爱丽丝》《良宵》，亦可叫人久久沉思，令人不能遗忘。英国诗人布莱克有句名言"To see a world in a grain of sand"（一粒沙子里看出一个世界），以小可以显大，滴水可见阳光。我们需要大文章、长文章，也需要小文章、短文章，需要催人振奋的进行曲，也需要悦耳动听的抒情歌，还需要土里土气的地方话。我们热烈欢迎广大读者为本刊投寄多种多样的长文章、短文章，总之要好文章，让《星期天》以有限的版面容纳更丰富多彩的内容，力求题材新，视野阔，知识广，版面活，文笔美，信息多，做到"五性"、"三近"，情趣高尚，新鲜活泼，雅俗兼容，老少咸宜，熔思想性、新闻性、科学性、艺术性、娱乐性于一炉，寓思想教育于谈天说地之中。

新的一年，《星期天》各版已将 5 号字体改为 6 号字体，容量增加了。

新的一年，《星期天》各版内容大致安排如下：

《星期天》一版以长沙市市花命名，为《杜鹃花》综合版。她将反映人们的经济、政治、社会、家庭、精神等各方面的生活，赞四化征途中的英雄人物，推进社会主义文明建设。有《天心闲话》《星期天纵横谈》《街谈巷议》，供各位评古论今，说长道短；《本刊专访》《星期特写》《长沙巡礼》《三湘风流》、

《过往名人》，欢迎您写来各类新闻通讯与人物专访；《昨日烟雨》可刊登您难忘的往事；《四面八方》为您提供各种信息；《社会长镜头》盼望您寄来社会新闻的题材；还有《星期漫画》与《当代风采摄影竞赛》，给版面增添青春活力与生活情趣。

《星期天》二版《星期文摘》版，欢迎广大读者推荐国内报刊、书籍中之精华（最好剪贴、复印，抄写亦可，务请注明出处），荟萃四海珍闻，容纳八方信息，同时刊登大家推荐的漫画与歌曲。

《星期天》三版是《科学与生活》版，涉及具有高尚情趣的生活内容，包括与生活贴近的各种科技医药卫生知识，设有《科学博士》《生活顾问》《长寿之道》《优生育儿》《医生的话》和《恋爱婚姻》《夫妻之间》《星期菜谱》《大千世界》，以及《钓经》《时装》《发式》《美容》《家具》等专栏。

《星期天》四版为《枫林茶座》版，将突出娱乐性、知识性、趣味性、地方性，容谈天说地的各类杂稿，汇古今史外的各类趣闻，辟有《影视窗口》《体坛春秋》《艺海钩沉》《潇湘故闻》《联坛趣话》和《奕苑》《棋坛》《杂谈》以及《周末游艺》等专栏。

新的一年，《星期天》将满怀热情伴随您开始新的旅程。她渴望诸君不吝赐信赐教，特别欢迎您多多赐稿。我们将把《星期天》专刊各版文萃，汇集成《星期天文摘》，陆续出版。来信来稿请直寄长沙晚报星期天专刊。祝各位新春欢乐、进步！合家幸福、安康！

（1990 年 1 月）

《长沙晚报·星期天》专刊致读者

飞雪迎春，几度朔风寒过，又是一年新春！

本报《星期天》，是《长沙晚报》文化综合副刊，创办整八年矣，已发 410 期计 1656 个专版。去年本刊按八个字的要求作改革布局，即：一、高尚，二、新鲜，三、多彩，四、精美。几经努力，似乎在全国报纸周刊异彩纷呈的百花园中仍占得一席之地，这首先要感谢广大读者、作者、通讯员的厚爱与支持。在此，我们表示衷心的感谢！

"改革也是一场革命"、"僵化停滞是没有出路的"。报纸宣传工作也要改革，要克服形式主义，讲求实效。要摒弃八股调，从封闭走向开拓。《星期天》专刊 1993 年办刊方针依然是：为人民服务，为中国特色的社会主义服务，特别要突出增加信息量，扩大服务性，能紧贴时代脉搏。力求格调高，不猎奇，不赶时髦，更不用低级趣味去"招揽"读者。歌颂改革浪潮中先进的人与事，揭露社会丑恶现象，焕发出人们自强不息、奋力拼搏的精神。专刊各版力求丰富多彩，百花齐放，我们不排斥"西装革履"、"牛仔套衫"，也欢迎"荆钗布裙"、"蓑衣斗笠"；需要"牛奶咖啡"、"汉堡炸鸡"，也要"萝卜白菜"、"豆豉辣椒"。至于文章体式，我们主张不拘一格：庄严神圣的，如同音乐中的进行曲（marcato）；柔和优美的，如同音乐中的抒情曲（legato）；欢快跳跃的，如同音乐中的强节奏（staccato），各种风格，兼容并收。总之，要充分

展示本刊的"三近"（与现实生活近，与每个家庭近，与广大群众近）与"五性"（思想性、新闻性、地方性、知识性、娱乐性）。力争题材更新，信息更广，文笔更美，版面更活，视野更阔，为广大读者喜闻乐见。

本报《星期天》专刊，一版仍为《杜鹃花》综合版，着力反映我市、我省以及全国的经济、文化、市场等社会各方面的信息，注重深度与热点。二版为《星期文摘》版，刊八方信息与四海珍闻，强调可读性与时代性。三版改为《爱晚亭》，以贴近人们日常生活为主旋律，包括科技、医药、文艺、生活、时装及大千世界的各类知识，体现服务性。四版改为《天心阁》，着力体现娱乐性，琴棋书画，花鸟虫鱼，影视歌星，文化娱乐，尽在其中，容谈天说地各类杂稿，汇古今中外各种趣闻。专刊专栏，林林总总。在新的一年，将努力办好一版的"麓山夜谭""天心闲话"等言论专栏，广泛反映社会生活的"社会长镜头"专栏和各类特写、巡礼、通讯以及"来自市场的报告"，注重可读性与新闻性。

新年伊始，万象更新，改革鼓点，催人奋进。谢谢诸位，欢迎赐教、赐稿。

（1993 年 1 月）

开辟《读书选萃》主编的话

本刊新辟"读书选萃"专栏，是想把一些好书和一些好书评推介给读者。书评读物，在中国，当然首推三联书店 1979 年 4 月创办的《读书》月刊，至今已 18 年，如《读书》载文中说：与种种夭折的杂志相比，"《读书》显得命大"，并说《读书》的撰述人"他们的知识趣味、行文风格、关心的书本，构成了自成一体的思想风貌"，云云，确叫人羡慕不已。在外国，法国也有一本叫《读书》的杂志，据说最重视经典作家评介，刊发已 250 多期；英国的《泰晤士报文学增刊》颇有名气，创刊于 1902 年；美国的《纽约时报书评》更早，创刊号问世于 1892 年，每期均作为《星期天版》的增刊，它创刊百周年时，精选书评七十篇，出了一个专号，达一百二十页，气魄非凡。

本刊没那么大的能力出专号，只好先辟个专栏，选一点"读书"之萃，推而广之普及之。至于选什么"萃"，如北京一著名作家所云，不赶时髦，不求轰动，不以甚嚣尘上之言辞为真理，不以招摇过市之徒为偶像，本刊还要加一句，也不以耸人听闻之类去诱惑，不以花言巧语去哄骗读者。本专栏只愿老老实实做一点民主与科学的启蒙与推介工作。您看到什么好书和好书评，欢迎推介给我们。待本刊拓展之时，说不定也选一批精品出一个文学增刊专号，那是后话。（刊《南海潮声》期刊 1997 年 9 月号）

报告文学 时代真实的历史文献和艺术画卷

09

报告文学 —— 时代的，艺术的，真实画卷

真人真事 —— 报告文学的生命和灵魂

　　报告文学，是以文学艺术表现手法报道真人真事的一种新兴文体。

　　英美从"Reportage"到"Report"，解释为："把事实讲出来加以形象叙述描绘，作为现场目击者再现亲眼看到的事件。"50年代我们沿用苏联提法，俄文叫"оуерк"，原意"草图"、"轮廓画"，这说法不确切，无法担负报告文学重任。有人称之为"介于艺术、科学两领域间的一种文艺体式"（杨晋豪语）；《新闻业务》上说"报告文学是可包括特写、速写、文艺通讯的文学性报告"（袁鹰语）；《文艺报》却主张"像特写、速写、通讯、笔记、日记、书信、回忆录、游记等，都可包括在报告文学的领域之内"。这"领域"是否太宽了。报告文学产生于19世纪，20世纪有很大发展，现已作为一种独立文体，风靡世界。茅盾说："每一个时代产生了它的特性文学。'报告文学'是我们这匆忙而多变化的时代产生的特殊的文学样式。"有人说是"反映当今时代的艺术的历史文献"（黄纲语）。

　　报告文学，是时代的报告，文学的报告。其新闻性与新闻通讯相近；文学性与小说散文相似。报告文学家巴赫（不是那个音乐家）说："小说里的人生是反映在书中人物的意识上，报告文学里人生却反映在报告者的意识上。"报告文学家，也是记者，是时代记录者，历史见证人，报告文学中的议论带着浓厚主观意识。徐迟在写数学家陈景润发的议论："在政治历史上，陈景润一身清白，他白得像一只仙鹤，污点沾不上去，而鹤顶鲜红，两眼也是鲜红的，这大多是熬夜熬出来的。"这是客观描述也是作者思想感情表露。

　　"文革"后我国报刊上出现的报道科学家与科研成果的报告文学，及时形象生动地反映了科技战线上一批优秀知识分子的感人事迹，红火了好一阵，尤在"臭老九"群体中产生深远影响。徐迟的《哥德巴赫猜想》（写数学家陈景润）和《生命之树常绿》（写生物学家蔡希陶），黄纲的《亚洲大陆的新崛起》（写地质学家李四光），以及理由的《扬眉剑出鞘》（写1976年天安门事件），刘心武的《5·19长镜头》（最早写中国足球队的惨败），鲁光的《敬你一杯酒》（写世界大赛中国女排在东京以3比2击败日本女排首次夺冠），当时比赛电视实况，几乎家喻户晓。如果说马克思曾高度赞扬法国新闻记者利沙加勒写的关于巴黎公社作品《一八七一年公社史》是"报告文学的第一朵奇葩"，我国七八十年代报告文学，则是我国新闻、文学、科技各战线上开出的绚丽夺目报春花。

报告文学内容新：新题材，新思想，新成果，新角度，具有新闻价值和现实意义；二是事实真：真实，准确，不虚构；真实是报告文学的生命和灵魂。三是时间快：及时，快捷，迅速，是"轻骑"兵。徐迟说："迅速、灵活地勇猛地出击，他们突然出现在敌前敌后侧翼，突然出现在生活激流中，突然出现人民最需要的地方。"德国报告文学家基希提出报告文学应具备三个条件：1.严格忠实于事实；2.强烈的社会感情；3.对于广大民众的密切联系。这里有着主客观高度统一。

报告文学《从弗拉基尔——到海拉尔》新鲜活泼
写出人物个性魅力及与周围人和事碰撞出灿烂火花

　　在大学课堂，老师讲报告文学《从弗拉基尔——到海拉尔》印象特别深，作者杨朔写得新鲜活泼，这是描写我国第一个五年计划部分已经完成和正在完成或进行的东北工业建设宏伟蓝图，我从大连、沈阳、长春到达哈尔滨，这就是我们祖国曾被日寇占领过的大好河山！苏联作家波列伏依写最初年代的《斯大林时代的人》中有《五海通航》，气势十分壮观，我们还看过根据这篇报告文学拍成的苏联彩色宽荧幕电影。我开始做梦，梦想当记者。大学毕业，梦想竟成真。

　　当我从新华社内参知道我国第一个生物工程试验基地——广东江门生物工程试验基地建成，我立即采访了基地总工程师刘同昌。因当时生物工程、电子技术、新能源、新材料并列为世界四大科技支柱。基地科学成果经美联社、法新社报道后，瑞士、挪威科技人员接踵而来。采访中才知道刘同昌是我们湖南老乡浏阳人，他在广东江门郊外三百亩的荒芜河滩上起家，基地创业时牌子是挂在河滩边一个13平方米小棚户门上，他创业时得到邓颖超等老人的大力支持。他来长沙主持一个全国科技论证会后，我们约好登岳麓山。他经历坎坷，感慨万千。那岳麓宫的对联："四面云山来眼底，万家忧乐到心头"的心境与"西南云气来衡岳，日夜江声下洞庭"的气象，把我们心连在一起，连夜写出《东方升起一颗灿烂的明星》，当年获湖南省优秀报告文学奖。晚报要我去采访全国红旗列车班组——长沙客运段351-2次列车，是长沙至广州的特慢车，站站都停，人称"农民车"，28个年轻的列车员与沿途上下提篮背袋挑罗筐的农民声息相通，他们真实感人故事我跟车采访写满了两大采访本。我这刚从大学毕业的年轻记者，得到当时晚报文艺副刊组组长谢作乎和政治文教组组长朱振国两位老师指点，谢老师还陪我跟车采访到广州。报告文学《列车在革命化轨道上奔驰》在晚报头版头条发表后由湖南人民出版社出版。我根据一封读者来信几经采访写成的报告文学《黄伟失去了一双手掌以后》(这标题还是新闻界老前辈沈雨随副总编辑取的)，《中国青年报》以显著位置转载，当年由作家出版社收入优秀报告文学集《新花红似火》出版。

　　报告文学作者不可能是写每门学科的行家。徐迟说："我对科学是差劲的，对数学是一塌糊涂。"但他却写了数学家陈景润；他不懂湍流理论，写了周培源；他不懂亚热带植物学，又写了蔡希陶。他说："数学不懂，人是可以懂的，你喜欢的，可以建立感情……"不管什么家都有喜怒哀乐，他们的品质人格与理想追求，正是"这一个"及所处时代的本质所在。

　　能表现人物的个性特征，就会光彩夺目；没有个性，就苍白无力。

黄纲在他的《亚洲大陆的新崛起》，写主人"李四光的脚步稳重，矫健，他每步的跨度，总是0.85米。这是他多年从事地质野外考察养成的习惯，他平时迈开每一步，实际成了测量大地计算岩层距离的尺子……"。理由的名著《扬眉剑出鞘》大家熟悉吧，他说："构成文学形象的生命，在于人物的个性。"华罗庚教授精于优选法运筹学很节省时间，理由钻空子去采访，陪他去医院看病十多次，在汽车上也谈。理由采写我国妇产科专家林巧稚时她已是八十岁老人。理由这样写："她接生的孩子恐怕有成千上万，她接生的孩子都有了孩子。她接生的最大的孩子都年近花甲，而她自己却没有结婚。""她的一生都在从事迎接生命保护生命连接巨大生命链条的事业……她自己虽然没有做过母亲，却无愧是我们这代以及可爱的第二代、第三代的母亲，而且是一位精神上非常富足最受我们敬仰的母亲。"她的事迹令人震撼。

《震撼世界的十天》—— 曾经震撼了整个世界！

最震撼我们的报告文学是《震撼世界的十天》，作者美国记者约翰·里德。

1917年十月革命时，老托尔斯泰（列夫·托尔斯泰）已去世七年，而小托尔斯泰（阿列克赛·托尔斯泰）笔下的知识分子，度过十月革命前后《苦难的历程》《两姐妹》《阴暗的早晨》三部曲，也来到大厅聆听领袖畅说苏维埃加电气化。革命初期，苏维埃政权颁布的法令、宣言、公告何等激动人心，关于《俄国各族人民权利宣言》，关于《一切军人权力平等的法令》，关于《取消公民等级和公民衔的法令》（法令规定国家机关工作人员最高薪金为每月五百卢布），关于有最高权力的苏维埃人民代表不称职的可随时罢免的法令，关于建立《工人监督》的条例……使人们相信无产阶级专政的国家是工人、农民大众平民的，是自由、平等的，是公正、廉洁的！里德持有列宁发给的记者证，可以自由出入布尔什维克总部斯莫尔尼宫，他近距离目睹十月革命这涤荡旧世界创建新政权的英雄气概和革命全过程，里德欢欣鼓舞充满着激情采访领袖和工农兵大众，他用许多大皮箱收集了大量苏维埃宣言、布告、命令和招贴画，以至他从彼得堡坐火车几天几夜到达海参崴时不让他出境，还是列宁亲自指示放行。里德以他亲身目击的直观报导、现场记录和他独特的丰富史料，翔实记叙、生动描绘写下报告文学名著《震撼世界的十天》，一出版轰动全球，译为各国文字，连连再版，列宁还亲自为1920年美国版写序。中国出版后也再版，1923年到1930年俄译本再版达十一次。至今读来，那原始真实的鲜活生动情景，那理想主义的革命激情，那锐不可当的澎湃气势和翔实史料仍让我们感受到震撼。

然而，斯大林时代的苏联形成了一套以个人集权、个人专断为特征的集权式国家体制——苏联模式。

当年约翰·里德写《震撼世界的十天》时，德国有位著名的马克思理论家、活动家罗莎·卢森堡写了《论俄国革命》，书中种种担忧和尖锐的批评终成为事实，苏维埃的新的等级、官僚特权和各种腐败滋生、繁衍，曾为革命所大声疾呼的自由、平等、公正、廉洁已逐渐成为虚假的说教和空洞的宣传……无独有偶，法国作家罗曼·罗兰在十月革命后三十年代访问苏联一个月，写有《莫斯科日记》，从这部封尘了半个多世纪的日记中，可以看到他在苏联的真实记录（罗曼·罗兰著《莫斯科日记》，上海人民出版社1995年12月出版）：宫廷中的上层达官显贵过着特权阶级生活，但人民大众却不得不为了谋取面包和空间（住房）而进行着极艰难困苦努力。达官显贵有豪华别墅、挥霍的宴席和高档汽车……罗曼·罗兰尖锐地一针见血:"这是法老们的俄罗斯,人民唱着歌为他们建造金字塔。"

1936 年莫斯科大审判后,中国共产党的创始人之一陈独秀即对苏联的国家性质发生疑问:"这样不民主,还算什么工人国家?"他又说:"每个康米尼斯特(communist,共产主义者,共产党员)……宗教式的迷信时代应当早点过去,大家醒醒罢!"(《记独秀》,《传记文学》第 5 卷第 4 期)。1940 年 3 月 2 日至 1942 年 5 月 13 日期间,陈独秀发表的 4 篇文章和写给朋友的 6 封信中表达的观点,这些文字已收辑到《陈独秀的最后见解(论文和书信)》一书。

苏联的专制和腐败导致它的解体与消亡。

但不影响我们对美国记者约翰·里德及其《震撼世界的十天》的评价,他思想的激进被美国联邦局多次拘捕,1919 年再返俄国参加第三国际,1920 年伤寒病逝于莫斯科。最近美国电影协会评出"百年百大系列十大史诗电影"之一就有以约翰·里德和他的《震撼世界的十天》为题材的电影《赤色分子》。

当苏联解体,当我们经历了那场"史无前例的伟大"的"文革风暴","横扫一切牛鬼蛇神","把他们打翻在地,再踏上一只脚,叫他们永世不得翻身!"我们再来读罗莎·卢森堡的《论俄国革命》,罗曼·罗兰的《莫斯科日记》,十月革命已"走向表面化和形式化,从而最终走向当初的标的反面"!"自由受到了限制,国家公共生活就是枯燥的、贫乏的、公式化的、没有成效的"(卢森堡:《论俄国革命》)。这一切怎能不引起我们无限的沉思……当我们再读举世闻名的"历史文献"——诺贝尔文学奖获得者俄国作家索尔仁尼琴写的《古拉格群岛》时,令人更是如此震惊!

《古拉格群岛》—— 再现苏联劳改营的文学性报告
是全景社会调查,是权威的历史文献

报告文学已越来越受到广大受众的欢迎,因为它用真人真事的描述,让我们扩大了眼界,可以看到社会长镜头,看到我们闻所未闻的历史。1970 年,苏联作家索尔仁尼琴"因他在追求和发扬俄罗斯文学宝贵传统时所具有的道德美学力量"获诺贝尔文学奖。他 1962 年写劳改营生活的代表作《伊凡·杰尼索奇的一天》在国内出版竟畅销达 80 万册,这些作品也被称为"赫鲁晓夫时代解冻文学代表作"。何也? 正值赫鲁晓夫执政,赫氏正利用其批判斯大林。

索尔仁尼琴早年考入国立罗斯托夫大学数理系,同时考入函授语言文学系,成绩优秀获"斯大林奖学金"。卫国战争中入伍任大尉炮兵连长,两次立功受奖。在斯大林时代,特别是"大审判"后,一句玩笑或对领导人的抱怨以及喝酒后的醉话,都可能被告密而逮捕引来入狱劳改之灾难……索尔仁尼琴就因写给朋友的信中批评了"大胡子"(即斯大林)被人揭发于二战结束时被捕打入劳改营,经历了 8 年监禁流放劳改生涯,1968 年又写了苏联收容所生活的《第一圈》及集中营生活的《癌症病房》,不能在国内出版,因勃列日涅夫上台。1974 年,苏联总书记布里兹涅夫亲自签署命令剥夺索尔仁尼琴的苏联国籍,并把他押上飞机驱逐出境,先居德国、瑞士、后流亡美国。他的巨著揭露苏联集中营的《古拉格群岛》出版,名声在世界大震。

《古拉格群岛》("古拉格"是苏联"劳改营管理局"的缩写），是文学性的报告，有广阔视角"全景历史"的文学社会调查，几乎都是真实人名、地点、时间、空间与事件，对全国庞大的劳改营苦难生活的整个历史过程作了真实的讲述。索尔仁尼琴是文学家、思想家，是哲学家，是启蒙家。"像俄罗斯诺贝尔文学奖获待者帕斯捷尔纳克的《日瓦戈医生》、肖洛霍夫的《静静的顿河》以及阿列克赛·托尔斯泰的《苦难的历程》，都用的是这种以现实主义的笔调，反映社会大变革命的'历史＋小说'的文学作品形式"（摘自金 雁著：《倒转"红轮"》北京大学出版社 2012 年出版）。

《古拉格群岛》深刻揭露了苏联极权时代触目惊心的集中营悲惨现实，使人们"犹如从一场持久的噩梦中苏醒过来"，在《俄罗斯联邦国家档案馆档案》中有劳改营囚犯劳改、受刑以及吃、穿、住、用等极端苦难生活都有原始记载。"我们列队走向一天的劳动，看守每天照例大喊大叫着：如果走出队伍半步，将被视为企图逃跑——押送人员不予警告即可开枪——齐步走"，"每天在零下三十五度的雪地里清点囚犯人数常达一小时，逃跑者追回立即枪毙"，"失踪者要待春天雪融化时在劳改营周围可以找到屍体"，"囚犯两个月没有洗澡了"，"洗澡时她们脱下衣服，虱子一撮一撮地往下掉"（摘自扎罗德：《在斯大林的劳改营里》，佐夫斯基：《恐怖的秩序》，沃格尔范格尔：《红色风暴》）。索尔仁尼琴成为举世著名的作家，被誉为"反抗极权的斗士"，评论他"一个人用一支笔战胜了一个超级大国的极权制度"。

《古拉格群岛》是文学性纪实描写，而 2003 年出版的 [美] 安妮·阿普尔鲍姆的《古拉格：一部历史》（中文版 2013 年 4 月北京新星出版社出版第一版，5 月第二次印刷），则具有历史性的宏观视野，全书对庞大的劳改营作了全景式描绘，从莫斯科到列宁格勒，从白海中岛屿到黑海，从北极圈到中亚平原、从摩尔曼斯克到塔吉克。据作者调查统计，苏联总计有 2870 万人被强制劳改，1929 年到 1953 年的斯大林时代，古拉格群岛上死亡的囚犯达 274.9 万人，可作为《古拉格群岛》的历史佐证。

苏联"解冻"后，恢复了索尔仁尼琴名誉。1994 年，叶利钦总统邀请他回国，结束了他二十年的流亡生涯。1997 年他当选为俄罗斯科学院院士。2007 年 6 月 12 日，普京总统前往莫斯科郊区索尔仁尼琴家中拜访，并向他颁发人文领域最高成就奖——"俄罗斯国家奖"。2008 年 8 月 3 日，索尔仁尼琴在家中逝世，享年 89 岁。根据他生前遗愿，被埋葬在他自己选好的墓地——莫斯科顿河修道院。

报告文学作者应有强烈的时代感、责任心和良心，有美好理想、追求和激情，把握时代脉搏，不能像小说那样去虚构典型和情节，能从纷繁的现实生活中去选择典型，人物不可任凭作者去拔高，需要作者如实记录，采写真实感人（首先自己要被感动）故事、敏感地捕捉有个性特征又有时代意义的典型故事。

世界上有众多的伟大的文学家，也有卓有成就闻名全球的报告文学作家，意大利著名女报告文学家奥里亚娜·法拉奇就是我们最敬仰的一个。她采写的《风云人物采访录》，翻译成世界各国文字出版再版，早已名扬天下。她写的世界级的风云人物《基辛格》《西哈努克》《梅厄》《阿拉法特》《侯赛因》《甘地》《布托》等报告文学，令人耳目一新，笔锋尖锐泼辣，提问单刀直入，切中要害，生动活泼，是我们学习报告文学的经典和楷模。

湖南新闻学会和湖南报纸副刊研究会的会长、副会长、秘书长（部分）等合影

新闻传媒的网络大革命
—— 在长沙大学新闻传媒与广告专业大班上讲课

刚从美国回，承你们李峻校长与贵新闻系主任相邀，来给新闻传媒专业和新闻广告专业各班上大课，系里老师也来了不少，不好意思，如有差错，敬请指教。

这次去美正当春夏之交，处处蓝天白云草地鲜花。使我惊讶的是，我们先入住密执安大学，那栋碧绿草地环绕的大学研究生图书馆竟有亚洲各个国家的图书库和图览室。中国文库的书架摆满了中国历代作家著作，包括湘军作家获奖作。中国历史书库有从古到今的丰富藏书。我们长沙人黄仁宇早年参加中国抗日远征军去印度因负伤后从文，后辗转来到美国就是在这研读历史获得历史博士学位，他提出了大历史观并写出了名著《万历十五年》《中国大历史》。在这里我还看到文史哲大量资料还包括湖南省各县的县志，人文资源极其丰富。当然美国的新闻传媒正飞速发展令人震惊。

我们的"美国东部行"从密执安州出发，沿 80 号公路，过俄亥俄峡谷进入宾夕法尼亚州，这是当年美国独立战争中第一个宣布独立的州。越过阿巴拉契山后夜宿路边店。

夜晚看 CNN 电视，著名节目主持人 Larryking（拉里金）总是戴着他那宽边黑眼镜，额上深深的皱纹蓝衬衣花领带背带裤。照例，他现场直播新闻后，以其幽然风格说着各种美国趣闻逸事，他是全美最受欢迎的主持。记得 1999 年我第一次去美国那晚他在 CNN 谈笑风生，调侃着克林顿总统与白宫女实习生莫妮卡·莱温斯基的性丑闻，正是网络传媒瞬息间把白宫一把手陷入最尴尬的困境。我还记得当时台湾办的《世界日报》上紧接着以一个整版画了一幅特大的漫画——开着拉练的裤子讽刺克林顿总统，印象深刻。

南美巴西依瓜苏大瀑布

　　在美国，你不能调侃黑人，不能亵渎宗教，不容许拿妇女、残疾人甚至胖子开玩笑；但骂总统骂政府可以而且安全；对总统照片吐唾沫也不会惹麻烦。所以美国电视的脱口秀和报纸等新闻传媒总是拿总统和官员及政府的新闻趣事开涮。

　　今天主要说说新闻传媒吧，是公共关系交流传递各种信息的最重要渠道与手段。

　　新闻媒介、大众传播媒介、舆论媒介三者是一回事。在美国叫Newspaper（报纸）、Newcast（广播）、Newspaperman（记者），在英国叫Journalist（包括报纸、杂志的记者），或Reporter，报道者，属外勤记者。Editor（编辑），The chief editor（主编）；Editor in chief（总编辑），是从事新闻的内勤人员。

　　新闻传媒，如今是新闻专业与新闻广告已不可分。你们读的就是"新闻媒体与新闻广告"专业。国家要"断奶"了，你们将来的工作岗位要自力更生。以广告养媒体是大势所趋。国外著名的大报经营不善而破产时有所闻。不管怎样，新闻传媒以其巨大的组织，如同蜘蛛网撒向城乡各地，拥有庞大的记者队伍，其传播影响力不可估量。

　　信息，已成为当前最时髦的热门话题，而新闻是种特殊信息，又与广告结了不解之缘。

　　新闻媒介的演进——由口头到书面传播，到印刷、电子传播，到20世纪电子媒介，到广播电视大众传媒，到当今无孔不入的第四媒体网络。

　　信息，首先要传递神速，快是核心，打时间战。"快！是新闻记者的天职，也是新闻记者的骄傲。"我国新闻界老前辈彭子冈如是说。

　　远在15世纪（1492年），哥伦布发现新大陆美洲，消息传到西班牙，用了半年时间；

　　19世纪60年代，美国林肯被刺，消息传到欧洲，用了三个月；

　　20世纪1963年，肯尼迪被刺，美联社一小时后向全世界广播；

1981 年 3 月 30 日下午 2 时 25 分，美国总统里根步出华盛顿希尔顿饭店被刺，5 分钟后，下午 3 时 30 分美国广播公司电台驻白宫记者萨姆·唐纳森首先向世界报道；

6 分钟后，2 时 31 分合众国际社记者迪安·雷诺兹冲向饭店服务台电话告知"总统被杀"；

7 分钟后，哥伦比亚广播公司记者莱姆·达克到附近药店花 100 美元打电话通告全球；

9 分钟后，美广播公司电视台播放总统被刺实况录像带。

1980 年美国向伊拉克宣战时，在亚特兰大——也就是卡特总统的故乡，可口可乐总部所在地，《乱世佳人》故事发生与拍摄地，这里闻名世界的 CNN 电视新闻广播网几乎向全球同步播放电视战争场面。

报纸——受版面局限；广播——受时间制约；电视——受空间影响，而网络——只需几分几秒就送到了网上。海湾战争，美机袭击伊拉克第一条消息都是由美国亚特兰大 CNN 中心著名主持人向全球发布的，CNN 发布"黛安娜车祸身亡"信息比美国各电视台早七分钟。

美国比尔·盖茨第 6 次来到中国时他只在深圳待了 6 小时 50 分钟。他来推行他的"维纳斯计划"：将娱乐、教育、交流与上网结合，把中国的电脑用户进入电脑世界，直通信息高速公路。那年大洪水，比尔·盖茨从网络上第二天就知道了大水淹了我们长沙火车南站，宁乡倒了第一个堤子。美国的三家报业集团《芝加哥论坛报》《华盛顿邮报》《时代镜报》正进入我国，我国的《人民》《经济》《光明》《文汇》《羊城》《广州》等报也在美国上网。

信息，除了信息的快节奏，还有丰富的内涵。

信息是人们不确定程度的减少的量，换句话说，即信息越多，人们就越减少对外部事物的不了解程度。当年美国财政部部长鲁宾很懂得这个"不确定性"的价值所在，他每次面临决策选择时自己遵循着四个原则：

一、天下唯一确定的事就是不确定性；

二、每个决定都是权衡机率的结果；

三、面对不确定性，必须果断并采取行动；

四、决策过程的品质往往比决策的结果还要重要。

怎样使信息传播出去，传播到广大受众中去，就需要媒介——medium，即中间的、中间物、媒介物（商场买衣，叫中号）。

我们现在用两个圆圈来形象展示其效果：左边圆圈为新闻媒体信息和广告决策，右边圆圈是受众需求的接受程度和消费心理。图一，没有共同语言。图二，开始有共同语言。图三，信息达到应有的或比较好的效果。

图一

图二

图三

信息——是新意的事实，是变化的客观，运动量的积累便形成一种质的飞跃。

怎样达到畅通的目的，当前国际上，美国等许多国家的传媒要求新闻记者和新闻广告人要尽量注意做到四个字：

A——affection

I——interest

D——desire

A——action

对 A、I、D、A，我们来作一通俗解释：A——感情，也可作 love 爱情；I——兴趣，关心；D——愿望，也可作 wish for 想要，ask for 请求；A——行动。这四个字连起来：我们宣传的信息（包括广告宣传的商品），要让受众动之以情感，饶之以趣味，引之以愿望，付之以行动。

你写的新闻稿，发的电子 Email，甚至你的标题是否能打动人，让受众感兴趣，有往下看的愿望；商品也如此，你的款式新颖吗？色彩有魅力吗？尤其对女孩子而言，她才可能有购买的欲望，掏出钱包付于行动。这里与你们的《舆论学》教本中的"舆论扩散"的几个条件：客观的合理因素，深厚的情绪色彩，受众的心理感受，个人的需求愿望是相通的。

你写的新闻报道，是否有深厚的感情色彩，让受众感兴趣愿意读下去。记得我曾在《参考消息》上看过一篇报道埃及闹鼠灾新闻："……数以万计的老鼠大军，正沿着尼罗河北上，它的前锋部队昨晚已抵达开罗南大门。"形象而幽默，令人忍俊不禁。在美国，曾有篇报道奥斯卡金像奖获得者女明星，开头是这样写的："她不施脂粉出现在银幕上，美国化妆品马上滞销，她在影片中扮演修女，进入修道院的女子顿时增加；一个影迷从瑞典把一头羊一路赶到罗马作为礼物送给她；多少人写信只写上'伦敦英格丽·褒曼'便送到她手中。"写得感情洋溢，引人入胜。

信息（Information），是新闻传媒同受众交流的血脉，舆论（Pubic opinion），即众人的言论，公众的看法，至关重要。

新闻媒体或商品是信息交流的载体，你的新闻写得是否引人入胜，让人想读下去；你做的广告，商品质量、外观、价格是否符合顾客的兴趣和需求？而人则是双方信息交流最重要载体。所以钱学森说："人，是最重要的能源，发现人才是能源开发中最重要的能源开发。"

新闻记者，新闻广告人，都是做这中间媒介的公共关系工作的，懂得舆论的重要，深切了解舆论，就是抓住了新闻工作 与新闻广告公共关系的核心。新闻、信息、广告与舆论连接着新闻媒体或公司企业与社会各个方面，政治的、经济的、文化的、商业的，触及到广大受众的脉搏。所以，你们的教科书上又说"舆论是一种易碎的商品"，赞赏的舆论有"点石成金"之效，反对的舆论可以成为"死亡之吻"。

那年我们第一次到美国感到什么都挺新奇，就去东部旅游，开车到华盛顿后，南下费城，再上一号公路从新泽西州进入纽约，当时正值放映《坦泰尼克号》电影，到处是 CELINE Dion 唱的《TITANIC》主题歌。一路电视等媒体的宣传深入人心，仅 4 月份，全美销售这张美国第一歌后的 VCD（十美元一张）达两千万张。

一个新闻记者及时报道，一个新闻广告人的商品策划，其价值能否做到这六性：真实性、新鲜性、重要性、显著性、接近性、趣味性，直接关系到你的工作成效。

在美国等西方国家，非常重视 Interest（趣味）的二十个项目，我们是否也可以借鉴：(1) 新鲜；(2) 关系个人；(3) 地方特色；(4) 金钱；(5) 犯罪；(6) 性；(7) 宗教；(8) 灾难；(9) 冲突；(10) 健康；(11) 幽默；(12) 人情味；(13) 失意人；(14) 神秘；(15) 科学；(16) 娱乐；(17) 名人；(18) 气候；(19) 饮食；(20) 专栏。

有一年从成都飞往温州的飞机失事，61 人全部身亡，《羊城晚报》的记者首先到达现场，次日刊登消息中说到只有 14 人买了保险。第三天，人寿保险、太平洋保险、平安保险的人立马飞往出事地。几年前关于渤海沉船一个报道，说经过几个月打捞出来的"一部金星彩电依然收看正常，安然无恙"。这真是最好的新闻报道与新闻广告了。

我们湖南电器宣传也很有力度，简洁明快，如"中意电器，人人中意"，中意的总裁邓文和宣传部长王星乐告诉我，亚运会在北京举行，体育场那八个大门上及所有旗杆、火炬上、全是这八个字。日本的丰田广告语也很厉害，"车到山前必有路，有路必有丰田车"。我在上海滩见到五颜六色的广告栏，但最醒目的恰恰是上海的"英雄钢笔"广告，它在一片七彩纷呈中只用两个颜色：黑白分明！最先进入人们的眼球。

广告语要短小、独特、押韵，不断地重复可以成为长久的记忆，内蒙宣传的羊毛羊绒衫，恒源祥"羊羊羊"；中美史克肠虫清的"两片"；娃哈哈的"甜甜的，酸酸的"广告语都深入人心令人不忘。

光影之路

　　我这里有个几年前的统计，中国新闻界从业人员为50多万人，全国报纸2610份，杂志7900，电台1200，电视台980，有线电视1200，新闻期刊230。我国报纸2160种一年发行总量为260亿份，全国著名的6家报业集团数量占全国报纸总量1%，而广告收入却占了三成，达30亿元（据新华社电讯）。广州日报集团收入13个亿。南方日报集团收入7个亿，羊城晚报集团8个亿，湖南卫视1.4个亿。我曾带你们师兄师姐新闻班毕业生去参观湖南某市电视台，台长说"收入保密"。（笔者在长沙大学新闻传媒与新闻广告专业班上大课时引用的为当年中新社发布的统计数字。如今广告收入已成倍成倍地增加。本世纪来中国网民发展速度十分惊人，据2013年4月统计中国网民人数以亿计，仅次于美国居世界第二位，其中宽带上网人数7700万。据2013年7月17日CNNIC发布报告称截至2013年6月底，中国网民数量已达到5.91亿，手机用户10亿，智能手机网民近8亿。）

　　如今已不是什么权威媒体说了算的时代了，也不是谁的官大就说了算，"领导说一不二搞定，群众说三道四白搭"，"老子说了算"的"一言堂"正面临着网络的挑战。网络传媒呈现多元化，各种声音都可以在网上发表，各种大事小事都会遭遇到网民的七嘴八舌，老百姓的网络议论已成为这时代重要的舆论导向。纸质媒体和电视传媒的影响力度有限，而网络传媒已不是几十万几百万而是上千万地把信息在瞬息间传播到网上。可以说它们将使国家的政策趋近完美，会使人民政府办事公道而成为老百姓的廉洁政府。政府官员你干了坏事，网民在网上揭露你，把你的丑恶暴露在无所不在的网上，叫你无处逃遁。新闻传媒进入到一个革命的新时代。由记者或网民在网上举报（很多是实名举报），把那些腐败堕落的大大小小贪官揭露出来，上到部级下到科级的营私舞弊违法乱纪的官员纷纷落马得到应有下场的消息时有所闻。你们正处在一个网络革命的新时代，你们是幸福的，你们是大有作为。

　　新闻媒体人要跟上时代就要学习。对媒体人的业务学习曾有个调查：18.2%很少读新闻业务刊物，36.5%很少关注报刊摊点，50%很少读社会科学类刊物，68.2% 很少读境外报刊，84.5% 从未看过 CNN 电视（据《华声月报》报道）。

问卷调查中问为何选择记者职业？回答是"自我价值"和"社会价值"的双重考虑。在"自我感觉"和"自我打分"栏中，调查 2002 人中，183 个中央和地方记者为 7-10 分。如果给你们作个问卷调查，你们会给自己打多少分？

作为我们这个时代的中国新闻传媒记者和新闻广告人是很光荣的。我国不少名人都是记者出身，中共领导人之一瞿秋白就当过驻莫斯科记者，老前辈萧乾当过《大公报》驻英记者，沈从文也当过记者，范长江是《大公报》驻大西北的记者，乔冠华也是记者出身，二战期间他在香港写有著名的世界战事分析《每日评论》，毛泽东在延安读了他的评论大为赞赏，说'乔的文章顶两个坦克师'。老前辈黄远生与邵飘萍被誉为《大公报》记者两楷模。黄远生主张记者应有"四能"：能想、能走、能听、能写。《新民晚报》老报人赵超构（笔名林放）说："新闻写作，不能脱离情、理、事、态。"又说："新闻写作写得不吸引人是因为程式化、缺乏情感、气氛和神态，记者要善于绘态，就可以把在场人物的神情和动作写活了。"原《人民日报》总编辑邓拓崇拜欧阳修勤于思，欧阳修说："吾生平作文章，法在三上——马上，枕上，厕上，盖唯此可以属思耳。"邓拓写有《新的三上文章》："在路上、车上、船上等空隙中构思，既能锻炼思维能力，又可忘掉路途中疲劳，真是一举两得……烂熟于心，才能疾书于后，胸有成竹，才能挥笔成章。"

你们长沙大学上几届新闻专业毕业生，受到欢迎。前几年我送走的你校新闻传媒专业毕业班 28 人中，有 17 人在新闻界，分别在《中央电视台》地方新闻部、《中央教育电视台》《潇湘晨报》《湖南卫视》《湖南经视》《当时商报》《湖南工人报》等，受到好评。你们是后起之秀，会干得更好！

祝福你们，希望你们有正确的舆论导向意识和新闻敏感及判断是非的能力，有高尚的道德品格良心和调查研究的能力，有较丰富的文化知识和好的素养及过硬的业务能力，有较好的语言文字技巧和写作表达能力，成为新闻传媒界有用人才。

（编）后

花城出版社文化艺术编辑室　蔡安

初见汤老，满头银发，容光焕发，一身儒雅。

一谈之下，乃知七旬好几，然中气充沛，一快语快人，湘人是也！

细谈之下，大惊其人生跌宕，然真情不改，阳光灿烂！

汤老捧上其作《心影絮话——星期茶座七日谈》，沉甸厚重，乍阅目录标题，有"吾乡吾民"、"记者采风"、"名著欣赏"、"艺海拾趣"、"拥抱山水"、"吻别青春"、"文学讲谈"，不觉为其所吸引。我接下了这部书稿。

审读编辑过程中，我不时为书中汤老之际遇、情怀、理想、见识、趣雅、豁达等等所撞击，乃至动容不已！从心底迸出我对此书之喜爱，之折服！

这是一位老报人的精致审美生涯；

这是一部大众人文启蒙的博雅好书；

这是一份时代风云变幻却真情永驻的珍贵见证！

老报人汤正华用他的一生诠释了奋进、坚韧、真挚、审美等美好人生词汇。特别是他对其所挚爱的晚报记者、编辑那份工作的热爱，对时代理想之追求，对社会非理性所带来的苦难之豁达态度，乃至对人性真善美之坚守，对当下浮躁、功利、脆弱的人们具有极大的正能量之激励作用。全书内容广博，品位高雅，阅历深厚，颇具审美情趣！且图文并茂，语言典雅，适合众多人群阅读。

我作为此书的责任编辑，想对亲爱的读者们说，如果你有缘遇见此书，可千万别错过，也许她就是你要找的知心朋友！

对于汤老，我只想说：谢谢您！青春不老，德高福佑！

2014 年 4 月 2 日写于广州　花城出版社

心影絮话

星期茶座七日谈